DIREITO INTERNACIONAL HUMANITÁRIO

JORGE BACELAR GOUVEIA
Professor da Universidade Nova de Lisboa
Doutor e Mestre em Direito

DIREITO INTERNACIONAL HUMANITÁRIO

INTRODUÇÃO
TEXTOS FUNDAMENTAIS

DIREITO INTERNACIONAL HUMANITÁRIO

AUTOR
JORGE BACELAR GOUVEIA
(jbg@fd.unl.pt)

EDITOR
EDIÇÕES ALMEDINA, SA
Rua da Estrela, n.º 6
3000-161 Coimbra
Tel.: 239 851 904
Fax: 239 851 901
www.almedina.net
editora@almedina.net

PRÉ-IMPRESSÃO • IMPRESSÃO • ACABAMENTO
G.C. – GRÁFICA DE COIMBRA, LDA.
Palheira – Assafarge
3001-453 Coimbra
producao@graficadecoimbra.pt

Novembro 2006

DEPÓSITO LEGAL
251116/06

Os dados e as opiniões inseridos na presente publicação
são da exclusiva responsabilidade do(s) seu(s) autor(es).

Toda a reprodução desta obra, por fotocópia ou outro qualquer processo,
sem prévia autorização escrita do Editor,
é ilícita e passível de procedimento judicial contra o infractor.

NOTA PRÉVIA

A presente publicação reúne os mais significativos textos do Direito Internacional Humanitário, que enfrenta o paradoxo da sua crescente importância: não obstante a proscrição geral do uso da força do segundo pós-guerra, não têm sido poucos os esforços para o densificar, com a produção de novos tratados internacionais tendentes a garantir mais específicos âmbitos de protecção àqueles que, inocentemente, são vítimas do flagelo da guerra.

Oxalá esta iniciativa editorial – que conta com a generosidade solidária nas causas que valem a pena por parte da Livraria Almedina e do seu gerente, o Eng. Carlos Pinto – possa despertar em Portugal e nos Estados de Língua Portuguesa o interesse pelo aprofundamento dos estudos de Direito Internacional Humanitário, que também não pode deixar de interessar às comunidades que habitualmente se pautam pelo valor universal da paz.

JORGE CLÁUDIO DE BACELAR GOUVEIA

Lisboa, 12 de Agosto de 2006.

O desenvolvimento do Direito Internacional Humanitário

1. Ao lado dos casos em que o uso da força é internacionalmente lícito, vigora o *Direito Internacional Humanitário*[1], o capítulo do Direito Internacional Público que, sob a óptica da protecção humanitária, estabelece a regulamentação dos conflitos humanitários, tanto na protecção dos que nele não participam directamente, como na moderação dos meios de violência bélica utilizada.

Compreender-se-á que a sua importância circunstancial vá diminuindo à medida que as ocasiões para a sua aplicação também venham a decrescer, o que tem sido, de resto, uma linha contínua de evolução.

Esse decréscimo no seu relevo fáctico está longe de o tornar inútil porque as intervenções militares, muitas vezes à revelia dos preceitos internacionais de proscrição da guerra, se têm sucedido.

Ora, é aqui que pode residir a sua autonomia substancial, sem sequer falando da importância dos valores perenes que directamente protege: se as normas que condenam o uso unilateral da força não são efectivas, ao menos que este reduto do Direito Internacional Público, menos problemático de cumprir, se mantenha na sua plena efectividade.

---

[1] Sobre o Direito Internacional Humanitário, v. JOAQUIM DA SILVA CUNHA, *Direito Internacional Público − as relações internacionais*, III, Lisboa, 1990, pp. 197 e ss.; ISABEL RAIMUNDO, *Imperativo humanitário e não ingerência − os novos desafios do Direito Internacional*, Lisboa, 1999, pp. 39 e ss.; JOSÉ FRANCISCO REZEK, *Direito Internacional Público − curso elementar*, 8ª ed., São Paulo, 2000, pp. 365 e ss.; ADHERBAL MEIRA MATTOS, *Direito Internacional Público*, 2ª ed., Rio de Janeiro/São Paulo, 2002, pp. 458 e ss.; NGUYEN QUOC DINH, PATRICK DAILLIER e ALAIN PELLET, *Droit International Public*, 7ª ed., Paris, 2002, pp. 978 e ss.; JOSÉ LUÍS MOREIRA DA SILVA, *Direito dos Conflitos Internacionais*, Lisboa, 2003, pp. 23 e ss.; LEONARDO ESTRELA BORGES, *O Direito Internacional Humanitário*, Belo Horizonte, 2006.

2. O Direito Internacional Humanitário nasceu intimamente associado a um sujeito internacional não estadual: a Cruz Vermelha Internacional[2], que o marcou à nascença através do seu Comité Internacional.

É assim possível dizer que um mesmo momento assinalou a relevância internacional desta organização e do Direito Internacional Humanitário.

A evolução deste capítulo do Direito Internacional Público pode ser compreendida, para além daquele momento fundador, mais simbólico que regulativo, em três fases distintas[3]:

– uma primeira fase, em 1899 e em 1907, nas Convenções da Haia;
– uma segunda fase, em 1949, nas Convenções de Genebra; e
– uma terceira fase, em 1977, nos seus dois Protocolos Adicionais.

Há ainda quem acrescente um posterior conjunto de regras – o Direito de Nova Iorque – criado no seio da actividade da Organização das Nações Unidas, que se tem multiplicado no campo da protecção das vítimas de conflitos armados, na sequência da Resolução da Assembleia Geral n.° 2 444, adoptada em 1968, nela se pugnando pelo respeito dos direitos humanos em período de conflito armado.

É também de não esquecer vários outros documentos internacionais que, dispersamente, têm estabelecido outras limitações no uso da força da óptica do Direito Internacional Humanitário, mas que não se filiam em nenhuma ocasião especial, antes reflectem a evolução e o fruto das circunstâncias que se sucederam depois daqueles momentos polarizadores das codificações internacionais que nesta matéria foram levadas a cabo.

3. A primeira fase, que integra o chamado "Direito da Haia", tem um interesse essencialmente militar – que incluiu tanto as duas Convenções de 1899, celebradas na 1ª Conferência, como as 13 Convenções de 1907, realizadas numa 2ª Conferência e que vieram substituir aquelas – e corresponde à codificação das clássicas regras sobre o uso da força, tocando nos seguintes temas:

– Proibição do uso da força para a cobrança de dívidas (Convenção Drago-
-Porter);
– Abertura de hostilidades;
– Leis e costumes da guerra terrestre;
– Direitos e deveres dos Estados neutros em caso de guerra terrestre;
– Regime dos barcos mercantes ao iniciarem as hostilidades;

---

[2] Cfr. ISABEL RAIMUNDO, *Imperativo humanitário...*, pp. 116 e ss.

[3] Cfr. MARIA BARROSO SOARES, *Cruz Vermelha*, Lisboa, 2002, pp. 21 e 22.

Direito Internacional Humanitário

- Transformação de navios mercantes em navios de guerra;
- Colocação de minas submarinas;
- Bombardeamento de forças navais em tempo de guerra;
- Aplicação à guerra marítima dos princípios da Convenção de Genebra;
- Restrições ao direito de captura na guerra marítima;
- Criação de um Tribunal Internacional de Presas;
- Direitos e deveres dos Estados neutros na guerra marítima;
- Declaração sobre a proibição de lançamento de projectéis e explosivos por aeróstatos.

Mais tarde, já fora deste período codificador, outras convenções seriam celebradas com o mesmo intuito de limitação do uso da força: o Protocolo de Genebra de 17 de Junho de 1925, sobre a proibição do uso na guerra de gases asfixiantes, tóxicos ou análogos, em reacção à nefasta experiência da I Guerra Mundial; a Convenção de Genebra de 27 de Julho de 1929, sobre o tratamento de feridos em combate, doentes e prisioneiros de guerra; o Tratado de Londres de 22 de Abril de 1930; e o Protocolo de Londres de 6 de Novembro de 1936, sobre guerra submarina.

4. A segunda fase, ocorrida em 1949, correspondendo ao "Direito de Genebra", é aquela que marcou o sentido profundo do Direito Internacional Humanitário, bastando lembrar o facto de ter surgido no rescaldo de um sangrento conflito mundial, a que se impunha dar uma adequada resposta, acarretando a revogação de parte das normas do Direito da Haia[4].

Foi então organizada uma Conferência Diplomática em Genebra, dela tendo saído as quatro Convenções de Direito Internacional Humanitário[5], todas de 12 de Agosto de 1949:

- 1.ª Convenção: para melhorar a situação dos feridos e doentes das forças armadas em campanha;

---

[4] Como escreve JOSÉ FRANCISCO REZEK (Direito..., p. 365), "A guerra repontava agora como ilícito internacional, o que por certo fazia caducar uma série de normas – notadamente avençadas na Haia – sobre o ritual militar, mas não varria da cena internacional a perspectiva da eclosão de conflitos armados não menos sangrentos e duradouros que as guerras declaradas de outrora".

É de referir, v. g., o caso da II Convenção, que pelo seu art. 58.º substituiu a X Convenção da Haia, de 18 de Outubro de 1907, ou o caso da I Convenção, que no seu art. 59.º dispõe que "A presente Convenção substitui as Convenções de 22 de Agosto de 1864, de 6 de Julho de 1906 e de 27 de Julho de 1929...".

[5] O sentido geral deste Direito de Genebra abrange as seguintes orientações, tal como propõe JOSÉ FRANCISCO REZEK (Direito..., p. 365): a protecção dos soldados fora de combate na

– 2.ª Convenção: para melhorar a situação dos feridos, doentes e náufragos das forças armadas no mar;
– 3.ª Convenção: relativa ao tratamento dos prisioneiros de guerra;
– 4.ª Convenção: relativa à protecção das pessoas civis em tempo de guerra[6].

Estas Convenções de Genebra assentam ainda em três princípios orientadores da actividade de protecção no seio do exercício da força[7]:

– o *princípio da neutralidade,* através do qual o intuito de socorrer os feridos nunca pode ser considerado como se estando a tomar parte por uma das partes beligerantes;
– o *princípio da não discriminação,* pelo qual essa actividade não pode ser discriminatória em nome de qualquer critério que seja considerado inadmissível, como a língua, a raça ou a religião, de entre outros; e
– o *princípio da responsabilidade,* caso em que o Estado que procede à protecção responde pela sorte das pessoas protegidas.

5. A terceira fase aconteceu em 1977, altura em que, na sequência de outra conferência diplomática, foram aprovados dois Protocolos Adicionais àquelas Quatro Convenções de Genebra, com o intuito de aperfeiçoar a protecção, tendo presente novos desenvolvimentos na tecnologia do armamento e das próprias ciências militares[8]:

– 1.º Protocolo Adicional: extensão da protecção humanitária aos efeitos directos das hostilidades internacionais, incluindo as guerras de libertação nacional;
– 2.º Protocolo Adicional: reforço das garantias de protecção conferida aos civis no âmbito dos conflitos internos[9].

---

situação de feridos, doentes ou náufragos; a protecção dos soldados reduzidos ao estatuto de prisioneiros de guerra em caso de captura ou rendição; a protecção das pessoas dos serviços de socorro, como enfermeiros e médicos, mas também capelães, administradores e transportadores sanitários; e a protecção dos não combatentes como membros da população civil.

[6] Em Portugal, aprovadas para ratificação pelo Decreto-Lei n.º 42 991, de 26 de Maio de 1960, publicado o respectivo texto oficial português no *Diário do Governo,* I série, n.º 123, de 26 de Maio de 1960, pp. 1121 e ss.

[7] Cfr. JOSÉ FRANCISCO REZEK, *Direito...,* pp. 365 e 366.

[8] Cfr. JOSÉ FRANCISCO REZEK, *Direito...,* p. 366.

[9] Ambos os anexos já vinculando Portugal, conforme o Decreto do Presidente da República n.º 10/92, de 1 de Abril, tendo a respectiva tradução oficial sido publicada no *Diário da República,* I série-A, n.º 77, de 1 de Abril de 1992, pp. 1515 e ss.

Mesmo assim, não se deixa actualmente de considerar que estas são normas insuficientes porque a tecnologia do armamento evolui mais depressa do que as normas aplicáveis, sendo de ponderar a consideração de outras ameaças, indirectamente provocadas pela guerra, a merecer a protecção da óptica das populações civis.

6. No entanto, a evolução do Direito Internacional Humanitário não pararia, mas agora já de uma óptica específica, para se enfrentar vários problemas pontuais, tendo sido elaboradas outras convenções internacionais[10], sendo de referir a título de exemplo:

– a Convenção sobre protecção de bens culturais, de 1954;
– a Convenção sobre a proibição de armas bacteriológicas, de 1972;
– a Convenção sobre a proibição de certas armas consideradas excessivamente lesivas ou geradoras de efeitos indiscriminados, de 1980; e
– a Convenção de Genebra sobre a proibição de armas químicas, de 1993.

7. A evolução que se verificou ao longo destas diversas fases, que se inscrevem no comum propósito de limitar o uso da força e de permitir a humanização dos prejuízos da guerra, possibilitou a formação de um corpo sistemático de normas e princípios, assenta na distinção das relações jurídicas internacionais entre os beligerantes – a *situação de guerra* – e os não beligerantes – o *estatuto da neutralidade*[11].

No tocante à *situação de guerra*, foram estabelecidas orientações quanto a diversos tópicos que interessam às relações internacionais na pendência desse estatuto:

– a declaração de guerra e o fim da guerra, com regras formais quanto ao início no caso de *ultimatum* e com limitações na celebração do tratado de paz;
– o exercício da guerra, sendo terrestre, marítima e aérea, havendo regras que limitam o uso das força nesses diversos cenários bélicos;
– os efeitos da situação de guerra entre os beligerantes, daí derivando a ruptura das relações diplomáticas e consulares, bem como a suspensão de outros tratados, para além da expulsão de cidadãos inimigos e a proibição de relações económicas, de entre outros efeitos.

---

[10] Cfr. as referências de José Francisco Rezek, *Direito...*, pp. 367 e 368.

[11] Cfr. Joaquim da Silva Cunha, *Direito Internacional...*, III, pp. 201 e ss.; José Francisco Rezek, *Direito...*, pp. 361 e ss.; Adherbal Meira Mattos, *Direito...*, pp. 463 e ss.

Em relação ao *estatuto de neutralidade*, impõem-se importantes efeitos que se desdobram entre direitos e deveres:

- *direitos*: os direitos de inviolabilidade do território dos Estados neutrais e de livre comércio;
- *deveres*: o dever de abstenção, que veda qualquer tipo de auxílio que possa ser prestado aos contendores, e o dever de imparcialidade, que força a que os Estados neutrais tratem em igualdade de circunstâncias os beligerantes, ficando impedidos de favorecer uns em detrimento de outros.

8. Paralelamente à construção do Direito Internacional Humanitário, tem sido frequentemente discutido o interessante tema da *ingerência humanitária*, o mesmo é dizer em que termos pode um Estado – ou qualquer outro sujeito internacional – intervir no território de outro Estado, em socorro de populações vítimas, perante a oposição do Estado respectivo[12].

Naturalmente que a intervenção humanitária, quando autorizada e até solicitada, não suscita qualquer dificuldade, uma vez que respeita escrupulosamente as normas internacionais aplicáveis, a começar pela soberania territorial onde se vai realizar a intervenção[13].

A dificuldade existe, contudo, nos casos em que essa intervenção não é permitida, tácita ou expressamente, colocando-se em paralelo a questão de saber se há apenas um direito de ingerência ou se há mesmo um dever de ingerência, em nome dos valores internacionais de protecção dos direitos humanos mais elementares.

Uma coisa, porém, parece certa, tal como o enfatiza MARIO BETTATI: "O princípio da soberania já não é, pois, a fortificação inexpugnável dos Estados com a qual as solidariedades se deparam em relação aos povos. Foram conseguidos progressos sensíveis para permeabilizar as fronteiras às entre-ajudas exteriores"[14].

---

[12] Sobre esta complexa questão da ingerência humanitária, v. MAFALDA RAMOS CARMONA, MARIA DE FÁTIMA B. SILVA, MARIA INÊS ALVES VIEIRA e SUSANA VITAL FIGUEIREDO, *Direito de intervenção humanitária*, in *Revista Jurídica*, n.º 20, Novembro de 1996, pp. 259 e ss.; MARIO BETTATI, *O direito de ingerência – mutação da ordem internacional*, Lisboa, 1997, pp. 11 e ss.; JOSÉ MANUEL AVELINO DE PINA DELGADO, *A Carta das Nações Unidas e a legalidade das intervenções humanitárias unilaterais*, in *Direito e Cidadania*, ano V, nos 16/17, Setembro de 2002 a Abril de 2003, Praia, pp. 59 e ss.

[13] Cfr. MARIO BETTATI, *O direito...*, pp. 17 e ss.

[14] MARIO BETTATI, *O direito...*, p. 324.

1. CONVENÇÃO PARA A PREVENÇÃO E REPRESSÃO DO CRIME DE GENOCÍDIO, DE 9 DE DEZEMBRO DE 1948[15]

As Partes Contratantes:

Considerando que a Assembleia Geral da Organização das Nações Unidas, na sua Resolução n.º 96 (I), de 11 de Dezembro de 1946, declarou que o genocídio é um crime de direito dos povos, que está em contradição com o espírito e os fins das Nações Unidas e é condenado por todo o mundo civilizado;
Reconhecendo que em todos os períodos da história o genocídio causou grandes perdas à Humanidade;
Convencidas de que, para libertar a Humanidade de um flagelo tão odioso, é necessária a cooperação internacional;

acordam no seguinte:

ARTIGO 1.º

As Partes Contratantes confirmam que o genocídio, seja cometido em tempo de paz ou em tempo de guerra, é um crime do direito dos povos, que desde já se comprometem a prevenir e a punir.

ARTIGO 2.º

Na presente Convenção, entende-se por genocídio os actos abaixo indicados, cometidos com a intenção de destruir, no todo ou em parte, um grupo nacional, étnico, racial ou religioso, tais como:

a) Assassinato de membros do grupo;
b) Atentado grave à integridade física e mental de membros do grupo;

---

[15] Aprovada, para ratificação, pela Resolução da Assembleia da República n.º 37/98, de 14 de Julho, e ratificada pelo Decreto do Presidente da República n.º 33/98, de 14 de Julho.

c) Submissão deliberada do grupo a condições de existência que acarretarão a sua destruição física, total ou parcial;
d) Medidas destinadas a impedir os nascimentos no seio do grupo;
e) Transferência forçada das crianças do grupo para outro grupo.

ARTIGO 3.º

Serão punidos os seguintes actos:

a) O genocídio;
b) O acordo com vista a cometer genocídio;
c) O incitamento, directo e público, ao genocídio;
d) A tentativa de genocídio;
e) A cumplicidade no genocídio.

ARTIGO 4.º

As pessoas que tenham cometido genocídio ou qualquer dos outros actos enumerados no artigo 3.º serão punidas, quer sejam governantes, funcionários ou particulares.

ARTIGO 5.º

As Partes Contratantes obrigam-se a adoptar, de acordo com as suas Constituições respectivas, as medidas legislativas necessárias para assegurar a aplicação das disposições da presente Convenção e, especialmente, a prever sanções penais eficazes que recaiam sobre as pessoas culpadas de genocídio ou de qualquer dos actos enumerados no artigo 3.º

ARTIGO 6.º

As pessoas acusadas de genocídio ou de qualquer dos outros actos enumerados no artigo 3.º serão julgadas pelos tribunais competentes do Estado em cujo território o acto foi cometido ou pelo tribunal criminal internacional que tiver competência quanto às Partes Contratantes que tenham reconhecido a sua jurisdição.

ARTIGO 7.º

O genocídio e os outros actos enumerados no artigo 3.º não serão considerados crimes políticos, para efeitos de extradição.

Em tal caso, as Partes Contratantes obrigam-se a conceder a extradição de acordo com a sua legislação e com os tratados em vigor.

ARTIGO 8.º

As Partes Contratantes podem recorrer aos órgãos competentes da Organização das Nações Unidas para que estes, de acordo com a Carta das Nações Unidas, tomem as medidas que julguem apropriadas para a prevenção e repressão dos actos de genocídio ou dos outros actos enumerados no artigo 3.º

ARTIGO 9.º

Os diferendos entre as Partes Contratantes relativos à interpretação, aplicação ou execução da presente Convenção, incluindo os diferendos relativos à responsabilidade de um Estado em matéria de genocídio ou de qualquer dos actos enumerados no artigo 3.º, serão submetidos ao Tribunal Internacional de Justiça, a pedido de uma das partes do diferendo.

ARTIGO 10.º

A presente Convenção, cujos textos em inglês, chinês, espanhol, francês e russo são igualmente válidos, será datada de 9 de Dezembro de 1948.

ARTIGO 11.º

A presente Convenção estará aberta, até 31 de Dezembro de 1949, à assinatura de todos os membros da Organização das Nações Unidas e de todos os Estados que, não sendo membros, tenham sido convidados pela Assembleia Geral para esse efeito.

A presente Convenção será ratificada e os instrumentos de ratificação serão depositados junto do Secretário-Geral da Organização das Nações Unidas.

Após 1 de Janeiro de 1950, poderão aderir à presente Convenção os membros da Organização das Nações Unidas ou os Estados que, não sendo membros, tenham recebido o convite acima mencionado.

Os instrumentos de adesão serão depositados junto do Secretário-Geral da Organização das Nações Unidas.

ARTIGO 12.º

As Partes Contratantes poderão, em qualquer momento e por notificação dirigida ao Secretário-Geral da Organização das Nações Unidas, estender a aplicação da presente Convenção a todos os territórios ou a qualquer dos territórios cujas relações exteriores assumam.

ARTIGO 13.º

Quando tiverem sido depositados os primeiros 20 instrumentos de ratificação ou de adesão, o Secretário-Geral registará o facto em acta. Transmitirá cópia dessa acta a todos os Estados membros da Organização das Nações Unidas e aos Estados não membros referidos no artigo 11.º

A presente Convenção entrará em vigor no 90.º dia após a data do depósito do 20.º instrumento de ratificação ou de adesão.

Todas as ratificações ou adesões efectuadas posteriormente à última data produzirão efeito no 90.º dia após o depósito do instrumento de ratificação ou de adesão.

ARTIGO 14.º

A presente Convenção terá uma duração de 10 anos contados da data da sua entrada em vigor.

Após esse período, ficará em vigor por cinco anos, e assim sucessivamente, para as Partes Contratantes que a não tiverem denunciado seis meses pelo menos antes de expirar o termo.

A denúncia será feita por notificação escrita, dirigida ao Secretário-Geral da Organização das Nações Unidas.

ARTIGO 15.º

Se, em consequência de denúncias, o número das partes na presente Convenção se achar reduzido a menos de 16, a Convenção deixará de estar em vigor a partir da data em que produzir efeitos a última dessas denúncias.

ARTIGO 16.º

As Partes Contratantes poderão, a todo o tempo, formular um pedido de revisão da presente Convenção, mediante notificação escrita dirigida ao Secretário-Geral.

A Assembleia Geral deliberará sobre as medidas a tomar, se for o caso, sobre esse pedido.

ARTIGO 17.º

O Secretário-Geral das Nações Unidas notificará todos os Estados membros da Organização e os Estados não membros referidos no artigo 11.º:

a) Das assinaturas, ratificações e adesões recebidas em aplicação do artigo 11.º;

b) Das notificações recebidas em aplicação do artigo 12.º;

c) Da data da entrada em vigor da presente Convenção, em aplicação do artigo 13.º;

d) Das denúncias recebidas em aplicação do artigo 14.º;

e) Da revogação da Convenção em aplicação do artigo 15.º;

f) Das notificações recebidas em aplicação do artigo 16.º

ARTIGO 18.º

O original da presente Convenção ficará depositado nos arquivos da Organização das Nações Unidas.

A todos os Estados membros da Organização das Nações Unidas e aos Estados não membros referidos no artigo 11.º serão enviadas cópias autenticadas.

ARTIGO 19.º

A presente Convenção será registada pelo Secretário-Geral da Organização das Nações Unidas na data da sua entrada em vigor.

Declaração da República Portuguesa relativa ao artigo 7.º da Convenção para a Prevenção e Repressão do Genocídio, adoptada pela Assembleia Geral das Nações Unidas em 9 de Dezembro de 1948

A República Portuguesa declara que interpretará o artigo 7.º da Convenção para a Prevenção e Repressão do Genocídio de acordo com o seguinte sentido:

A obrigação de extradição prevista no artigo 7.º apenas existirá caso a Constituição da República Portuguesa e demais legislação nacional não a proíba.

2. CONVENÇÕES DE GENEBRA DE 1949 E PROTOCOLOS ADICIONAIS DE 1977

2.1. I CONVENÇÃO DE GENEBRA, PARA MELHORAR A SITUAÇÃO DOS FERIDOS E DOENTES DAS FORÇAS ARMADAS EM CAMPANHA, DE 12 DE AGOSTO DE 1949[16]

Os abaixo assinados, Plenipotenciários dos Governos representados na Conferência diplomática que se reuniu em Genebra de 21 de Abril a Agosto de 1949 com o fim de rever a Convenção de Genebra para melhorar a situação dos feridos e doentes das forças armadas em campanha, de 27 de Junho de 1929, acordaram no que se segue:

CAPÍTULO I
Disposições gerais

ARTIGO 1.º

As Altas Partes contratantes comprometem-se a respeitar e a fazer respeitar a presente Convenção em todas as circunstâncias.

ARTIGO 2.º

Além das disposições que devem entrar em vigor desde o tempo de paz, a presente Convenção aplicar-se-á em caso de guerra declarada ou de qualquer outro conflito armado que possa surgir entre duas ou mais das Altas Partes contratantes, mesmo que o estado de guerra não seja reconhecido por uma delas.

---

[16] Aprovada, para ratificação, pelo Decreto-Lei n.º 42 991, de 26 de Maio de 1960.

A Convenção aplicar-se-á igualmente em todos os casos de ocupação total ou parcial do território de uma Alta Parte contratante, mesmo que esta ocupação não encontre qualquer resistência militar.

Se uma das Potências no conflito não for parte na presente Convenção, as Potências que nela são partes manter-se-ão, no entanto, ligadas pela referida Convenção nas suas relações recíprocas. Além disso, elas ficarão ligadas por esta Convenção à referida Potência, se esta aceitar e aplicar as suas disposições.

ARTIGO 3.º

No caso de conflito armado que não apresente um carácter internacional e que ocorra no território de uma das Altas Potências contratantes, cada uma das Partes no conflito será obrigada a aplicar pelo menos as seguintes disposições:

1) As pessoas que não tomem parte directamente nas hostilidades, incluídos os membros das forças armadas que tenham deposto as armas e as pessoas que tenham sido postas fora de combate por doença, ferimento, detenção ou por qualquer outra causa, serão, em todas as circunstâncias, tratadas com humanidade, sem nenhuma distinção de carácter desfavorável baseada na raça, cor, religião ou crença, sexo, nascimento ou fortuna, ou qualquer critério análogo.

Para este efeito, são e manter-se-ão proibidas, em qualquer ocasião e lugar, relativamente às pessoas acima mencionadas:

a) As ofensas contra a vida e integridade física, especialmente o homicídio sob todas as formas, as mutilações, os tratamentos cruéis, torturas e suplícios;

b) A tomada de reféns;

c) As ofensas à dignidade das pessoas, especialmente os tratamentos humilhantes e degradantes;

d) As condenações proferidas e as execuções efectuadas sem prévio julgamento, realizado por um tribunal regularmente constituído, que ofereça todas as garantias judiciais reconhecidas como indispensáveis pelos povos civilizados.

2) Os feridos e doentes serão recolhidos e tratados.

Um organismo humanitário imparcial, como o Comité Internacional da Cruz Vermelha, poderá oferecer os seus serviços às Partes no conflito.

As Partes no conflito esforçar-se-ão também por pôr em vigor por meio de acordos especiais todas ou parte das restantes disposições da presente Convenção.

A aplicação das disposições precedentes não afectará o estatuto jurídico das Partes no conflito.

ARTIGO 4.º

As Potências neutras aplicarão por analogia as disposições da presente Convenção aos feridos e doentes, assim como aos membros do pessoal de serviço de saúde e religioso pertencente às forças armadas das Partes no conflito, que serão recebidos ou internados no seu território, assim como aos mortos recolhidos.

ARTIGO 5.º

Para as pessoas protegidas que tenham caído em poder da Parte adversa, a presente Convenção aplicar-se-á até ao momento do seu repatriamento definitivo.

ARTIGO 6.º

Além dos acordos expressamente previstos pelos artigos 10.º, 15.º, 23.º, 28.º, 31.º, 36.º, 37.º e 52.º, as Altas Partes contratantes poderão concluir outros acordos especiais sobre qualquer questão que lhes pareça oportuno regular particularmente. Nenhum acordo especial poderá acarretar prejuízos à situação dos feridos e doentes, assim como à dos membros do pessoal do serviço de saúde e religioso, tal como é regulada pela presente Convenção, nem restringir os direitos que esta lhes confere.

Os feridos e doentes, assim como os membros do pessoal do serviço de saúde e religioso, continuarão a beneficiar destes acordos pelo tempo em que a Convenção lhes seja aplicável, salvo estipulações contrárias contidas expressamente nos referidos acordos ou em acordos ulteriores, ou igualmente salvo medidas mais favoráveis tomadas a seu respeito por uma ou outra das Partes no conflito.

ARTIGO 7.º

Os feridos e doentes, assim como os membros do pessoal do serviço de saúde e religioso, não poderão nunca renunciar parcial ou totalmente aos direitos que lhes são assegurados pela presente Convenção e pelos acordos especiais referidos no artigo precedente, caso estes existam.

ARTIGO 8.º

A presente Convenção será aplicada com o concurso e sob a fiscalização das Potências protectoras encarregadas de salvaguardar os interesses das Partes no conflito. Para este efeito, as Potências protectoras poderão nomear, fora do seu pessoal diplomático ou consular, delegados entre os seus próprios súbditos ou entre os súbditos de outras Potências neutras. A nomeação destes delegados está sujeita ao consentimento da Potência junto da qual exercerão a sua missão.

As Partes no conflito facilitarão o mais possível a missão dos representantes ou delegados das Potências protectoras. Os representantes ou delegados das Potências protectoras não deverão em caso algum ultrapassar os limites da sua missão, tal como a estipula a presente Convenção; deverão principalmente ter em consideração as necessidades imperiosas de segurança do Estado junto da qual exercem as suas funções. Somente imperiosas exigências militares podem autorizar, a título excepcional e temporário, uma restrição à sua actividade.

ARTIGO 9.º

As disposições da presente Convenção não constituem obstáculo às actividades humanitárias que o Comité Internacional da Cruz Vermelha, assim como qualquer outro organismo humanitário imparcial, possa empreender para a protecção dos feridos e doentes, assim como dos membros do pessoal do serviço de saúde e religioso, e para os socorros a prestar-lhes, mediante o acordo das Partes interessadas no conflito.

ARTIGO 10.º

As Altas Partes contratantes poderão, em qualquer altura, entender-se para confiar a um organismo que apresente todas as garantias de imparcialidade e de eficácia as funções atribuídas pela presente Convenção às Potências protectoras.

Se os feridos e doentes ou os membros do pessoal do serviço de saúde e religioso não beneficiam ou deixam de beneficiar, por qualquer razão, da actividade de uma Potência protectora ou de um organismo designado conforme o primeiro parágrafo, a Potência detentora deverá pedir, quer a um Estado neutro, quer a um tal organismo, que assuma as funções atribuídas pela presente Convenção às Potências protectoras designadas pelas Partes no conflito.

Se, desta maneira, não puder ser assegurada a devida protecção, a Potência detentora deverá pedir a um organismo humanitário, tal como o Comité Internacional da Cruz Vermelha, que assuma as suas funções humanitárias atribuídas pela presente Convenção às Potências protectoras ou deverá aceitar, sob reserva das disposições do presente artigo, as ofertas de serviços que emanem de um tal organismo.

Qualquer Potência neutra ou qualquer organismo convidado pela Potência interessada ou que se ofereça para os fins acima mencionados deverá, na sua actividade, ter a consciência da sua responsabilidade perante a Parte no conflito de quem dependem as pessoas protegidas pela presente Convenção, e deverá fornecer garantias suficientes de capacidade para assumir as funções em questão e desempenhá-las com imparcialidade.

Não poderão ser alteradas as disposições precedentes por acordo particular entre Potências, das quais uma se encontre, mesmo temporariamente, perante a outra Potência ou seus aliados, limitada na sua liberdade de negociar em consequência dos acontecimentos militares, especialmente em caso de uma ocupação da totalidade ou de uma parte do seu território.

Todas as vezes que se faz menção na presente Convenção de Potência protectora, esta menção designa igualmente os organismos que a substituem no espírito deste artigo.

ARTIGO 11.º

Em todos os casos que julgarem útil no interesse das pessoas protegidas, principalmente em caso de desacordo entre as Partes no conflito sobre a aplicação ou interpretação das disposições da presente Convenção, as Potências protectoras prestarão os seus bons ofícios com o fim de regular o desacordo.

Para este efeito, cada uma das Potências protectoras poderá, a convite de uma das Partes ou espontaneamente, propor às Partes no conflito uma reunião dos seus representantes e, em especial, das autoridades encarregadas da situação dos feridos e doentes, assim como a dos membros do pessoal do serviço de saúde e religioso, eventualmente em território neutro convenientemente escolhido. As Partes no conflito serão obrigadas a dar seguimento às propostas que lhes sejam feitas neste sentido. As Potências protectoras poderão, se for necessário, submeter à aprovação das Partes no conflito o nome de uma personalidade pertencente a uma Potência neutra, ou de uma personalidade delegada pelo Comité Internacional da Cruz Vermelha, que será convocada para participar nesta reunião.

CAPÍTULO II

Dos feridos e dos doentes

ARTIGO 12.º

Os membros das forças armadas e as outras pessoas mencionadas no artigo seguinte que sejam feridos ou doentes deverão ser respeitados e protegidos em todas as circunstâncias.

Serão tratados com humanidade pela Parte no conflito que tiver em seu poder, sem nenhuma distinção de carácter desfavorável baseada no sexo, raça, nacionalidade, religião, opiniões políticas ou qualquer outro critério análogo. É estritamente interdito qualquer atentado contra a sua vida e pessoa e, em especial, assassiná-los ou exterminá-los, submetê-los a torturas, efectuar neles experiências biológicas, deixá-los premeditadamente sem assistência médica ou sem tratamento, ou expô-los aos riscos do contágio ou de infecção criados para este efeito.

Somente razões de urgência médica autorizarão uma prioridade na ordem dos tratamentos.

As mulheres serão tratadas com todos os cuidados especiais devidos ao seu sexo.

A Parte no conflito obrigada a abandonar feridos ou doentes ao adversário deixará com eles, tanto quanto as exigências militares o permitirem, uma parte do seu pessoal e do seu material sanitário para contribuir para o seu tratamento.

ARTIGO 13.º

A presente Convenção aplicar-se-á aos feridos e doentes pertencentes às seguintes categorias:

1) Os membros das forças armadas de uma Parte no conflito, assim como os membros das milícias e dos corpos de voluntários fazendo parte dessas forças armadas;

2) Os membros das outras milícias e os membros dos outros corpos de voluntários, compreendendo os dos movimentos de resistência organizados, pertencentes a uma Parte no conflito e actuando fora ou no interior do seu próprio território, mesmo se este território for ocupado, desde que estas milícias ou corpos de voluntários, incluindo estes movimentos de resistência organizados, satisfaçam as seguintes condições:

a) Ter à sua frente uma pessoa responsável pelos seus subordinados;
b) Possuir um sinal distintivo fixo reconhecível à distância;
c) Transportar as armas à vista;
d) Observar nas suas operações as leis e costumes da guerra;

3) Os membros das forças armadas regulares obedecendo a um governo ou a uma autoridade não reconhecida pela Potência detentora;

4) As pessoas que acompanham as forças armadas sem delas fazerem parte directamente, tais como os membros civis das tripulações de aviões militares, correspondentes de guerra, fornecedores, membros de unidades de trabalho ou de serviços encarregados do bem-estar dos militares, com a condição de terem recebido a autorização dos forças armadas que acompanham;

5) Os membros das tripulações, incluindo os comandantes, pilotos e praticantes da marinha mercante e as tripulações da aviação civil das Partes no

conflito, que não beneficiem de um tratamento mais favorável em virtude de outras disposições do direito internacional;

6) A população de um território não ocupado que, quando da aproximação do inimigo, pega espontaneamente em armas para combater as tropas de invasão sem ter tido tempo de se constituir em forças armadas regulares, uma vez que transporte as armas à vista e respeite as leis e costumes da guerra.

ARTIGO 14.º

Tendo em conta as disposições do artigo 12.º, os feridos e doentes de um beligerante caídos em poder do adversário serão prisioneiros de guerra e as regras do Direito das gentes respeitantes aos prisioneiros de guerra ser-lhes-ão aplicáveis.

ARTIGO 15.º

Em qualquer ocasião, e principalmente depois de um empenhamento, as Partes no conflito adoptarão sem demora todas as medidas possíveis para procurar e recolher os feridos e os doentes, protegê-los contra a pilhagem e maus tratos e assegurar-lhes os socorros necessários, assim como para procurar os mortos e impedir que eles sejam despojados.

Sempre que as circunstâncias o permitam, serão concluídos um armistício, uma interrupção de fogo ou acordos locais para permitir o levantamento, a troca e os transportes de feridos abandonados no campo de batalha.

Também poderão ser concluídos acordos locais entre as Partes no conflito para a evacuação ou troca dos feridos e doentes de uma zona sitiada ou cercada e para a passagem do pessoal do serviço de saúde e religioso e material sanitário destinado a esta zona.

ARTIGO 16.º

As Partes no conflito deverão registar, no mais breve prazo possível, todos os elementos próprios para identificar os feridos, os doentes e os mortos da Parte adversa que tenham caído em seu poder. Estas informações deverão compreender, tanto quanto possível, o que se segue:

a) Indicação da Potência da qual eles dependem;
b) Unidade a que pertence o número da matrícula;
c) Apelido;
d) Nome e prenomes;
e) Data do nascimento;
f) Qualquer outra informação que figure no bilhete ou placa de identidade;

g) Data e local da captura ou do falecimento;

h) Indicações respeitantes aos ferimentos, doença ou causa da morte.

No mais breve prazo possível, as informações acima mencionadas deverão ser comunicadas ao departamento de informações, citado no artigo 122.° da Convenção de Genebra, relativa ao tratamento dos prisioneiros de guerra, de 12 de Agosto de 1949, que as transmitirá à Potência da qual dependem estas pessoas, por intermédio da Potência protectora e da Agência central dos prisioneiros de guerra.

As Partes no conflito elaborarão e comunicarão entre si, pela via indicada no parágrafo precedente, as certidões de óbito ou as listas de falecimento devidamente autenticadas. Recolherão e transmitirão entre si igualmente por intermédio do mesmo departamento a metade de uma dupla placa de identidade, os testamentos ou outros documentos que apresentem um certo interesse para a família dos falecidos, as quantias em dinheiro e, em geral, todos os objectos que tenham um valor intrínseco ou afectivo encontrados nos mortos. Estes objectos, assim como os não identificados, serão enviados em pacotes selados, acompanhados de uma declaração com todos os detalhes necessários à identificação do falecido possuidor, assim como um inventário completo do pacote.

ARTIGO 17.°

As Partes no conflito providenciarão para que a inumação ou incineração dos mortos, feita individualmente com todas as precauções que as circunstâncias permitam, seja precedida de um exame atento, e se possível médico, dos corpos, com o fim de certificar a morte, estabelecer a identidade e poder relatá-los. A metade da dupla placa de identidade ou a própria placa, se for uma placa simples, ficará sobre o cadáver. Os corpos não poderão ser incinerados a não ser por razões imperiosas de higiene ou por motivos derivados da religião dos falecidos. Em caso de incineração, será feita menção circunstanciada, com indicação dos motivos, na certidão de óbito ou na lista autenticada de falecimentos.

As Partes no conflito providenciarão, além disso, para que os mortos sejam enterrados decentemente, se for possível segundo os ritos da religião a que pertenciam, que as suas sepulturas sejam respeitadas, reunidas se for possível segundo a nacionalidade dos mortos, convenientemente conservadas e marcadas por forma a poderem ser sempre encontradas.

Para este efeito e no início das hostilidades, organizarão oficialmente um serviço de sepulturas de guerra, a fim de permitir exumações eventuais, assegurar a identificação dos cadáveres, qualquer que seja a localização das sepulturas, e o regresso eventual ao seu país de origem. Estas disposições aplicam-se também às

Direito Internacional Humanitário 27

cinzas, que serão conservadas pelo Serviço de sepulturas de guerra até que o país de origem dê a conhecer as últimas disposições que deseja tomar a este respeito. Logo que as circunstâncias o permitirem e o mais tardar no fim das hostilidades, estes serviços permutarão, por intermédio do Departamento de Informações mencionado no segundo parágrafo do artigo 16.°, as listas indicativas da localização exacta e da designação das sepulturas, assim como as informações relativas aos mortos que aí estão sepultados.

ARTIGO 18.°

A autoridade militar poderá apelar para o zelo caritativo dos habitantes para recolher e cuidar benevolamente, sob sua fiscalização, feridos e doentes, concedendo às pessoas que tenham respondido a este apelo a protecção e facilidades necessárias. No caso de a Parte adversa vir a tomar ou a retomar a autoridade sobre a região, continuará a dispensar a estas pessoas a sua protecção e todas as facilidades.

A autoridade militar deve autorizar os habitantes e as sociedades de socorros, mesmo nas regiões invadidas ou ocupadas, a recolher e a cuidar espontaneamente dos feridos ou doentes de qualquer nacionalidade. A população civil deve respeitar estes feridos e doentes e principalmente não exercer contra eles qualquer acto de violência.

Nunca ninguém deverá ser condenado ou incomodado pelo facto de ter prestado socorros a feridos ou doentes.

As disposições do presente artigo não dispensam a Potência ocupante das obrigações que lhe incumbem, no domínio sanitário e moral, para com os feridos e doentes.

CAPÍTULO III

Das formações e estabelecimentos sanitários

ARTIGO 19.°

Os estabelecimentos fixos e as formações sanitárias móveis do serviço de saúde não poderão em qualquer circunstância ser objectivo de ataques, antes deverão ser sempre respeitados e protegidos pelas Partes no conflito. Se caírem nas mãos da Parte adversa, poderão continuar a funcionar enquanto a Potência captora não tiver assegurado os socorros necessários aos feridos e doentes que se encontrem nestes estabelecimentos e formações.

As autoridades competentes providenciarão para que os estabelecimentos e as formações sanitárias mencionados acima estejam, na medida do possível, situados de tal maneira que ataques eventuais contra objectivos militares não possam pôr em perigo esses estabelecimentos e formações sanitárias.

ARTIGO 20.º

Os navios-hospitais que têm direito à protecção da Convenção de Genebra para melhorar a situação dos feridos, doentes e náufragos das forças armadas no mar, de 12 de Agosto de 1949, não deverão ser atacados de terra.

ARTIGO 21.º

A protecção devida aos estabelecimentos fixos e às formações sanitárias móveis do serviço de saúde só poderá cessar quando sejam utilizados para cometer actos prejudiciais ao inimigo, fora dos seus deveres humanitários. Contudo, a protecção somente cessará se não for atendida uma intimação fixando, em todos os casos oportunos, um prazo razoável.

ARTIGO 22.º

Não serão considerados como sendo de natureza a privar uma formação ou um estabelecimento sanitário da protecção assegurada pelo artigo 19.º os seguintes factos:

1. O pessoal da formação ou do estabelecimento estar armado e utilizar as suas armas para a sua própria defesa ou a dos seus feridos e doentes;

2. A formação ou estabelecimento ser guardado por um piquete, sentinelas ou escolta à falta de enfermeiros armados;

3. Serem encontradas na formação ou estabelecimento armas portáteis e munições tiradas aos feridos e doentes e que não tenham ainda sido entregues ao serviço competente;

4. Ser encontrado na formação ou estabelecimento pessoal e material do serviço veterinário que deles não faça parte;

5. A extensão aos civis feridos e doentes da actividade humanitária das formações e estabelecimentos sanitários ou do seu pessoal.

ARTIGO 23.º

Desde o tempo de paz, as Altas Partes contratantes e, depois da abertura das hostilidades, as Partes no conflito poderão criar no seu próprio território e, em caso de necessidade, nos territórios ocupados, zonas e localidades sanitárias organizadas de forma a pôr ao abrigo dos efeitos da guerra os feridos e os doentes, assim como o pessoal encarregado da organização e da administração destas zonas e localidades e dos cuidados a dar às pessoas que aí se encontrarem concentradas.

Desde o início de um conflito e no seu decurso, as Partes interessadas poderão concluir entre si acordos para o reconhecimento de zonas e localidades sanitárias que por elas tenham sido estabelecidas. Poderão, para este efeito, pôr em vigor as disposições previstas no projecto de acordo anexo à presente Convenção, com as modificações que eventualmente forem julgadas necessárias.

As Potências protectoras e o Comité Internacional da Cruz Vermelha são convidados a prestar os seus bons ofícios para facilitar o estabelecimento e o reconhecimento destas zonas e localidades sanitárias.

CAPÍTULO IV
Do pessoal

ARTIGO 24.º

O pessoal do serviço de saúde exclusivamente atribuído à procura, ao levantamento, ao transporte ou ao tratamento dos feridos e doentes ou à profilaxia das doenças e o pessoal exclusivamente atribuído à administração das formações e estabelecimentos sanitários, assim como os capelães adidos às forças armadas, serão respeitados e protegidos em todas as circunstâncias.

ARTIGO 25.º

Os militares especialmente instruídos para serem empregados, caso seja necessário, como enfermeiros ou maqueiros auxiliares na procura ou levantamento, transporte ou tratamento dos feridos e doentes serão igualmente respeitados e protegidos, se desempenharem estas funções no momento em que entrarem em contacto com o inimigo ou caírem em seu poder.

ARTIGO 26.º

São assimilados ao pessoal visado no artigo 24.º o pessoal das sociedades nacionais da Cruz Vermelha e o de outras sociedades de socorros voluntários, devidamente reconhecidas e autorizadas pelo seu Governo, que for empregado nas mesmas funções que o pessoal visado no referido artigo, sob a condição de que este esteja sujeito às leis e regulamentos militares.

Cada Alta Parte contratante notificará à outra, quer desde o tempo de paz, quer no início ou no decorrer das hostilidades, mas sempre antes de qualquer emprego efectivo, os nomes das sociedades que tenha autorizado a prestar o seu concurso, sob sua responsabilidade, ao serviço de saúde oficial dos seus exércitos.

ARTIGO 27.º

Uma sociedade oficialmente reconhecida de um país neutro somente poderá prestar a assistência do seu pessoal e das suas formações sanitárias a uma das Partes no conflito se tiver o consentimento prévio do seu próprio Governo e a autorização dessa Parte no conflito.

O Governo neutro notificará este consentimento ao adversário da Parte que aceita esta assistência. A Parte no conflito que aceita esta assistência fica obrigada a notificar à Parte adversa essa aceitação antes de a utilizar.

Em nenhuma circunstância esta assistência deverá ser considerada como uma ingerência no conflito.

Os membros do pessoal referido no primeiro parágrafo deverão estar devidamente munidos dos documentos de identidade previstos no artigo 40.º antes de deixarem o país neutro a que pertencem.

ARTIGO 28.º

O pessoal designado nos artigos 24.º e 26.º que cair em poder da Parte adversa não será retido, a não ser que o estado sanitário, as necessidades espirituais e o número de prisioneiros de guerra o exijam.

Os membros do pessoal que forem assim retidos não serão considerados como prisioneiros de guerra. Contudo, beneficiarão, pelo menos, de todas as disposições da Convenção de Genebra relativa ao tratamento dos prisioneiros de guerra, de 12 de Agosto de 1949. Continuarão a exercer, em conformidade com as leis e regulamentos militares da Potência detentora, sob a autoridade dos serviços competentes e de acordo com a sua consciência profissional, as suas funções médicas ou espirituais em proveito dos prisioneiros de guerra pertencendo de preferência às forças armadas de quem eles dependam. Além disso, para o exercício da sua missão médica ou espiritual, usufruem das seguintes facilidades:

a) Serão autorizados a visitar periodicamente os prisioneiros de guerra que se encontrem nos destacamentos de trabalho ou nos hospitais situados fora do campo. A autoridade detentora porá à sua disposição, para este efeito, os meios de transporte necessários;

b) Em cada campo, o médico militar mais antigo no posto mais elevado será responsável junto das autoridades militares do campo por tudo o que respeita às actividades do pessoal de saúde retido. Para este efeito, as Partes no conflito entender-se-ão desde o início das hostilidades no que respeita à correspondência das graduações do seu pessoal de saúde, compreendendo o das sociedades referidas no artigo 26.º Para todas as questões dependentes da sua missão, este médico, assim como os capelães, terá acesso directo junto das autoridades competentes do campo. Estas deverão dar-lhes todas as facilidades necessárias para a correspondência relativa a estes assuntos;

c) Se bem que seja submetido à disciplina interior do campo no qual ele se encontra, ao pessoal retido não poderá ser atribuído qualquer trabalho estranho à sua missão médica ou religiosa.

No decorrer das hostilidades, as Partes no conflito entender-se-ão no que respeita à substituição eventual do pessoal retido e fixarão as suas modalidades.

Nenhuma das disposições que precedem dispensa a Potência detentora das obrigações que lhe incumbem perante os prisioneiros de guerra nos domínios sanitário e espiritual.

ARTIGO 29.º

O pessoal designado no artigo 25.º caído nas mãos do inimigo será considerado como prisioneiro de guerra, mas será empregado em missões sanitárias, desde que a necessidade o exija.

ARTIGO 30.º

Os membros do pessoal cuja detenção não seja indispensável em virtude das disposições do artigo 28.º serão entregues à Parte no conflito de que dependem, desde que haja uma via de comunicações para o seu regresso e que as necessidades militares o permitam.

Aguardando o seu regresso, não serão considerados como prisioneiros de guerra. Contudo, beneficiarão, pelo menos, de todas as disposições da Convenção de Genebra relativa ao tratamento dos prisioneiros de guerra, de 12 de Agosto de 1949. Continuarão a desempenhar as suas funções sob a direcção da Parte adversa e serão de preferência incumbidos de prestar os cuidados aos feridos e doentes da Parte no conflito de que eles dependem. À sua partida levarão os artigos, objectos pessoais, valores e instrumentos que lhes pertencem.

ARTIGO 31.º

A escolha do pessoal para regresso como está previsto no artigo 30.º efectuar-se-á excluindo qualquer consideração de raça, religião ou opinião política, de preferência segundo a ordem cronológica da sua captura e do seu estado de saúde.

Desde o início das hostilidades, as partes no conflito poderão fixar por acordos especiais a percentagem do pessoal a reter em função do número de prisioneiros assim como da sua repartição pelos campos.

ARTIGO 32.º

As pessoas designadas no artigo 27.º que caiam em poder da Parte adversa não poderão ser retidas.

Salvo acordo em contrário, serão autorizadas a regressar ao seu país ou, na sua falta, ao território da Parte no conflito ao serviço da qual se encontravam, desde que haja uma via de comunicação para o seu regresso e que as exigências militares o permitam.

Aguardando o seu repatriamento, continuarão a desempenhar as suas funções sob a direcção da Parte adversa; serão de preferência encarregados de prestar os cuidados aos feridos e doentes da Parte no conflito ao serviço da qual elas se encontravam.

À sua partida levarão os artigos, objectos pessoais e valores, os instrumentos, as armas e, se for possível, os meios de transporte que lhes pertençam.

As Partes no conflito assegurarão a este pessoal, enquanto estiver sob o seu poder, o mesmo tratamento, o mesmo alojamento, os mesmos abonos e o mesmo soldo que ao pessoal correspondente do seu exército. A alimentação será em todo o caso suficiente em quantidade, qualidade e variedade para assegurar aos interessados um equilíbrio normal de saúde.

CAPÍTULO V

Dos edifícios e material

ARTIGO 33.º

O material das formações sanitárias móveis das forças armadas que caiam em poder da Parte adversa continuará a ser destinado aos feridos e doentes.

Os edifícios, o material e os depósitos dos estabelecimentos sanitários fixos das forças armadas continuarão sujeitos às leis da guerra, mas não poderão ser desviados do seu emprego enquanto forem necessários aos feridos e doentes. Contudo, os comandantes dos exércitos em campanha poderão utilizá-los, em caso de urgente necessidade militar, sob reserva de ter tomado previamente as medidas necessárias para o bem-estar dos doentes e dos feridos que neles são tratados.

O material e os depósitos referidos no presente artigo não deverão ser intencionalmente destruídos.

ARTIGO 34.º

Os bens móveis e imóveis das sociedades de socorros que gozem dos privilégios desta Convenção serão considerados propriedade privada.

O direito de requisição reconhecido aos beligerantes pelas leis e usos da guerra somente poderá exercer-se em caso de necessidade urgente e desde que a situação dos feridos e doentes esteja assegurada.

CAPÍTULO VI

Dos transportes sanitários

ARTIGO 35.º

Os transportes de feridos e doentes ou de material sanitário serão respeitados e protegidos do mesmo modo que as formações sanitárias móveis.

Quando estes transportes ou veículos caiam em poder da Parte adversa, serão submetidos às leis da guerra, com a condição de a Parte no conflito que os tenha capturado se encarregar, em qualquer caso, dos feridos e doentes que eles transportam.

O pessoal civil e todos os meios de transporte provenientes da requisição serão submetidos às regras gerais do direito das gentes.

ARTIGO 36.º

As aeronaves sanitárias, isto é, as aeronaves exclusivamente utilizadas na evacuação dos feridos e doentes assim como no transporte do pessoal e material sanitários, não serão objecto de ataques, mas serão respeitadas pelos beligerantes durante os voos que efectuarem a altitudes, horas e segundo os itinerários especificamente convencionados entre todos os beligerantes interessados.

Devem trazer ostensivamente o distintivo previsto no artigo 38.º, ao lado das cores nacionais, sobre as faces inferior, superior e laterais. Serão dotadas de qualquer outra sinalização ou meio de reconhecimento fixados por acordo entre os beligerantes, quer no início, quer no decorrer das hostilidades.

Salvo acordo em contrário, será interdito sobrevoar o território inimigo ou ocupado por este.

As aeronaves sanitárias deverão obedecer a qualquer intimação para aterrar. No caso de aterragem assim imposta, a aeronave, com os seus ocupantes, poderá retomar o voo depois de verificação eventual.

No caso de aterragem involuntária no território inimigo ou ocupado por este, os feridos e doentes, assim como a tripulação da aeronave, serão prisioneiros de guerra. O pessoal sanitário será tratado conforme os artigos 24.° e seguintes.

ARTIGO 37.°

As aeronaves sanitárias das Partes no conflito poderão, sob reserva do segundo parágrafo, sobrevoar o território das Potências neutras e nele aterrar ou amarar em caso de necessidade ou para fazer escala. Deverão notificar previamente as Potências neutras da sua passagem sobre o território e obedecer a qualquer intimação para aterrar ou amarar. Somente estarão ao abrigo dos ataques durante o voo a altitudes, horas e segundo itinerários especificamente convencionados entre as Partes no conflito e as Potências neutras interessadas.

Contudo, as Potências neutras poderão fixar condições ou restrições quanto ao sobrevoo do seu território pelas aeronaves sanitárias ou à sua aterragem. Estas condições ou restrições eventuais serão igualmente aplicadas a todas as Partes no conflito.

Os feridos ou doentes desembarcados de uma aeronave sanitária em território neutro com o consentimento da autoridade local deverão, a não ser que haja um acordo em contrário entre o Estado neutro e as Partes no conflito, ser retidos pelo Estado neutro, quando o Direito Internacional o exija, por forma que eles não possam tomar parte de novo nas operações de guerra. As despesas de instalação e de internamento serão suportadas pela Potência de que dependem os feridos e doentes.

CAPÍTULO VII

Do sinal distintivo

ARTIGO 38.°

Em homenagem à Suíça, o sinal heráldico da cruz vermelha em fundo branco, formado pela inversão das cores federais, é mantido como emblema e sinal distintivo do serviço de saúde dos exércitos.

Contudo, para os países que empregam já como sinal distintivo, em vez da cruz vermelha, o crescente vermelho ou o leão e o sol vermelhos em fundo branco, estes emblemas são igualmente reconhecidos nos termos da presente Convenção.

ARTIGO 39.º

Sob a fiscalização da autoridade militar competente, o emblema figurará nas bandeiras, braçais, assim como em todo o material referente ao serviço de Saúde.

ARTIGO 40.º

O pessoal designado no artigo 24.º e nos artigos 26.º e 27.º usará, fixado no braço esquerdo, um braçal resistente à humidade com o sinal distintivo, fornecido e selado pela autoridade militar.

Este pessoal, além da placa de identidade prevista no artigo 16.º, será igualmente portador de um bilhete de identidade especial com o sinal distintivo. Este bilhete deverá resistir à humidade e ser de tais dimensões que possa ser guardado no bolso. Será redigido em língua nacional, mencionará pelo menos o nome completo, a data do nascimento, o posto e o número de matrícula do interessado. Indicará em que qualidade tem direito à protecção da presente Convenção. No bilhete figurará a fotografia do titular e, além disso, a respectivo assinatura ou as impressões digitais, ou as duas simultaneamente. Neste bilhete será posto o selo branco da autoridade militar. O bilhete de identidade deverá ser do mesmo modelo em cada força armada e tanto quanto possível do mesmo tipo nas forças armadas das Altas Partes contratantes. As Partes no conflito poderão orientar-se pelo modelo anexo, como exemplo, à presente Convenção; e devem comunicar reciprocamente, no início das hostilidades, o modelo que utilizam. Cada bilhete de identidade será passado, se for possível, em duplicado, devendo um dos exemplares ser conservado pela Potência da origem.

Em caso algum o pessoal acima mencionado poderá ser privado das suas insígnias ou do seu bilhete de identidade ou do direito de usar braçal. Em caso de perda, terá o direito de obter duplicados do bilhete e a substituição das insígnias.

ARTIGO 41.º

O pessoal designado no artigo 25.º usará, somente enquanto desempenhar funções sanitárias, um braçal branco tendo ao meio o sinal distintivo, mas de dimensões reduzidas, fornecido e selado pela autoridade militar.

Os documentos de identidade militares de que este pessoal será portador especificarão a instrução sanitária recebida pelo titular, o carácter temporário das suas funções e o direito que tem ao uso do braçal.

ARTIGO 42.º

A bandeira usada como distintivo da Convenção apenas poderá ser arvorada nas formações e estabelecimentos sanitários que esta Convenção manda respeitar e somente com o consentimento da autoridade militar.

Tanto nas formações móveis como nos estabelecimentos fixos ela poderá ser acompanhada da bandeira nacional da Parte no conflito de que depende a formação ou o estabelecimento.

Contudo, as formações sanitárias que tenham caído em poder do inimigo apenas usarão a bandeira da Convenção.

As Partes no conflito tomarão, tanto quanto as exigências militares o permitam, as medidas necessárias para tornar nitidamente visíveis às forças inimigas terrestres, aéreas e marítimas os emblemas distintivos que assinalam as formações e estabelecimentos sanitários, com o fim de afastar a possibilidade de qualquer acção agressiva.

ARTIGO 43.º

As formações sanitárias dos países neutros que, nas condições previstas pelo artigo 27.º, tiverem sido autorizadas a prestar os seus serviços a um beligerante deverão arvorar, com a bandeira da Convenção, a bandeira nacional desse beligerante, se este utiliza a faculdade que lhe confere o artigo 42.º

Salvo ordem em contrário da autoridade militar competente, poderão em qualquer circunstância arvorar a sua bandeira nacional, mesmo que caiam em poder da Parte adversa.

ARTIGO 44.º

O emblema da cruz vermelha sobre o fundo branco e as palavras "cruz vermelha" ou "cruz de Genebra" não poderão, com excepção dos casos referidos nos parágrafos seguintes do presente artigo, ser empregados, quer em tempo de paz, quer em tempo de guerra, senão para designar ou proteger as formações e os estabelecimentos sanitários, o pessoal e o material protegidos pela presente Convenção e pelas outras Convenções internacionais que regulam semelhantes assuntos.

Idênticas disposições serão aplicadas no que respeita aos emblemas mencionados no artigo 38.º, segundo parágrafo, para os países que os usam. As sociedades nacionais da Cruz Vermelha e as outras sociedades referidas no artigo 26.º somente terão direito ao uso do sinal distintivo que confere a protecção da Convenção no quadro das disposições deste parágrafo.

Além disso, as sociedades nacionais da Cruz Vermelha (Crescente Vermelho, Leão e Sol Vermelhos) poderão em tempo de paz, conforme a legislação nacional,

Direito Internacional Humanitário

usar o nome e emblema da Cruz Vermelha nas outras actividades que estejam de acordo com os princípios formulados pelas Conferências internacionais da Cruz Vermelha. Quando estas actividades continuam em tempo de guerra, as condições da utilização do emblema deverão ser tais que não possa ser considerado como tendo em vista conferir a protecção da Convenção; o emblema será relativamente de pequenas dimensões e não poderá ser colocado sobre braçais ou coberturas.

Os organismos internacionais da Cruz Vermelha e o seu pessoal devidamente reconhecido serão autorizados a servir-se em todas as ocasiões do sinal da cruz vermelha em fundo branco.

A título excepcional, conforme a legislação nacional e com a autorização expressa de uma das sociedades nacionais da Cruz Vermelha (Crescente Vermelho, Leão e Sol Vermelhos), poderá ser usado o emblema da Convenção em tempo de paz para assinalar os veículos utilizados como ambulâncias e para marcar a localização dos postos de socorros exclusivamente reservados aos socorros gratuitos a prestar a feridos e doentes.

CAPÍTULO VIII
Execução da Convenção

ARTIGO 45.º

Cada Parte no conflito, por intermédio dos seus comandantes em chefe, terá de assegurar a execução detalhada dos artigos precedentes, assim como providenciar nos casos não previstos, em conformidade com os princípios gerais da presente Convenção.

ARTIGO 46.º

São proibidas as medidas de represália contra os feridos, doentes, pessoal, edifícios ou material protegidos pela Convenção.

ARTIGO 47.º

As Altas Partes contratantes comprometem-se a divulgar o mais possível, em tempo de paz e em tempo de guerra, o texto da presente Convenção nos seus respectivos países, e principalmente a incluir o seu estudo nos programas de instrução militar e, sendo possível, civil, de tal maneira que os seus princípios sejam conhecidos do conjunto da população, especialmente das forças armadas combatentes, do pessoal de saúde e dos capelães.

ARTIGO 48.°

As Altas Partes contratantes comunicarão reciprocamente, por intermédio do Conselho Federal Suíço e, durante as hostilidades, por intermédio das Potências protectoras, as traduções oficiais da presente Convenção, assim como as leis e regulamentos que elas possam ser levadas a adoptar para assegurar a sua aplicação.

CAPÍTULO IX
Da repressão dos abusos e das infracções

ARTIGO 49.°

As Altas Partes contratantes comprometem-se a tomar qualquer medida legislativa necessária para fixar as sanções penais adequadas a aplicar às pessoas que tenham praticado ou mandado praticar qualquer das infracções graves à presente Convenção definidas no artigo seguinte.

Cada Parte contratante terá a obrigação de procurar as pessoas acusadas de terem praticado ou mandado praticar qualquer destas infracções graves, devendo remetê-las aos seus próprios tribunais, qualquer que seja a sua nacionalidade. Poderá também, se o preferir, e segundo as condições previstas pela sua própria legislação, enviá-las para julgamento a uma outra Parte contratante interessada na causa, desde que esta Parte contratante possua elementos de acusação suficientes contra as referidas pessoas.

Cada Parte contratante tomará as medidas necessárias para fazer cessar os actos contrários às disposições da presente Convenção, além das infracções graves definidas no artigo seguinte.

Em quaisquer circunstâncias, os inculpados beneficiarão de garantias de julgamento regular e livre defesa, que não serão inferiores às previstas nos artigos 105.° e seguintes da Convenção de Genebra relativa ao tratamento dos prisioneiros de guerra, de 12 de Agosto de 1949.

ARTIGO 50.°

As infracções graves a que o artigo anterior se refere são as que abrangem qualquer dos actos seguintes, se forem cometidos contra pessoas ou bens protegidos pela Convenção: o homicídio intencional, a tortura ou os tratamentos desumanos, compreendendo as experiências biológicas, o facto de causar intencionalmente grandes sofrimentos ou de ofender gravemente a integridade física ou a saúde, a destruição e a apropriação de bens não justificados por necessidades militares e executados em grande escala, de forma ilícita e arbitrária.

ARTIGO 51.º

Nenhuma Parte contratante poderá escusar-se nem isentar uma outra Parte contratante das responsabilidades contraídas por si mesma ou por outra Parte contratante por motivo das infracções previstas no artigo precedente.

ARTIGO 52.º

A pedido de uma Parte no conflito, deverá realizar-se um inquérito, em condições a fixar entre as Partes interessadas, a propósito de qualquer violação alegada da Convenção.

Se não se conseguir acordo sobre o processo de fazer o inquérito, as Partes acordarão na escolha de um árbitro, que decidirá sobre o processo a seguir.

Uma vez verificada a violação, as Partes no conflito pôr-lhe-ão termo e reprimi-la-ão o mais rapidamente possível.

ARTIGO 53.º

Será sempre interdito o uso, por parte de particulares, sociedades ou firmas comerciais, tanto públicas como privadas, exceptuando as entidades que a isso tiverem direito em virtude da presente Convenção, do emblema ou da designação de «Cruz Vermelha» ou de «Cruz de Genebra», assim como de qualquer sinal ou denominação que constitua uma imitação, qualquer que seja o objectivo desse uso e a data anterior da sua adopção.

Em virtude da homenagem prestada à Suíça pela adopção das cores federais invertidas e da confusão que pode nascer entre as armas da Suíça e o sinal distintivo da Convenção, o emprego, por particulares, sociedades ou casas comerciais, das armas da Confederação Suíça ou de sinais que constituam uma imitação delas, quer como marca de fábrica ou de comércio ou como elementos dessas marcas, quer com um objectivo contrário à lealdade comercial, quer em condições susceptíveis de ferir o sentimento nacional suíço, será sempre interdito.

Contudo, as Altas Partes contratantes que não foram Partes na Convenção de Genebra de 27 de Julho de 1929 poderão conceder a estes portadores dos emblemas, denominações ou marcas visados no primeiro parágrafo um prazo máximo de três anos, a partir da entrada em vigor da presente Convenção, para cessarem o seu uso, ficando entendido que durante este prazo não poderá ser usado em tempo de guerra com o fim de obter a protecção da Convenção.

A interdição estabelecida pelo primeiro parágrafo deste artigo aplica-se igualmente, sem prejuízo dos direitos adquiridos pelo uso anterior, aos emblemas e denominações previstos no segundo parágrafo do artigo 38.°

ARTIGO 54.°

As Altas Partes contratantes cuja legislação não seja suficiente no momento presente tomarão as medidas necessárias para impedir e reprimir sempre os abusos visados no artigo 53.°

Disposições finais

ARTIGO 55.°

A presente Convenção está redigida em francês e inglês. Os dois textos são igualmente autênticos.

O Conselho Federal Suíço fará estabelecer traduções oficiais da Convenção em língua russa e língua espanhola.

ARTIGO 56.°

A presente Convenção, que levará a data de hoje, poderá até 12 de Fevereiro de 1950 ser assinada em nome de todos os países representados na Conferência que foi aberta em Genebra no dia 21 de Abril de 1949, assim como pelos países não representados nesta Conferência e que são Partes nas Convenções de Genebra de 1864, 1906 ou de 1929, para melhorar a situação dos feridos e dos doentes nos exércitos em campanha.

ARTIGO 57.°

A presente Convenção será ratificada logo que seja possível e as ratificações serão depositadas em Berna.

Será lavrada uma acta de depósito de cada instrumento de ratificação e uma cópia autêntica dessa acta será remetida pelo Conselho Federal Suíço a todas as Potências em nome das quais a Convenção tenha sido assinada ou a adesão notificada.

ARTIGO 58.°

A presente Convenção entrará em vigor seis meses depois de terem sido depositados pelo menos dois instrumentos de ratificação.

Posteriormente, entrará em vigor, para cada Alta Parte contratante, seis meses depois do depósito do seu instrumento de ratificação.

ARTIGO 59.º

A presente Convenção substitui as Convenções de 22 de Agosto de 1864, de 6 de Julho de 1906 e de 27 de Julho de 1929 nas relações entre as Altas Partes contratantes.

ARTIGO 60.º

A partir da data da sua entrada em vigor, a presente Convenção estará aberta à adesão de qualquer Potência em nome da qual esta Convenção não tenha sido assinada.

ARTIGO 61.º

As adesões serão notificadas por escrito ao Conselho Federal Suíço e produzirão os seus efeitos seis meses depois da data em que ali forem recebidas.

O Conselho Federal Suíço comunicará as adesões a todas as Potências em nome das quais a Convenção tenha sido assinada ou a adesão notificada.

ARTIGO 62.º

As situações previstas nos artigos 2.º e 3.º darão efeito imediato às ratificações depositadas e às adesões notificadas pelas Partes no conflito antes ou depois do início das hostilidades ou da ocupação. O Conselho Federal Suíço comunicará pela via mais rápida as ratificações ou adesões recebidas das Partes no conflito.

ARTIGO 63.º

Cada uma das Altas Partes contratantes terá a faculdade de denunciar a presente Convenção.

A denúncia será notificada por escrito ao Conselho Federal Suíço. Este comunicará a notificação aos Governos de todas as Altas Partes contratantes.

A denúncia produzirá os seus efeitos um ano depois da sua notificação ao Conselho Federal Suíço. Contudo, a denúncia notificada quando a Potência denunciante estiver envolvida num conflito não produzirá qualquer efeito senão depois de a paz ter sido firmada e, em qualquer caso, enquanto as operações de libertação e repatriamento das pessoas protegidas pela presente Convenção não estiverem terminadas.

A denúncia somente terá validade em relação à Potência denunciante. Não terá qualquer efeito sobre as obrigações que as Partes no conflito serão obrigadas a respeitar em virtude dos princípios do Direito das Gentes, tais como resultam dos usos estabelecidos entre povos civilizados, das leis de humanidade e das exigências da consciência pública.

ARTIGO 64.º

O Conselho Federal Suíço fará registar a presente Convenção no Secretariado das Nações Unidas. O Conselho Federal Suíço informará igualmente o Secretariado das Nações Unidas de todas as ratificações, adesões e denúncias que possa receber a respeito da presente Convenção.

Em testemunho do que os abaixo assinados, tendo depositado os seus respectivos plenos poderes, assinaram a presente Convenção.

Feito em Genebra, em 12 de Agosto de 1949, nas línguas francesa e inglesa, devendo o original ser depositado nos arquivos da Confederação Suíça. O Conselho Federal Suíço enviará uma cópia autêntica da Convenção a cada um dos Estados signatários, assim como aos Estados que tiverem aderido à Convenção.

(Seguem as assinaturas.)

2.2. II CONVENÇÃO DE GENEBRA, PARA MELHORAR A SITUAÇÃO DOS FERIDOS, DOENTES E NÁUFRAGOS DAS FORÇAS ARMADAS NO MAR, DE 12 DE AGOSTO DE 1949[17]

Os abaixo assinados, plenipotenciários dos Governos representados na conferência diplomática que se reuniu em Genebra, de 21 de Abril a 12 de Agosto de 1949, com o fim de rever a X Convenção da Haia, de 18 de Outubro de 1907, para a adaptação à guerra marítima dos princípios da Convenção de Genebra de 1906, acordaram no que se segue:

CAPÍTULO I

Disposições gerais

ARTIGO 1.º

As Altas Partes contratantes comprometem-se a respeitar e a fazer respeitar a presente Convenção, em todas as circunstâncias.

ARTIGO 2.º

Além das disposições que devem entrar em vigor já em tempo de paz, a presente Convenção aplicar-se-á em caso de guerra declarada ou de qualquer outro conflito armado que possa surgir entre duas ou mais das Altas Partes contratantes, mesmo que o estado de guerra não seja reconhecido por uma delas.

A Convenção aplicar-se-á igualmente em todos os casos de ocupação total ou parcial do território de uma Alta Parte contratante, mesmo que esta ocupação não encontre qualquer resistência militar.

---

17 Aprovada, para ratificação, pelo Decreto-Lei n.º 42 991, de 26 de Maio de 1960.

Se uma das Potências em conflito não for parte na presente Convenção, as Potências que nela são partes manter-se-ão, no entanto, ligadas pela referida Convenção, nas suas relações recíprocas. Além disso, elas ficarão ligadas por esta Convenção à referida Potência, se esta aceitar e aplicar as suas disposições.

ARTIGO 3.º

Em caso de conflito armado que não apresente um carácter internacional e que ocorra no território de uma das Altas Partes contratantes, cada uma das Partes no conflito será obrigada a aplicar, pelo menos, as seguintes disposições:

1) As pessoas que não tomem parte directamente nas hostilidades, incluindo os membros das forças armadas que tenham deposto as armas e as pessoas que tenham sido postas fora de combate por doença, ferimento, detenção, ou por qualquer outra causa, serão, em todas as circunstâncias, tratadas com humanidade, sem nenhuma distinção de carácter desfavorável baseada na raça, cor, religião ou crença, sexo, nascimento ou fortuna, ou qualquer outro critério análogo.

Para este efeito, são e manter-se-ão proibidas, em qualquer ocasião e lugar relativamente às pessoas acima mencionadas:

a) As ofensas contra a vida e integridade física, em especial o homicídio sob todas as formas, as mutilações, os tratamentos cruéis, torturas e suplícios;
b) A tomada de reféns;
c) As ofensas contra a dignidade das pessoas, em especial os tratamentos humilhantes e degradantes;
d) As condenações proferidas e as execuções efectuadas sem prévio julgamento, realizado por um tribunal regularmente constituído, que ofereça todas as garantias judiciais reconhecidas como indispensáveis pelos povos civilizados.

2) Os feridos, os doentes e os náufragos serão recolhidos e tratados.

Um organismo humanitário imparcial, tal como o Comité Internacional da Cruz Vermelha, poderá oferecer os seus serviços às Partes no conflito.

As Partes no conflito esforçar-se-ão também por pôr em vigor, por meio de acordos especiais, todas ou parte das restantes disposições da presente Convenção.

A aplicação das disposições precedentes não afectará o estatuto jurídico das Partes no conflito.

ARTIGO 4.º

Em caso de operações de guerra entre as forças de terra e de mar das Partes no conflito, as disposições da presente Convenção não serão aplicáveis senão às forças embarcadas.

As forças desembarcadas ficarão imediatamente sujeitas às disposições da Convenção de Genebra para melhorar a situação dos feridos e doentes nas forças armadas em campanha, de 12 de Agosto de 1949.

ARTIGO 5.º

As Potências neutrais aplicarão por analogia as disposições da presente Convenção aos feridos, doentes e náufragos, aos membros do pessoal do serviço de saúde e religioso, pertencentes às forças armadas das Partes no conflito, os quais serão recebidos ou internados no seu território, e bem assim aos mortos que forem recolhidos.

ARTIGO 6.º

Além dos acordos expressamente previstos pelos artigos 10.º, 18.º, 31.º, 38.º, 39.º, 40.º, 43.º e 53.º, as Altas Partes contratantes poderão concluir outros acordos especiais acerca de qualquer questão que lhes pareça oportuno regular particularmente. Nenhum acordo especial poderá acarretar prejuízo à situação dos feridos, doentes e náufragos, assim como à dos membros do pessoal do serviço de saúde e religioso, tal como a mesma se encontra regulada pela presente Convenção, nem restringir os direitos que esta lhes confere.

Os feridos, doentes e náufragos, assim como os membros do pessoal do serviço de saúde e religioso, continuarão a beneficiar destes acordos durante todo o tempo em que a Convenção lhes for aplicável, salvo estipulações contrárias expressamente contidas nos supracitados acordos ou em acordos ulteriores, ou ainda salvo medidas mais favoráveis tomadas a seu respeito por uma ou outra das Partes no conflito.

ARTIGO 7.º

Os feridos, doentes e náufragos, assim como os membros do pessoal do serviço de saúde e religioso, não poderão, em caso algum, renunciar parcial ou totalmente aos direitos que lhes são assegurados pela presente Convenção e pelos acordos especiais referidos no artigo precedente, caso estes existam.

ARTIGO 8.º

A presente Convenção será aplicada com o concurso e sob a fiscalização das Potências protectoras encarregadas de salvaguardar os interesses das Partes no conflito. Para este efeito, as Potências protectoras poderão designar, fora do seu pessoal diplomático ou consular, delegados entre os seus próprios súbditos ou entre os súbditos de outras Potências neutras. Estes delegados deverão ser submetidos à aprovação da Potência junto da qual irão exercer a sua missão.

As Partes no conflito facilitarão o mais possível a missão dos representantes ou delegados das Potências protectoras. Os representantes ou delegados das Potências protectoras não deverão, em caso algum, ultrapassar os limites da sua missão, tal como a estipula a presente Convenção; deverão principalmente ter em consideração as necessidades imperiosas de segurança do Estado junto do qual exercem as suas funções. Somente exigências militares imperiosas podem autorizar, a título excepcional e temporário, qualquer restrição à sua actividade.

ARTIGO 9.º

As disposições da presente Convenção não constituem obstáculo às actividades humanitárias que o Comité Internacional da Cruz Vermelha, e bem assim qualquer outro organismo humanitário imparcial, possa empreender para a protecção dos feridos, doentes e náufragos, assim como dos membros do pessoal do serviço de saúde e religioso, e para os socorros a prestar-lhes, mediante a concordância das Partes no conflito interessadas.

ARTIGO 10.º

As Altas Partes contratantes podem, em qualquer ocasião, entender-se para confiarem a um organismo que ofereça todas as garantias de imparcialidade e de eficácia as missões atribuídas pela presente Convenção às Potências protectoras.

Se existirem feridos, doentes e náufragos, ou membros do pessoal do serviço de saúde e religiosos, que não beneficiem ou que deixem de beneficiar, por qualquer razão, da actividade de uma Potência protectora ou de um organismo designado em conformidade com o parágrafo anterior, a Potência detentora deverá solicitar, quer a um Estado neutro, quer a um tal organismo, que assuma as funções atribuídas pela presente Convenção às Potências protectoras designadas pelas Partes no conflito.

Se, desta maneira, não for possível assegurar a devida protecção, a Potência detentora deverá pedir a um organismo humanitário, tal como o Comité Internacional da Cruz Vermelha, que assuma as funções humanitárias conferidas pela

Direito Internacional Humanitário

presente Convenção às Potências protectoras, ou deverá aceitar, sob reserva do disposto no presente artigo, as ofertas de serviços que dimanem de um tal organismo.

Qualquer Potência neutra ou qualquer organismo convidado pela Potência interessada ou que se ofereça para os fins acima mencionados deverá, na sua actividade, ter a consciência da sua responsabilidade perante a Parte no conflito da qual dependem as pessoas protegidas pela presente Convenção, e deverá oferecer suficientes garantias de capacidade para assumir as funções em questão e para as desempenhar com imparcialidade.

Não poderão ser alteradas as disposições anteriores por acordo particular entre Potências, das quais uma se encontra, ainda que só temporariamente, perante a outra Potência ou os seus aliados, limitada na sua liberdade de negociar, em consequência de acontecimentos militares, especialmente no caso de ocupação da totalidade ou de uma fracção importante do respectivo território.

Sempre que, na presente Convenção, se alude à Potência protectora, essa alusão designa igualmente os organismos que a substituem, dentro do espírito do presente artigo.

ARTIGO 11.º

Em todos os casos em que o julguem vantajoso, no interesse das pessoas protegidas, especialmente em caso de desacordo entre as Partes no conflito, quanto à aplicação ou à interpretação das disposições da presente Convenção, as Potências protectoras prestarão os seus bons ofícios no sentido de se solucionar o desacordo.

Para este efeito, cada uma das Potências protectoras poderá, a convite de uma Parte ou espontaneamente, propor às Partes no conflito uma reunião dos seus representantes e, em especial, das autoridades encarregadas da situação dos feridos, doentes e náufragos, assim como dos membros do pessoal do serviço de saúde e religioso, a realizar eventualmente em território neutro convenientemente escolhido. As Partes no conflito serão obrigadas a dar seguimento às propostas que lhes forem feitas nesse sentido. As Potências protectoras poderão, se for necessário, submeter à aprovação das Partes no conflito o nome de uma personalidade pertencente a uma Potência neutra, ou de uma personalidade delegada pelo Comité Internacional da Cruz Vermelha, a qual será convocada para participar nessa reunião.

CAPÍTULO II
Dos feridos, dos doentes e dos náufragos

ARTIGO 12.º

Os membros das forças armadas e as outras pessoas mencionadas no artigo seguinte que se encontrarem no mar e que forem feridos, doentes ou náufragos deverão ser respeitados e protegidos em todas as circunstâncias, entendendo-se que o termo «naufrágio» será aplicável a qualquer naufrágio, quaisquer que sejam as circunstâncias em que o mesmo se tenha dado, incluindo a amaragem forçada ou a queda no mar.

Os mesmos serão tratados e cuidados com humanidade pela Parte no conflito que os tiver em seu poder, sem nenhuma distinção de carácter desfavorável baseada no sexo, raça, nacionalidade, religião, opiniões políticas ou qualquer outro critério análogo. É estritamente interdito qualquer atentado contra as suas vidas e as suas pessoas e, em especial, assassiná-los ou exterminá-los, submetê-los a torturas, utilizá-los na realização de experiências biológicas, deixá-los premeditadamente sem assistência médica ou sem tratamento ou expô-los a riscos de contágio ou de infecção criados para tal efeito.

Somente razões de urgência médica autorizarão prioridade na ordem dos tratamentos a administrar.

As mulheres serão tratadas com as deferências especiais devidas ao seu sexo.

ARTIGO 13.º

A presente Convenção aplicar-se-á aos náufragos, feridos e doentes no mar, pertencentes às categorias seguintes:

1) Os membros das forças armadas de uma Parte no conflito, bem como os membros das milícias e dos corpos de voluntários que façam parte dessas forças armadas;

2) Os membros das outras milícias e dos outros corpos de voluntários, incluindo os dos movimentos de resistência organizados, que pertençam a uma Parte no conflito e actuem fora ou dentro do seu próprio território, mesmo que este território esteja ocupado, contanto que essas milícias ou corpos de voluntários, incluindo esses movimentos de resistências organizados, satisfaçam às seguintes condições:

a) Serem comandados por uma pessoa responsável pelos seus subordinados;

b) Possuírem um sinal distintivo fixo e susceptível de ser reconhecido a distância;

Direito Internacional Humanitário 49

c) Transportarem as armas à vista;
d) Observarem, nas suas operações, as leis e usos da guerra;

3) Os membros das forças armadas regulares que se mantenham fiéis a um governo ou a uma autoridade não reconhecida pela Potência detentora;

4) As pessoas que acompanham as forças armadas sem delas fazerem directamente parte, tais como os membros civis de tripulações de aviões militares, correspondentes de guerra, fornecedores, membros de unidades de trabalho ou de serviços encarregados do bem-estar dos militares, com a condição de, para tal, estarem autorizados pelas forças armadas que acompanham;

5) Os membros das tripulações, incluindo os comandantes, pilotos e praticantes, da marinha mercante e as tripulações da aviação civil das Partes no conflito que não beneficiem de um tratamento mais favorável em virtude de outras disposições de direito internacional;

6) A população de um território não ocupado que, quando da aproximação do inimigo, pegue espontaneamente em armas para combater as tropas invasoras sem ter tido tempo de se organizar em forças armadas regulares, desde que traga as armas à vista e respeite as leis e costumes da guerra.

ARTIGO 14.º

Qualquer navio de guerra de uma Parte beligerante poderá reclamar a entrega dos feridos, doentes ou náufragos que se encontrem a bordo de navios--hospitais militares, de navios-hospitais de sociedades de socorro ou de particulares, assim como de navios mercantes, embarcações de recreio e outras embarcações, qualquer que seja a sua nacionalidade, desde que o estado de saúde dos feridos e doentes permita a sua transferência e que o navio de guerra disponha de instalações, que permitam assegurar-lhes um tratamento conveniente.

ARTIGO 15.º

Se forem recolhidos feridos, doentes ou náufragos a bordo de um navio de guerra neutro ou por uma aeronave militar neutra, deverão ser tomadas providências, quando o Direito Internacional o exija, para impedir que possam novamente tomar parte em operações de guerra.

ARTIGO 16.º

Tendo em consideração as disposições do artigo 12.º, os feridos, os doentes e os náufragos de um beligerante que caiam em poder do adversário serão prisioneiros de guerra e as regras do Direito das Gentes respeitantes aos prisioneiros de guerra ser-lhes-ão aplicáveis. Competirá ao captor decidir, consoante as circunstâncias, se convém conservá-los, dirigi-los para um porto do país do captor, para um porto neutro, ou mesmo para um porto do adversário. Neste último caso, os prisioneiros de guerra assim restituídos ao seu país não poderão servir enquanto durar a guerra.

ARTIGO 17.º

Os feridos, os doentes ou os náufragos que forem desembarcados num porto neutro, com o consentimento da autoridade local, deverão, a menos que exista uma combinação contrária entre a Potência neutra e as Potências beligerantes, ser guardados pela Potência neutra, quando o Direito Internacional assim o exija, de tal maneira que não possam novamente tomar parte em operações de guerra.

As despesas de hospitalização e de internamento serão suportadas pela Potência da qual dependem os feridos, os doentes ou os náufragos.

ARTIGO 18.º

Após cada combate, as Partes no conflito tomarão, sem demora, todas as medidas possíveis para procurar e recolher os náufragos, os feridos e os doentes, protegê-los contra a pilhagem e os maus tratos e assegurar-lhes os cuidados necessários, assim como para procurar os mortos e impedir que eles sejam despojados.

Sempre que as circunstâncias o permitam, as Partes no conflito concluirão acordos locais para a evacuação por mar dos feridos e doentes de uma zona sitiada ou cercada e para a passagem de pessoal do serviço de saúde e religioso e de material sanitário destinado a esta zona.

ARTIGO 19.º

As Partes no conflito deverão registar, com a maior brevidade possível, todos os elementos que sirvam para identificar os náufragos, feridos, doentes e mortos da Parte adversa que tenham caído em seu poder.

Estas informações deverão, tanto quanto possível, incluir o seguinte:

a) Indicação da Potência de que dependem;
b) Unidade a que pertence e número de matrícula;
c) Apelido;
d) Nomes próprios;
e) Data do nascimento;
f) Qualquer outra informação que figure no bilhete ou na placa de identidade;

Direito Internacional Humanitário 51

g) Data e local da captura ou da morte;
h) Informações relativas aos ferimentos, doença ou causa do óbito.

Com a maior brevidade possível, as indicações acima mencionadas deverão ser comunicadas ao departamento de informações a que se refere o artigo 122.º da Convenção de Genebra relativa ao tratamento dos prisioneiros de guerra, de 12 de Agosto de 1949, que as transmitirá à Potência de que esses prisioneiros dependem por intermédio da Potência protectora e da agência central dos prisioneiros de guerra.

As Partes no conflito deverão elaborar e remeter mutuamente, pela via indicada no parágrafo anterior, as certidões de óbito ou as listas dos mortos, devidamente autenticadas. Recolherão e transmitirão entre si igualmente, por intermédio do mesmo departamento, metade da dupla placa de identidade ou a própria placa, caso se trate de uma placa simples, os testamentos ou outros documentos que tenham importância para a família dos mortos, as quantias em dinheiro e, em geral, todos os objectos que possuam um valor intrínseco ou afectivo, encontrados nos mortos. Estes objectos, assim como os objectos não identificados, serão enviados em pacotes selados, acompanhados de uma declaração dando todos os detalhes necessários para a identificação do falecido possuidor, assim como de um inventário completo do conteúdo do pacote.

ARTIGO 20.º

As Partes no conflito providenciarão para que o lançamento ao mar dos mortos, efectuado, tanto quanto as circunstâncias o permitam, individualmente, seja precedido de um exame cuidadoso, e se possível médico, do corpo, a fim de constatar a morte, estabelecer a identidade e permitir relatá-la. Se estiver em uso a placa de identidade dupla, metade dessa placa ficará com o cadáver.

Se forem desembarcados mortos, as disposições da Convenção de Genebra para melhorar a situação dos feridos e dos doentes nas forças armadas em campanha, de 12 de Agosto de 1949, ser-lhes-ão aplicáveis.

ARTIGO 21.º

As Partes no conflito poderão apelar para a caridade dos comandantes de navios mercantes neutros, embarcações de recreio ou outras embarcações igualmente neutras, para receberem a bordo e tratarem feridos, doentes ou náufragos, e bem assim para recolherem mortos.

Os navios de todos os tipos que tiverem respondido a este apelo, assim como aqueles que espontaneamente tiverem recolhido feridos, doentes ou náufragos, gozarão de uma protecção especial e de facilidades para a execução da sua missão de assistência.

Em caso algum poderá ser efectuada a sua captura como consequência de um tal transporte; mas, salvo compromissos em contrário, ficam sujeitos à captura pelas violações de neutralidade que possam ter cometido.

CAPÍTULO III

Dos navios-hospitais

ARTIGO 22.º

Os navios-hospitais militares, isto é, os navios construídos ou adaptados pelas Potências especial e unicamente no intuito de prestarem assistência aos feridos, doentes e náufragos, de os tratarem e de os transportarem, não poderão, em circunstância alguma, ser atacados nem apresados, mas serão sempre respeitados e protegidos, contanto que os respectivos nomes e características tenham sido comunicados às partes no conflito dez dias antes da sua utilização.

As características que devem figurar na notificação compreenderão a tonelagem bruta registada, o comprimento da popa à proa e o número de mastros e de chaminés.

ARTIGO 23.º

Os estabelecimentos situados na costa e que têm direito à protecção da Convenção de Genebra para melhorar a situação dos feridos e doentes nas forças armadas em campanha, de 12 de Agosto de 1949, não deverão ser atacados nem bombardeados do mar.

ARTIGO 24.º

Os navios-hospitais utilizados por sociedades nacionais da Cruz Vermelha, por sociedades de socorro oficialmente reconhecidas ou por particulares gozarão da mesma protecção que os navios-hospitais militares e serão isentos de captura se a parte no conflito da qual dependem lhes tiver conferido uma comissão de serviço oficial e uma vez que as disposições do artigo 22.º relativas à notificação tenham sido observadas.

Estes navios deverão ser portadores de um documento da autoridade competente, declarando que estiveram sujeitas à sua fiscalização durante o respectivo armamento e à sua partida.

ARTIGO 25.º

Os navios-hospitais utilizados por sociedades nacionais da Cruz Vermelha, por sociedades de socorro oficialmente reconhecidas ou por particulares de países neutros gozarão da mesma protecção que os navios-hospitais militares e serão isentos de captura desde que se tenham colocado sob a direcção de uma das Partes no conflito, com o consentimento prévio do seu próprio governo e com a autorização desta parte e uma vez que as disposições do artigo 22.º relativas à notificação tenham sido observadas.

ARTIGO 26.º

A protecção prevista nos artigos 22.º 24.º e 25.º aplicar-se-á aos navios-hospitais de qualquer tonelagem e às suas embarcações salva-vidas, qualquer que seja o local onde operem. Contudo, para assegurar o máximo conforto e segurança, as Partes no conflito esforçar-se-ão por utilizar, para o transporte dos feridos, doentes e náufragos, a grandes distâncias e no mar alto, somente navios-hospitais com mais de 2000 toneladas brutas.

ARTIGO 27.º

Em condições idênticas às previstas nos artigos 22.º e 24.º, as embarcações utilizadas pelo Estado ou por sociedades de socorro oficialmente reconhecidas para as operações de salvamento costeiras serão igualmente respeitadas e protegidas, na medida em que o permitirem as necessidades das operações.

O mesmo princípio será aplicável, na medida do possível, às instalações costeiras fixas utilizadas exclusivamente por essas embarcações nas suas missões humanitárias.

ARTIGO 28.º

No caso de se travar combate a bordo de navios de guerra, as enfermarias serão, tanto quanto possível, respeitadas e poupadas. Estas enfermarias e o respectivo material ficarão sujeitas às leis da guerra, mas não poderão ser desviadas da sua utilização enquanto forem necessárias aos feridos e doentes. Todavia, o comandante que as tenha sob o seu poder terá a faculdade de dispor delas, em caso de necessidades militares urgentes, depois de assegurar os adequados cuidados aos feridos e doentes que nelas estiverem em tratamento.

ARTIGO 29.º

Qualquer navio-hospital que se encontre num porto que caia nas mãos do inimigo será autorizado a sair desse porto.

ARTIGO 30.°

Os navios e embarcações mencionados nos artigos 22.°, 24.°, 25.° e 27.° prestarão socorro e assistência aos feridos, aos doentes e aos náufragos, sem distinção de nacionalidade.

As Altas Partes contratantes comprometem-se a não utilizar esses navios e embarcações para nenhum objectivo militar.

Esses navios e embarcações não deverão dificultar, de forma alguma, os movimentos dos combatentes.

Durante e após o combate, os referidos navios e embarcações agirão por sua conta e risco.

ARTIGO 31.°

As Partes no conflito terão o direito de fiscalização e de visita sobre os navios e embarcações referidos nos artigos 22.°, 24.°, 25.° e 27.° Poderão recusar o concurso desses navios e embarcações, compeli-los a afastarem-se, impor-lhes um rumo determinado, regular a utilização da sua T. S. F. e de todos os outros meios de comunicação e até retê-los durante o período máximo de sete dias, a partir do momento da visita de inspecção, se a gravidade das circunstâncias assim o exigir.

As Partes no conflito poderão pôr a bordo, temporariamente, um delegado, cuja missão exclusiva consistirá em assegurar a execução das ordens dadas em virtude das disposições do parágrafo anterior.

Tanto quanto possível, as Partes no conflito registarão no diário de navegação dos navios-bospitais, num idioma que o comandante do navio-hospital compreenda, as ordens que lhe derem.

As Partes no conflito poderão, quer unilateralmente, quer por acordo especial, colocar a bordo dos seus navios-hospitais observadores neutros, que verificarão a observância estrita das disposições da presente Convenção.

ARTIGO 32.°

Os navios e embarcações designados nos artigos 22.°, 24.°, 25.° e 27.° não são equiparados a navios de guerra para efeitos da sua permanência num porto neutro.

ARTIGO 33.°

Aos navios mercantes que tiverem sido transformados em navios-hospitais não poderá ser dada qualquer outra utilização enquanto durarem as hostilidades.

ARTIGO 34.º

A protecção devida aos navios-hospitais e às enfermarias de navios não poderá cessar senão no caso de terem sido utilizados, fora dos seus deveres humanitários, para praticar actos nocivos ao inimigo. No entanto, a protecção só cessará depois de ter sido feita uma intimação, em todos os casos oportunos, fixando um prazo razoável e de se verificar que a intimação não foi atendida.

Em especial, os navios-hospitais não poderão possuir nem utilizar código secreto para as suas emissões por T. S. F. ou qualquer outro sistema de comunicação.

ARTIGO 35.º

Não serão considerados como sendo de natureza a privar os navios-hospitais ou as enfermarias dos navios da protecção que lhes é devida:

1) O facto de o pessoal desses navios ou enfermarias estar armado ou empregar as suas armas para a manutenção da ordem, para a sua própria defesa ou para a dos seus feridos e doentes;
2) O facto de existirem a bordo aparelhos destinados exclusivamente a assegurar a navegação ou as comunicações;
3) O facto de a bordo dos navios-hospitais ou nas enfermarias de navios se encontrarem armas portáteis e munições retiradas aos feridos, aos doentes e aos náufragos e que tenham sido ainda entregues ao serviço competente;
4) O facto de a actividade humanitária dos navios-hospitais e enfermarias de navios ou do seu pessoal se ter tornado extensiva a civis feridos, doentes ou náufragos;
5) O facto de navios-hospitais transportarem material e pessoal, exclusivamente destinado ao serviço de saúde, além daquele de que habitualmente necessitam.

CAPÍTULO IV

Do pessoal

ARTIGO 36.º

O pessoal religioso, médico e hospitalar dos navios-hospitais e a sua guarnição serão respeitados e protegidos; não poderão ser capturados durante o tempo em que prestarem serviço nesses navios, existam ou não feridos e doentes a bordo.

ARTIGO 37.º

O pessoal religioso, médico e hospitalar, afecto ao serviço médico ou espiritual das pessoas designadas nos artigos 12.º e 13.º, que caia nas mãos do inimigo, será respeitado e protegido; poderá continuar a exercer as suas funções enquanto tal procedimento for exigido pelos cuidados a ministrar aos feridos e doentes. Em seguida deverá ser mandado embora, tão depressa o comandante-chefe sob cuja autoridade se encontra o julgue possível. Poderá levar consigo, ao deixar o navio, os objectos que são sua propriedade pessoal.

Contudo, se se verificar que é necessário reter uma parte desse pessoal, em consequência das necessidades médicas ou espirituais dos prisioneiros de guerra, tomar-se-ão todas as medidas no sentido de proceder ao seu desembarque o mais rapidamente possível.

Ao desembarcar, o pessoal retido ficará sujeito às disposições da Convenção de Genebra para melhorar a situação dos feridos e dos doentes nas forças armadas em campanha, de 12 de Agosto de 1949.

CAPÍTULO V

Dos transportes sanitários

ARTIGO 38.º

Os navios fretados para este fim serão autorizados a transportar material exclusivamente destinado ao tratamento dos feridos e dos doentes das forças armadas ou à prevenção das doenças, desde que as condições em que a sua viagem se efectua sejam notificadas à Potência adversa e mereçam a aprovação desta. A Potência adversa continuará a ter sobre eles o direito de visita, mas não de os capturar nem de se apoderar do material transportado.

Por acordo entre as Partes no conflito, poderão ser embarcados nesses navios observadores neutros, para fiscalizarem o material transportado. Para este efeito, esse material deverá ser facilmente acessível.

ARTIGO 39.º

As aeronaves sanitárias, isto é, as aeronaves exclusivamente utilizadas para a evacuação dos feridos, doentes e náufragos, assim como para o transporte do pessoal e do material sanitários, não serão objecto de ataques, mas sim respeitadas pelas Partes no conflito durante os voos que efectuarem a altitudes, a horas e por itinerários especificamente combinados entre todas as Partes no conflito interessadas.

As referidas aeronaves apresentarão ostensivamente o sinal distintivo previsto no artigo 41.º, ao lado das cores nacionais, nas faces inferior, superior e laterais. Serão dotadas de qualquer outra sinalização ou meio de reconhecimento, fixados por acordo entre as Partes no conflito, quer no início, quer no decurso das hostilidades.

Salvo acordo em contrário, será proibido sobrevoar o território inimigo ou por este ocupado.

As aeronaves sanitárias deverão obedecer a qualquer intimação para aterrar ou amarar. Em caso de aterragem ou de amaragem que assim lhes sejam impostas, a aeronave, com os seus ocupantes, poderá continuar o seu voo após eventual inspecção.

Em caso de aterragem ou de amaragem fortuitas em território inimigo ou ocupado pelo inimigo, os feridos, doentes e náufragos, assim como a tripulação da aeronave, serão prisioneiros de guerra. O pessoal do serviço de saúde será tratado em conformidade com os artigos 36.º e 37.º

ARTIGO 40.º

As aeronaves sanitárias das Partes no conflito poderão, sob reserva do § 2.º, sobrevoar o território das potências neutras e nele aterrar ou amarar em caso de necessidade ou para efeito de escala.

Deverão notificar previamente as potências neutras da sua passagem sobre o respectivo território e obedecer a todas as intimações para aterrar ou amarar. Somente estarão ao abrigo de ataques durante o seu voo a altitudes, a horas e por itinerários especificamente combinados entre as Partes no conflito e as Potências neutras interessadas.

Todavia, as Potências neutras poderão fixar condições ou restrições quanto ao voo sobre o seu território pelas aeronaves sanitárias ou à sua aterragem.

Estas condições ou restrições eventuais serão aplicadas de uma forma análoga a todas as Partes no conflito.

Os feridos, doentes ou náufragos desembarcados de uma aeronave sanitária, em território neutro, com o consentimento da autoridade local, deverão, a menos que exista um acordo em contrário entre o Estado neutro e as Partes no conflito, ser internados pelo Estado neutro, quando o Direito Internacional o exija, de modo que não possam de novo tomar parte em operações de guerra. As despesas de instalação e de internamento serão suportadas pela Potência da qual dependem os feridos, doentes e náufragos.

CAPÍTULO VI
Do sinal distintivo

ARTIGO 41.º

Sob a fiscalização da autoridade militar competente, o emblema da cruz vermelha sobre fundo branco figurará nas bandeiras, nos braçais, assim como em todo o material relacionado com o serviço de saúde.

Contudo, para os países que empregam já como sinal distintivo, em vez da cruz vermelha, o crescente vermelho ou o leão e o sol vermelhos em fundo branco, estes emblemas são igualmente reconhecidos nos termos da presente Convenção.

ARTIGO 42.º

O pessoal designado nos artigos 36.º e 37.º usará, fixo no braço esquerdo, um braçal resistente à humidade e munido do sinal distintivo, fornecido e selado pela autoridade militar.

Este pessoal, além da placa de identidade prevista no artigo 19.º, será igualmente portador de um bilhete de identidade especial contendo o sinal distintivo. Este bilhete deverá resistir à humidade e possuir dimensões tais que seja possível trazê-lo no bolso. Será redigido na língua nacional e mencionará, pelo menos, o nome completo, a data do nascimento, a categoria e o número de matrícula do interessado. Indicará em que qualidade este tem direito à protecção da presente Convenção. No bilhete figurará a fotografia do titular e, além disso, a respectiva assinatura, ou as suas impressões digitais, ou as duas simultaneamente. Levará o selo em branco da autoridade militar.

O bilhete de identidade deve ser do mesmo modelo em cada força armada e, tanto quanto possível, do mesmo tipo nas forças armadas das Altas Partes contratantes. As Partes no conflito poderão orientar-se pelo modelo anexo à presente Convenção, a título de exemplo. As ditas Partes comunicarão reciprocamente, no início das hostilidades, o modelo que utilizam. Cada bilhete de identidade será passado, se possível, pelo menos em duplicado, sendo um dos exemplares conservado pela potência de origem.

Em caso algum o pessoal supracitado poderá ser privado das suas insígnias, nem do seu bilhete de identidade, nem do direito de usar o braçal. Em caso de perda, terá o direito de obter duplicados do bilhete e a substituição das insígnias.

ARTIGO 43.º

Os navios e embarcações designados nos artigos 22.º, 24.º, 25.º e 27.º distinguir-se-ão da seguinte forma:

a) Todas as superfícies exteriores serão brancas;
b) Uma ou mais cruzes, em vermelho-escuro, tão grandes quanto possível, serão pintadas de cada bordo do casco, assim como nas superfícies horizontais, de forma a assegurarem a melhor visibilidade possível do ar e do mar.

Todos os navios-hospitais far-se-ão reconhecer içando a bandeira nacional e, além disso, se pertencerem a um Estado neutro, a bandeira da Parte no conflito sob a direcção da qual se colocaram. Deverá estar içada no mastro grande, o mais elevada possível, uma bandeira branca com cruz vermelha.

As embarcações salva-vidas dos navios-hospitais, os salva-vidas costeiros e todas as embarcações miúdas utilizadas pelo serviço de saúde serão pintados de branco, com cruzes em vermelho-escuro nitidamente visíveis, e, de uma maneira geral, ser-lhes-ão aplicáveis os processos de identificação acima estipulados para os navios-hospitais.

Os navios e embarcações acima citados que pretendam ter assegurada de noite e com tempo de visibilidade reduzida a protecção a que têm direito deverão tomar, com a concordância da Parte no conflito em poder da qual se encontram, as medidas necessárias para tornar suficientemente aparentes a respectiva pintura e os emblemas distintivos.

Os navios-hospitais que, em virtude do artigo 31.º, forem retidos provisoriamente pelo inimigo, deverão arriar a bandeira da Parte no conflito ao serviço da qual se encontram ou cuja direcção aceitaram.

Se os salva-vidas costeiros continuarem, com o consentimento da Potência ocupante, a operar de uma base ocupada, poderão ser autorizados a continuar a arvorar as suas próprias cores nacionais ao mesmo tempo que a bandeira com cruz vermelha, quando estiverem afastados da sua base, sob reserva de notificação prévia a todas as Partes no conflito interessadas.

Tudo o que se estipula neste artigo relativamente ao emblema da cruz vermelha se aplica, igualmente, aos restantes emblemas mencionados no artigo 41.º

As Partes no conflito deverão, em todas as ocasiões, esforçar-se por estabelecer acordos tendo em vista a utilização dos métodos mais modernos que se encontrem à sua disposição para facilitar a identificação dos navios e embarcações aludidos no presente artigo.

ARTIGO 44.º

Os sinais distintivos previstos no artigo 43.º não poderão ser utilizados, quer em tempo de paz, quer em tempo de guerra, senão para designar ou proteger os navios ali mencionados, sob reserva dos casos que possam ser previstos por uma convenção internacional ou por acordo entre todas as Partes no conflito interessadas.

ARTIGO 45.º

As Altas Partes contratantes cuja legislação não seja já adequada tomarão as medidas necessárias para impedir e reprimir, em todas as ocasiões, qualquer emprego abusivo dos sinais distintivos previstos no artigo 43.º

CAPÍTULO VII
Da execução da Convenção

ARTIGO 46.º

Cada Parte no conflito, por intermédio dos seus comandantes-chefes, terá de assegurar a execução detalhada dos artigos precedentes, e bem assim de providenciar quando se apresentem casos imprevistos, em conformidade com os princípios gerais da presente Convenção.

ARTIGO 47.º

São proibidas as medidas de represália contra os feridos, doentes, náufragos, pessoal, navios ou material protegidos pela Convenção.

ARTIGO 48.º

As Altas Partes contratantes comprometem-se a divulgar o mais amplamente possível, em tempo de paz e em tempo de guerra, o texto da presente Convenção, nos seus respectivos países, e, em especial, a incluir o seu estudo nos programas de instrução militar e, caso seja possível, civil, de tal maneira que os seus princípios se tornem conhecidos do conjunto da população, especialmente das forças armadas combatentes, do pessoal do serviço de saúde e dos capelães.

ARTIGO 49.º

As Altas Partes contratantes comunicarão reciprocamente, por intermédio do Conselho Federal Suíço e, durante as hostilidades, por intermédio das Potências protectoras, as traduções oficiais da presente Convenção, assim como as leis e regulamentos que possam ser levadas a adoptar para garantir a sua aplicação.

CAPÍTULO VIII
Da repressão dos abusos e das infracções

ARTIGO 54.º

As Altas Partes contratantes comprometem-se a tomar as medidas legislativas necessárias para fixar as sanções penais adequadas, a aplicar às pessoas que tenham cometido ou dado ordem para se cometer alguma das infracções graves à presente Convenção, definidas no artigo seguinte.

Cada Parte contratante terá a obrigação de procurar as pessoas acusadas de terem cometido, ou de terem dado ordem para se cometer, alguma dessas infracções graves, e deverá remetê-las aos seus próprios tribunais, qualquer que seja a nacionalidade dessas pessoas. Se assim o preferir e consoante as condições previstas pela sua própria legislação, poderá remetê-las, para julgamento, a uma outra Parte contratante interessada na causa, desde que esta Parte contratante possua elementos de acusação suficientes contra as referidas pessoas.

Cada Parte contratante tomará as medidas necessárias para fazer cessar os actos contrários às disposições da presente Convenção, além das infracções graves definidas no artigo seguinte.

Em todas as circunstâncias, os acusados beneficiarão de garantias de julgamento regular e de livre defesa, que não serão inferiores às previstas pelos artigos 105.º e seguintes da Convenção de Genebra relativa ao tratamento dos prisioneiros de guerra, de 12 de Agosto de 1949.

ARTIGO 51.º

As infracções graves a que alude o artigo anterior são as que abrangem algum dos seguintes actos, se forem cometidos contra pessoas ou bens protegidos pela Convenção: o homicídio intencional, a tortura ou os tratamentos desumanos, incluindo as experiências biológicas, o facto de causar, intencionalmente, grandes sofrimentos ou de ofender gravemente a integridade física ou a saúde, a destruição e apropriação de bens, não justificadas por necessidades militares e executadas em grande escala, de modo ilícito e arbitrário.

ARTIGO 52.º

Nenhuma Parte contratante poderá isentar-se a si mesma, nem isentar uma outra Parte contratante, das responsabilidades contraídas, por si mesma ou por uma outra Parte contratante, por motivo das infracções previstas no artigo anterior.

ARTIGO 53.º

A pedido de uma Parte no conflito, deverá fazer-se um inquérito, nos termos a fixar entre as Partes interessadas, a respeito de qualquer violação alegada da Convenção.

Se não se chegar a acordo sobre o processo a seguir na realização do inquérito, as Partes acordarão na escolha de um árbitro, que decidirá do procedimento a seguir.

Verificada a violação, as Partes no conflito pôr-lhe-ão termo e reprimi-la-ão o mais rapidamente possível.

Disposições finais

ARTIGO 54.º

A presente Convenção é redigida em francês e inglês. Os dois textos são igualmente autênticos.

O Conselho Federal Suíço providenciará no sentido de se efectuarem traduções oficiais da Convenção em língua russa e em língua espanhola.

ARTIGO 55.º

A presente Convenção, que levará a data de hoje, poderá, até 12 de Fevereiro de 1950, ser assinada em nome das Potências representadas na Conferência que iniciou os seus trabalhos em Genebra a 21 de Abril de 1949, e bem assim das Potências não representadas nesta Conferência, que são Partes da X Convenção da Haia, de 18 de Outubro de 1907, para a adaptação à guerra marítima dos princípios da Convenção de Genebra de 1906, ou das Convenções de Genebra de 1864, de 1906 ou de 1929, para melhorar a situação dos feridos e dos doentes nos exércitos em campanha.

ARTIGO 56.º

A presente Convenção será ratificada logo que seja possível e as ratificações serão depositadas em Berna.

Será lavrada uma acta de depósito de cada instrumento de ratificação, e uma cópia autêntica dessa acta será remetida pelo Conselho Federal Suíço a cada uma das Potências em nome das quais a Convenção tenha sido assinada ou a adesão notificada.

ARTIGO 57.°

A presente Convenção entrará em vigor seis meses depois de terem sido depositados, pelos menos, dois instrumentos de ratificação.

Posteriormente, entrará em vigor para cada uma das Altas Partes contratantes seis meses após ter sido efectuado o depósito do respectivo instrumento de ratificação.

ARTIGO 58.°

A presente Convenção substitui a X Convenção da Haia, de 18 de Outubro de 1907, para a adaptação à guerra marítima dos princípios da Convenção de Genebra de 1906, nas relações entre as Altas Partes contratantes.

ARTIGO 59.°

A partir da data da sua entrada em vigor, a presente Convenção ficará aberta à adesão de qualquer Potência em nome da qual ela não tenha sido assinada.

ARTIGO 60.°

As adesões serão notificadas por escrito ao Conselho Federal Suíço e produzirão os seus efeitos seis meses depois da data em que ali derem entrada.

O Conselho Federal Suíço comunicará as adesões a todas as Potências em nome das quais a Convenção tiver sido assinada ou a adesão notificada.

ARTIGO 61.°

As situações previstas nos artigos 2.° e 3.° darão efeito imediato às ratificações depositadas e às adesões notificadas pelas Partes no conflito, antes ou depois do início das hostilidades ou da ocupação.

A comunicação das ratificações ou adesões recebidas das Partes no conflito será feita pelo Conselho Federal Suíço, pela via mais rápida.

ARTIGO 62.°

Cada uma das Altas Partes contratantes terá a faculdade de denunciar a presente Convenção.

A denúncia será notificada por escrito ao Conselho Federal Suíço. Este comunicará a notificação aos Governos de todas as Altas Partes contratantes.

A denúncia produzirá os seus efeitos um ano após a sua notificação ao Conselho Federal Suíço. Todavia, a denúncia notificada quando a Potência denunciante esteja implicada num conflito não produzirá efeito algum enquanto a paz não tiver sido firmada e, em qualquer caso, enquanto as operações de libertação e de repatriamento das pessoas protegidas pela presente Convenção não estiverem concluídas.

A denúncia apenas terá validade em relação à Potência denunciante.

Não terá efeito algum sobre as obrigações que as Partes no conflito serão obrigadas a respeitar em virtude dos princípios do Direito das Gentes tais como resultam dos usos estabelecidos entre as nações civilizadas, das leis da humanidade e das exigências da consciência pública.

ARTIGO 63.º

O Conselho Federal Suíço fará registar a presente Convenção no Secretariado das Nações Unidas. O Conselho Federal Suíço informará igualmente o Secretariado das Nações Unidas de todas as ratificações, adesões e denúncias que porventura receba a respeito da presente Convenção.

Em fé do que os abaixo assinados, tendo depositado os seus respectivos plenos poderes, assinaram a presente Convenção.

Feito em Genebra, no dia 12 de Agosto de 1949, nas línguas francesa e inglesa, devendo o original ser depositado nos arquivos da Confederação Suíça. O Conselho Federal Suíço remeterá uma cópia autêntica da Convenção a cada um dos Estados signatários, assim como aos Estados que tiverem aderido à Convenção.

2.3. III CONVENÇÃO DE GENEBRA, RELATIVA AO TRATAMENTO DOS PRISIONEIROS DE GUERRA, DE 12 DE AGOSTO DE 1949[18]

Os abaixo assinados, Plenipotenciários dos Governos representantes na conferência diplomática que se reuniu em Genebra, de 21 de Abril a 12 de Agosto de 1949, com o fim de rever a Convenção concluída em Genebra em 27 de Julho de 1929, relativa ao tratamento dos prisioneiros de guerra, acordaram no que se segue:

TÍTULO I
Disposições gerais

ARTIGO 1.º

As Altas Partes contratantes comprometem-se a respeitar e a fazer respeitar a presente Convenção em todas as circunstâncias.

ARTIGO 2.º

Além das disposições que devem entrar em vigor desde o tempo de paz, a presente Convenção será aplicada em caso de guerra declarada ou de qualquer outro conflito armado que possa surgir entre duas ou mais das Altas Partes contratantes, mesmo se o estado de guerra não tiver sido reconhecido por uma delas.

A Convenção aplicar-se-á igualmente em todos os casos de ocupação total ou parcial do território de uma Alta Parte contratante, mesmo que esta ocupação não encontre qualquer resistência militar.

---

[18] Aprovada, para ratificação, pelo Decreto-Lei n.º 42 991, de 26 de Maio de 1960.

Se uma das Potências em conflito não for Parte na presente Convenção, as Potências que nela são partes manter-se-ão, no entanto, ligadas pela referida Convenção nas suas relações recíprocas.

Além disso, elas ficarão ligadas por esta Convenção à referida Potência, se esta aceitar e aplicar as suas disposições.

ARTIGO 3.º

No caso de conflito armado que não apresente um carácter internacional e que ocorra no território de uma das Altas Partes Contratantes, cada uma das Partes no conflito será obrigada, pelo menos, a aplicar as seguintes disposições:

1) As pessoas que não tomem parte directamente nas hostilidades, incluindo os membros das forças armadas que tenham deposto as armas e as pessoas que tenham sido postas fora de combate por doença, ferimentos, detenção ou por qualquer outra causa, serão, em todas as circunstâncias, tratadas com humanidade, sem nenhuma distinção de carácter desfavorável baseada na raça, cor, religião ou crença, sexo, nascimento ou fortuna, ou qualquer outro critério análogo.

Para este efeito, são e manter-se-ão proibidas, em qualquer ocasião e lugar, relativamente às pessoas acima mencionadas:

a) As ofensas contra a vida e a integridade física, especialmente o homicídio sob todas as formas, mutilações, tratamentos cruéis, torturas e suplícios;

b) A tomada de reféns;

c) As ofensas à dignidade das pessoas, especialmente os tratamentos humilhantes e degradantes;

d) As condenações proferidas e as execuções efectuadas sem prévio julgamento realizado por um tribunal regularmente constituído, que ofereça todas as garantias judiciais reconhecidas como indispensáveis pelos povos civilizados.

2) Os feridos e doentes serão recolhidos e tratados. Um organismo humanitário imparcial, como o Comité Internacional da Cruz Vermelha, poderá oferecer os seus serviços às Partes no conflito.

As Partes no conflito esforçar-se-ão também por pôr em vigor por meio de acordos especiais todas ou parte das restantes disposições da presente Convenção.

A aplicação das disposições precedentes não afectará o estatuto jurídico das Partes no conflito.

ARTIGO 4.º

A. São prisioneiros de guerra, no sentido da presente Convenção, as pessoas que, pertencendo a uma das categorias seguintes, tenham caído em poder do inimigo:

1) Os membros das forças armadas de uma Parte no conflito, assim como os membros das milícias e dos corpos de voluntários que façam parte destas forças armadas;

2) Os membros das outras milícias e dos outros corpos de voluntários, incluindo os dos movimentos de resistência organizados, pertencentes a uma Parte no conflito operando fora ou no interior do seu próprio território, mesmo se este território estiver ocupado, desde que estas milícias ou corpos voluntários, incluindo os dos movimentos de resistência organizados, satisfaçam as seguintes condições:

a) Ter à sua frente uma pessoa responsável pelos seus subordinados;
b) Ter um sinal distintivo fixo que se reconheça à distância;
c) Usarem as armas à vista;
d) Respeitarem, nas suas operações, as leis e usos de guerra.

3) Os membros das forças armadas regulares que obedeçam a um Governo ou a uma autoridade não reconhecida pela Potência detentora;

4) As pessoas que acompanham as forças armadas sem fazerem parte delas, tais como os membros civis das tripulações dos aviões militares, correspondentes de guerra, fornecedores, membros das unidades de trabalho ou dos serviços encarregados do bem-estar das forças armadas, desde que tenham recebido autorização das forças armadas que acompanham, as quais lhes deverão fornecer um bilhete de identidade semelhante ao modelo anexo;

5) Membros das tripulações, incluindo os comandantes, pilotos e praticantes da marinha mercante e as tripulações da aviação civil das Partes no conflito que não beneficiem de um tratamento mais favorável em virtude de outras disposições do Direito Internacional;

6) A população de um território não ocupado que, à aproximação do inimigo, pegue espontaneamente em armas, para combater as tropas de invasão, sem ter tido tempo de se organizar em força armada regular, desde que transporte as armas à vista e respeite as leis e costumes da guerra.

B. Beneficiarão também do tratamento reservado pela presente Convenção aos prisioneiros de guerra:

1) As pessoas que pertençam ou tenham pertencido às forças armadas do país ocupado se, em virtude disto, a Potência ocupante, mesmo que as tenha inicialmente libertado enquanto as hostilidades prosseguem fora do território por ela

ocupado, julgar necessário proceder ao seu internamento, em especial depois de uma tentativa não coroada de êxito daquelas pessoas para se juntarem às forças armadas a que pertenciam e que continuam a combater, ou quando não obedeçam a uma imitação que lhes tenha sido feita com o fim de internamento;

2) As pessoas pertencendo a uma das categorias enumeradas neste artigo que as Potências neutras ou não beligerantes tenham recebido no seu território e que tenham de internar em virtude do Direito Internacional, sem prejuízo de qualquer tratamento mais favorável que estas Potências julgarem preferível dar-lhes, e com execução das disposições dos artigos 8.°, 10.°, 15.°, 30.°, 5.° parágrafo, 58.° a 67.°, inclusive, 92.°, 126.° e, quando existam relações diplomáticas entre as Partes no conflito e a Potência neutra ou não beligerante interessada, das disposições que dizem respeito à Potência protectora. Quando estas relações diplomáticas existem, as Partes no conflito de quem dependem estas pessoas serão autorizadas a exercer a respeito delas as funções atribuídas às Potências protectoras pela presente Convenção sem prejuízo das que estas Partes exercem normalmente em virtude dos usos e tratados diplomáticos e consulares.

C. Este artigo não afecta o estatuto do pessoal médico e religioso tal como está previsto no artigo 33.° desta Convenção.

ARTIGO 5.°

A presente Convenção aplicar-se-á às pessoas visadas no artigo 4.° desde o momento em que tenham caído em poder do inimigo até ao momento da sua libertação e repatriamento definitivos.

Se existirem dúvidas na inclusão em qualquer das categorias do artigo 4.° de pessoas que tenham cometido actos de beligerância e que caírem nas mãos do inimigo, estas pessoas beneficiarão da protecção da presente Convenção, aguardando que o seu estatuto seja fixado por um tribunal competente.

ARTIGO 6.°

Em complemento dos acordos expressamente previstos pelos artigos 10.°, 23.°, 28.°, 33.°, 60.°, 65.°, 66.°, 67.°, 72.°, 73.°, 75.°, 109.°, 110.°, 118.°, 119.°, 122.° e 132.°, as Altas Partes contratantes poderão concluir outros acordos especiais para todos os assuntos que lhes pareça conveniente regularmente particularmente. Nenhum acordo especial poderá prejudicar a situação dos prisioneiros, tal como está regulada pela presente Convenção, nem restringir os direitos que esta lhes confere.

Os prisioneiros de guerra continuarão a beneficiar destes acordos pelo tempo que a Convenção lhes for aplicável, salvo no caso de determinações precisas em

Direito Internacional Humanitário 69

contrário contidas nos referidos acordos ou em acordos ulteriores, ou no caso de terem sido tomadas medidas mais favoráveis a seu respeito por uma ou outra das Partes no conflito.

ARTIGO 7.º

Os prisioneiros de guerra não poderão em caso algum renunciar parcial ou totalmente aos direitos que lhes são assegurados pela presente Convenção ou, quando for o caso, pelos acordos especiais referidos no artigo precedente, se existirem.

ARTIGO 8.º

Esta Convenção será aplicada com a cooperação e fiscalização das Potências protectoras encarregadas de salvaguardar os interesses das Partes no conflito. Para este efeito, as Potências protectoras poderão nomear, fora do seu pessoal diplomático ou consular, delegados entre os seus próprios súbditos ou entre súbditos de outras Potências neutras. Estes delegados deverão ter a aprovação da Potência junto da qual exercerão a sua missão.

As Partes no conflito facilitarão, o mais possível, a missão dos representantes ou delegados das Potências protectoras. Os representantes ou delegados das Potências protectoras não deverão em caso algum ultrapassar os limites da sua missão, como estipula a presente Convenção. Deverão, principalmente, ter em conta as necessidades imperiosas de segurança do Estado junto do qual exercem as suas funções.

ARTIGO 9.º

As disposições da presente Convenção não constituem obstáculo às actividades humanitárias que o Comité Internacional da Cruz Vermelha ou qualquer outra organização humanitária imparcial possam pôr em prática para a protecção dos prisioneiros de guerra e socorro a prestar-lhes, sujeitas a acordo das respectivas Partes no conflito.

ARTIGO 10.º

As Partes contratantes poderão, em qualquer ocasião, acordar em confiar a um organismo que ofereça todas as garantias de imparcialidade e de eficácia as missões que competem pela presente Convenção às Potências protectoras.

Quando os prisioneiros de guerra não beneficiem ou deixem de beneficiar, qualquer que seja a razão, das actividades de uma Potência protectora ou de um organismo designado em conformidade com o primeiro parágrafo, a Potência detentora deverá pedir a um Estado neutro ou a um tal organismo, para assumir as funções atribuídas pela presente Convenção às Potências protectoras designadas pelas partes no conflito.

Se a protecção não puder ser assegurada deste modo, a Potência detentora pedirá a um organismo humanitário, tal como o Comité Internacional da Cruz Vermelha, que tome a seu cargo as missões humanitárias atribuídas pela presente Convenção às Potências protectoras ou aceitará, sob reserva das disposições deste artigo, a oferta de serviços feita por aquele organismo.

Qualquer Potência neutra ou todo o organismo convidado pela Potência interessada ou que se ofereça para os fins atrás designados deverá, no exercício da sua actividade, ter a consciência da sua responsabilidade para com a Parte no conflito da qual dependem as pessoas protegidas pela presente Convenção e deverá fornecer garantias bastantes de capacidade para assumir as funções em questão e desempenhá-las com imparcialidade.

Não poderão ser alteradas as disposições precedentes por acordo particular entre as Potências das quais uma se encontre, mesmo temporariamente, perante a outra Potência ou seus aliados limitada na sua liberdade de negociar em consequência dos acontecimentos militares, especialmente no caso de uma ocupação de totalidade ou de uma parte importante do seu território.

Sempre que na presente Convenção se faz alusão a uma Potência protectora, esta alusão designa igualmente os organismos que a substituem no espírito do presente artigo.

ARTIGO 11.º

Em todos os casos em que as Potências protectoras o julgarem útil no interesse das pessoas protegidas, especialmente pelo que respeita à aplicação ou interpretação das disposições da presente Convenção, as referidas potências prestarão os seus bons ofícios com vista à regularização do desacordo.

Para este efeito, cada uma das potências protectoras poderá, a convite de uma Parte ou por sua própria iniciativa, propor às Partes no conflito uma reunião dos seus representantes e, em particular, das autoridades responsáveis pela situação dos prisioneiros de guerra, possivelmente num território neutro, convenientemente escolhido. As Partes no conflito serão obrigadas a dar seguimento às propostas que lhes forem feitas neste sentido.

As Potências protectoras poderão, se for necessário, submeter à aprovação das Partes no conflito o nome de uma personalidade pertencente a uma Potência neutra ou delegada pelo Comité Internacional da Cruz Vermelha, que será convidada a tomar parte nesta reunião.

TÍTULO II
Protecção geral aos prisioneiros de guerra

ARTIGO 12.º

Os prisioneiros de guerra ficam em poder da Potência inimiga, e não dos indivíduos ou corpos de tropas que os capturarem. Independentemente das responsabilidades individuais que possam existir, a Potência detentora é responsável pelo tratamento que lhes é aplicado. Os prisioneiros de guerra não podem ser transferidos pela Potência detentora senão para uma Potência que seja parte na presente Convenção e depois de a Potência detentora se ter assegurado de que a outra Potência está disposta e em condições de aplicar a Convenção.

Quando os prisioneiros são transferidos nestas condições, a responsabilidade pela aplicação da Convenção é da Potência que aceitou recebê-los, durante o tempo em que eles lhe estiverem confiados.

No entanto, se esta Potência faltar às suas obrigações no cumprimento das disposições da Convenção sobre qualquer ponto importante, a Potência que transferiu os prisioneiros de guerra deve, depois de uma notificação à Potência protectora, tomar medidas eficazes para remediar a situação ou pedir que lhe sejam restituídos os prisioneiros de guerra. Tais pedidos deverão ser satisfeitos.

ARTIGO 13.º

Os prisioneiros de guerra devem ser sempre tratados com humanidade. É proibido, e será considerado como uma infracção à presente Convenção, todo o acto ou omissão ilícita da parte da Potência detentora que tenha como consequência a morte ou ponha em grave perigo a saúde de um prisioneiro de um prisioneiro de guerra em seu poder. Em especial, nenhum prisioneiro de guerra poderá ser submetido a uma mutilação física ou a uma experiência médica ou científica de qualquer natureza que não seja justificada pelo tratamento médico do prisioneiro referido e no seu interesse.

Os prisioneiros de guerra devem também ser sempre protegidos, principalmente contra todos os actos de violência ou de intimidação, contra os insultos e a curiosidade pública.

São proibidas as medidas de represália contra os prisioneiros de guerra.

ARTIGO 14.º

Os prisioneiros de guerra têm direito, em todas as circunstâncias, ao respeito da sua pessoa e da sua honra.

As mulheres devem ser tratadas com todo o respeito devido ao seu sexo e beneficiar em todos os casos de um tratamento tão favorável como o que é dispensado aos homens.

Os prisioneiros de guerra conservam a sua plena capacidade civil igual à que tinham no momento de serem feitos prisioneiros. A Potência detentora não poderá limitar-lhes o exercício daquela, quer no seu território quer fora, senão na medida em que o cativeiro o exigir.

ARTIGO 15.º

A Potência detentora dos prisioneiros de guerra será obrigada a prover gratuitamente ao seu sustento e a dispensar-lhes os cuidados médicos de que necessite o seu estado de saúde.

ARTIGO 16.º

Tendo em consideração as disposições da presente Convenção relativas à graduação e ao sexo, e sob reserva de todo o tratamento privilegiado que possa ser dispensado aos prisioneiros de guerra em virtude do seu estado de saúde, da sua idade e das suas aptidões profissionais, os prisioneiros devem ser todos tratados da mesma maneira pela Potência detentora, sem qualquer distinção de carácter desfavorável, de raça, nacionalidade, religião, opiniões políticas ou outra baseada em critérios análogos.

TÍTULO III

Cativeiro

SECÇÃO I

Início do cativeiro

ARTIGO 17.º

Todo o prisioneiro de guerra, quando interrogado, é obrigado a dar o seu nome, apelido e prenomes, graduação, data do seu nascimento e o seu número de matrícula e, na falta desta, uma indicação equivalente.

No caso de ele, voluntariamente, infringir esta disposição sujeita-se a uma restrição das vantagens concedidas aos prisioneiros com a mesma graduação ou o mesmo estatuto.

Cada Parte no conflito deverá fornecer a qualquer pessoa colocada sob a sua jurisdição que seja susceptível de vir a ser considerada prisioneira de guerra um bilhete de identidade indicando o apelido, nome e prenomes, graduação, número de matrícula ou indicação equivalente e a data de nascimento. Este bilhete de identidade poderá também ter a assinatura ou as impressões digitais ou ambas, assim como todas as outras indicações que as Partes no conflito possam querer juntar no que respeita aos indivíduos pertencentes às suas forças armadas. Tanto quanto possível medirá 6,5 cm x 10 cm e será em duplicado. O prisioneiro de guerra deverá apresentar este bilhete de identidade quando lhe for pedido, mas em nenhum caso lhe poderá ser tirado.

Nenhuma tortura física ou moral, nem qualquer outra medida coerciva poderá ser exercida sobre os prisioneiros de guerra para obter deles informações de qualquer espécie. Os prisioneiros que se recusem a responder não poderão ser ameaçados, insultados ou expostos a um tratamento desagradável ou inconveniente de qualquer natureza.

Os prisioneiros de guerra que se encontrem incapazes, em virtude do seu estado físico ou mental, de dar a sua identidade serão confiados ao serviço de saúde.

A identidade destes prisioneiros será estabelecida por todos os meios possíveis, sob reserva das disposições do parágrafo anterior.

O interrogatório dos prisioneiros de guerra realizar-se-á numa língua que eles compreendam.

ARTIGO 18.º

Todos os artigos e objectos de uso pessoal – excepto armas, cavalos, equipamento militar e documentos militares – conservar-se-ão na posse dos prisioneiros de guerra, assim como os capacetes metálicos, máscaras contra gases e todos os outros artigos que lhes forem entregues para a sua protecção pessoal. Conservar-se-ão igualmente na sua posse os artigos e objectos utilizados para se vestir ou alimentar, mesmo que estes pertençam ao seu equipamento militar oficial. Os prisioneiros de guerra não deverão estar nunca sem os seus documentos de identidade.

A Potência detentora fornecerá tais documentos àqueles que os não possuam.

Não poderão ser tirados aos prisioneiros de guerra os distintivos de posto e da nacionalidade, nem as condecorações e os objectos que tenham especialmente um valor pessoal ou sentimental.

As quantias na posse dos prisioneiros de guerra não lhes poderão ser tiradas senão por ordem de um oficial e depois de ter sido mencionado num registo especial o montante destas quantias, indicando o seu possuidor, e depois de este ter recebido um recibo detalhado com a indicação legível do nome, graduação e unidade da pessoa que tiver passado o referido recibo. As quantias na moeda da Potência detentora ou que, a pedido do prisioneiro, sejam convertidas nesta moeda serão levadas a crédito da conta do prisioneiro, conforme o artigo 64.º

Uma Potência detentora não poderá retirar aos prisioneiros de guerra objectos de valor senão por razões de segurança. Neste caso, o processo a ser utilizado será o mesmo que quando lhe são retiradas quantias em dinheiro. Esses objectos, assim como as quantias retiradas que não estejam na moeda da Potência detentora e cuja conversão o possuidor não tenha pedido deverão ser guardadas por esta Potência e entregues ao prisioneiro no fim do cativeiro, na sua forma inicial.

ARTIGO 19.º

Os prisioneiros de guerra serão evacuados, no mais curto prazo possível, depois da sua captura para campos situados bastante longe da área de combate, onde estejam fora de perigo.

Não poderão ser mantidos, mesmo temporariamente, numa zona perigosa senão os prisioneiros de guerra que, em virtude dos seus ferimentos ou doença, corram maiores riscos em ser evacuados do que permanecendo nessa zona.

Os prisioneiros de guerra não serão inutilmente expostos ao perigo enquanto aguardarem a sua evacuação de uma zona de combate.

ARTIGO 20.º

A evacuação dos prisioneiros de guerra efectuar-se-á sempre com humanidade e em condições semelhantes àquelas em que são efectuados os deslocamentos das forças da Potência detentora.

A Potência detentora fornecerá aos prisioneiros de guerra evacuados água potável e alimentação suficiente, assim como fatos e os cuidados médicos necessários; ela tomará todas as precauções úteis para garantir a sua segurança durante a evacuação e organizará, o mais cedo possível, relações dos prisioneiros evacuados.

Se os prisioneiros de guerra devem passar, durante a evacuação, por campos de trânsito, a sua permanência nestes campos será o mais curta possível.

Direito Internacional Humanitário 75

SECÇÃO II
Internamento dos prisioneiros de guerra

CAPÍTULO I
Generalidades

ARTIGO 21.º

A Potência detentora poderá submeter os prisioneiros de guerra ao internamento. Poderá impor-lhes a obrigação de se não afastarem além de um certo limite do campo em que estão internados e, se o campo é vedado, de não ultrapassarem a vedação. Sob reserva das disposições da presente convenção relativa às sanções penais e disciplinares, estes prisioneiros não poderão ser encarcerados ou detidos, a não ser quando for necessário para salvaguardar a sua saúde, e neste caso só enquanto durarem as circunstâncias que tornarem essa situação necessária.

Os prisioneiros de guerra poderão ser postos parcial ou totalmente em liberdade sob palavra ou por compromisso, até ao ponto em que tal lhes for permitido pela lei da Potência de que dependerem. Esta medida será tomada principalmente nos casos em que ela pode contribuir para o melhoramento do estado de saúde dos prisioneiros. Nenhum prisioneiro poderá ser obrigado a aceitar a liberdade sob palavra ou compromisso.

Desde o início das hostilidades, cada Parte no conflito notificará a parte adversa das leis e regulamentos que permitem ou proíbem aos seus súbditos aceitar a liberdade sob palavra ou compromisso. Os prisioneiros postos em liberdade sob palavra ou compromisso conforme as leis e regulamentos assim notificados serão obrigados, sob a sua honra pessoal, a cumprir escrupulosamente, tanto para com a Potência de quem dependem como para com a que os fez prisioneiros, os compromissos que tomaram. Em tais casos a Potência de quem eles dependem não poderá exigir nem aceitar deles nenhuns serviços contrários à palavra ou ao compromisso dados.

ARTIGO 22.º

Os prisioneiros de guerra não poderão ser internados senão em locais situados em terra firme que ofereçam todas as garantias de higiene e de salubridade; salvo em casos especiais justificados pelo interesse próprio dos prisioneiros, eles não poderão ser internados em penitenciárias.

Os prisioneiros de guerra internados em regiões doentias ou onde o clima lhes é prejudicial serão transferidos o mais depressa possível para um clima mais favorável.

A Potência detentora agrupará os prisioneiros de guerra em campos ou secções de campos tendo em conta a sua nacionalidade, a sua língua e os seus costumes, sob reserva de que estes prisioneiros não sejam separados dos prisioneiros de guerra pertencentes às forças armadas em que eles serviam à data da sua captura, a não ser com a sua aquiescência.

ARTIGO 23.º

Nenhum prisioneiro de guerra poderá ser, seja em que ocasião for, enviado ou retido num local em que esteja exposto ao fogo da zona de combate, nem ser utilizado para pôr, devido à sua presença, certos pontos ou regiões ao abrigo das operações militares.

Os prisioneiros de guerra disporão, no mesmo grau que a população civil local, de abrigos contra os bombardeamentos aéreos e outros perigos de guerra; à excepção daqueles que participarem na protecção dos seus acampamentos contra estes perigos, poderão abrigar-se tão rapidamente quanto possível, desde que o alerta seja dado. Qualquer outra medida de protecção que seja tomada a favor da população ser-lhes-á igualmente aplicada. As Potências detentoras comunicarão reciprocamente por intermédio das Potências protectoras, todas as indicações úteis sobre a situação geográfica dos campos de prisioneiros de guerra.

Sempre que as considerações de ordem militar o permitam, os campos de prisioneiros de guerra serão sinalizados de dia, por meio das letras P. G. ou P. W., colocadas de maneira a serem vistas distintamente do ar; no entanto as Potências interessadas poderão acordar num outro meio de sinalização. Só os campos de prisioneiros de guerra poderão ser sinalizados desta maneira.

ARTIGO 24.º

Os campos de trânsito ou de triagem de carácter permanente serão preparados em condições semelhantes às previstas nesta secção e os prisioneiros de guerra aí beneficiarão do mesmo regime que nos outros campos.

Direito Internacional Humanitário

CAPÍTULO II

Alojamento, alimentação e vestuário dos prisioneiros de guerra

ARTIGO 25.º

Os prisioneiros de guerra serão alojados em condições semelhantes às das tropas da Potência detentora instaladas na mesma região. Estas condições devem estar de acordo com os hábitos e costumes dos prisioneiros e não deverão em caso algum prejudicar a sua saúde.

As disposições precedentes aplicar-se-ão principalmente aos dormitórios dos prisioneiros de guerra, quer no que diz respeito à superfície total e ao volume de ar mínimo, quer quanto às instalações gerais e material de dormir, compreendendo os cobertores.

Os locais destinados a ser utilizados, tanto individual como colectivamente, pelos prisioneiros de guerra deverão estar inteiramente ao abrigo da humidade, suficientemente aquecidos e iluminados, principalmente entre o anoitecer e o amanhecer. Deverão ser tomadas todas as precauções contra os perigos de incêndio.

Em todos os campos em que as prisioneiras de guerra se encontrem instaladas juntamente com prisioneiros deverão ser-lhes reservados dormitórios separados.

ARTIGO 26.º

A ração alimentar diária básica será suficiente, em quantidade, qualidade e variedade, para manter os prisioneiros de boa saúde e impedir uma perda de peso ou o desenvolvimento de doenças por carência de alimentação. Ter-se-á igualmente em conta o regime a que estão habituados os prisioneiros.

A Potência detentora fornecerá aos prisioneiros de guerra que trabalham os suplementos de alimentação necessários para o desempenho dos trabalhos em que estão empregados.

Será fornecida aos prisioneiros de guerra água potável suficiente e será autorizado o uso do tabaco.

Os prisioneiros de guerra serão associados na medida do possível à preparação das suas refeições. Eles podem ser empregados nas cozinhas para este efeito. Ser-lhes-ão também dados os meios necessários para eles próprios prepararem a alimentação suplementar em seu poder.

Ser-lhes-ão fornecidos locais apropriados para servirem de messe e de refeitório.

São proibidas todas as medidas disciplinares colectivas afectando a alimentação.

ARTIGO 27.º

Pela Potência detentora serão fornecidos aos prisioneiros de guerra, em quantidade suficiente, fatos, roupa branca e calçado tendo em consideração o clima da região onde se encontram. Os uniformes dos exércitos inimigos capturados pela Potência detentora serão utilizados para vestuário dos prisioneiros de guerra, se forem próprios para o clima do país.

A substituição e conserto destes artigos serão assegurados regularmente pela Potência detentora. Além disto, os prisioneiros de guerra que trabalham receberão um fato próprio sempre que a natureza do trabalho o exigir.

ARTIGO 28.º

Em todos os campos serão instalados cantinas, onde os prisioneiros de guerra poderão adquirir produtos alimentares, objectos de uso diário, sabão, tabaco, cujo preço de venda nunca deverá ser superior ao preço do comércio local.

Os lucros das cantinas serão utilizados em benefício dos prisioneiros de guerra, sendo criado, para este efeito, um fundo especial. Um representante dos prisioneiros terá direito a colaborar na direcção da cantina e na administração do fundo. Quando da dissolução do campo, o saldo credor do fundo especial será entregue a uma organização humanitária internacional para ser empregado em benefício dos prisioneiros de guerra da mesma nacionalidade que aqueles que contribuíam para constituir este fundo.

Em caso de repatriamento geral, estes lucros serão conservados pela Potência detentora, salvo acordo em contrário concluído entre as Potências interessadas.

CAPÍTULO III

Higiene e cuidados médicos

ARTIGO 29.º

A Potência detentora será obrigada a tomar todas as medidas de higiene necessárias para assegurar a limpeza e a salubridade dos campos e para impedir as epidemias.

Os prisioneiros de guerra disporão, dia e noite, de instalações em conformidade com as regras de higiene e mantidas em permanente estado de limpeza. Nos campos em que haja prisioneiras de guerra deverá haver instalações separadas.

Direito Internacional Humanitário 79

Também, sem prejuízo dos banhos e dos duches que pertencem aos campos, será fornecido aos prisioneiros de guerra água e sabão em quantidade suficiente para os seus cuidados diários de limpeza corporal e para lavagem da sua roupa; para este efeito ser-lhes-ão dadas instalações, facilidades e o tempo que for considerado necessário.

ARTIGO 30.º

Cada campo possuirá uma enfermaria adequada, onde os prisioneiros de guerra receberão os cuidados de que possam necessitar, assim como um regime alimentar apropriado. Em caso de necessidade haverá locais de isolamento destinados aos doentes atacados de doenças contagiosas ou mentais.

Os prisioneiros de guerra atacados de uma doença grave ou cujo estado necessite de um tratamento especial, uma intervenção cirúrgica ou hospitalização deverão ser admitidos em qualquer formação militar ou civil qualificada para os tratar, mesmo que o seu repatriamento seja previsto para um futuro próximo. Serão dadas facilidades especiais para os cuidados a dispensar aos inválidos, em especial aos cegos, e para a sua reeducação, enquanto esperam o seu repatriamento. Os prisioneiros de guerra serão tratados de preferência por um pessoal médico da Potência de que dependem e, se possível, da sua nacionalidade.

Os prisioneiros de guerra não poderão ser impedidos de se apresentarem às autoridades médicas para serem examinados.

As autoridades detentoras enviarão, a pedido, a todo o prisioneiro tratado uma declaração oficial indicando a natureza dos ferimentos ou da sua doença, a duração do tratamento e os cuidados recebidos. Um duplicado destas declarações será enviado à Agência central dos prisioneiros de guerra.

As despesas de tratamento, incluindo as que forem feitas com qualquer aparelho necessário à conservação dos prisioneiros de guerra em bom estado de saúde, principalmente aparelhos de próteses dentárias ou outras e óculos, estarão a cargo da Potência detentora.

ARTIGO 31.º

Serão feitas, pelo menos uma vez por mês, inspecções médicas aos prisioneiros de guerra. Estas inspecções compreenderão a fiscalização e o registo do peso de cada prisioneiro. Terão por objectivo, em especial, verificar o estado geral de saúde e de nutrição, o estado de limpeza do prisioneiro, assim como descobrir as doenças contagiosas, especialmente a tuberculose, o paludismo e as doenças venéreas. Para este efeito, serão empregados os meios mais eficientes disponíveis, como a radiografia periódica em série, com microfilmes para a descoberta da tuberculose no seu início.

ARTIGO 32.º

Os prisioneiros de guerra que, apesar de não terem pertencido ao serviço de saúde das suas forças armadas, sejam médicos, dentistas, enfermeiros ou enfermeiras, poderão ser requisitados pela Potência detentora para exercerem as suas funções médicas no interesse dos prisioneiros de guerra que dependem da mesma Potência.

Neste caso continuarão a ser prisioneiros de guerra, mas deverão, no entanto, ser tratados da mesma maneira que o pessoal médico retido pela Potência detentora. Eles serão dispensados de qualquer outro trabalho que lhes possa ser imposto, nos termos do artigo 49.º

CAPÍTULO IV

Pessoal médico e religioso destinado à assistência dos prisioneiros de guerra

ARTIGO 33.º

O pessoal do serviço de saúde e os capelães enquanto em poder da Potência detentora com o fim de darem assistência aos prisioneiros de guerra não serão considerados como prisioneiros de guerra. No entanto, beneficiarão, pelo menos, de todas as vantagens e da protecção da presente Convenção, assim como de todas as facilidades necessárias que lhes permitam levar os seus cuidados médicos e o seu auxílio religioso aos prisioneiros de guerra.

Continuarão a exercer, dentro das leis e regulamentos militares da Potência detentora, sob a autoridade dos seus serviços competentes e de acordo com a sua consciência profissional, as suas funções médicas ou espirituais em benefício dos prisioneiros de guerra pertencentes de preferência às forças armadas a que pertenciam.

Beneficiarão também para o exército da sua missão médica ou espiritual, das facilidades seguintes:

a) Serão autorizados a visitar periodicamente os prisioneiros de guerra que estejam em destacamentos de trabalho ou em hospitais situados fora do campo. A Autoridade detentora porá à sua disposição, para este efeito, os meios de transporte necessários;

b) Em cada campo, o médico militar de posto mais elevado ou o mais antigo no mesmo posto será responsável junto das autoridades militares do campo por tudo que diz respeito à actividade do pessoal do serviço de saúde retido.

Para este efeito, as Partes no conflito entender-se-ão desde o início das hostilidades sobre a correspondência dos postos do seu pessoal do serviço de saúde, incluindo o das sociedades citadas no artigo 26.º da Convenção de Genebra para melhorar as condições dos feridos e dos doentes das forças armadas em campanha de 12 de Agosto de 1949. O oficial médico mais graduado assim como os capelães terão o direito de tratar com as Autoridades competentes do campo todos os assuntos relativos ao seu serviço. Estar dar-lhe-ão todas as facilidades necessárias para a correspondência relativa a estes assuntos;

c) Ainda que submetido à disciplina interna do campo no qual se encontre, o pessoal retido não poderá ser adstrito a nenhum trabalho estranho à sua missão médica ou religiosa.

No decurso das hostilidades as Partes no conflito, entender-se-ão relativamente à substituição eventual do pessoal retido e fixarão as modalidades.

Nenhuma das disposições precedentes dispensa a Potência detentora das obrigações que lhe competem para com os prisioneiros de guerra nos domínios sanitário e espiritual.

CAPÍTULO V

Religião, actividades intelectuais e físicas

ARTIGO 34.º

Os prisioneiros de guerra beneficiarão de completa liberdade para o exercício da sua religião, incluindo a assistência aos ofícios do seu culto, desde que se conformem com as medidas de disciplina normais prescritas pela autoridade militar.

Serão reservados locais apropriados para os ofícios religiosos.

ARTIGO 35.º

Os capelães que caiam nas mãos da Potência inimiga e que fiquem retidos ou que sejam destinados a assistir aos prisioneiros de guerra serão autorizados a levar-lhes auxílio do seu ministério e a exercê-lo livremente entre os prisioneiros de guerra da mesma religião, de acordo com a sua consciência religiosa. Serão divididos pelos diferentes campos e destacamentos de trabalho onde estejam prisioneiros de guerra pertencentes às mesmas forças armadas, falando a mesma língua ou professando a mesma religião. Beneficiarão das facilidades necessárias e, em particular, dos meios de transporte previstos no artigo 33.° para visitar os prisioneiros de guerra fora do campo. Gozarão da liberdade de correspondência, sujeita à censura, para os actos religiosos do seu ministério, com as autoridades eclesiásticas no país de detenção e as organizações religiosas internacionais. As cartas e bilhetes que enviem com este fim irão juntar-se ao contingente previsto no artigo 71.°

ARTIGO 36.°

Os prisioneiros de guerra que sejam ministros de um culto sem terem sido capelães no seu próprio exército receberão autorização, qualquer que seja o seu culto, para o exercer livremente entre os da sua comunidade. Serão tratados, para este efeito, como capelães retidos pela Potência detentora. Não serão destinados a nenhum outro trabalho.

ARTIGO 37.°

Quando os prisioneiros de guerra não disponham de assistência de um capelão retido ou de um prisioneiro ministro do seu culto, será nomeado, a pedido dos prisioneiros interessados, para desempenhar esta missão, um ministro pertence à sua confissão ou de uma confissão semelhante, ou, na sua falta, um laico quali-ficado, quando isto for possível sob o ponto de vista confessional. Esta nomeação, submetida à aprovação da Potência detentora, será feita de acordo com a comu-nidade dos prisioneiros interessados, quando e onde for necessário, com a aprovação das autoridades religiosas locais da mesma confissão. A pessoa assim nomeada deverá conformar-se com todos os regulamentos estabelecidos pela Potência detentora no interesse da disciplina e da segurança militar.

ARTIGO 38.°

Respeitando as preferências individuais de cada prisioneiro, a Potência detentora encorajará as actividades intelectuais, educativas, recreativas e desportivas dos prisioneiros de guerra; tomará as medidas necessárias para assegurar o exercício daquelas actividades pondo à sua disposição locais adequados e o equipamento necessário.

Os prisioneiros de guerra deverão ter a possibilidade de se dedicar aos exercícios físicos, incluindo desportos e jogos, e beneficiar do ar livre. Para este uso serão reservados espaços livres em todos os campos.

CAPÍTULO VI
Disciplina

ARTIGO 39.º

Cada campo de prisioneiros de guerra será colocado sob a autoridade directa de um oficial responsável pertencente às forças regulares da Potência detentora.

Este oficial possuirá o texto desta Convenção, assegurar-se-á de que todas estas disposições sejam conhecidas do pessoal que está sob as suas ordens e será responsável pela sua aplicação, sob a fiscalização do seu governo.

Os prisioneiros de guerra, com excepção de oficiais, deverão cumprimentar e manifestar as provas de respeito previstas pelos regulamentos em vigor no seu próprio exército a todos os oficiais da Potência detentora.

Os oficiais prisioneiros de guerra só serão obrigados a cumprimentar os oficiais de grau superior desta Potência; no entanto, eles serão obrigados a cumprimentar o comandante do campo qualquer que seja o seu posto.

ARTIGO 40.º

Será autorizado o uso de distintivos dos postos e da nacionalidade, assim como das condecorações.

ARTIGO 41.º

Em cada campo serão afixados, na língua dos prisioneiros de guerra, em lugares onde possam ser consultados por todos os prisioneiros, o texto da presente Convenção, os seus anexos e todos os acordos especiais previstos no artigo 6.º Serão fornecidas cópias, a pedido, a todos os prisioneiros que se encontrem impossibilitados de tomar conhecimento dos textos afixados.

Os regulamentos, ordens, avisos e publicações de toda a natureza relativos à conduta dos prisioneiros de guerra ser-lhes-ão distribuídos numa língua que eles compreendam; serão afixados nas condições previstas e serão também entregues alguns exemplares ao representante dos prisioneiros. Todas as ordens e instruções dadas individualmente aos prisioneiros deverão igualmente ser dadas numa língua que eles compreendam.

ARTIGO 42.º

O uso das armas contra os prisioneiros de guerra, em especial contra aqueles que se evadam ou tentem evadir-se, constituirá um meio extremo, sempre precedido de avisos apropriados às circunstâncias.

CAPÍTULO VII
Postos dos prisioneiros de guerra

ARTIGO 43.º

Desde o início das hostilidades, as Partes no conflito comunicarão reciprocamente os títulos e as graduações de todas as entidades mencionadas no artigo 4.º da presente Convenção, com o fim de assegurar a igualdade de tratamento entre os prisioneiros de graduação equivalente; se os títulos ou graduações forem criados posteriormente, serão objecto de uma comunicação análoga.

A Potência detentora reconhecerá as promoções dos prisioneiros de guerra que lhe sejam devidamente comunicadas pela Potência de que dependem.

ARTIGO 44.º

Os oficiais e equiparados prisioneiros de guerra serão tratados com as atenções devidas ao seu posto e idade.

Com o fim de assegurar o serviço dos campos de oficiais serão destacados, em número suficiente, tendo em conta a quantidade de oficiais e de equiparados, soldados prisioneiros de guerra das mesmas forças armadas falando a mesma língua. Estes soldados não poderão ser destinados a outro trabalho.

Será facilitada por todas as formas a gerência da messe pelos próprios oficiais.

ARTIGO 45.º

Os prisioneiros de guerra que não sejam oficiais ou equiparados serão tratados com o respeito devido à sua graduação e idade.

Será facilitada por todas as formas a gerência da messe pelos próprios oficiais.

CAPÍTULO VIII
Transferência dos prisioneiros de guerra
depois da sua chegada a um campo

ARTIGO 46.º

A Potência detentora, quando decidir a transferência de prisioneiros de guerra, deverá considerar os interesses dos próprios prisioneiros, tendo em vista, principalmente, não aumentar as dificuldades do seu repatriamento.

A transferência dos prisioneiros de guerra efectuar-se-á sempre com humanidade e em condições que não deverão ser menos favoráveis que aquelas de que beneficiem as tropas da Potência detentora nos seus deslocamentos. Ter-se-á sempre em conta as condições climáticas a que os prisioneiros de guerra estão acostumados e que a transferência não seja em nenhum caso prejudicial à sua saúde.

A Potência detentora fornecerá aos prisioneiros de guerra, durante a transferência, água potável e alimentação em quantidade suficiente para os manter em boa saúde, assim como vestuário, alojamento e a assistência médica necessária. Tomará todas as precauções adequadas, principalmente em caso de transporte por mar ou pelo ar, para garantir a sua segurança durante a transferência e organizará, antes da partida, a relação completa dos prisioneiros transferidos.

ARTIGO 47.º

Os prisioneiros de guerra doentes ou feridos não serão transferidos desde que a sua doença possa ser comprometida pela viagem, a não ser que a sua segurança o exija imperativamente.

Se a frente de combate se aproxima dum campo, os prisioneiros de guerra deste campo só serão transferidos se a sua transferência se puder fazer em condições de segurança suficientes, ou se correm maiores riscos ficando do que sendo transferidos.

ARTIGO 48.º

Em caso de transferência, os prisioneiros de guerra serão avisados oficialmente da sua partida e da sua nova direcção postal; este aviso ser-lhes-á feito com antecedência necessária para poderem preparar as suas bagagens e prevenir a família.

Serão autorizados a levar consigo os objectes de uso pessoal, correspondência e as encomendas que lhes tiverem sido dirigidas; o peso destes artigos poderá ser limitado, se as condições de transferência assim o exigirem, ao peso que o prisioneiro poderá normalmente transportar, mas em caso algum o peso autorizado ultrapassará 25 Kg.

A correspondência e as encomendas dirigidas para o seu antigo campo ser-lhe-ão remetidas sem demora. O comandante do campo tomará, de acordo com o representante dos prisioneiros, as medidas necessárias para assegurar a transferência dos bens colectivos dos prisioneiros de guerra e das bagagens que os prisioneiros não possam transportar consigo em virtude da limitação imposta pelo segundo parágrafo do presente artigo.

As despesas derivadas das transferências estarão a cargo da Potência detentora.

SECÇÃO III
Trabalho dos prisioneiros de guerra

ARTIGO 49.º

A Potência detentora poderá empregar os prisioneiros de guerra válidos como trabalhadores, tendo em conta a sua idade, sexo, graduação e aptidões físicas, com o fim de os manter em bom estado de saúde física e moral.

Os sargentos não poderão ser encarregados senão de trabalhos de vigilância. Aqueles que não sejam encarregados destes trabalhos poderão pedir outro que lhes convenha, devendo procurar-se que sejam satisfeitos os seus desejos.

Se os oficiais ou equiparados pedem um trabalho que lhes convenha, procurar-se-á arranjar lho na medida do possível. Eles não poderão em caso algum ser obrigados a trabalhar.

ARTIGO 50.º

Além dos trabalhos que dizem respeito à administração, instalação ou manutenção do seu campo, os prisioneiros de guerra só poderão ser obrigados à execução de trabalhos pertencentes às seguintes categorias:

a) Agricultura;
b) Indústrias produtoras, extractoras, manufactoras, à excepção das indústrias metalúrgicas, mecânicas e químicas, trabalhos públicos e de edificações de carácter militar ou para fins militares;
c) Transportes e manutenção sem carácter ou fim militar;
d) Actividades comerciais ou artísticas;
e) Serviços domésticos;
f) Serviços públicos sem carácter ou fim militar.

No caso de violação das disposições precedentes, é permitido aos prisioneiros de guerra apresentarem as suas reclamações, em conformidade com o artigo 78.º

ARTIGO 51.º

Os prisioneiros de guerra deverão beneficiar de condições de trabalho convenientes, especialmente no que diz respeito a alojamento, alimentação, vestuário e equipamento; estas condições não devem ser inferiores às que são reservadas aos súbditos da Potência detentora empregados em trabalhos semelhantes; serão igualmente consideradas as condições climáticas.

A Potência detentora que utiliza o trabalho dos prisioneiros de guerra assegurará, nas regiões em que trabalham estes prisioneiros, a aplicação das leis nacionais sobre a protecção do trabalho, e mais particularmente regulamentos sobre a segurança dos trabalhadores.

Os prisioneiros de guerra deverão receber instrução e ser providos dos meios de protecção apropriados ao trabalho que vão desempenhar e semelhantes aos previstos para os súbditos da Potência detentora. Sob reserva das disposições do artigo 52.º, os prisioneiros poderão ser submetidos aos riscos normais a que estão sujeitos os trabalhadores civis.

Em caso algum as condições de trabalho podem ser tornadas mais duras devido a medidas disciplinares.

ARTIGO 52.º

A não ser voluntariamente, nenhum prisioneiro de guerra poderá ser empregado em trabalhos de carácter insalubre ou perigoso. Nenhum prisioneiro de guerra poderá ser destinado a um trabalho considerado humilhante para um membro das forças armadas da Potência detentora.

A remoção de minas e de outros engenhos análogos será considerado como um trabalho perigoso.

ARTIGO 53.º

A duração do trabalho diário dos prisioneiros de guerra, incluindo o trajecto de ida e regresso, não será excessiva e não deverá em caso algum exceder a admitida para os trabalhadores civis da região súbditos da Potência detentora empregados no mesmo trabalho.

Será dado obrigatoriamente aos prisioneiros de guerra, no meio do dia, um descanso de uma hora, pelo menos; este descanso será o mesmo que o atribuído aos trabalhadores da Potência detentora se este for de maior duração. Ser-lhes-á, igualmente, concedido um descanso de vinte e quatro horas consecutivas por semana, de preferência o domingo ou o dia de repouso observado no país de origem. Além disto, todo o prisioneiro que tenha trabalhado um ano beneficiará de um repouso de oito dias consecutivos, durante os quais receberá vencimentos.

Se forem utilizados métodos de trabalho tais como o trabalho por empreitadas, a duração dos períodos de trabalho não deverá tornar-se excessiva.

ARTIGO 54.º

A retribuição do trabalho aos prisioneiros de guerra será fixada segundo o estipulado no artigo 62.º da presente Convenção.

Os prisioneiros de guerra vítimas de acidentes de trabalho ou que adquiram uma doença no decurso ou devido ao trabalho receberão todos os cuidados que exigir o seu estado. A Potência detentora entregará depois ao prisioneiro um certificado médico que lhe permite fazer valer os seus direitos junto da Potência de que depende e enviará um duplicado à Agência central dos prisioneiros de guerra prevista no artigo 122.º

ARTIGO 55.º

A aptidão para o trabalho dos prisioneiros de guerra será controlada periodicamente por exames médicos, pelo menos uma vez por mês. Nestes exames deverá considerar-se especialmente a natureza dos trabalhos do que estão encarregados os prisioneiros de guerra.

Quando um prisioneiro de guerra se considerar incapaz de trabalhar, será autorizado a apresentar-se às autoridades médicas do seu campo; os médicos poderão recomendar que sejam dispensados do trabalho os prisioneiros que na sua opinião para tal estejam incapazes.

ARTIGO 56.º

O regime dos destacamentos de trabalho será semelhante ao dos campos de prisioneiros de guerra.

Todo o destacamento de trabalho continuará sob a fiscalização e dependência administrativa de um campo de prisioneiros de guerra. As autoridades militares e o comandante deste campo serão responsáveis, sob a fiscalização do seu governo, pelo cumprimento no destacamento de trabalho das disposições da presente Convenção.

O comandante do campo terá em dia uma relação dos destacamentos de trabalho dependentes do seu campo e dela dará conhecimento aos delegados da Potência protectora, do Comité Internacional da Cruz Vermelha ou doutros organismos protectores dos prisioneiros de guerra que visitarem o campo.

ARTIGO 57.º

O tratamento dos prisioneiros de guerra trabalhando por conta de particulares, mesmo que estes estejam responsáveis pela sua guarda e protecção, nunca será inferior ao previsto por esta Convenção; a Potência detentora, as autoridades militares e o comandante do campo ao qual pertencem estes prisioneiros assumirão a inteira responsabilidade pela manutenção, assistência, tratamento e pagamento do salário destes prisioneiros de guerra. Estes prisioneiros de guerra terão o direito de manter-se em contacto com os representantes dos prisioneiros nos campos de que dependem.

SECÇÃO IV
Recursos pecuniários dos prisioneiros de guerra

ARTIGO 58.º

Desde o início das hostilidades e enquanto se aguarda um acordo sobre este assunto com a Potência protectora, a Potência detentora pode fixar a quantia máxima em dinheiro, ou numa outra forma análoga, que os prisioneiros de guerra poderão ter com eles; todo o excedente legitimamente na sua posse, retirado ou retido será, assim como qualquer depósito de dinheiro efectuado por eles, lançado na sua conta e não poderá ser convertido noutra moeda sem sua autorização.

Quando os prisioneiros de guerra forem autorizados a fazer compras ou a receberem serviços contra pagamento em dinheiro, fora do campo, estes pagamentos serão efectuados pelos próprios prisioneiros ou pela administração do campo, que debitará estes pagamentos na conta dos prisioneiros interessados.

A Potência detentora estabelecerá as regras necessárias a este respeito.

ARTIGO 59.º

As quantias em dinheiro tiradas aos prisioneiros de guerra, de acordo com o artigo 18.º, na altura da sua captura e que estejam na moeda da Potência detentora serão creditadas nas suas respectivas contas conforme as disposições do artigo 64.º da presente secção.

Serão igualmente levadas a crédito desta conta as quantias em dinheiro da Potência detentora que provenham da conversão noutras moedas das quantias retiradas aos prisioneiros de guerra neste mesmo momento.

ARTIGO 60.º

A Potência detentora entregará a todos os prisioneiros de guerra um adiantamento do vencimento mensal, cujo montante será fixado pela conversão na moeda da referida Potência das seguintes quantias:

Categoria I – Prisioneiros de posto inferior a sargento: 8 francos suíços;

Categoria II – Sargentos e outros suboficiais ou prisioneiros equiparados: 12 francos suíços;

Categoria III – Oficiais até ao posto de capitão ou prisioneiros equiparados: 50 francos suíços;

Categoria IV - Comandantes ou majores, tenentes-coronéis, coronéis ou prisioneiros equiparados: 60 francos suíços;

Categoria V – oficiais generais ou prisioneiros equiparados: 75 francos suíços.

Contudo, as Partes no conflito interessadas poderão modificar por acordos especiais o montante dos adiantamentos de soldo, pagos aos prisioneiros de guerra das categorias acima enumeradas.

Além disto, se as quantias previstas no primeiro parágrafo forem muito elevadas comparadas com o soldo pago aos membros das forças armadas da Potência detentora ou se, por qualquer outra razão, elas lhe possam causar embaraço, esta, enquanto aguarda a conclusão de um acordo especial com a Potência de que dependem os prisioneiros de guerra para modificar estas quantias:

a) Continuará a creditar na conta dos prisioneiros de guerra as quantias indicadas no primeiro parágrafo;

b) Poderá temporariamente limitar a importâncias que sejam razoáveis, e que porá à disposição dos prisioneiros de guerra para seu uso, as quantias retiradas dos adiantamentos de vencimentos; no entanto, para os prisioneiros da categoria I, estas não serão nunca inferiores àquelas que a Potência detentora paga aos membros das suas próprias forças armadas.

As razões de uma tal limitação serão comunicadas sem demora à Potência protectora.

ARTIGO 61.º

A Potência detentora aceitará as importâncias que a Potência de que dependem os prisioneiros de guerra lhe remeter a título de suplemento de vencimento, com a condição de que essas importâncias sejam as mesmas para cada prisioneiro da mesma categoria, que sejam pagas a todos os prisioneiros dependentes desta Potência e sejam creditadas nas suas contas individuais, na primeira oportunidade, e de acordo com as disposições do artigo 64.º Este pagamento suplementar não dispensa a Potência detentora de nenhuma das obrigações que lhe incumbem pela presente Convenção.

ARTIGO 62.º

Os prisioneiros de guerra receberão directamente das autoridades detentoras uma retribuição equitativa pelo seu trabalho, cujo montante será fixado por estas autoridades, mas que não poderá ser nunca inferior a um quarto de franco suíço por dia inteiro de trabalho. A Potência detentora dará a conhecer aos prisioneiros, assim como à Potência de que dependem, por intermédio da Potência protectora, a tabela dos salários diários fixados.

Será igualmente pago um salário pelas autoridades detentoras aos pioneiros de guerra atribuídos de uma maneira permanente a funções e a trabalhos especializados relativos à administração, instalação ou manutenção do campo, assim como aos prisioneiros designados para o desempenho de funções espirituais ou médicas em benefício dos seus camaradas.

O salário do representante dos prisioneiros, dos seus auxiliares e eventualmente dos seus adjuntos será pago pelos fundos obtidos dos lucros da cantina; o quantitativo deste salário será fixado pelo representante dos prisioneiros e aprovado pelo comandante do campo. Se não existe este fundo, as autoridades detentora pagarão a estes prisioneiros o salário equitativo.

ARTIGO 63.º

Os prisioneiros de guerra serão autorizados a receber remessas de dinheiro que lhes sejam enviadas individual ou colectivamente.

Cada prisioneiro de guerra disporá do saldo da sua conta, conforme está previsto no artigo seguinte, nos limites fixados pela Potência detentora, que efectuará os pagamentos pedidos. Sob reserva das restrições financeiras ou monetárias que a Potência detentora considerar essenciais, os prisioneiros de guerra serão autorizados a efectuar pagamentos no estrangeiro. Neste caso, a Potência detentora dará prioridade aos pagamentos que os prisioneiros fazem às pessoas que estão a seu cargo. Em todas as circunstâncias, os prisioneiros de guerra poderão, se a Potência de que eles dependem consentir, fazer pagamentos no seu próprio país, seguindo o processo seguinte: a Potência detentora enviará àquela Potência, através da Potência protectora, um aviso que compreenderá todas as indicações úteis sobre o autor e o beneficiário do pagamento, assim como o total da quantia a pagar, expresso na moeda da Potência detentora; este aviso será assinado pelo prisioneiro interessado, com o visto do comando do campo. A Potência detentora debitará esta quantia na conta do prisioneiro; as importâncias assim debitadas serão creditadas à Potência de que dependem os prisioneiros.

Para aplicar as disposições precedentes, a Potência detentora poderá consultar o regulamento modelo, em anexo V desta Convenção.

ARTIGO 64.º

A Potência detentora abrirá para cada prisioneiro de guerra uma conta, que conterá, pelo menos, as indicações seguintes:

1) As quantias em dívida ao prisioneiro ou recebidas por ele a título de adiantamento de vencimento, salário ou a qualquer outro título; as quantias, em moeda da Potência detentora, retiradas ao prisioneiro; as quantias retiradas ao prisioneiro e convertidas a seu pedido em moeda da referida Potência;

2) As quantias pagas ao prisioneiro em dinheiro, ou numa outra forma análoga; os pagamentos feitos por sua conta ou a seu pedido; as quantias transferidas segundo o terceiro parágrafo do artigo anterior.

ARTIGO 65.º

Todo o lançamento feito na conta do prisioneiro de guerra será assinado ou rubricado por ele ou pelo representante dos prisioneiros actuando em seu nome.

Aos prisioneiros de guerra ser-lhes-ão dadas sempre as facilidades necessárias para consultarem a sua conta e obterem cópia dela; a conta poderá ser verificada, igualmente, pelos representantes da Potência protectora quando das visitas ao campo.

Quando os prisioneiros de guerra são transferidos de um campo para o outro, serão acompanhados da sua conta pessoal. Quando são transferidos de uma Potência detentora para outra, serão acompanhados das quantias que lhe pertencem que não estejam em moeda da Potência detentora. Ser-lhes-á dado um certificado relativo a todas as outras quantias que continuem em crédito da sua conta.

As Partes no conflito interessadas poderão chegar a acordo para, por intermédio da Potência protectora, comunicarem periodicamente os extractos da conta dos prisioneiros de guerra.

ARTIGO 66.º

Quando terminar o cativeiro de prisioneiro de guerra, quer pela libertação, quer pelo repatriamento, a Potência detentora entregar-lhe-á uma declaração, assinada por oficial qualificado, atestando o seu saldo credor. A Potência detentora enviará também à Potência de que dependem os prisioneiros de guerra, por intermédio da Potência protectora, relações dando todas as indicações sobre os prisioneiros que terminaram o seu cativeiro, quer por repatriamento, libertação, evasão, morte ou qualquer outra maneira, atestando os saldos credores das suas contas. Cada folha destas relações será autenticada por um representante autorizado da Potência detentora.

As Potências interessadas poderão, por acordo especial, modificar todas ou parte das disposições acima previstas.

Direito Internacional Humanitário   93

A Potência de que depende o prisioneiro de guerra será responsável pela liquidação com ele de qualquer crédito que lhe seja devido pela Potência detentora quando terminar o seu cativeiro.

ARTIGO 67.°

Os adiantamentos de vencimento pagos aos prisioneiros de guerra conforme o artigo 60.° serão considerados como feitos em nome da Potência de que dependem; estes adiantamentos de vencimentos, assim como todos os pagamentos executados pela referida Potência em virtude do artigo 63.°, terceiro parágrafo, e do artigo 68.°, serão objecto de acordos entre as Potências interessadas no fim das hostilidades.

ARTIGO 68.°

Qualquer pedido de indemnização feito por um prisioneiro de guerra em consequência de um acidente ou de qualquer outra invalidez resultante do trabalho será comunicado à Potência de que depende o prisioneiro, por intermédio da Potência protectora. Em conformidade com as disposições do artigo 54.°, a Potência detentora enviará em todos os casos ao prisioneiro de guerra uma declaração atestando a natureza do ferimento ou da invalidez, as circunstâncias em que eles se produziram e as informações relativas aos cuidados médicos ou hospitalares que lhe foram dispensados. Esta declaração será assinada por um oficial responsável da Potência detentora e as informações de natureza médica serão certificadas por um médico do serviço de saúde.

A Potência detentora comunicará igualmente à Potência de que dependem os prisioneiros de guerra todos os pedidos de indemnização apresentados por um prisioneiro de guerra pelos bens pessoais, quantias ou objectos de valor que lhe foram retirados, nos termos do artigo 18.°, e não lhe foram restituídos quando do seu repatriamento, assim como todo o pedido de indemnização relativa a prejuízos que o prisioneiro atribua a falta da Potência detentora ou de um dos seus agentes.

Não obstante, a Potência detentora substituirá, à sua custa, os bens de uso pessoal que o prisioneiro utilizou durante o cativeiro. Em todos os casos, a Potência detentora enviará ao prisioneiro uma declaração assinada por um oficial responsável, dando todas as informações úteis sobre os motivos por que estes bens, quantias ou objectos de valor não lhe foram restituídos.

Um duplicado desta declaração será enviado à Potência de que depende o prisioneiro, por intermédio da Agência central dos prisioneiros de guerra prevista no artigo 123.°

SECÇÃO V
Relações dos prisioneiros de guerra com o exterior

ARTIGO 69.°

Logo que tenha prisioneiros de guerra em seu poder, a Potência detentora levará ao conhecimento deles, assim como ao da Potência de que dependem, por intermédio da Potência protectora, as medidas previstas para a execução das disposições da presente secção; ela notificará também todas as modificações que sofram estas medidas.

ARTIGO 70.°

Cada prisioneiro de guerra deverá estar em condições, imediatamente depois da sua captura ou o mais tardar uma semana depois da sua chegada ao campo, mesmo que este seja de trânsito, assim como em caso de doença ou de transferência para um hospital ou outro campo, de dirigir directamente a sua família, por um lado, e a Agência central dos prisioneiros de guerra, prevista no artigo 123.°, por outro lado, um bilhete cujo modelo, se for possível, será o do anexo à presente Convenção, informando-os do seu cativeiro, da sua direcção e do seu estado de saúde.

Os referidos bilhetes serão transmitidos com toda a rapidez possível e não poderão ser demorados por qualquer razão.

ARTIGO 71.°

Os prisioneiros de guerra serão autorizados a expedir, assim como a receber, cartas e bilhetes. Se a Potência detentora considerar necessário limitar esta correspondência, deverá autorizar, pelo menos, o envio de duas cartas e quatro bilhetes por mês, excluindo os bilhetes de captura previstos pelo artigo 70.°, tanto quanto possível segundo os modelos anexos a esta Convenção.

Só poderão ser impostas novas limitações se a Potência protectora as julgar necessárias para o interesse dos próprios prisioneiros, atendendo às dificuldades que a Potência detentora encontre no recrutamento de um número suficiente de tradutores idóneos para efectuar a censura necessária. Se a correspondência dirigida aos prisioneiros de guerra tiver de ser limitada, esta decisão não poderá ser tomada senão pela Potência de que dependem, eventualmente a pedido da Potência detentora.

Estas cartas e bilhetes deverão ser dirigidos pelos meios mais rápidos de que disponha a Potência detentora, não podendo ser demoradas nem retiradas por motivos disciplinares.

Os prisioneiros de guerra que estão desde há muito tempo sem notícias da família ou que se encontrem impossibilitados de as receber ou de as dar pela via postal ordinária, assim como aqueles que estão a grande distância das suas casas, serão autorizados a expedir telegramas, sendo a importância deles debitada na sua conta junto da Potência detentora ou paga com dinheiro que possuírem. Os prisioneiros beneficiarão igualmente desta disposição nos casos de urgência.

Como regra geral, a correspondência dos prisioneiros será redigida na sua língua materna. As Partes no conflito poderão autorizar a correspondência noutras línguas. ·

Os sacos contendo o correio dos prisioneiros serão cuidadosamente selados e rotulados de maneira a indicarem claramente o seu conteúdo e dirigidos às estações de correio do destino.

ARTIGO 72.º

Os prisioneiros de guerra serão autorizados a receber pelo correio ou por qualquer outro meio remessas individuais ou colectivas contendo, principalmente, géneros alimentícios, vestuário, medicamentos e artigos destinados a dar satisfação às suas necessidades em matéria de religião, estudo ou recreativa, compreendendo livros, objectos de culto, material científico, modelos de exame, instrumentos de música, acessórios de *sport* e material permitindo aos prisioneiros de guerra continuar os seus estudos ou a exercer as suas actividades artísticas.

Estas encomendas não poderão de maneira nenhuma libertar a Potência detentora das obrigações que lhe incumbem em virtude da presente Convenção.

As únicas restrições que poderão ser levantadas ao envio destas remessas serão as que forem propostas pela Potência protectora, no interesse dos próprios prisioneiros de guerra, ou pelo Comité Internacional da Cruz Vermelha ou qualquer outro organismo de socorro aos prisioneiros, devido às dificuldades resultantes do excesso de serviço dos meios de transporte ou comunicações.

As modalidades relativas à expedição das remessas individuais ou colectivas serão objecto, se for necessário, de acordos especiais entre as Potências interessadas, que não poderão em caso algum demorar a distribuição das remessas de socorro aos prisioneiros de guerra.

As encomendas de víveres ou de vestuário não conterão livros; os remédios serão, em geral, enviados em encomendas colectivas.

ARTIGO 73.º

Na falta de acordos especiais entre as Potências interessadas acerca das modalidades relativas à recepção, bem como à distribuição das remessas de socorro colectivo, será aplicado o regulamento relativo aos socorros colectivos anexo a esta Convenção.

Os acordos especiais atrás previstos não poderão em caso algum restringir o direito de os representantes dos prisioneiros tomarem conta das remessas de socorro colectivo destinadas aos prisioneiros de guerra, de proceder à sua distribuição e de dispor delas no interesse dos prisioneiros.

Estes acordos não poderão restringir o direito dos representantes da Potência protectora, da Comissão Internacional da Cruz Vermelha ou de qualquer outro organismo de socorro aos prisioneiros, e que estejam encarregados de transmitir estar encomendas colectivas, de fiscalizar a sua distribuição.

ARTIGO 74.º

As remessas de socorro destinadas aos prisioneiros de guerra serão isentas de todos os direitos de importação alfandegários e outros.

A correspondência, as remessas de socorro e as remessas autorizadas de dinheiro dirigidas aos prisioneiros de guerra ou expedidas para eles, pelo correio, quer directamente quer por intermédio do Departamento de informações, previsto no artigo 122.º, e da Agência central dos prisioneiros de guerra prevista no artigo 123.º, serão dispensadas de todas as taxas postais, tanto nos países de origem e de destino, como nos países intermédios.

As despesas de transporte das remessas de socorro destinadas aos prisioneiros de guerra que em virtude do seu peso ou por qualquer outro motivo não podem ser enviadas pelo correio ficarão a cargo da Potência detentora em todos os territórios que se achem sob a sua fiscalização. As outras Potências partes da Convenção suportarão as despesas de transporte nos seus respectivos territórios.

Na ausência de acordos especiais entre as Potências interessadas as despesas resultantes do transporte destas remessas que não forem abrangidas por estas isenções serão por conta do remetente.

As Altas Partes contratantes esforçar-se-ão para reduzir quanto possível as taxas dos telegramas expedidos pelos prisioneiros de guerra.

ARTIGO 75.º

Se as operações militares impedirem as Potências interessadas de desempenhar a obrigação que lhes incumbe de assegurar o transporte das remessas previstas nos artigos 70.º, 71.º, 72.º e 77.º, as Potências protectoras interessadas, o Comité Internacional da Cruz Vermelha ou qualquer outro organismo agregado pelas Partes no conflito poderão tomar medidas para assegurar o transporte destas remessas com os meios adequados (caminhos de ferro, camiões, barcos ou aviões,

Direito Internacional Humanitário 97

etc.). Para este efeito, as Altas Partes contratantes esforçar-se-ão por obter estes meios de transporte e permitir a circulação, em especial concedendo os necessários salvo-condutos.

Estes meios de transporte poderão igualmente ser utilizados para transportar:

a) A correspondência, as listas e os relatórios trocados entre a Agência central de informações citada no artigo 123.º e os Departamentos nacionais previstos no artigo 122.º;

b) A correspondência e os relatórios relativos aos prisioneiros de guerra que as Potências protectoras, o Comité Internacional da Cruz Vermelha ou qualquer outra organização que preste assistência aos prisioneiros delegados ou com as Partes no conflito.

De modo algum estas disposições restringem o direito de qualquer Parte no conflito organizar, se assim o desejar, outros meios de transporte e de dar os salvo--condutos, sob condições a combinar, para tais meios de transporte.

Na falta de acordos especiais, as despesas resultantes do uso destes meios de transporte serão suportados proporcionalmente pelas Partes no conflito cujos súbditos beneficiem destes serviços.

ARTIGO 76.º

A censura da correspondência dirigida aos prisioneiros de guerra ou expedida por eles deverá ser feita o mais rapidamente possível. Ela não poderá ser feita senão pelos Estados expedidor e destinatário, e uma só vez por cada um deles.

A fiscalização das remessas destinadas aos prisioneiros de guerra não deverá efectuar-se de maneira a prejudicar a conservação dos géneros que contiverem e deve fazer-se, a não ser que se trate de manuscritos ou impressos, em presença do destinatário ou de um camarada seu, devidamente autorizado.

A entrega das remessas individuais ou colectivas aos prisioneiros de guerra não poderá ser demorada sob pretexto de dificuldades de censura.

Qualquer proibição de correspondência ordenada pelas Partes no conflito, por razões militares ou políticas, será apenas temporária e a sua duração deverá ser tão curta quanto possível.

ARTIGO 77.º

As Potências detentoras assegurarão todas as facilidades razoáveis para a transmissão, por intermédio da Potência protectora ou da Agência Central dos prisioneiros de guerra prevista no artigo 123.º, de quaisquer espécies de documentos destinados aos prisioneiros de guerra ou enviados por eles, em especial procurações ou testamentos.

Em todos os casos, as Potências detentoras facilitarão aos prisioneiros de guerra a elaboração destes documentos, em especial autorizando-os a consulta a um advogado, e tomarão as medidas necessárias para fazer atestar a autenticidade de tais medidas.

SECÇÃO VI

Relações dos prisioneiros de guerra com as autoridades

CAPÍTULO I

Reclamações dos prisioneiros de guerra devido ao regime do cativeiro

ARTIGO 78.º

Os prisioneiros de guerra terão o direito de apresentar às autoridades militares em poder de quem eles se encontrem pedidos relativos às condições de cativeiro a que estão submetidos.

Eles terão igualmente, sem restrições, o direito de se dirigirem, quer por intermédio do representante dos prisioneiros, quer directamente, se o considerarem necessário, aos representantes das Potências protectoras, para lhes chamar a atenção sobre pontos a respeito dos quais eles tiverem reclamações a fazer relativamente às condições de cativeiro.

Estes pedidos e reclamações não serão limitados nem considerados como fazendo parte do contingente da correspondência mencionada no artigo 71.º

Deverão ser transmitidos com urgência e não poderão dar lugar a qualquer punição, mesmo se não forem reconhecidos com fundamento.

Os representantes dos prisioneiros poderão enviar aos representantes das Potências protectoras relatórios periódicos sobre a situação nos campos e as necessidades dos prisioneiros de guerra.

CAPÍTULO II
Representantes dos prisioneiros de guerra

ARTIGO 79.º

Em todos os lugares em que haja prisioneiros de guerra, excepto naqueles em que se encontrem oficiais, os prisioneiros elegerão livremente, em escrutínio secreto, todos os seis meses, mesmo em caso de férias, representantes encarregados de os representar junto das autoridades militares, Potências protectoras, Comité Internacional da Cruz Vermelha e de qualquer outro organismo que os proteja. Estes representantes serão reelegíveis.

Nos campos de oficiais e equiparados ou em campos mistos, o oficial prisioneiro de guerra mais antigo no posto ou de posto mais elevado será considerado como o representante.

Nos campos para oficiais, ele será auxiliado por um ou mais auxiliares escolhidos pelos oficiais; nos campos mistos, os seus auxiliares serão escolhidos entre os prisioneiros de guerra não oficiais e eleitos por eles.

Nos campos de trabalho para os prisioneiros de guerra serão colocados oficiais prisioneiros de guerra da mesma nacionalidade para desempenhar as funções administrativas do campo respeitantes aos prisioneiros de guerra.

Estes oficiais poderão ser eleitos como representantes dos prisioneiros conforme as disposições do primeiro parágrafo deste artigo. Neste caso, os auxiliares dos representantes serão escolhidos entre os prisioneiros de guerra que não sejam oficiais.

Todo o representante eleito deverá ser confirmado pela Potência detentora antes do início das suas funções. Se a Potência detentora recusar a confirmação da eleição de um prisioneiro de guerra pelos seus companheiros de cativeiro, ela deverá dar à Potência protectora as razões da sua recusa.

Em todos os casos, o representante terá a mesma nacionalidade, língua e costumes que os prisioneiros de guerra que ele representa. Deste modo, os prisioneiros de guerra, repartidos pelas diferentes secções de um campo segundo a sua nacionalidade, língua e costumes, terão em cada uma o seu representante próprio, em conformidade com as disposições dos períodos anteriores.

ARTIGO 80.º

Os representantes dos prisioneiros deverão contribuir para o bem-estar físico, moral e intelectual dos prisioneiros de guerra.

Particularmente quando os prisioneiros de guerra decidirem organizar entre eles um sistema de assistência mútua, esta organização será da competência dos representantes dos prisioneiros, independentemente das missões especiais que lhes são confiadas por outras disposições desta Convenção.

Os representantes não serão responsáveis, em virtude das suas funções, pelas infracções cometidas pelos prisioneiros de guerra.

ARTIGO 81.º

Aos representantes dos prisioneiros não lhes será exigido nenhum outro trabalho, se o desempenho das suas funções se tornar mais difícil.

Os representantes dos prisioneiros de guerra poderão designar entre os prisioneiros os auxiliares que lhes forem necessários. Ser-lhes-ão dispensadas todas as facilidades materiais, principalmente certas liberdades de movimento para o desempenho das suas missões (inspecções a destacamentos de trabalho, recepção de remessas de socorro, etc.).

Os representantes dos prisioneiros serão autorizados a visitar os lugares em que estão internados os prisioneiros de guerra e estes terão o direito de consultar livremente o seu representante.

Serão igualmente concedidas todas as facilidades aos representantes dos prisioneiros para a sua correspondência postal e telegráfica com as autoridades detentoras, com as Potências protectoras, o Comité Internacional da Cruz Vermelha e seus delegados, com as comissões médicas mistas, assim como com os organismos que prestem assistência aos prisioneiros de guerra. Os representantes dos prisioneiros dos destacamentos de trabalho gozarão das mesmas facilidades para a sua correspondência com o representante dos prisioneiros do campo principal.

Esta correspondência não será limitada nem considerada como fazendo parte do contingente mencionado no artigo 71.º

Nenhum representante de prisioneiros poderá ser transferido sem lhe ser dado tempo necessário para pôr o seu sucessor a par dos assuntos pendentes.

Em caso de demissão os motivos desta decisão serão comunicados à Potência protectora.

Direito Internacional Humanitário

CAPÍTULO III
Sanções penais e disciplinares

I. Disposições gerais

ARTIGO 82.º

Os prisioneiros de guerra serão submetidos às leis, regulamentos e ordens em vigor nas forças armadas da Potência detentora. Esta será autorizada a tomar as medidas judiciais ou disciplinares a respeito de qualquer prisioneiro de guerra que tenha cometido uma infracção a estas leis, regulamentos ou ordens. No entanto, não serão autorizados nenhum procedimento ou sanção contrários às disposições deste capítulo.

Se as leis, regulamentos ou ordens da Potência detentora declararem puníveis actos cometidos por prisioneiros de guerra, não sendo estes actos assim considerados quando cometidos por membros das forças armadas da Potência detentora, eles só poderão ser punidos disciplinarmente.

ARTIGO 83.º

Quando haja dúvida se uma infracção cometida por um prisioneiro de guerra deve ser punida disciplinarmente ou judicialmente, a Potência detentora fará com que as autoridades competentes usem de maior indulgência na apreciação da infracção e adoptem sempre que for possível as medidas disciplinares em vez de medidas judiciais.

ARTIGO 84.º

Um prisioneiro de guerra só pode ser julgado por tribunais militares, a não ser que as leis em vigor na Potência detentora expressamente permitam os tribunais civis de julgar um membro das suas forças armadas pela mesma infracção de que é acusado o prisioneiro de guerra.

Em nenhum caso um prisioneiro de guerra será julgado por qualquer tribunal que não ofereça as garantias essenciais de independência e imparcialidade geralmente reconhecidas e, em especial, cujo procedimento não lhe assegure os direitos e meios de defesa previstos no artigo 105.º

ARTIGO 85.º

Os prisioneiros de guerra processados, em virtude da legislação da Potência detentora, por actos que eles cometeram antes de serem feitos prisioneiros, beneficiarão, mesmo que sejam condenados, desta Convenção.

ARTIGO 86.º

Um prisioneiro de guerra não poderá ser punido senão uma vez por motivo da mesma falta ou acusação.

ARTIGO 87.º

Os prisioneiros de guerra não poderão ser condenados pelas autoridades militares e pelos tribunais da Potência detentora a penas diferentes daquelas previstas para as mesmas faltas cometidas pelos membros das forças armadas desta Potência.

Quando fixarem a pena os tribunais ou autoridades da Potência detentora tomarão em consideração, o mais possível, o facto de que o acusado, não sendo um súbdito da Potência detentora, não está ligado a ela por nenhum dever de fidelidade e que se encontra em seu poder por uma série de circunstâncias independentes da sua própria vontade. Terão a faculdade de atenuar livremente a pena prevista para a infracção de que o prisioneiro é acusado e não serão portanto obrigados a aplicar a pena mínima prescrita.

São proibidas todas as penas colectivas por actos individuais, castigos corporais, encarceramento em locais não iluminados pela luz do dia e, de uma maneira geral, toda a forma de tortura ou de crueldade.

Nenhum prisioneiro de guerra poderá ser privado da sua graduação pela Potência detentora, nem impedir-se-lhe o uso de emblemas.

ARTIGO 88.º

Os oficiais, sargentos e praças prisioneiros de guerra cumprindo uma pena disciplinar ou judicial não serão submetidos a um tratamento mais severo do que o previsto para os membros das forças armadas da Potência detentora da mesma graduação que tenham praticado a mesma falta.

As prisioneiras de guerra não serão condenadas a penas mais severas ou, enquanto cumpram o seu castigo, ser tratadas mais severamente que as mulheres pertencentes às forças armadas da Potência detentora punidas por faltas análogas.

Em nenhum caso as prisioneiras de guerra poderão ser condenadas a uma pena mais severa ou, enquanto cumpram o castigo, ser tratadas mais severamente que um homem membro das forças armadas da Potência detentora punido por uma falta análoga.

Os prisioneiros de guerra não poderão, depois do cumprimento das penas disciplinares ou judiciais que lhe foram impostas, ser tratados de uma maneira diferente dos outros prisioneiros.

II. Sanções disciplinares

ARTIGO 89.°

As penas disciplinares aplicadas aos prisioneiros de guerra serão:

1) Multa que não pode exceder 50 por cento do adiantamento do vencimento ou do salário previsto nos artigos 60.° e 62.° durante um período que não excederá 30 dias;
2) Supressão de regalias concedidas além do tratamento previsto pela presente Convenção;
3) Faxinas não excedendo duas horas por dias;
4) Prisão.

A pena prevista no n.° 3) não pode ser aplicada a oficiais.

Em caso algum as penas disciplinares poderão ser desumanas, brutais ou perigosas para a saúde dos prisioneiros de guerra.

ARTIGO 90.°

A duração de um mesmo castigo não irá além de 30 dias.

Em caso de falta disciplinar o tempo de detenção preventiva sofrida antes do julgamento ou de pronunciada a pena será deduzido da pena imposta.

O máximo de 30 dias anteriormente previsto não poderá ser excedido, nem mesmo no caso de o prisioneiro de guerra ter de responder disciplinarmente na mesma ocasião por várias faltas, quer estas tenham ou não ligação entre si.

Não decorrerá mais de um mês entre a decisão disciplinar e a sua execução.

Quando um prisioneiro for punido com uma nova pena disciplinar, deverá decorrer um intervalo de três dias, pelo menos, entre a execução de cada uma das penas, desde que a duração de uma delas seja de dez dias ou mais.

ARTIGO 91.°

A evasão de um prisioneiro de guerra será considerada como tendo tido êxito quando:

1) Se tenha reunido às forças armadas da Potência donde depende ou de uma Potência aliada;

2) Tenha deixado o território colocado sob a jurisdição da Potência detentora ou de uma Potência aliada desta;
3) Tenha atingido um navio arvorando a bandeira da Potência de que ele depende ou de uma Potência aliada que se encontre em águas territoriais da Potência detentora, desde que este navio não esteja colocado sob a autoridade desta última.

Os prisioneiros de guerra que, depois de terem conseguido evadir-se nos termos deste artigo, sejam de novo feitos prisioneiros não estarão sujeitos a nenhum castigo pela sua evasão anterior.

ARTIGO 92.º

Um prisioneiro de guerra que tente evadir-se e que seja recapturado antes de o ter conseguido, nos termos do artigo 91.º, será apenas punido disciplinarmente por este acto, mesmo em caso de reincidência.

O prisioneiro recapturado será entregue o mais cedo possível às autoridades militares competentes.

Não obstante o § 4.º do artigo 88.º, os prisioneiros de guerra punidos em virtude de tentativa de fuga podem ser sujeitos a uma vigilância especial, contanto que este regime não afecte o seu estado de saúde e tenha lugar num campo de prisioneiros de guerra e não implique a supressão de qualquer das garantias concedidas aos prisioneiros pela presente Convenção.

ARTIGO 93.º

A evasão ou tentativa de evasão, mesmo havendo reincidência, não será considerada como uma circunstância agravante no caso de o prisioneiro de guerra ser submetido a julgamento pelos tribunais por uma infracção cometida durante a evasão ou tentativa de evasão.

Em conformidade com o princípio estipulado no artigo 83.º, as infracções cometidas pelos prisioneiros de guerra com a única intenção de facilitar a sua fuga e que não comportem nenhuma violência contra as pessoas, tais como ofensas contra a propriedade pública, roubo sem desejo de enriquecer, fabricação e utilização de papéis falsos, uso de fatos civis, não deverão dar lugar senão a penas disciplinares.

Os prisioneiros de guerra que tenham cooperado numa evasão ou numa tentativa de evasão estão sujeitos apenas por esta razão a punição disciplinar.

ARTIGO 94.º

Se um prisioneiro de guerra for recapturado, será feita a respectiva notifi-

Direito Internacional Humanitário 105

cação à Potência de que ele depende, nas condições previstas no artigo 122.º, desde que tenha sido feita a notificação da sua evasão.

ARTIGO 95.º

Os prisioneiros de guerra acusados de faltas disciplinares não serão mantidos em prisão preventiva à espera da decisão, a não ser que esta medida seja aplicável aos membros das forças armadas da Potência detentora por infracções análogas ou que os interesses superiores da manutenção da ordem e da disciplina no campo o exijam.

Para todos os prisioneiros de guerra, a detenção preventiva em casos de faltas disciplinares será reduzida ao mínimo estritamente indispensável e não excederá catorze dias.

As disposições dos artigos 97.º e 98.º deste capítulo aplicar-se-ão aos prisioneiros de guerra em detenção preventiva por faltas disciplinares.

ARTIGO 96.º

Os factos que constituem faltas contra a disciplina serão objecto de um inquérito imediato.

Sem prejuízo da competência dos tribunais e das autoridades militares superiores, as penas disciplinares não poderão ser aplicadas senão por um oficial munido de poderes disciplinares, na sua qualidade de comandante de campo, ou por um oficial responsável que o substitua ou no qual ele tenha delegado a sua competência disciplinar.

Em nenhum caso esta competência poderá ser delegada num prisioneiro de guerra nem exercida por um prisioneiro de guerra.

Antes de ser pronunciada qualquer pena disciplinar o prisioneiro de guerra acusado será informado com precisão das acusações que lhe são feitas e ser-lhe-á dada oportunidade de explicar a sua conduta e fazer a sua defesa. Ser-lhe-á permitido apresentar testemunhas e recorrer, se for necessário, aos serviços de um intérprete qualificado. A decisão será anunciada ao prisioneiro de guerra e ao representante dos prisioneiros.

O comandante do campo deverá possuir um registo das penas disciplinares aplicadas, que está à disposição dos representantes da Potência protectora.

ARTIGO 97.º

Os prisioneiros de guerra não serão em caso algum transferidos para estabelecimentos penitenciários (prisões, penitenciárias, degredos, etc.) para cumprimento das penas disciplinares.

Todos os locais de cumprimento de penas disciplinares estarão de acordo com as exigências de higiene previstas no artigo 25.º Aos prisioneiros de guerra punidos deverão ser concedidas as condições necessárias para que se possam manter em estado de limpeza, em conformidade com as disposições do artigo 29.º

Os oficiais e equiparados não estarão detidos nos mesmos locais que os sargentos ou soldados.

As prisioneiras de guerra que estejam a cumprir pena disciplinar estarão detidas em locais distintos dos dos homens e serão colocadas sob a vigilância imediata de mulheres.

ARTIGO 98.º

Os prisioneiros de guerra detidos no cumprimento de uma pena disciplinar continuarão a beneficiar das disposições da presente Convenção, na medida em que a detenção é compatível com a sua aplicação. Em todo o caso, o benefício dos artigos 78.º e 126.º não lhes poderá ser negado em caso algum.

Os prisioneiros de guerra punidos disciplinarmente não poderão ser privados das prerrogativas inerentes ao seu posto.

Aos prisioneiros de guerra punidos disciplinarmente ser-lhes-á permitido fazer exercícios e estar ao ar livre, pelo menos duas horas por dia. Serão autorizados, a seu pedido, a apresentarem-se à visita médica diária. Receberão os cuidados que necessite o seu estado de saúde e, se for necessário, serão evacuados para a enfermaria do campo ou para o hospital.

Serão autorizados a ler e a escrever, assim como a expedir e a receber cartas. Todavia, as encomendas ou remessas de dinheiro só lhes poderão ser entregues no fim da pena.

Serão confiadas, entretanto, ao representante dos prisioneiros, que enviará para a enfermaria os géneros sujeitos a deterioração contidos nas encomendas.

III. Processos judiciais

ARTIGO 99.º

Nenhum prisioneiro de guerra poderá ser julgado ou condenado por um acto que não seja expressamente reprimido pela legislação da Potência detentora ou pelo direito internacional em vigor no dia em que o acto foi praticado.

Nenhuma pressão moral ou física poderá ser exercida sobre um prisioneiro de guerra para o levar a reconhecer-se culpado do acto de que é acusado.

Nenhum prisioneiro de guerra poderá ser condenado sem ter tido a possibilidade de se defender e sem ter sido assistido por um defensor qualificado.

ARTIGO 100.º

Os prisioneiros de guerra assim como as Potências protectoras serão informados o mais cedo possível das infracções punidas com pena de morte na legislação da Potência detentora.

Por consequência, qualquer outra infracção não poderá ser punida com a pena de morte sem o acordo da Potência de que dependem os prisioneiros.

A pena de morte não poderá ser pronunciada contra um prisioneiro sem que seja chamada a atenção do tribunal, conforme o segundo parágrafo do artigo 87.º, para o facto de que o acusado, não sendo um súbdito da Potência detentora, não está ligado a ela por nenhum dever de fidelidade e se encontra em seu poder em virtude de circunstâncias independentes da sua própria vontade.

ARTIGO 101.º

Se for pronunciada a pena de morte contra um prisioneiro de guerra, o julgamento não será executado antes de ter expirado um prazo de, pelo menos, seis meses, a contar do momento em que a comunicação detalhada, prevista no artigo 107.º, tiver sido recebida pela Potência protectora no endereço indicado.

ARTIGO 102.º

Uma sentença contra um prisioneiro de guerra só pode ser válida se for pronunciada pelos mesmos tribunais e segundo os mesmos processos que para os membros das forças armadas da Potência detentora e se, além disso, as disposições deste capítulo tiverem sido observadas.

ARTIGO 103.º

Toda a instrução de um processo contra um prisioneiro de guerra será conduzida tão rapidamente quanto o permitam as circunstâncias e de maneira que o julgamento tenha lugar o mais cedo possível. Nenhum prisioneiro de guerra será mantido em prisão preventiva a não ser que esta medida seja aplicável aos membros das forças armadas da Potência detentora em virtude de faltas análogas ou que o interesse da segurança nacional o exija. Esta detenção preventiva não durará, em caso algum, mais de três meses.

Todo o tempo de duração da detenção preventiva de um prisioneiro de guerra será deduzido da pena de prisão a que for condenado, devendo ter-se isto em conta no momento de fixar a pena.

Durante a sua detenção preventiva os prisioneiros de guerra continuarão a beneficiar das disposições dos artigos 97.º e 98.º, deste capítulo.

ARTIGO 104.º

Em todos os casos em que a Potência detentora tenha resolvido iniciar processo judicial contra um prisioneiro de guerra avisará de tal facto a Potência protectora tão cedo quanto possível e pelo menos três semanas antes do início do julgamento. Este período de três semanas não poderá começar a ser contado senão a partir do momento em que tal notificação chegue à Potência protectora, ao endereço previamente indicado por esta à Potência detentora.

Esta notificação conterá as indicações seguintes:

1) O apelido, nome e prenome do prisioneiro de guerra, a sua graduação, o seu número de matrícula, a data do seu nascimento e a sua profissão;
2) O local de internamento ou de detenção;
3) Especificação da acusação ou acusações ao prisioneiro de guerra, com menção das disposições legais aplicáveis;
4) Indicação do Tribunal que julgará o processo, assim como a data e o local previstos para o início do julgamento.

A mesma comunicação será feita pela Potência detentora ao representante do prisioneiro de guerra.

Se no início do julgamento não houver prova de que a notificação atrás referida foi recebida pela Potência protectora, pelo prisioneiro de guerra e pelo representante do prisioneiro interessado pelo menos três semanas antes, este não se poderá realizar e o julgamento será adiado.

ARTIGO 105.º

O prisioneiro de guerra terá o direito de ser assistido por um dos seus camaradas prisioneiros, de ser defendido por um advogado qualificado da sua escolha, de apresentar testemunhas e de recorrer, se o julgar necessário, aos serviços de um intérprete competente. Será avisado destes direitos em devido tempo, antes do julgamento, pela Potência detentora.

Se o prisioneiro de guerra não tiver escolhido defensor, a Potência protectora nomeará um, para o que disporá, pelo menos, de uma semana. A pedido da Potência protectora, a Potência detentora enviar-lhe-á uma lista de pessoas qualificadas para assegurarem a defesa. No caso em que nem o prisioneiro de guerra nem a Potência protectora tiverem escolhido um defensor, a Potência detentora designará um advogado qualificado para defender o acusado.

Direito Internacional Humanitário	109

Para preparar a defesa do acusado o defensor disporá de um prazo de duas semanas, pelo menos, antes do início do julgamento, assim como de todas as facilidades necessárias; poderá, em especial, visitar livremente o acusado e conservar com ele sem testemunhas. Poderá conferenciar com todas as testemunhas de defesa, incluindo prisioneiros de guerra. Beneficiará destas facilidades até à expiração dos prazos dos recursos.

O prisioneiro de guerra acusado receberá, o mais cedo possível, antes do início do julgamento, comunicação, numa língua que ele compreenda, do acto de acusação, assim como dos documentos que são geralmente comunicados ao acusado nos termos das leis em vigor no exercício da Potência detentora.

A mesma comunicação deverá ser feita nas mesmas condições ao seu defensor.

Os representantes da Potência protectora terão o direito de assistir ao julgamento, salvo se este tiver, excepcionalmente, de ser secreto, no interesse da segurança do Estado; neste caso, a Potência detentora avisará a Potência protectora.

ARTIGO 106.º

Todo o prisioneiro de guerra terá nas mesmas condições que os membros das forças armadas da Potência detentora o direito de recurso ou de protecção sobre qualquer sentença pronunciada contra ele, com vista à anulação ou revisão da sentença ou repetição do julgamento. Será devidamente informado dos seus direitos de recursos, assim como dos prazos dentro dos quais os pode exercer.

ARTIGO 107.º

Toda a sentença pronunciada contra um prisioneiro de guerra será imediatamente comunicada à Potência protectora sob a forma de uma comunicação resumida, indicando também se o prisioneiro tem direito a recurso com fim de ser anulada a sentença ou repetido o julgamento. Esta comunicação será feita também ao representante do prisioneiro de guerra interessado, e ao prisioneiro de guerra, numa língua que ele entenda, se a sentença não for pronunciada na sua presença. A Potência detentora também comunicará imediatamente à Potência protectora a decisão do prisioneiro de guerra de utilizar ou não os seus direitos de recurso.

Além disto, no caso de a condenação se tornar definitiva e de se tratar da pena de morte, em caso de condenação pronunciada em 1.ª instância, a Potência detentora dirigirá, o mais cedo possível, à Potência protectora, uma comunicação detalhada contendo:

1) O texto exacto da sentença;
2) Um relatório resumido da instrução e do julgamento, destacando em especial os elementos da acusação e de defesa;

3) Indicação, quando for aplicável, do estabelecimento onde será cumprida a pena.

As comunicações previstas nas alíneas precedentes serão feitas à Potência protectora para o endereço que ele tenha previamente comunicado à Potência detentora.

ARTIGO 108.º

As penas proferidas contra prisioneiros de guerra em resultado de decisões tornadas regularmente executórias serão cumpridas nos mesmos estabelecimentos e nas mesmas condições que as dos membros das forças armadas da Potência detentora.

Estas condições estarão em todos os casos de acordo com as exigências da higiene e da humanidade.

Uma prisioneira de guerra contra a qual seja pronunciada uma tal pena será colocada em locais separados e será submetida à vigilância de mulheres.

Em todos os casos, os prisioneiros de guerra condenados a uma pena que os prive da liberdade continuarão a beneficiar das disposições dos artigos 78.º e 126.º desta Convenção.

Serão também autorizados a receber e a expedir correspondência, a receber, pelo menos, uma encomenda por mês, a fazer regularmente os exercícios ao ar livre e a receber os cuidados médicos e a assistência espiritual de que necessitarem. Os castigos que lhes possam ser aplicados estarão conforme as disposições constantes do terceiro parágrafo do artigo 87.º

TÍTULO IV
Fim do cativeiro

SECÇÃO I
Repatriamento directo e concessão de hospitalidade em países neutros

ARTIGO 109.º

As Partes no conflito serão obrigadas, sob reserva do terceiro parágrafo do presente artigo, a enviar para o seu país, independentemente do número e da graduação e depois de os ter posto em condições de serem transportados, os prisioneiros de guerra gravemente doentes e gravemente feridos, conforme o parágrafo primeiro do artigo seguinte.

Durante a duração das hostilidades, as Partes no conflito esforçar-se-ão, com o concurso das Potências neutras interessadas, por organizar a instalação em países neutros dos prisioneiros feridos ou doentes incluídos no segundo parágrafo do artigo seguinte; poderão também concluir acordos com o fim do repatriamento directo ou do internamento em países neutros dos prisioneiros válidos que tenham sofrido um longo cativeiro.

Nenhum prisioneiro de guerra ferido ou doente escolhido para ser repatriado nos termos do primeiro parágrafo deste artigo poderá ser repatriado contra sua vontade durante as hostilidades.

ARTIGO 110.°

Serão repatriados directamente:

1) Os feridos e doentes incuráveis cuja aptidão intelectual ou física pareça ter sofrido diminuição considerável;
2) Os feridos e os doentes que, de acordo com as opiniões médicas, não sejam susceptíveis de cura no espaço de um ano, cujo estado exija tratamento e cuja aptidão intelectual ou física pareça ter sofrido uma diminuição considerável;
3) Os feridos e os doentes curados cuja aptidão intelectual ou física pareça ter sofrido uma diminuição considerável e permanente.

Poderão ser instalados em país neutro:

1) Os feridos e os doentes cuja cura possa considerar-se possível dentro de uma ano, a partir da data do ferimento ou do início da doença, se o tratamento no país neutro deixar prever uma cura mais certa e mais rápida;
2) Os prisioneiros de guerra cuja saúde intelectual ou física esteja, segundo as opiniões médicas, ameaçada seriamente pela continuação do cativeiro, mas que uma permanência em país neutro possa subtrair a esta ameaça.

As condições a que deverão satisfazer os prisioneiros de guerra instalados em país neutro para serem repatriados serão fixadas, assim como o seu estatuto, por acordo entre as Potências interessadas. Em geral, serão repatriados os prisioneiros de guerra instalados em país neutro que pertençam às categorias seguintes:

1) Aqueles cujo estado de saúde se tenha agravado de maneira a satisfazerem as condições de repatriamento directo;

2) Aqueles cuja aptidão intelectual ou física fique depois de tratamento consideravelmente diminuída.

Na falta de acordos especiais concluídos entre as Partes no conflito interessadas com o fim de determinar os casos de invalidez ou de doença que obriguem a repatriamento directo ou instalação em país neutro estes casos serão fixados em conformidade com os princípios contidos no acordo-tipo relativo ao repatriamento directo e à instalação em país neutro dos prisioneiros de guerra feridos e doentes e no regulamento relativo às comissões médicas mistas anexos à presente Convenção.

ARTIGO 111.°

A Potência detentora, a Potência de que dependem os prisioneiros de guerra e uma Potência neutra em cuja designação estas duas Potências concordem esforçar-se-ão por concluir acordos que permitam o internamento dos prisioneiros de guerra em território da referida Potência neutra até ao fim das hostilidades.

ARTIGO 112.°

Logo no início do conflito serão designadas comissões médicas mistas com o fim de examinarem os prisioneiros doentes e feridos e de tomarem as decisões apropriadas relativas a eles. A nomeação, os deveres e o funcionamento destas comissões estarão de acordo com as disposições do regulamento anexo à presente Convenção.

Contudo, os prisioneiros de guerra que, na opinião das autoridades médicas da Potência detentora, sejam manifestamente feridos graves ou doentes graves poderão ser repatriados sem que tenham de ser examinados por uma comissão médica mista.

ARTIGO 113.°

Além dos que tenham sido indicados pelas autoridades médicas da Potência detentora, os prisioneiros feridos ou doentes pertencentes às categorias a seguir indicadas terão a faculdade de se apresentar para exame das comissões médicas mistas previstas no artigo precedente:

1) Os feridos e os doentes propostos por um médico compatriota ou súbdito de uma Potência parte no conflito aliada da Potência de que dependem e que exerça as suas funções no campo;
2) Os feridos e os doentes propostos pelo representante dos prisioneiros;

Direito Internacional Humanitário 113

3) Os feridos e os doentes que tenham sido propostos pela Potência de que eles dependem ou por um organismo reconhecido por esta Potência que preste assistência aos prisioneiros.

Os prisioneiros de guerra que não pertençam a nenhuma das três categorias acima indicadas poderão, contudo, apresentar-se ao exame das comissões médicas mistas, mas só serão examinados depois dos destas categorias.

O médico compatriota dos prisioneiros de guerra submetidos ao exame da comissão médica mista e o representante dos prisioneiros serão autorizados a assistir a este exame.

ARTIGO 114.º

Os prisioneiros de guerra vítimas de acidentes, com excepção dos feridos voluntários, têm direito às disposições desta Convenção no que respeita ao repatriamento ou eventual instalação em país neutro.

ARTIGO 115.º

Nenhum prisioneiro de guerra que tenha sido punido disciplinarmente e que esteja nas condições previstas para repatriamento ou instalação em país neutro poderá ser retido em virtude de não ter ainda cumprido a pena.

Os prisioneiros de guerra acusados ou condenados judicialmente que estejam indicados para o repatriamento ou instalação em país neutro poderão beneficiar destas medidas antes do fim do processo ou da execução da pena, se a Potência detentora o autorizar.

As Partes no conflito comunicarão mutuamente os nomes daqueles que ficarão retidos até ao fim do processo ou da execução da pena.

ARTIGO 116.º

As despesas de repatriamento dos prisioneiros de guerra ou do seu transporte para um país neutro estarão a cargo da Potência de que dependem estes prisioneiros a partir da fronteira da Potência detentora.

ARTIGO 117.º

Nenhum repatriado poderá ser empregado em serviço militar activo.

SECÇÃO II
Libertação e repatriamento dos prisioneiros de guerra no fim das hostilidades

ARTIGO 118.º

Os prisioneiros de guerra serão libertados e repatriados sem demora depois do fim das hostilidades activas.

Na ausência de disposições para este efeito num acordo entre as Partes no conflito para pôr fim às hostilidades, ou na falta de um tal acordo, cada uma das Potências detentoras estabelecerá e executará sem demora um plano de repatriamento conforme o princípio enunciado no parágrafo anterior.

Num e noutro caso, as medidas adoptadas serão levadas ao conhecimento dos prisioneiros de guerra.

As despesas de repatriamento dos prisioneiros de guerra serão em todos os casos repartidas de um maneira equitativa entre a Potência detentora e a Potência de que dependem os prisioneiros de guerra. Para este efeito, serão observados os seguintes princípios nesta repartição:

a) Quando estas duas Potências forem limítrofes, a Potência de que dependem os prisioneiros de guerra suportará os encargos do seu repatriamento a partir da fronteira da Potência detentora;

b) Quando estas duas Potências não forem limítrofes, a Potência detentora suportará os encargos do transporte dos prisioneiros de guerra no seu território até à sua fronteira ou ao seu ponto de embarque mais próximo da Potência de que eles dependem. Quanto às outras despesas resultantes do repatriamento, as Partes interessadas pôr-se-ão de acordo para as repartir equitativamente entre si. A conclusão de um tal acordo não poderá em caso algum justificar a menor demora no repatriamento dos prisioneiros de guerra.

ARTIGO 119.º

Os repatriamentos serão efectuados em condições análogas às previstas nos artigos 46.º a 48.º, inclusive, desta Convenção para a transferência dos prisioneiros de guerra, tendo em conta as disposições do artigo 118.º, assim como as que se seguem.

Quando do repatriamento, os objectos de valor retirados aos prisioneiros de guerra, conforme as disposições do artigo 18.º e as quantias em moeda estrangeira que não tenham sido convertidas na moeda da Potência detentora ser-lhes-ão restituídas. Os objectos de valor e as quantias em moeda estrangeira que, por qualquer motivo, não tenham sido restituídos aos prisioneiros de guerra na altura do repatriamento serão enviados ao departamento de informações previsto pelo artigo 122.º

Os prisioneiros de guerra serão autorizados a levar consigo os seus bens pessoais, a sua correspondência e os volumes que tenham recebido; o peso da bagagem poderá ser limitado, se as circunstâncias do repatriamento o exigirem, ao que o prisioneiro puder razoavelmente transportar; em todo o caso, cada prisioneiro será autorizado a levar consigo pelo menos 25 kg.

Os outros bens pessoais do prisioneiro repatriado serão guardados pela Potência detentora; esta entregar-lhos-á logo que tiver concluído com a Potência de que depende o prisioneiro um acordo fixando as modalidades do seu transporte e o pagamento das despesas que o mesmo ocasionar.

Os prisioneiros de guerra que estiverem sujeitos a processo criminal por um crime ou delito de Direito Penal poderão ser retidos até ao fim do processo e, se for necessário, até ao fim da pena. O mesmo se aplicará àqueles que estiverem já condenados por um crime ou delito de direito penal.

As Partes no conflito comunicarão mutuamente os nomes dos prisioneiros de guerra que ficaram retidos até ao fim do processo ou da execução da pena.

As Partes no conflito entender-se-ão para constituir comissões com o fim de procurar os prisioneiros dispersos e assegurar o seu repatriamento no mais curto prazo possível.

SECÇÃO III

Morte dos prisioneiros de guerra

ARTIGO 120.º

Os testamentos dos prisioneiros de guerra serão feitos de maneira a satisfazerem às condições de validade requeridas pela legislação do seu país de origem, que tomará as medidas necessárias para levar estas condições ao conhecimento da Potência detentora. A pedido do prisioneiro de guerra e, em todos os casos, depois da sua morte o testamento será transmitido sem demora à Potência protectora e enviada uma cópia autêntica à Agência central de informações.

Serão enviados no mais curto prazo possível à Repartição de informações dos prisioneiros de guerra, instituída conforme o artigo 122.º, as certidões de óbito, de acordo com o modelo anexo a esta Convenção, ou relações autenticadas, por um oficial responsável, de todos os prisioneiros de guerra mortos no cativeiro. Os elementos de identificação cuja relação conta do terceiro parágrafo do artigo 17.º, o lugar e a data da morte, a sua causa, o local e a data da inumação, assim como todas as informações necessárias para identificar as sepulturas, deverão figurar nestes certificados ou nestas relações.

O enterramento ou incineração de um prisioneiro de guerra deverá ser precedido de um exame médico do corpo, a fim de constatar a morte, permitir a redacção de um relatório e, se necessário, estabelecer a identidade do morto.

As autoridades detentoras velarão por que os prisioneiros de guerra mortos no cativeiro sejam enterrados honrosamente, se possível seguindo os ritos da religião a que pertencem, e que as suas sepulturas sejam respeitadas, convenientemente conservadas e marcadas de maneira a poderem ser sempre identificadas. Sempre que for possível, os prisioneiros de guerra mortos que dependiam da mesma Potência serão enterrados no mesmo local.

Os prisioneiros de guerra mortos serão enterrados individualmente e só em caso de força maior terão sepultura colectiva.

Os corpos não poderão ser incinerados senão por razões imperiosas da higiene ou se a religião do morto o exige ou ainda se ele exprimiu esse desejo. No caso de incineração o facto será mencionado e os motivos explicados na acta de falecimento.

Para que as sepulturas possam sempre ser identificadas, deverá ser criado pela Potência detentora um serviço de registo de sepulturas, que registará todas as informações relativas às inumações e às sepulturas. As relações de sepulturas e as informações relativas aos prisioneiros de guerra inumados nos cemitérios ou em qualquer outro lugar serão enviadas à Potência de que dependem estes prisioneiros de guerra. Incumbirá à Potência que fiscaliza o território, se for parte nesta Convenção, cuidar destes túmulos e registar toda a transferência posterior dos corpos. Estas disposições aplicar-se-ão também às cinzas, que serão conservadas pelo serviço de registo de sepulturas até que o país de origem faça conhecer as disposições definitivas que deseje tomar a este respeito.

ARTIGO 121.º

Toda a morte ou ferimento grave de um prisioneiro de guerra causados ou suspeitos de terem sido provocados por uma sentinela, por um outro prisioneiro de guerra ou por qualquer outra pessoa, assim como toda a morte cuja causa foi desconhecida, serão seguidos imediatamente de um inquérito oficial da Potência detentora. Será feita imediatamente uma comunicação a este respeito à Potência protectora. Serão recolhidos os depoimentos das testemunhas, principalmente os dos prisioneiros de guerra, sendo enviado à Potência protectora um relatório com aqueles depoimentos.

Se o inquérito concluir pela culpabilidade de uma ou mais pessoas, a Potência detentora tomará todas as medidas para que a responsável ou às responsáveis sejam processadas judicialmente.

TÍTULO V

Departamentos de informações e sociedades de auxílio respeitantes aos prisioneiros de guerra

ARTIGO 122.°

Desde o início de um conflito, e em todos os casos de ocupação, cada uma das partes no conflito constituirá um Departamento oficial de informações acerca dos prisioneiros de guerra que se encontrem em seu poder; as Potências neutras ou não beligerantes que tenham recebido no seu território pessoas pertencentes a uma das categorias visadas no artigo 4.° actuarão da mesma maneira a respeito destas pessoas. A Potência interessada providenciará para que o Departamento de informações disponha de locais, do material e do pessoal necessários para que possa funcionar eficazmente. Poderá empregar no citado Departamento prisioneiros de guerra, desde que respeite as condições estipuladas na secção da presente Convenção respeitante ao trabalho dos prisioneiros de guerra.

No mais curto prazo possível, cada uma das Partes no conflito dará ao seu Departamento as informações a que se referem os parágrafos quarto, quinto e sexto deste artigo, a respeito de todas as pessoas inimigas pertencentes a uma das categorias visadas no artigo 4.° e que tenham caído em seu poder. As Potências neutras ou não beligerantes procederão da mesma maneira a respeito das pessoas destas categorias que tiverem recebido no seu território.

A Repartição fará chegar imediatamente, pelos meios mais rápidos, estas informações às Potências interessadas, por intermédio, por um lado, das Potências protectoras e, por outro lado, da Agência central, prevista no artigo 123.°

Estas informações deverão permitir avisar rapidamente as famílias interessadas. Sujeita às disposições do artigo 17.°, a informação incluirá, tanto quanto seja possível obter no Departamento de informações a respeito de cada prisioneiro de guerra, o seu apelido nome e prenomes, posto, ramo da força armada, número de matrícula ou pessoal, local e data completa do nascimento, indicação da Potência de que depende, primeiro nome do pai e nome de solteira da mãe, nome e endereço da pessoa que deve ser informada, assim como o endereço a dar à correspondência dirigida ao prisioneiro.

O Departamento de informações receberá dos diversos serviços competentes as indicações relativas às transferências, libertações, repatriamentos, evasões, hospitalizações, mortes, e transmiti-los-á da maneira prevista no terceiro parágrafo citado.

Da mesma maneira, as informações sobre o estado de saúde dos prisioneiros de guerra doentes ou feridos gravemente serão transmitidas regularmente e, se possível, todas as semanas.

O Departamento de informações será igualmente encarregado de responder a todas as perguntas que lhe sejam dirigidas respeitantes aos prisioneiros de guerra, incluindo aqueles que tenham morrido no cativeiro, e procederá aos inquéritos necessários com o fim de obter as informações pedidas que não possua.

Todas as comunicações escritas feitas pelo Departamento serão autenticadas por uma assinatura ou por um selo.

O Departamento de informações será também encarregado de recolher e de transmitir às Potências interessadas todos os objectos pessoais de valor, incluindo as quantias numa moeda diferente da da Potência detentora e os documentos que representem valor para os parentes próximos, deixados pelos prisioneiros de guerra quando do seu repatriamento, libertação, evasão ou morte. Estes objectos serão enviados em embrulhos selados pelo Departamento; serão juntos a estes embrulhos declarações fixando com precisão a identidade das pessoas a quem os objectos pertencem, assim como um inventário completo do embrulho. Os outros bens pessoais dos prisioneiros em causa serão enviados de acordo com as combinações concluídas entre as Partes no conflito interessadas.

ARTIGO 123.º

Num dos países neutros será criada uma agência central de informações sobre os prisioneiros de guerra. O Comité Internacional da Cruz Vermelha proporá às Potências interessadas, se o julgar necessário, a organização de uma tal Agência.

Esta Agência será encarregada de concentrar todas as informações que digam respeito aos prisioneiros de guerra que possa obter pelas vias oficiais ou privadas; ela transmiti-las-á o mais rapidamente possível ao país de origem dos prisioneiros ou a Potência de que eles dependem. Receberá das partes no conflito todas as facilidades para efectuar estas transmissões.

As ditas Partes contratantes, e em especial aquelas cujos súbditos beneficiem dos serviços da Agência central, são convidadas a dar a esta o auxílio financeiro de que tenham necessidade.

Estas disposições não deverão ser interpretadas como restringindo a actividade humanitária do Comité Internacional da Cruz Vermelha e das actividades de auxílio mencionadas no artigo 125.º

ARTIGO 124.º

Os Departamentos nacionais de informações e a Agência central de informações beneficiarão da isenção de porte de correio, assim como de todas as excepções previstas no artigo 74.º e, na medida do possível, da franquia telegráfica ou, pelo menos, de importantes reduções de taxas.

ARTIGO 125.º

Sob reserva das medidas que as Potências detentoras possam considerar indispensáveis para garantir a sua segurança ou fazer face a qualquer necessidade razoável, estas Potências reservarão o melhor acolhimento às organizações religiosas, sociedades de auxílio ou qualquer outro organismo que preste auxílio aos prisioneiros de guerra. As referidas Potências conceder-lhes-ão todas as facilidades necessárias, assim como aos seus delegados devidamente acreditados, para visitar os prisioneiros, distribuir-lhes recursos e material de qualquer proveniência destinados a fins religiosos, educativos, recreativos, ou para os ajudar a organizar as suas distracções no interior dos campos. As sociedades ou organismos citados podem ser constituídos, quer no território da Potência detentora, quer no dum outro país, quer ainda com um carácter internacional.

A Potência detentora poderá limitar o número de sociedades e de organismos cujos delegados sejam autorizados a exercer a sua actividade no seu território e sob a sua fiscalização, com a condição de que uma tal limitação não impeça a concessão duma ajuda eficaz e suficiente a todos os prisioneiros de guerra.

A situação particular do Comité Internacional da Cruz Vermelha neste domínio será sempre reconhecida e respeitada.

Logo que os socorros ou o material para os fins atrás indicados sejam entregues aos prisioneiros de guerra, ou pelo menos num curto prazo, serão enviados à sociedade de socorros ou ao organismo expedidor os recibos assinados pelo representante dos prisioneiros relativos a cada uma das encomendas dirigidas. Serão enviados simultaneamente recibos relativos a essas remessas pelas autoridades administrativas que têm a seu cargo a guarda dos prisioneiros.

TÍTULO VI

Execução da Convenção

SECÇÃO I

Disposições gerais

ARTIGO 126.º

Os representantes ou os delegados das Potências protectoras serão autorizados a visitar todos os locais em que se encontrem prisioneiros de guerra, principalmente locais de internamento, de detenção e de trabalho; terão acesso a todos os locais utilizados pelos prisioneiros. Serão igualmente autorizados a deslocar-se a todos os locais de partida, de paragem e de chegada dos prisioneiros transferidos. Poderão encontrar-se sem testemunhas com os prisioneiros, e em especial com o representante dos prisioneiros, por intermédio dum intérprete se for necessário.

Será dada aos representantes e aos delegados das Potências protectoras toda a liberdade na escolha dos locais que desejem visitar; a duração e a frequência destas visitas não serão limitadas. Não serão proibidas senão por imperiosas necessidades militares e somente a título excepcional e temporário.

A Potência detentora e a Potência de que dependem os prisioneiros de guerra a visitar poderão acordar, se for necessário, em que compatriotas desses prisioneiros sejam admitidos a participar nestas visitas.

Os delegados do Comité Internacional da Cruz Vermelha beneficiarão das mesmas prerrogativas. A designação destes delegados será submetida à aprovação da Potência em poder da qual se encontram os prisioneiros de guerra a visitar.

ARTIGO 127.º

As Altas Partes contratantes comprometem-se a difundir o mais possível, em tempo de paz e em tempo de guerra, o texto desta Convenção nos seus respectivos países e principalmente a incluir o seu estudo nos programas de instrução militar e, se possível, civil, de tal maneira que os seus princípios sejam conhecidos do conjunto das suas forças armadas e da população.

As autoridades militares ou outras que, em tempo de guerra, assumirem responsabilidades a respeito dos prisioneiros de guerra deverão possuir o texto da Convenção e ser instruídas especialmente nas suas disposições.

ARTIGO 128.º

As Altas Partes contratantes trocarão, por intermédio do Conselho Federal Suíço e, durante as hostilidades, por intermédio das Potências protectoras, as traduções oficiais desta Convenção, assim como as leis e regulamentos que elas possam ser levadas a adoptar para assegurarem a sua aplicação.

ARTIGO 129.º

As Altas Partes contratantes comprometem-se a tomar todas as medidas legislativas necessárias para fixar as sanções penais próprias a aplicar às pessoas que tenham cometido ou dado ordem para cometer qualquer das infracções graves desta Convenção definidas no artigo seguinte.

Cada Parte contratante terá obrigação de procurar as pessoas acusadas de terem cometido ou mandado praticar qualquer destas infracções graves e deverá enviá-las aos seus próprios tribunais, qualquer que seja a sua nacionalidade. Poderá também, se o preferir, e segundo as condições previstas pela própria legislação, enviá-las para julgamento a uma Parte contratante interessada no processo, desde que esta Parte contratante tenha acumulado contra as referidas pessoas acusações suficientes.

Cada Parte contratante tomará as medidas necessárias para fazer cessar os actos contrários às disposições da presente Convenção, além das infracções graves definidas no artigo seguinte.

Em todas as circunstâncias, os acusados beneficiarão de garantias de processo e de livre defesa, que não serão inferiores às previstas pelos artigos 105.º e seguintes da presente Convenção.

ARTIGO 130.º

Os delitos graves referidos no artigo precedente são aqueles que abrangem qualquer dos actos seguintes, se forem cometidos contra pessoas ou bens protegidos pela presente Convenção: homicídio voluntário, a tortura ou os tratamentos desumanos, incluindo as experiências biológicas, o propósito de causar intencionalmente grandes sofrimentos ou atentados graves contra a integridade física ou saúde, obrigar um prisioneiro de guerra a servir nas forças armadas da Potência inimiga, ou o propósito de privá-lo do seu direito de ser julgado regular e imparcialmente segundo as prescrições da presente Convenção.

ARTIGO 131.º

Nenhuma Alta Parte contratante poderá escusar-se nem isentar uma outra Parte contratante das responsabilidades contraídas por si mesmo ou por outra Parte contratante por motivo dos delitos citados no artigo precedente.

ARTIGO 132.º

A pedido de uma Parte no conflito, deverá ser aberto um inquérito, em condições a fixar entre as Partes interessadas, a respeito de toda a violação alegada da Convenção.

Se não se conseguir acordo sobre o modo de realizar o inquérito, as Partes concordarão na escolha de um árbitro, que resolverá sobre o processo a seguir.

Uma vez verificada a violação, as Partes no conflito acabarão com ela, reprimindo-a o mais rapidamente possível.

SECÇÃO II
Disposições finais

ARTIGO 133.º

Esta Convenção está redigida em francês e em inglês.

Os dois textos são igualmente autênticos.

O Conselho Federal Suíço ordenará as traduções oficiais da Convenção nas línguas russa e espanhola.

ARTIGO 134.º

A presente Convenção substitui a Convenção de 27 de Julho de 1929 nas relações entre as Altas Partes contratantes.

ARTIGO 135.º

Nas relações entre as Potências unidas pela Convenção da Haia respeitantes às leis e costumes da guerra em terra, quer se trate da de 29 de Julho de 1899, quer da de 18 de Outubro de 1907, e que participem da presente Convenção, esta completará a Secção II do Regulamento apenso às referidas Convenções da Haia.

ARTIGO 136.º

A presente Convenção, que tem a data de hoje, poderá ser assinada até 12 de Fevereiro de 1960 em nome das Potências representadas na Conferência que se iniciou em Genebra de 21 de Abril de 1949, assim como pelas Potências não representadas nesta Conferência que participam na Convenção de 27 de Julho de 1929.

ARTIGO 137.º

A presente Convenção será ratificada logo que seja possível e as ratificações serão depositadas em Berna.

Será lavrada uma acta de depósito de cada ratificação, uma cópia da qual, devidamente autenticada, será remetida pelo Conselho Federal Suíço a todas as Potências em nome das quais a Convenção tenha sido assinada ou cuja adesão tenha sido notificada.

ARTIGO 138.º

A presente Convenção entrará em vigor seis meses depois de terem sido depositados pelo menos dois instrumentos de ratificação.

Direito Internacional Humanitário 123

Ulteriormente, entrará em vigor, para cada Alta Parte contratante, seis meses depois do depósito do seu instrumento de ratificação.

ARTIGO 139.º

A partir da data da sua entrada em vigor a presente Convenção estará aberta à adesão de qualquer Potência em nome da qual esta convenção não tiver sido assinada.

ARTIGO 140.º

As adesões serão notificadas por escrito ao Conselho Federal Suíço e produzirão os seus efeitos seis meses depois da data em que ali foram recebidas.

O Conselho Federal Suíço comunicará as adesões a todas as Potências em nome das quais a Convenção tiver sido assinada ou a adesão notificada.

ARTIGO 141.º

As situações previstas nos artigos 2.º e 3.º darão efeito imediato às ratificações depositadas e às adesões notificadas pelas Partes no conflito antes ou depois do início das hostilidades ou da ocupação. O Conselho Federal Suíço comunicará pela via mais rápida as ratificações ou adesõesrecebidas das Partes no conflito.

ARTIGO 142.º

Cada uma das Altas Partes contratantes terá a faculdade de denunciar a presente Convenção.

A denúncia será ratificada por escrito no Conselho Federal Suíço. Este comunicará a notificação aos governos de todas as Altas Partes contratantes.

A denúncia produzirá os seus efeitos um ano depois da sua notificação ao Conselho Federal Suíço. Contudo, a denúncia notificada, quando a Potência denunciante estiver envolvida num conflito, não produzirá qualquer efeito senão depois de a paz ter sido concluída, e em qualquer caso enquanto as operações de libertação e de repatriamento das pessoas protegidas pela presente Convenção não estiverem terminadas.

A denúncia somente terá validade em relação à Potência denunciante.

Não terá qualquer efeito sobre as obrigações a que as Partes no conflito serão obrigadas a desempenhar em virtude dos princípios do Direito das Gentes tais como resultam dos usos estabelecidos entre os povos civilizados das leis da humanidade e das exigências da consciência pública.

ARTIGO 143.º

O Conselho Federal Suíço fará registar a presente Convenção no Secretariado das Nações Unidas. O Conselho Federal Suíço informará igualmente o Secretariado das Nações Unidas de todas as ratificações, adesões e denúncias que possa receber a respeito da presente Convenção.

Em fé do que os abaixo assinados, devidamente autorizados pelos seus Governos respectivos, assinaram a presente Convenção.

Feita em Genebra, em 12 de Agosto de 1949, nas línguas francesa e inglesa, devendo o original ser depositado nos arquivos da Confederação Suíça. O Conselho Federal Suíço enviará uma cópia autenticada da Convenção a cada um dos Estados signatários, assim como aos Estados que tiverem aderido à Convenção.

(Seguem as assinaturas)

2.4. IV CONVENÇÃO DE GENEBRA, RELATIVA À PROTECÇÃO DAS PESSOAS CIVIS EM TEMPO DE GUERRA, DE 12 DE AGOSTO DE 1949[19]

Os abaixo assinados, plenipotenciários dos Governos representados na Conferência diplomática que se reuniu em Genebra de 21 de Abril a 12 de Agosto de 1949, com o fim de elaborar uma Convenção para a protecção das pessoas civis em tempo de guerra, acordaram no que se segue:

TÍTULO I
Disposições gerais

ARTIGO 1.º

As Altas Partes contratantes comprometem-se a respeitar e a fazer respeitar a presente Convenção em todas as circunstâncias.

ARTIGO 2.º

Além das disposições que devem entrar em vigor desde o tempo de paz, a presente Convenção será aplicada em caso de guerra declarada ou de qualquer outro conflito armado que possa surgir entre duas ou mais das Altas Partes contratantes, mesmo se o estado de guerra não for reconhecido por uma delas.

A Convenção aplicar-se-á igualmente em todos os casos de ocupação total ou parcial do território de uma Alta Parte contratante, mesmo que esta ocupação não encontre qualquer resistência militar.

Se uma das Potências em conflito não for parte na presente Convenção, as Potências que nela são partes manter-se-ão, no entanto, ligadas, pela referida

---

[19] Aprovada, para ratificação, pelo Decreto-Lei n.º 42 991, de 26 de Maio de 1960.

Convenção, nas suas relações recíprocas. Além disso, elas ficarão ligadas por esta Convenção à referida Potência, se esta aceitar e aplicar as suas disposições.

ARTIGO 3.º

No caso de conflito armado que não apresente um carácter internacional e que ocorra no território de uma das Altas Partes contratantes, cada uma das Partes no conflito será obrigada aplicar, pelo menos, as seguintes disposições:

1) As pessoas que não tomem parte directamente nas hostilidades, incluindo os membros das forças armadas que tenham deposto as armas e as pessoas que tenham sido postas fora de combate por doença, ferimentos, detenção, ou por qualquer outra causa, serão, em todas as circunstâncias, tratadas com humanidade, sem nenhuma distinção de carácter desfavorável baseada na raça, cor, religião ou crença, sexo, nascimento ou fortuna, ou qualquer outro critério análogo.

Para este efeito, são e manter-se-ão proibidas, em qualquer ocasião e lugar, relativamente às pessoas acima mencionadas:

a) As ofensas contra a vida e a integridade física, especialmente o homicídio sob todas as formas, mutilações, tratamentos cruéis, torturas e suplícios;
b) A tomada de reféns;
c) As ofensas à dignidade das pessoas, especialmente os tratamentos humilhantes e degradantes;
d) As condenações proferidas e as execuções efectuadas sem prévio julgamento, realizado por um tribunal regularmente constituído, que ofereça todas as garantias judiciais reconhecidas como indispensáveis pelos povos civilizados.

2) Os feridos e doentes serão recolhidos e tratados.

Um organismo humanitário imparcial, como o Comité Internacional da Cruz Vermelha, poderá oferecer os seus serviços às partes no conflito.

As Partes no conflito esforçar-se-ão também por pôr em vigor, por meio de acordos especiais, todas ou parte das restantes disposições da presente Convenção.

A aplicação das disposições precedentes não afectará o estatuto jurídico das Partes no conflito.

ARTIGO 4.º

São protegidas pela Convenção as pessoas que, num dado momento e de qualquer forma, se encontrem, em caso de conflito ou ocupação, em poder de uma Parte, no conflito ou de uma Potência ocupante de que não sejam súbditas.

Os súbditos de um Estado que não esteja ligado pela Convenção não são protegidos por ela. Os súbditos de um Estado neutro que se encontrem no território de um Estado beligerante e os súbditos de um Estado co-beligerante não serão considerados como pessoas protegidas enquanto o Estado de que são súbditos tiver representação diplomática normal junto do Estado em poder do qual se encontrem.

As disposições do Título II têm, contudo, uma mais larga aplicação, como se define no artigo 13.º

As pessoas protegidas pela Convenção de Genebra para melhorar a situação dos feridos e doentes das forças armadas em campanha, de 12 de Agosto de 1949, ou pela de Genebra para melhorar a situação dos feridos, doentes e náufragos das forças armadas do mar, de 12 de Agosto de 1949, ou pela de Genebra relativa ao tratamento dos prisioneiros de guerra, de 12 de Agosto de 1949, não serão consideradas como pessoas protegidas no sentido da presente Convenção.

ARTIGO 5.º

Se, no território de uma Parte no conflito, esta tiver fundamentadas razões para considerar que uma pessoa protegida pela presente Convenção é, individualmente, objecto de uma suspeita legítima de se entregar a uma actividade prejudicial à segurança ou se ficou averiguado que ela se entrega de facto a esta actividade, a referida pessoa não poderá prevalecer-se dos direitos e privilégios conferidos pela presente Convenção, os quais, se fossem usados em seu favor, poderiam ser prejudiciais à segurança do Estado.

Se, num território ocupado, uma pessoa protegida pela Convenção for detida como espia ou sabotador, ou porque sobre ela recai uma legítima suspeita de se entregar a actividades prejudiciais à segurança da Potência ocupante, a referida pessoa poderá, nos casos de absoluta necessidade da segurança militar, ser privada dos direitos de comunicação previstos pela presente Convenção.

Em cada um destes casos, as referidas pessoas serão, porém, tratadas com humanidade e, em caso de serem processadas, não serão privadas do direito a um processo imparcial e regular previsto pela actual Convenção.

Voltarão, igualmente a beneficiar de todos os direitos e privilégios de uma pessoa protegida em conformidade com a presente Convenção, o mais cedo possível, mas sem prejuízo da segurança do Estado ou Potência ocupante, conforme o caso.

ARTIGO 6.º

A presente Convenção aplicar-se-á desde o início de qualquer conflito ou ocupação mencionados no artigo 2.º

No território das Partes em conflito, a aplicação da Convenção cessará no fim de todas as operações militares.

Em território ocupado, a aplicação da presente Convenção cessará um ano depois de terminadas todas as operações militares; contudo, a Potência ocupante ficará ligada, durante a ocupação – enquanto esta Potência exercer as funções de governo no território em questão –, pelas disposições dos seguintes artigos da presente Convenção: 1.º a 12.º, 27.º, 29.º a 34.º, 47.º, 49.º, 51.º, 52.º, 53.º, 59.º, 61.º a 77.º e 143.º

As pessoas protegidas, cuja libertação, repatriamento ou estabelecimento de residência se efectuem depois daquelas datas, continuarão entretanto a beneficiar da presente Convenção.

ARTIGO 7.º

Além dos acordos expressamente previstos pelos artigos 11.º, 14.º, 15.º, 17.º, 36.º, 108.º, 109.º, 132.º e 133.º, as Altas Partes contratantes poderão concluir outros acordos especiais sobre todos os assuntos que lhes pareça conveniente regular particularmente.

Nenhum acordo especial poderá causar prejuízo à situação das pessoas protegidas, tal como está estabelecido pela presente Convenção, nem restringir os direitos que esta lhes confere.

As pessoas protegidas continuarão a beneficiar destes acordos pelo tempo em que a Convenção lhes for aplicável, salvo estipulações em contrário contidas expressamente nos referidos acordos ou em acordos posteriores ou ainda quando tenham sido tomadas medidas mais favoráveis a seu respeito ou uma ou outra das Partes em conflito.

ARTIGO 8.º

As pessoas protegidas não poderão em caso algum renunciar parcial ou totalmente aos direitos que lhes são assegurados pela presente Convenção e pelos acordos especiais referidos no artigo precedente, caso estes existam.

ARTIGO 9.º

A presente Convenção será aplicada com a cooperação e fiscalização das Potências protectoras encarregadas de salvaguardar os interesses das Partes no conflito. Para este efeito, as Potências protectoras poderão nomear, fora do seu pessoal diplomático ou consular, delegados entre os seus próprios súbditos ou entre os súbditos de outras Potências neutras. Estes delegados deverão ser submetidos à aprovação da Potência junto da qual exercerão a sua missão.

Direito Internacional Humanitário   129

As Partes no conflito facilitarão, o mais possível, a missão dos representantes ou delegados das Potências protectoras.

Os representantes ou delegados das Potências protectoras não deverão, em caso algum, ultrapassar os limites da sua missão, tal como a estipula a presente Convenção. Deverão, principalmente, ter em consideração as necessidades imperiosas da segurança do Estado junto do qual exercem as suas funções.

ARTIGO 10.º

As disposições da presente Convenção não constituem obstáculo às actividades humanitárias que o Comité Internacional da Cruz Vermelha ou qualquer outra organização humanitária imparcial possam exercer para a protecção dos civis e para os socorros a prestar-lhes, sujeitas a acordo das respectivas Partes no conflito.

ARTIGO 11.º

As Altas Partes contratantes poderão, em qualquer ocasião, acordar em confiar a um organismo internacional, que ofereça todas as garantias de imparcialidade e de eficácia, as missões que competem às Potências protectoras pela presente Convenção.

Quando as pessoas protegidas pela presente Convenção não beneficiem ou deixem de beneficiar, qualquer que seja a razão, da actividade de uma Potência protectora ou de um organismo designado, em conformidade com o primeiro parágrafo, a Potência detentora deverá pedir, quer a um Estado neutro, quer a tal organismo, que assuma as funções atribuídas pela presente Convenção às Potências protectoras designadas pelas Partes no conflito.

Se a protecção não puder ser assegurada deste modo, a Potência detentora pedirá ou aceitará, sob reserva das disposições deste artigo, a oferta dos serviços de uma organização humanitária, tal como o Comité internacional da Cruz Vermelha, para assumir as funções humanitárias atribuídas às Potências protectoras pela presente Convenção. Qualquer Potência neutra ou organismo convidado pela Potência interessada ou que se ofereça para os fins acima designados deverá no exercício da sua actividade ter consciência da sua responsabilidade para com a Parte no conflito da qual dependem as pessoas protegidas pela presente Convenção e deverá fornecer garantias bastantes de capacidade para assumir as funções em questão e desempenhá-las com imparcialidade.

Não poderão ser alteradas as disposições precedentes por acordo particular entre Potências das quais uma se encontre, mesmo temporariamente, perante a outra Potência ou seus aliados, limitada na sua liberdade de negociar em consequência dos acontecimentos militares, especialmente no caso de uma ocupação da totalidade ou de uma parte importante do seu território.

Sempre que na presente Convenção se faz alusão a uma Potência protectora, esta alusão designa igualmente os organismos que a substituem no espírito do presente artigo.

As disposições deste artigo estender-se-ão e serão adaptadas aos casos dos súbditos de um Estado neutro que se encontrem num território ocupado ou no território de um Estado beligerante no qual o Estado de que são súbditos não tem representação diplomática normal.

ARTIGO 12.º

Em todos os casos em que as Potências protectoras o julgarem útil no interesse das pessoas protegidas, especialmente quando houver desacordo entre as Partes no conflito sobre a aplicação ou interpretação das disposições da presente Convenção, as referidas Potências prestarão os seus bons oficios com vista à resolução do desacordo.

Para este efeito, cada uma das Potências protectoras poderá, a convite de uma parte ou por sua própria iniciativa, propor às Partes no conflito uma reunião dos seus representantes e, em particular, das autoridades responsáveis pela situação das pessoas protegidas, possivelmente num território neutro convenientemente escolhido. As Partes no conflito serão obrigadas a dar seguimento às propostas que lhes forem feitas neste sentido. As Potências protectoras poderão, se for necessário, submeter à aprovação das Partes no conflito uma personalidade pertencente a uma Potência neutra, ou uma personalidade delegada pela Comissão Internacional da CruzVermelha, que será convidada a tomar parte nessa reunião.

TÍTULO II

Protecção geral das populações contra determinadas consequências da guerra

ARTIGO 13.º

As disposições do Título II têm em vista o conjunto das populações dos países no conflito, sem qualquer distinção desfavorável, particularmente de raça, nacionalidade, religião ou opiniões políticas, e destinam-se a aliviar os sofrimentos causados pela guerra.

ARTIGO 14.º

Desde o tempo de paz, as Partes contratantes e, depois do início das hostilidades, as Partes no conflito, poderão estabelecer no seu próprio território e, se houver necessidade, nos territórios ocupados, zonas e localidades sanitárias e de segurança organizadas de modo a proteger dos efeitos da guerra os feridos e os doentes, os enfermos, os velhos, as crianças com menos de 15 anos, as mulheres grávidas e as mães de crianças com menos de 7anos.

Desde o início de um conflito e no decorrer das hostilidades, as Partes interessadas poderão concluir entre si acordos para o reconhecimento das zonas e localidades que tiverem estabelecido. Poderão para este efeito pôr em execução as disposições previstas no projecto de acordo apenso à presente Convenção, introduzindo as alterações que eventualmente considerem necessárias.

As Potências protectoras e o Comité Internacional da Cruz Vermelha são convidadas a prestar os seus bons ofícios para facilitar o estabelecimento e o reconhecimento destas zonas e localidades sanitárias e de segurança.

ARTIGO 15.º

Qualquer Parte no conflito poderá, quer directamente, quer por intermédio de um Estado neutro ou de um organismo humanitário, propor à Parte contrária a criação, nas regiões onde se combate, de zonas neutras destinadas a proteger dos perigos dos combates, sem qualquer distinção, as seguintes pessoas:

a) Os feridos e os doentes, combatentes ou não combatentes;
b) Os civis que não participam nas hostilidades e que não se dediquem a qualquer trabalho de natureza militar durante a sua permanência nestas zonas.

Logo que as Partes no conflito tiverem acordado sobre a situação geográfica, administração, abastecimentos e inspecção da zona neutra considerada, será estabelecido um acordo escrito e assinado pelos representantes das Partes no conflito. Este acordo fixará o início e a duração da neutralização da zona.

ARTIGO 16.º

Os feridos e os doentes, bem como os enfermos e as mulheres grávidas, serão objecto de especial protecção e respeito.

Até onde as exigências militares o permitirem, cada Parte no conflito facilitará as medidas tomadas para procurar os mortos ou feridos, auxiliar os náufragos e outras pessoas expostas a um perigo grave e a protegê-las contra a pilhagem e maus tratos.

ARTIGO 17.°

As Partes no conflito esforçar-se-ão por concluir acordos locais para a evacuação, de uma zona sitiada ou cercada, dos feridos, doentes, enfermos, velhos, crianças e parturientes, e para a passagem dos ministros de todas as religiões, do pessoal e material sanitários com destino a esta zona.

ARTIGO 18.°

Os hospitais civis organizados para cuidar dos feridos, doentes, enfermos e parturientes não poderão, em qualquer circunstância, ser alvo de ataques; serão sempre respeitados e protegidos pelas Partes no conflito.

Os Estados que são partes num conflito deverão entregar a todos os hospitais civis um documento atestando a sua qualidade de hospital civil e provando que os edifícios que ocupam não são utilizados para outros fins que, em conformidade com o artigo 19.°, poderiam privá-los de protecção.

Os hospitais civis serão assinalados, se para tal estiverem autorizados pelo Estado, por meio do emblema estipulado no artigo 38.° da Convenção de Genebra para melhorar a situação dos feridos e doentes das forças armadas em campanha, de 12 de Agosto de 1949.

As Partes no conflito tomarão, tanto quanto as exigências militares o permitam, as medidas necessárias para tornar facilmente visíveis às forças inimigas, terrestres, aéreas e navais, os emblemas distintivos que assinalem os hospitais civis, a fim de afastar a possibilidade de qualquer acção agressiva.

Em vista dos perigos que pode apresentar para os hospitais a proximidade de objectivos militares, recomenda-se que os mesmo fiquem tão afastados quanto possível dos referidos objectivos.

ARTIGO 19.°

A protecção concedida aos hospitais civis não poderá cessar, a não ser que os mesmos sejam utilizados para cometer, fora dos seus deveres humanitários, actos prejudiciais ao inimigo.

Contudo, a protecção não cessará senão depois de intimação prévia fixando, em todos os casos oportunos, um prazo razoável e depois de a intimação não ter sido atendida.

Não será considerado como acto hostil o facto de militares feridos ou doentes serem tratados nestes hospitais ou serem ali encontradas armas portáteis e munições tiradas aos mesmos e que não tenham ainda sido entregues no serviço competente.

ARTIGO 20.º

O pessoal normalmente e unicamente encarregado do funcionamento ou da administração dos hospitais civis, compreendendo o que é encarregado da procura, remoção, transporte e tratamento dos feridos e doentes civis, dos enfermos e das parturientes, será respeitado e protegido.

Nos territórios ocupados e nas zonas de operações militares, este pessoal far-se-á reconhecer por meio de um bilhete de identidade, atestando a qualidade do titular, munido da sua fotografia com o selo em branco da autoridade responsável e, também, enquanto estiver ao serviço, por um braçal carimbado resistente à humidade, usado no braço esquerdo. Este braçal será entregue pelo Estado e provido do emblema estipulado no artigo 38.º da Convenção de Genebra para melhorar as condições dos feridos e doentes das forças armadas em campanha, de 12 de Agosto de 1949.

O restante pessoal que estiver empregado no funcionamento ou na administração dos hospitais civis será respeitado e protegido e terá o direito de usar o braçal como se acha previsto e nas condições previstas neste artigo, durante o exercício destas funções. O seu bilhete de identidade indicará as missões que lhe estão atribuídas.

A direcção de cada hospital civil terá sempre à disposição das autoridades competentes, nacionais ou de ocupação, uma relação actualizada do seu pessoal.

ARTIGO 21.º

Os transportes de feridos e doentes civis, de enfermos e parturientes efectuados em terra por comboios de viaturas e comboios-hospitais, ou, por mar, em navios destinados a este fim, serão respeitados e protegidos da mesma maneira que os hospitais previstos no artigo 18.º e serão assinalados, com autorização do Estado, ostentando o emblema distintivo estipulado no artigo 38.º da Convenção de Genebra para melhorar a situação dos feridos e doentes das forças armadas em campanha, de 12 de Agosto de 1949.

ARTIGO 22.º

As aeronaves exclusivamente empregadas para o transporte dos feridos e doentes civis, enfermos e parturientes, ou para o transporte do pessoal e material sanitários, não serão atacadas, mas serão respeitadas quando voarem a altitudes, horas e rotas especialmente estabelecidas entre todas as Partes no conflito interessadas.

Poderão ser assinaladas pelo emblema distintivo previsto no artigo 38.º da

Convenção de Genebra para melhorar a situação dos feridos e doentes das forças armadas em campanha, de 12 de Agosto de 1949.

Salvo acordo em contrário, são interditos os voos sobre o território inimigo ou por ele ocupado.

Estas aeronaves obedecerão a qualquer ordem de aterragem. No caso de uma aterragem assim imposta, a aeronave e os seus ocupantes poderão continuar o seu voo depois da inspecção eventual.

ARTIGO 23.º

Cada Parte contratante concederá a livre passagem de todas as remessas de medicamentos, material sanitário e dos objectos necessários ao culto, destinados unicamente à população civil de um outra Parte contratante, mesmo inimiga. Autorizará igualmente a livre passagem de todas as remessas de víveres indispensáveis, vestuários e fortificantes destinados às crianças, com menos de 15 anos, mulheres grávidas e parturientes.

A obrigação para uma Parte contratante de permitir livre passagem das remessas indicadas no parágrafo precedente está sujeita à condição de esta Parte ter a garantia de que não existem sérios motivos para recear que:

a) As remessas possam ser desviadas do seu destino, ou

b) A inspecção possa não ser eficaz, ou

c) O inimigo possa daí tirar uma manifesta vantagem para os seus esforços militares ou economia, substituindo estas remessas por mercadorias que deveria, de outra forma, fornecer ou produzir, ou libertando as matérias, produtos ou serviços que teria, por outro lado, de utilizar na produção de tais mercadorias.

A Potência que autoriza a passagem de remessas indicadas no primeiro parágrafo deste artigo pode pôr como condição para a sua autorização que a distribuição aos beneficiários seja feita sob a fiscalização local das Potências protectoras.

Estas remessas deverão ser enviadas ao seu destino o mais rapidamente possível, e o Estado que autoriza a sua livre passagem terá o direito de fixar as condições técnicas mediante as quais ela será permitida.

ARTIGO 24.º

As Partes no conflito tomarão as disposições necessárias para que as crianças com menos de 15 anos que fiquem órfãs ou separadas de suas famílias em consequência da guerra não sejam abandonadas a si próprias para que sejam facilitadas, em todas as circunstâncias, a sua manutenção, a prática da sua religião e a sua educação. Esta será, tanto quanto possível, confiada a pessoas da mesma tradição cultural.

As Partes no conflito facilitarão o acolhimento destas crianças num país neutro durante a duração do conflito com o consentimento da Potência protectora, se a houver e se tiverem a garantia de que os princípios enunciados no primeiro parágrafo são respeitados. Além disso, esforçar-se-ão por tomar as medidas necessárias para que todas as crianças com menos de 12 anos possam ser identificadas, pelo uso de uma placa de identidade ou por qualquer outro meio.

ARTIGO 25.º

Toda a pessoa que se encontre no território de uma Parte no conflito, ou num território ocupado por ela, poderá enviar aos membros de sua família, onde quer que se encontrem, notícias de carácter estritamente familiar e recebê-las. Esta correspondência será enviada ao seu destino rapidamente e sem demora injustificada.

Se, devido a várias circunstâncias, a troca de correspondência familiar pela via postal ordinária se tornou difícil ou impossível, as Partes no conflito interessadas dirigir-se-ão a um intermediário neutro, como a agência central prevista no artigo 140.º, para resolver com ela sobre os meios de garantir a execução das suas obrigações nas melhores condições, especialmente com o concurso das sociedades nacionais da Cruz Vermelha (do Crescente Vermelho, do Leão e Sol Vermelhos).

Se as Partes no conflito considerarem necessário restringir a correspondência familiar, poderão, quando muito, impor o emprego de fórmulas-modelo contendo vinte e cinco palavras livremente escolhidas e limitar o envio a uma só por mês.

ARTIGO 26.º

Cada Parte no conflito facilitará as investigações feitas pelos membros das famílias dispersas pela guerra para retomarem contacto entre si e reunir-se, sendo possível.

Favorecerá especialmente o trabalho dos organismos que se dedicam a esta missão, desde que os tenha autorizado e eles se conformem com as medidas de segurança que ela tenha adoptado.

TÍTULO III
Estatuto e tratamento das pessoas protegidas

SECÇÃO I
Disposições comuns aos territórios das Partes no conflito e aos territórios ocupados

ARTIGO 27.º

As pessoas protegidas têm direito, em todas as circunstâncias, ao respeito da sua pessoa, da sua honra, dos seus direitos de família, das suas convicções e práticas religiosas, dos seus hábitos e costumes. Serão tratadas, sempre, com humanidade e protegidas especialmente contra todos os actos de violência ou de intimidação, contra os insultos e a curiosidade pública.

As mulheres serão especialmente protegidas contra qualquer ataque à sua honra, e particularmente contra violação, prostituição forçada ou qualquer forma de atentado ao seu pudor.

Sem prejuízo das disposições relativas ao seu estado de saúde, idade e sexo, todas as pessoas protegidas serão tratadas pela Parte no conflito em poder de quem se encontrem com a mesma consideração, sem qualquer distinção desfavorável, especialmente de raça, religião ou opiniões políticas.

Contudo, as Partes no conflito poderão tomar, a respeito das pessoas protegidas, as medidas de fiscalização ou de segurança que sejam necessárias devido à guerra.

ARTIGO 28.º

Nenhuma pessoa protegida poderá ser utilizada para colocar, pela sua presença, certos pontos ou certas regiões ao abrigo das operações militares.

ARTIGO 29.º

A Parte no conflito em cujo poder se encontrem pessoas protegidas é responsável pelo tratamento que lhes for aplicado pelos seus agentes, independentemente das responsabilidades individuais em que possam ter incorrido.

ARTIGO 30.º

As pessoas protegidas terão todas as facilidades para se dirigir às Potências protectoras, ao Comité Internacional da Cruz Vermelha, sociedade nacional da Cruz Vermelha (do Crescente Vermelho, do Leão e Sol Vermelhos) do país onde se encontrem, bem como a qualquer organismo que lhes possa prestar auxílio.

Estes diversos organismos receberão para este efeito, da parte das autoridades, todas as facilidades dentro dos limites estabelecidos pelas necessidades militares ou de segurança.

Independentemente das visitas dos delegados das Potências protectoras e da Cruz Vermelha previstas no artigo 143.º, as Potências detentoras ou ocupantes facilitarão, na medida do possível, as visitas que desejarem fazer às pessoas protegidas e representantes de outras organizações cujo fim consista em dar a estas pessoas um auxílio espiritual ou material.

ARTIGO 31.º

Nenhuma coacção de ordem física ou moral pode ser exercida contra as pessoas protegidas, especialmente para conseguir delas, ou de terceiros, informações.

ARTIGO 32.º

As Altas Partes contratantes proíbem-se expressamente qualquer medida que possa causar sofrimentos físicos ou o extermínio das pessoas protegidas em seu poder. Esta proibição não tem em vista apenas o assassínio, a tortura, os castigos corporais, as mutilações e as experiências médicas ou científicas que não forem necessárias para o tratamento médico de uma pessoa protegida, mas também todas as outras brutalidades, quer sejam praticadas por agentes civis ou militares.

ARTIGO 33.º

Nenhuma pessoa protegida pode ser castigada por uma infracção que não tenha cometido pessoalmente. As penas colectivas, assim como todas as medidas de intimação ou de terrorismo, são proibidas.

A pilhagem é proibida.

As medidas de represália contra as pessoas protegidas e seus bens são proibidas.

ARTIGO 34.º

É proibida a tomada de reféns.

SECÇÃO II

Estrangeiros no território de uma Parte no conflito

ARTIGO 35.º

Toda a pessoa protegida que quiser abandonar o território no início ou durante o conflito terá o direito de o fazer, a não ser que a sua saída seja contrária aos interesses nacionais do Estado.

Os pedidos de tais pessoas para abandonar o território serão decididos em conformidade com processos regularmente estabelecidos e a resolução será tomada o mais rapidamente possível. As pessoas autorizadas a abandonar o território poderão munir-se dos fundos necessários para a viagem e fazer-se acompanhar de uma quantidade razoável de artigos domésticos e objectos de uso pessoal.

Se for recusada a qualquer pessoa autorização para abandonar o território, terá a mesma direito de conseguir que um tribunal apropriado ou uma junta administrativa competente, designada pela Potência detentora para o efeito, reconsidere esta recusa no mais curto prazo.

A pedido, os representantes da Potência protectora poderão, a não ser que razões de segurança o impeçam ou que os interessados levantem objecções, obter informações sobre os motivos da recusa dos pedidos de autorização para saída do território e, o mais rapidamente possível, os nomes de todas as pessoas que se encontrem neste caso.

ARTIGO 36.º

As saídas autorizadas nos termos do artigo antecedente serão efectuadas em condições satisfatórias de segurança, higiene, salubridade e alimentação. Todas as despesas relacionadas, a partir da saída do território da Potência detentora, ficarão a cargo do país de destino ou, no caso de permanência num país neutro, a cargo da Potência cujos súbditos são os beneficiários. Os pormenores práticos destes deslocamentos serão, em caso de necessidade, estabelecidos por acordos especiais entre as Potências interessadas.

As disposições precedentes não prejudicarão os acordos especiais que possam ser concluídos entre as Partes no conflito a propósito da troca e repartição dos seus súbditos em poder do inimigo.

ARTIGO 37.º

As pessoas protegidas que se encontrem detidas preventivamente ou cumprindo uma sentença com perda de liberdade serão tratadas com humanidade durante a sua prisão.

Logo que forem postas em liberdade, poderão pedir para abandonar o território, em conformidade com os artigos precedentes.

ARTIGO 38.º

Exceptuando as medidas especiais que possam ter sido tomadas em virtude da presente Convenção, especialmente nos artigos 27.º e 41.º, a situação das pessoas protegidas continuará a ser regulada, em princípio, pelas disposições relativas ao tratamento dos estrangeiros em tempo de paz. Em qualquer caso devem ser-lhes concedidos os seguintes direitos:

1) Poderão receber o socorro individual ou colectivo que lhes for remetido;
2) Receberão, se o seu estado de saúde o exigir, assistência médica e tratamentos hospitalares, nas mesmas condições que os súbditos do Estado interessado;
3) Ser-lhes-á permitida a prática da sua religião e assistência espiritual dos ministros do seu culto;
4) Se residirem numa região particularmente exposta aos perigos da guerra, serão autorizados a deslocar-se nas mesmas condições que os súbditos do Estado interessado;
5) As crianças com menos de 15 anos, as mulheres grávidas e as mães de crianças com menos de 7 anos beneficiarão, nas mesmas condições que os súbditos do Estado interessado, de qualquer tratamento de preferência.

ARTIGO 39.º

Às pessoas protegidas que tiverem perdido, em consequência da guerra, o seu emprego, ser-lhes-á dada oportunidade de encontrar trabalho remunerado e gozarão para este efeito, sujeitas a consideração de segurança e às disposições do artigo 40.º, das mesmas vantagens que os súbditos da Potência em cujo território eles se encontrem.

Se uma Parte no conflito submete uma pessoa protegida a medidas de fiscalização que a coloquem na impossibilidade de prover à sua subsistência, especialmente quando esta pessoa não pode por motivos de segurança encontrar um trabalho remunerado em condições razoáveis, a referida Parte no conflito garantirá as suas necessidades e as das pessoas que estiverem a seu cargo.

As pessoas protegidas poderão, em todos os casos, receber subsídios do seu país de origem, da Potência protectora ou das sociedades de beneficência mencionadas no artigo 30.º

ARTIGO 40.º

As pessoas protegidas só podem ser obrigadas a trabalhar nas mesmas condições em que o são os súbditos da Parte no conflito em cujo território elas se encontrem.

Se as pessoas protegidas são de nacionalidade inimiga, não poderão ser obrigadas senão aos trabalhos que são normalmente necessários para garantir a alimentação, o alojamento, o vestuário, o transporte e a saúde de seres humanos e que não estejam directamente relacionados com a condução das operações militares.

Nos casos mencionados nos parágrafos precedentes, as pessoas protegidas obrigadas ao trabalho beneficiarão das mesmas condições de trabalho e das mesmas medidas de protecção que os trabalhadores nacionais, em particular no que se refere a salários, duração de trabalho, equipamento, instrução prévia e a reparação por acidentes de trabalho e doenças profissionais.

No caso de infracção das disposições acima mencionadas, as pessoas protegidas serão autorizadas a exercer o seu direito de se queixar, em conformidade com o artigo 30.º

ARTIGO 41.º

Se a Potência em poder da qual se encontram as pessoas protegidas não considerar suficientes as medidas de fiscalização mencionadas na presente Convenção, não poderá recorrer a outras medidas de fiscalização mais severas do que as de residência fixada ou internamento, em conformidade com as disposições dos artigos 42.º e 43.º

Ao aplicar as disposições do segundo parágrafo do artigo 39.º, no caso de pessoas obrigadas a abandonar a sua residência habitual em virtude de uma decisão que as obriga a residência fixada noutro local, a Potência detentora regular-se-á tanto quanto possível pelas regras relativas ao tratamento dos internados, expostas na secção IV do título III desta Convenção.

ARTIGO 42.º

O internamento ou a colocação em residência obrigatória de pessoas protegidas não poderá ser ordenado senão quando a segurança da Potência em poder da qual estas pessoas se encontram o torne absolutamente necessário.

Se uma pessoa pedir, por intermédio dos representantes da Potência protectora, ou seu internamento voluntário e se a sua situação o torna necessário, será realizado pela Potência em poder da qual se encontra.

ARTIGO 43.º

Qualquer pessoa protegida que tenha sido internada ou à qual tenha sido fixada residência terá o direito de se dirigir a um tribunal ou a uma junta administrativa competente, designada pela Potência detentora para este efeito, a fim de que eles reconsiderem no mais curto prazo a decisão tomada a seu respeito. Se o internamento ou a situação de residência fixada se mantiverem, o tribunal ou a junta administrativa procederá periodicamente, e pelo menos duas vezes por ano, a um exame do caso desta pessoa, com o fim de modificar a seu favor a decisão inicial, se as circunstâncias o permitirem. A não ser que as pessoas protegidas interessadas se oponham, a Potência detentora levará, tão rapidamente quanto possível, ao conhecimento da Potência protectora, os nomes das pessoas protegidas que tiverem sido internadas ou sujeitas a residência fixada e os nomes das que tiverem sido libertadas do internamento ou da residência fixada. Sob a mesma reserva, as decisões dos tribunais ou das juntas administrativas mencionadas no primeiro parágrafo do presente artigo serão igualmente notificadas, tão rapidamente quanto possível, à Potência protectora.

ARTIGO 44.º

Ao aplicar as medidas de fiscalização mencionadas na presente Convenção, a Potência detentora não tratará como estrangeiros inimigos, exclusivamente na base da sua subordinação jurídica a um Estado inimigo, os refugiados que não gozem de facto da protecção de qualquer Governo.

ARTIGO 45.º

As pessoas protegidas não poderão ser transferidas para uma Potência que não seja parte na Convenção.

Esta disposição não constituirá em caso algum obstáculo à repatriação das pessoas protegidas ou ao seu regresso ao país do seu domicílio depois de terminadas as hostilidades.

As pessoas protegidas não poderão ser transferidas pela Potência detentora para uma Potência que seja parte na Convenção senão depois de a Potência detentora estar certa de que a Potência em questão tem boa vontade e capacidade para aplicar a Convenção. Quando as pessoas protegidas forem transferidas deste modo, a responsabilidade da aplicação da Convenção competirá à Potência que resolveu acolhê-las, enquanto lhe estiverem confiadas. Contudo, no caso de esta Potência não aplicar as disposições da Convenção em qualquer ponto importante, a Potência pela qual as pessoas protegidas foram transferidas deverá, depois de notificação da Potência protectora, tomar medidas eficazes para remediar a situação ou pedir que lhe sejam novamente enviadas as pessoas protegidas. Este pedido deverá ser satisfeito.

Uma pessoa protegida não poderá ser, em caso algum, transferida para um país onde possa temer perseguições por motivo das suas opiniões políticas ou religiosas.

As disposições deste artigo não constituem obstáculo à extradição, em virtude de tratados de extradição concluídos antes do início das hostilidades, de pessoas protegidas acusadas de crimes de direito comum.

ARTIGO 46.º

No caso de não terem sido anuladas anteriormente, as medidas restritivas referentes a pessoas protegidas cessarão tão rapidamente quanto possível depois de terminadas as hostilidades.

As medidas restritivas que afectem os seus bens cessarão tão cedo quanto possível depois de terminadas as hostilidades, em conformidade com a legislação da Potência detentora.

SECÇÃO III

Territórios ocupados

ARTIGO 47.º

As pessoas protegidas que se encontrem em território ocupado não serão privadas, em caso algum nem de qualquer modo, do benefício da presente Convenção, quer em virtude de qualquer mudança introduzida como consequência da ocupação nas instituições ou no Governo do referido território, quer por um acordo concluído entre as autoridades do território ocupado e a Potência ocupante, ou ainda por motivo de anexação por esta última de todo ou parte do território ocupado.

ARTIGO 48.º

As pessoas protegidas não súbditas da Potência cujo território está ocupado poderão aproveitar-se do direito de deixar o território nas condições previstas no artigo 35.º, e as decisões serão tomadas em conformidade com as condições que a Potência ocupante deve estabelecer de harmonia com o referido artigo.

ARTIGO 49.º

As transferências forçadas, em massa ou individuais, bem como as deportações de pessoas protegidas do território ocupado para o da Potência ocupante ou para o de qualquer outro país, ocupado ou não, são proibidas, qualquer que seja o motivo.

Contudo, a Potência ocupante poderá proceder à evacuação total ou parcial de uma dada região ocupada, se a segurança da população ou imperiosas razões militares o exigirem. As evacuações não poderão abranger a deslocação de pessoas protegidas para fora dos limites do território ocupado, a não ser em caso de impossibilidade material. A população assim evacuada será reconduzida aos seus lares logo que as hostilidades tenham terminado neste sector.

A Potência ocupante, ao realizar estas transferências ou evacuações, deverá providenciar, em toda a medida do possível, para que as pessoas protegidas sejam recebidas em instalações apropriadas, para que as deslocações sejam efectuadas em condições satisfatórias de higiene, sanidade, segurança e alimentação e para que os membros de uma mesma família nãosejam separados uns dos outros.

A Potência protectora será informada das transferências e evacuações logo que elas se efectuem.

A Potência ocupante não poderá reter as pessoas protegidas numa região particularmente exposta aos perigos da guerra, a não ser que a segurança da população ou imperiosas razões militares o exijam.

A Potência ocupante não poderá proceder à deportação ou à transferência de uma parte da sua própria população civil para o território por ela ocupado.

ARTIGO 50.º

A Potência ocupante facilitará, com a cooperação das autoridades nacionais e locais, o bom funcionamento das instituições consagradas aos cuidados e educação das crianças.

Tomará todas as medidas necessárias para facilitar a identificação das crianças e o registo da sua filiação. Não poderá, em caso algum, mudar o seu estatuto pessoal, nem alistá-las nas formações ou organizações que lhes estejam subordinadas.

Se as instituições locais forem inadequadas para o fim a que se destinam, a Potência ocupante deverá tomar disposições para assegurar a manutenção e a educação, se possível por pessoas da sua nacionalidade, língua e religião, das crianças que forem órfãs ou estiverem separadas de seus pais em consequência da guerra, e na ausência de um parente próximo ou de um amigo que as possa tomar a seu cargo.

Uma secção especial da repartição criada em virtude das disposições do artigo 136.º será encarregada de tomar todas as medidas necessárias para identificar as crianças cuja identidade seja incerta. As indicações que se possuírem acerca de seus pais ou outros parentes próximos serão sempre registadas.

A Potência ocupante não deverá pôr obstáculos à aplicação de medidas preferenciais que possam ter sido adoptadas, antes da ocupação, em favor das crianças com idade inferior a 15 anos, mulheres grávidas e mães de crianças com menos de 7 anos, pelo que respeita à alimentação, cuidados médicos e protecção contra os efeitos da guerra.

ARTIGO 51.º

A Potência ocupante não poderá obrigar as pessoas protegidas a servirem nas suas forças armadas ou auxiliares. Toda a pressão ou propaganda destinada a conseguir alistamentos voluntários é proibida.

A Potência ocupante não poderá obrigar ao trabalho as pessoas protegidas, a não ser que tenham idade superior a 18 anos; e nesse caso apenas em trabalhos necessários às exigências do exército de ocupação ou nos serviços de utilidade pública, alimentação, habitação, vestuário, nos transportes ou na saúde da população do país ocupado. As pessoas protegidas não poderão ser compelidas a qualquer trabalho que as obrigue a tomar parte em operações militares. A Potência ocupante não poderá obrigar as pessoas protegidas a garantir pela força a segurança das instalações onde executem um trabalho obrigatório.

O trabalho não será executado senão no interior do território ocupado onde estiverem as pessoas de que se trata. Cada pessoa requisitada será, na medida do possível, conservada no seu lugar habitual de trabalho. O trabalho será equitativamente remunerado e proporcionado às possibilidades físicas e Intelectuais dos trabalhadores. A legislação em vigor no país ocupado referente às condições de trabalho e às medidas de protecção, especialmente pelo que respeita a salários, horas de trabalho, equipamento, instrução inicial e a reparações por acidentes de trabalho e doenças profissionais, será aplicável às pessoas protegidas submetidas aos trabalhos de que trata este artigo.

Em caso algum as requisições de mão-de-obra poderão conduzir a uma mobilização de trabalhadores com organização de carácter militar ou semimilitar.

ARTIGO 52.º

Nenhum contrato, acordo ou regulamento poderá atingir o direito de qualquer trabalhador, voluntário ou não, onde quer que se encontre, de se dirigir aos representantes da Potência protectora para pedir a sua intervenção.

São proibidas todas as medidas tendentes a provocar o desemprego ou a restringir as possibilidades de trabalho dos trabalhadores de um país ocupado, com o fim de os induzir a trabalhar para a Potência ocupante.

ARTIGO 53.º

É proibido à Potência ocupante destruir os bens móveis ou imóveis, pertencendo individual ou colectivamente a pessoas particulares, ao Estado ou a colectividade públicas, a organizações sociais ou cooperativas, a não ser que tais destruições sejam consideradas absolutamente necessárias para as operações militares.

ARTIGO 54.º

A Potência ocupante não poderá modificar o estatuto dos funcionários ou dos magistrados do território ocupado ou tomar contra eles sanções ou quaisquer medidas coercivas ou de diferenciação no caso de deixarem de exercer as suas funções por razões de consciência.

Esta última proibição não constitui obstáculo à aplicação do segundo parágrafo do artigo 51.º e não afecta o direito de a Potência ocupante afastar os funcionários públicos dos seus lugares.

ARTIGO 55.º

Tanto quanto lho permitam as suas possibilidades, a Potência ocupante tem o dever de assegurar o abastecimento da população em víveres e produtos médicos; deverá especialmente importar os alimentos, os abastecimentos médicos e outros artigos necessários, se os recursos do território ocupado forem insuficientes.

A Potência ocupante não poderá requisitar víveres, artigos ou fornecimentos médicos que se encontrem no território ocupado, a não ser para uso das forças de ocupação e pessoal da administração, e deverá ter em consideração as necessidades da população civil. Sob reserva das estipulações de outras convenções internacionais, a Potência ocupante deverá tomar as disposições necessárias para que qualquer requisição seja indemnizada pelo seu justo valor.

As Potências protectoras poderão, em qualquer altura, verificar livremente o estado dos abastecimentos de víveres e medicamentos nos territórios ocupados, com reserva das restrições temporárias que forem consideradas necessárias por imperiosas exigências militares.

ARTIGO 56.º

Tanto quanto lhe permitam as suas possibilidades, a Potência ocupante tem o dever de garantir e manter, com o concurso das autoridades nacionais e locais os estabelecimentos e os serviços médicos e hospitalares, assim como a saúde e higiene públicas, no território ocupado, especialmente pela adopção e aplicando medidas profilácticas e preventivas necessárias para combater a propagação de doenças contagiosas e as epidemias. O pessoal médico de todas as categorias será autorizado a desempenhar a sua missão.

Se novos hospitais forem criados em território ocupado e se os órgãos competentes do Estado ocupado não estiverem funcionando, as autoridades de ocupação procederão, se for necessário, ao reconhecimento previsto no artigo 18.º. Em circunstâncias análogas, as autoridades de ocupação deverão igualmente proceder ao reconhecimento do pessoal dos hospitais e das viaturas de transporte, em virtude das disposições dos artigos 20.º e 21.º

Ao adoptar as medidas de saúde e higiene, assim como ao pô-las em vigor, a Potência ocupante terá em consideração as susceptibilidades morais e éticas da população do território ocupado.

ARTIGO 57.º

A Potência ocupante não poderá requisitar os hospitais civis senão temporariamente e apenas em caso de urgente necessidade, para cuidar dos feridos e dos doentes militares, e com a condição de serem tomadas medidas convenientes em tempo oportuno para assegurar os cuidados e o tratamento das pessoas hospitalizadas e satisfazer as necessidades da população civil.

O material e os depósitos dos hospitais civis não poderão ser requisitados enquanto forem indispensáveis para as necessidades da população civil.

ARTIGO 58.º

A Potência ocupante autorizará os ministros da religião a dar assistência espiritual aos membros das suas comunidades religiosas.

Aceitará igualmente as remessas de livros e artigos necessários às necessidades religiosas e facilitará a sua distribuição no território ocupado.

ARTIGO 59.º

Quando a população de um território ocupado ou uma parte desta for insuficientemente abastecida, a Potência ocupante aceitará as acções de socorro feitas em favor desta população e facilitá-las-á por todos os meios ao seu alcance.

Estas acções, que poderão ser empreendidas pelos Estados ou por um organismo humanitário imparcial, como o Comité Internacional da Cruz Vermelha, consistirão especialmente em remessas de víveres, produtos médicos e vestuário.

Todos os Estados contratantes deverão autorizar a livre passagem das remessas e assegurar-lhes a protecção.

Uma Potência que conceda livre passagem às remessas destinadas a um território ocupado por uma Parte adversa no conflito terá, no entanto, o direito de fiscalizar as remessas, de regulamentar a sua passagem de harmonia com os horários e itinerários prescritos e de conseguir da Potência protectora uma garantia bastante de que estas remessas são destinadas a socorrer a população necessitada e de que não são utilizadas em benefício da Potência ocupante.

ARTIGO 60.º

As remessas de socorros não desobrigarão de qualquer forma a Potência ocupante das responsabilidades que lhe impõem os artigos 55.º, 56.º e 59.º A Potência ocupante não poderá desviar as remessas de socorros do fim a que são destinadas, a não ser em casos de necessidade urgente, no interesse da população do território ocupado e com consentimento da Potência protectora.

ARTIGO 61.º

A distribuição das remessas de socorros mencionadas nos artigos precedentes será feita com a cooperação e fiscalização da Potência protectora. Esta missão poderá igualmente ser delegada, por acordo entre a Potência ocupante e a Potência protectora num Estado neutro, no Comité Internacional da Cruz Vermelha ou em qualquer outro organismo humanitário imparcial.

Não serão cobrados quaisquer direitos, impostos ou taxas no território ocupado sobre estas remessas de socorro, a não ser que o seu recebimento seja necessário no interesse da economia do território. A Potência ocupante deverá facilitar a rápida distribuição destas remessas.

Todas as Partes contratantes se esforçarão para permitirem o trânsito e o transporte gratuitos destas remessas de socorro destinadas aos territórios ocupados.

ARTIGO 62.º

Sob reserva de imperiosas considerações de segurança, as pessoas protegidas que se encontrem em território ocupado poderão receber as remessas individuais de socorro que lhes forem dirigidas.

ARTIGO 63.º

Sob reserva das medidas temporárias que vierem a ser impostas a título excepcional por imperiosas considerações de segurança da Potência ocupante:

a) As sociedades nacionais da Cruz Vermelha (do Crescente Vermelho, do Leão e Sol Vermelhos) reconhecidas poderão prosseguir as suas actividades em conformidade com os princípios da Cruz Vermelha, como estão definidos nas Conferências internacionais da Cruz Vermelha. As outras sociedades de socorro deverão poder continuar as suas actividades humanitárias em idênticas condições;

b) A Potência ocupante não poderá exigir, em relação ao pessoal e à organização destas sociedades, nenhuma alteração que possa acarretar prejuízo para as actividades acima mencionadas.

Os mesmos princípios serão aplicados à actividade e ao pessoal de organismos especiais com carácter não militar, já existentes ou que possam ver a ser criados com o fim de garantir as condições de vida da população civil pela manutenção dos serviços essenciais de utilidade pública, a distribuição de socorros e a organização de salvamento.

ARTIGO 64.º

A legislação penal do território ocupado continuará em vigor, salvo na medida em que possa ser revogada ou suspensa pela Potência ocupante, se esta legislação constituir uma ameaça para a segurança desta Potência ou um obstáculo à aplicação da presente Convenção. Sob reserva desta última consideração e da necessidade de garantir a administração efectiva da justiça, os tribunais do território ocupado continuarão a funcionar para todas as infracções previstas por esta legislação. A Potência ocupante poderá contudo submeter a população do território ocupado às disposições que são indispensáveis para lhe permitir desempenhar as suas obrigações derivadas da presente Convenção e garantir a administração regular do território, assim como a segurança quer da Potência ocupante, quer dos membros e dos bens das forças ou da administração da ocupação, assim como dos estabelecimentos e linhas de comunicação, assim como dos estabelecimentos e linhas de comunicação utilizadas por ela.

ARTIGO 65.º

As disposições penais promulgadas pela Potência ocupante não entrarão em vigor senão depois de terem sido publicadas e levadas ao conhecimento da população, na sua própria língua. Estas disposições penais não podem ter efeito retroactivo.

ARTIGO 66.º

A Potência ocupante poderá, em caso de infracção das disposições penais por ela promulgadas em virtude do segundo parágrafo do artigo 64.º, relegar os

Direito Internacional Humanitário

149

culpados aos seus tribunais militares, não políticos e regularmente constituídos, com a condição de os mesmos tribunais estarem situados no território ocupado. Os tribunais de recurso funcionarão de preferência no país ocupado.

ARTIGO 67.º

Os tribunais não poderão aplicar senão as disposições legais anteriores à infracção e que estejam de harmonia com os principais gerais do Direito, especialmente no que se refere ao princípio da proporcionalidade das penas. Deverão ter em consideração o facto de o acusado não ser um súbdito da Potência ocupante.

ARTIGO 68.º

Quando uma pessoa protegida tiver cometido uma infracção unicamente destinada a causar dano à Potência ocupante, mas que não constitua um atentado contra a vida ou integridade física dos membros das forças ou da administração da ocupação, nem crie um grave perigo colectivo e que não cause prejuízo importante nos bens das forças ou da administração da ocupação ou nas instalações utilizadas por elas, esta pessoa fica sujeita ao internamento ou simples prisão, ficando entendido que a duração deste internamento ou desta prisão será proporcional à infracção cometida. Além disso, o internamento ou a prisão será para tais infracções a única medida privativa de liberdade que poderá ser tomada a respeito das pessoas protegidas.

Os tribunais previstos no artigo 66.º da presente Convenção poderão livremente converter a pena de prisão numa pena de internamento pelo mesmo período.

As disposições penais promulgadas pela Potência ocupante em conformidade com os artigos 64.º e 65.º não podem prever a pena de morte a respeito de pessoas protegidas, a não ser nos casos em que elas forem inculpadas de espionagem, de actos graves de sabotagem das instalações militares da Potência ocupante ou de infracções intencionais que tenham causado a morte de uma ou mais pessoas e desde que a legislação do território ocupado, em vigor antes do início da ocupação, preveja a pena de morte em tais casos.

A pena de morte não poderá ser pronunciada contra uma pessoa protegida sem que a atenção do tribunal tenha sido especialmente chamada para o facto de o acusado não ser um súbdito da Potência ocupante, e nem estar ligado a esta por qualquer dever de fidelidade.

Em qualquer caso, a pena de morte não poderá ser pronunciada contra uma pessoa protegida com idade inferior a 18 anos no momento da infracção.

ARTIGO 69.º

Em todos os casos, a duração da detenção preventiva será deduzida da pena total de prisão a que uma pessoa protegida acusada possa vir a ser condenada.

ARTIGO 70.º

As pessoas protegidas não poderão ser presas, processadas ou condenadas pela Potência ocupante por actos cometidos ou por opiniões manifestadas antes da ocupação ou durante uma interrupção temporária desta, com excepção das infracções às leis e costumes da guerra.

Os súbditos da Potência ocupante que, antes do início do conflito, tiverem procurado refúgio no território ocupado não poderão ser presos, processados, condenados ou deportados desse território, a não ser que infracções cometidas depois do início das hostilidades ou delitos de direito comum praticados antes do início das hostilidades, segundo a lei do Estado cujo território está ocupado, tivessem justificado a extradição em tempo de paz.

ARTIGO 71.º

Os tribunais competentes da Potência ocupante não poderão pronunciar nenhuma sentença condenatória que não tenha sido precedida de um processo regular.

Toda a pessoa acusada que for processada pela Potência ocupante será prontamente informada, por escrito, numa língua que perceba, acerca dos pormenores da acusação proferida contra si, e o seu processo será instruído o mais rapidamente possível. A Potência protectora será informada sobre cada processo intentado pela Potência ocupante contra as pessoas protegidas, quando as acusações poderem ocasionar uma condenação à morte ou uma pena de prisão por dois anos ou mais; a Potência protectora poderá, em qualquer ocasião,informar-se do estado do processo. Por outro lado, a Potência protectora terá o direito de obter, a seu pedido, todas as informações a respeito destes processos e de qualquer outra acção judicial intentada pela Potência ocupante contra as pessoas protegidas.

A notificação à Potência protectora, como está previsto no segundo parágrafo do presente artigo, deverá efectuar-se imediatamente, e chegar em qualquer caso à Potência protectora três semanas antes da data da primeira audiência. Se na abertura da audiência não se provar que as disposições deste artigo foram inteiramente cumpridas, o julgamento não poderá realizar-se. A notificação deverá compreender os seguintes elementos:

a) A identidade do réu;

b) O local da residência ou de detenção;

c) A designação da ou das acusações (com indicação das disposições penais que lhes serve, de base);

d) Indicação do tribunal encarregado de proceder ao julgamento;

e) Lugar e data da primeira audiência.

ARTIGO 72.°

Todo o acusado terá o direito de produzir os elementos de prova necessários para a sua defesa e poderá especialmente apresentar testemunhas. Terá o direito de ser assistido por um defensor qualificado, à sua escolha, que poderá visitá-lo livremente e que terá as necessárias facilidades para preparar a sua defesa.

Se o acusado não tiver escolhido defensor, a Potência protectora fornecer--lhe-á um. Se o acusado tiver que responder por uma acusação grave e não houver Potência protectora, a Potência ocupante deverá, sob reserva do consentimento do acusado, nomear um defensor.

Todo o acusado será, a não ser que a isso renuncie livremente, assistido de um intérprete, não só durante a instrução do processo como no julgamento. Poderá em qualquer momento recusar o intérprete e pedir a sua substituição.

ARTIGO 73.°

Todo o condenado terá o direito de utilizar as vias de recurso previstas pela legislação aplicada pelo tribunal. Será formalmente informado dos seus direitos de recurso, assim como dos prazos necessários para o interpor.

O processo penal previsto na presente secção será aplicado, por analogia, aos recursos. Se a legislação aplicada pelo tribunal não prevê possibilidades de apelo, o condenado terá o direito de recorrer contra o julgamento e condenação para a autoridade competente da Potência ocupante.

ARTIGO 74.°

Os representantes da Potência protectora terão o direito de assistir à audiência de qualquer tribunal que julgue uma pessoa protegida, a não ser que os debates, por medida excepcional, devam ser secretos, no interesse da segurança da Potência ocupante; esta avisará então a Potência protectora. Uma notificação contendo a indicação do local e da data do início do julgamento deverá ser enviada à Potência protectora.

Todos os julgamentos realizados que impliquem a pena de morte ou a prisão por dois anos ou mais serão comunicados, com indicação dos motivos, o mais rapidamente possível, à Potência protectora; conterão uma menção da notificação efectuada em conformidade com o artigo 71.º e, no caso de julgamento implicando uma pena de prisão, o nome do local onde será cumprida. Os outros julgamentos serão registados nas actas dos tribunais e poderão ser examinados pelos representantes da Potência protectora. No caso de sentença de uma condenação à morte ou a pena de prisão por dois anos ou mais, os prazos para os recursos só começarão a ser contados a partir do momento em que a Potência protectora tiver recebido a comunicação do julgamento.

ARTIGO 75.º

Em caso algum as pessoas condenadas à morte serão privadas do direito de pedir clemência.

Não será executada nenhuma condenação à morte antes de expirado um prazo de pelo menos seis meses, a partir do momento em que a Potência protectora tiver recebido a comunicação do julgamento definitivo confirmando esta condenação à morte ou a decisão da recusa desta clemência.

Este prazo de seis meses poderá ser reduzido em certos casos especiais, quando resulte de circunstâncias graves e críticas, que a segurança da Potência ocupante ou das suas forças armadas fique exposta a uma ameaça organizada; a Potência protectora receberá sempre a notificação desta redução de prazo e terá sempre a possibilidade de dirigir em devido tempo representações a respeito destas condenações à morte às autoridades de ocupação competentes.

ARTIGO 76.º

As pessoas protegidas acusadas de delitos serão detidas no país ocupado e, se forem condenadas, deverão cumprir aí a sua pena. Serão separadas, se possível, dos outros presos e submetidas a um regime alimentar e higiénico adequado para as manter em bom estado de saúde que corresponda pelo menos ao regime dos estabelecimentos penitenciários do país ocupado.

Receberão os cuidados médicos exigidos pelo seu estado de saúde.

Serão igualmente autorizadas a receber a assistência espiritual que possam solicitar.

As mulheres serão alojadas em locais separados e colocadas sob a vigilância imediata de mulheres.

Ter-se-á em consideração o tratamento especial previsto para os menores.

As pessoas protegidas detidas terão o direito de receber a visita dos delegados da Potência protectora e do Comité Internacional da Cruz Vermelha, em conformidade com as disposições do artigo 143.º

Por outro lado, as pessoas protegidas terão o direito de receber pelo menos uma encomenda de socorro por mês.

ARTIGO 77.º

As pessoas protegidas acusadas ou condenadas pelos tribunais no território ocupado serão entregues, no fim da ocupação, com o respectivo processo, às autoridades do território libertado.

ARTIGO 78.º

Se a Potência ocupante julgar necessário, por razões imperiosas de segurança, tomar medidas de defesa a respeito de pessoas protegidas; poderá, quando muito, impor-lhes uma residência fixada ou proceder ao seu internamento.

As decisões relativas à residência fixada ou ao internamento serão tomadas segundo um processo regular que deverá ser ordenado pela Potência ocupante, em conformidade com as disposições da presente Convenção. Este processo deve prever o direito de apelo dos interessados. Os apelos deverão ser resolvidos com a menor demora possível. Se as decisões forem confirmadas, serão objecto de uma revisão periódica, se possível semestral, por parte de um organismo competente instituído pela referida Potência.

As pessoas protegidas sujeitas a residência fixada e obrigadas, por consequência, a abandonar o seu domicílio beneficiarão sem nenhuma restrição das disposições do artigo 39.º da presente Convenção.

SECÇÃO IV
Regras relativas ao tratamento dos internados

CAPÍTULO I
Disposições gerais

ARTIGO 79.º

As Partes no conflito não poderão internar pessoas protegidas, a não ser em conformidade com as disposições dos artigos 41.º, 42.º, 43.º 68.º e 78.º

ARTIGO 80.º

Os internados conservarão a sua plena capacidade civil e exercerão os correspondentes direitos na medida compatível com o seu estatuto de internados.

ARTIGO 81.º

As Partes no conflito que internarem pessoas protegidas ficarão obrigadas a prover gratuitamente à sua manutenção e a conceder-lhes também a assistência médica exigida pelo seu estado de saúde.

Não será feita qualquer dedução nas subvenções, salários ou créditos dos interessados para indemnização destas despesas. A Potência detentora deverá prover à manutenção das pessoas dependentes dos internados, se elas não dispuserem de meios bastantes de subsistência ou estiverem incapazes de ganhar a sua vida.

ARTIGO 82.º

A Potência detentora agrupará na medida do possível os internados segundo a sua nacionalidade, língua e costumes. Os internados que forem súbditos do mesmo país não serão separados pelo simples facto de falarem línguas diferentes.

Durante toda a duração do seu internamento, os membros da mesma família, e em especial os pais e seus filhos, ficarão reunidos no mesmo lugar de internamento, com excepção dos casos em que as necessidades de trabalho, razões de saúde, ou aplicação das disposições previstas no capítulo IX da presente secção, tornem necessária uma separação temporária. Os internados poderão pedir que os seus filhos, deixados em liberdade sem vigilância dos pais, sejam internados com eles.

Na medida do possível, os membros internados da mesma família serão reunidos nos mesmos locais e alojados separadamente dos outros internados. Deverão ser-lhes igualmente concedidas as facilidades necessárias para poderem levar uma vida de família.

CAPÍTULO II

Lugares de internamento

ARTIGO 83.º

A Potência detentora não poderá estabelecer lugares de internamento em regiões particularmente expostas aos perigos da guerra.

A Potência detentora comunicará, por intermédio das Potências protectoras, às Potências inimigas todas as indicações úteis sobre a situação geográfica dos lugares de internamento.

Sempre que as considerações militares o permitam, os campos de internamento serão assinalados pelas letras IC, colocadas de modo a serem vistas de dia distintamente do ar; todavia, as Potências interessadas poderão concordar com outro meio de sinalização. Nenhum outro local além do campo de internamento poderá ser sinalizado deste modo.

ARTIGO 84.°

Os internados deverão ser alojados e administrados separadamente dos prisioneiros de guerra e das pessoas privadas de liberdade por outro motivo.

ARTIGO 85.°

A Potência detentora tem o dever de tomar todas as medidas necessárias e possíveis para que as pessoas protegidas sejam, desde o início do seu internamento, alojadas em prédios ou acantonamentos que ofereçam todas as garantias de higiene e de salubridade e que assegurem uma protecção eficaz contra o rigor do clima e os efeitos da guerra. Em caso algum os lugares de internamento permanente serão situados em regiões doentias ou de clima pernicioso para os internados. Sempre que estiverem temporariamente internados numa região doentia, ou com clima prejudicial para a saúde, as pessoas protegidas deverão ser transferidas, tão rapida-mente quanto as circunstâncias o permitam, para um lugar de internamento onde estes riscos não sejam de temer.

As instalações deverão estar completamente protegidas da humidade, suficientemente aquecidas e iluminadas, especialmente desde o escurecer ao alvorecer. Os dormitórios deverão ser suficientemente espaçosos e bem ventila-dos, os internados disporão de leitos apropriados e cobertores em número sufi-ciente, tendo-se em consideração o clima e a idade, o sexo e o estado de saúde dos internados.

Os internados disporão durante o dia e noite de instalações sanitárias compa-tíveis com as exigências da higiene e mantidas em permanente estado de limpeza. Ser-lhes-á fornecida água e sabão em quantidade suficiente para a limpeza pessoal diária e para a lavagem da sua roupa; as instalações e as facilidades necessárias serão postas à sua disposição para este efeito. Também disporão de instalações de banhos de chuva ou de imersão. Será concedido o tempo necessário para os cuidados de higiene e trabalhos de limpeza. Sempre que seja necessário, a título de medida excepcional e temporária, alojar mulheres internadas que não pertençam a um grupo familiar no mesmo lugar de internamento que os homens, serão obrigatoriamente fornecidos dormitórios e instalações sanitárias separadas.

ARTIGO 86.º

A Potência detentora porá à disposição dos internados, qualquer que seja o seu credo religioso, instalações apropriadas para o exercício dos seus cultos.

ARTIGO 87.º

Se os internados não puderem dispor de outras facilidades análogas, serão instaladas cantinas em todos os lugares de internamento, a fim de terem a facilidade de adquirir, a preços que não deverão em caso algum exceder os do comércio local, os géneros alimentícios e os artigos de uso corrente, incluindo o sabão e o tabaco, que são de natureza a aumentar o bem-estar e o seu conforto pessoais.

Os lucros das cantinas serão creditados num fundo especial de assistência que será criado em cada lugar de internamento e administrado em proveito dos internados do respectivo lugar de internamento. A comissão de internados prevista no artigo 102.º terá o direito de fiscalizar a administração das cantinas e a gerência destes fundos.

Quando da dissolução de um lugar de internamento, o saldo credor do fundo de assistência será transferido para o fundo de assistência de um outro lugar de internamento para os internados da mesma nacionalidade, ou, se não existir esse lugar, para o fundo central de assistência, que será administrado em benefício de todos os internados que continuem em poder da Potência detentora. No caso de libertação geral, estes benefícios serão conservados pela Potência detentora, salvo acordo em contrário estabelecido entre as Potências interessadas.

ARTIGO 88.º

Em todos os lugares de internamento expostos aos bombardeamentos aéreos e outros perigos de guerra serão instalados abrigos adequados e em número suficiente para assegurar a necessário protecção.

Em caso de alerta, os internados poderão entrar nos abrigos o mais rapidamente possível, com excepção dos que participarem na protecção dos seus acantonamentos contra estes perigos. Qualquer medida de protecção que for tomada a favor da população ser-lhes-á igualmente aplicável.

Deverão ser tomadas nos lugares de internamento as devidas precauções contra os perigos de incêndio.

CAPÍTULO III
Alimentação e vestuário

ARTIGO 89.º

A ração alimentar diária dos internados será suficiente, em quantidade, qualidade e variedade, para lhes garantir um equilíbrio normal de saúde e evitar as perturbações por deficiência de nutrição; também serão consideradas as dietas usuais dos internados.

Os internados receberão também os meios próprios para prepararem qualquer alimentação suplementar de que disponham.

Ser-lhes-á fornecida suficiente água potável. Será autorizado o uso do tabaco.

Os trabalhadores receberão um suplementos de alimentação proporcional à natureza do trabalho que efectuem.

As mulheres grávidas e parturientes e as crianças com menos de 15 anos receberão suplementos de alimentação de harmonia com as suas necessidades fisiológicas.

ARTIGO 90.º

Serão dadas todas as facilidades aos internados para se proverem de vestuário, calçado e mudas de roupa interior na ocasião da sua prisão e para adquirirem outras mais tarde, se for necessário. Se os internados não possuírem roupas suficientes para o clima e se não puderem adquiri-las, a Potência detentora fornecer-lhas-á gratuitamente.

Os vestuários que a Potência detentora fornecer aos internados e as marcas exteriores que poderá colocar sobre os seus fatos não deverão ser infamantes nem prestar-se ao ridículo.

Os trabalhadores deverão receber vestuário de trabalho apropriado, incluindo roupas de protecção, sempre que a natureza do trabalho o exija.

CAPÍTULO IV

Higiene e cuidados médicos

ARTIGO 91.º

Cada lugar de internamento possuirá uma enfermaria adequada, colocada sob a direção de um médico competente, onde os internados receberão os cuidados de que poderão ter necessidade, assim como dietas apropriadas. Serão reservadas enfermarias de isolamento para os doentes portadores de doenças contagiosas ou mentais.

As parturientes e os internados atacados de doenças graves, ou cujo estado necessite de tratamento especial, uma intervenção cirúrgica ou hospitalização, deverão ser admitidos em qualquer estabelecimento qualificado para os tratar e onde receberão os cuidados, que não deverão ser inferiores aos dados à população em geral.

Os internados serão tratados de preferência por pessoal médico da sua nacionalidade.

Os internados não poderão ser impedidos de se apresentar às autoridades médicas para serem examinados. As autoridades médicas da Potência detentora remeterão, a pedido, a cada internato tratado, uma declaração oficial indicando a natureza da sua doença ou dos seus ferimentos, a duração do tratamento e os cuidados recebidos. Um duplicado desta declaração será remetido à agência central prevista no artigo 140.º

O tratamento, incluindo o fornecimento de qualquer aparelho necessário para a manutenção dos internados em bom estado de saúde, especialmente as próteses dentárias e outras e os óculos, serão fornecidos gratuitamente ao internado.

ARTIGO 92.º

As inspecções médicas dos internados serão realizadas pelo menos uma vez por mês. Terão como objectivo, em particular, a verificação do estado geral da saúde e nutrição e a limpeza, assim como a descoberta de doenças contagiosas, especialmente a tuberculose, as doenças venéreas e o paludismo. Aquelas inspecções incluirão especialmente a verificação do peso de cada internado e, pelo menos uma vez por ano, um exame radioscópico.

CAPÍTULO V
Religião, actividades intelectuais e físicas

ARTIGO 93.º

Será concedida aos internados toda a latitude para o exercício da sua religião, incluindo a comparência aos ofícios do seu culto, com a condição de se conformarem com as medidas de disciplina corrente ordenadas pelas autoridades detentoras.

Os internados que forem ministros de um culto serão autorizados a exercer livremente o seu ministério entre os seus fiéis. Para este efeito, a Potência detentora providenciará para que sejam distribuídos de uma maneira imparcial pelos vários lugares de internamento onde se encontrem os internados que falem a mesma língua e pertençam à mesma religião. Se não forem em número suficiente, a Potência detentora conceder-lhe-á os meios necessários, entre outros os transportes, para se deslocarem de um lugar de internamento para outro e serão autorizados a visitar os internados que se encontrem nos hospitais. Os ministros da religião gozarão, para o cumprimento do seu ministério, da liberdade de correspondência com as autoridades religiosas do país de detenção e, na medida do possível, com as organizações religiosas internacionais da sua crença. Esta correspondência não será considerada como fazendo parte do contingente mencionado no artigo 107.º, mas será sujeita às disposições do artigo 112.º

Quando os internados não dispuserem da assistência de ministros do seu culto, ou se estes últimos forem em número insuficiente, a autoridade religiosa local da mesma religião poderá designar, de acordo com a Potência detentora, um ministro do mesmo culto do dos internados, ou então, no caso de isso ser impossível sob o ponto de vista confessional, um ministro de um culto semelhante ou um laico competente. Este último gozará das vantagens concedidas ao cargo que assumir. As pessoas assim nomeadas deverão conformar-se com todos os regulamentos estabelecidos pela Potência detentora, no interesse da disciplina e segurança.

ARTIGO 94.º

A Potência detentora encorajará as actividades intelectuais, educativas, recreativas e desportivas dos internados, ainda que deixando-lhes a liberdade de tomar ou não parte nelas. Tomará todas as medidas possíveis para assegurar o seu exercício e porá, em especial, à sua disposição e locais apropriados.

Serão concedidas aos internados todas as facilidades possíveis, a fim de lhes permitir continuarem os seus estudos ou ocuparem-se de novos assuntos. Será assegurada a instrução das crianças e dos adolescentes; eles poderão frequentar as escolas, quer no lugar de internamento, quer fora dele.

Os internados deverão ter a possibilidade de se dedicar a exercícios físicos, de participar em desportos e em jogos ao ar livre. Para o efeito, serão reservados suficientes espaços livres em todos os lugares de internamento. Serão reservados campos especiais para as crianças e adolescentes.

ARTIGO 95.º

A Potência detentora não poderá empregar os internados como trabalhadores, a não ser que eles o desejem. São interditos em todos os casos: o emprego que, imposto a uma pessoa protegida não internada, constituiria uma infracção dos artigos 40.º e 51.º da presente Convenção, bem como o emprego nos trabalhos com carácter degradante ou humilhante.

Depois de um período de trabalho de seis semanas, os internados poderão desistir de trabalhar em qualquer momento, mediante um aviso prévio de oito dias.

Estas disposições não constituem impedimento ao direito da Potência detentora de obrigar os internados médicos, dentistas ou outros membros do pessoal sanitário ao exercício da sua profissão em benefício dos seus co-internados; de utilizar os internados nos trabalhos administrativos e de manutenção do lugar de internamento; de encarregar estas pessoas dos trabalhos de cozinha ou de outros domésticos; ou ainda de empregá-los nos trabalhos destinados a proteger os internados contra os bombardeamentos aéreos ou outros perigos resultantes da guerra. Contudo, nenhum internado poderá ser compelido a desempenhar trabalhos para os quais um médico da administração o tenha considerado fisicamente incapaz.

A Potência detentora assumirá a inteira responsabilidade de todas as condições de trabalho, dos cuidados médicos, do pagamento dos salários e da reparação dos acidentes de trabalho e das doenças profissionais. As condições de trabalho, assim como a reparação dos acidentes de trabalho e das doenças profissionais, serão em conformidade com a legislação nacional e o costume; não serão em caso algum inferiores às aplicadas num trabalho da mesma natureza na mesma região. Os salários serão determinados de uma forma equitativa por acordo entre a Potência detentora, os internados e, se para tal houver lugar, os patrões que não sejam a Potência detentora, sendo dada a devida atenção à obrigação de a Potência detentora prover gratuitamente à manutenção do internado e conceder-lhe também assistência média de que necessite o seu estado de saúde. Os internados empregados permanentemente nos trabalhos mencionados no terceiro parágrafo receberão da Potência detentora um salário equitativo; as condições de trabalho e a reparação dos acidentes de trabalho e das doenças profissionais não serão inferiores aos aplicados a um trabalho da mesma natureza na mesma região.

ARTIGO 96.º

Todo o destacamento de trabalho dependerá de um lugar de internamento. As autoridades competentes da Potência detentora e o comandante deste lugar de internamento serão responsáveis pela observância das disposições da presente Convenção nos destacamentos de trabalho. O comandante manterá em dia uma relação dos destacamentos de trabalho, que lhe estejam subordinados e transmiti-

Direito Internacional Humanitário

la-á aos delegados da Potência protectora, do Comité Internacional da Cruz Vermelha ou outras organizações humanitárias que visitem os lugares de internamento.

CAPÍTULO VI
Propriedade privada e recursos financeiros

ARTIGO 97.º

Os internados serão autorizados a conservar os seus objectos e artigos de uso pessoal. O dinheiro, cheques, títulos, etc., assim como os objectos de valor em seu poder, não poderão ser tirados, a não ser conforme as normas estabelecidas. Serão passados recibos pormenorizados aos interessados.

O dinheiro deverá ser levado a crédito na conta de cada internado, como está previsto no artigo 98.º; não poderá ser convertido em qualquer outra moeda, a não ser que a legislação do território no qual o dono está internado assim o determine ou que o internado dê o seu consentimento.

Os objectos que tenham sobretudo um valor pessoal ou sentimental não poderão ser tirados.

Uma mulher internada não poderá ser revistada senão por outra mulher.

Quando da sua libertação ou repatriamento, os internados receberão em dinheiro o saldo credor da conta aberta e escriturada em conformidade com o artigo 98.º, assim como todos os objectos, importâncias, cheques, títulos, etc., que lhes tiverem sido retiradas durante o internamento, com excepção dos objectos ou valores que a Potência detentora deva guardar em virtude da sua legislação em vigor. No caso de alguns bens pertencentes a um internado terem sido retidos por motivo desta legislação, o interessado receberá um recibo pormenorizado.

Os documentos de família e os de identidade na posse dos internados não poderão ser tirados senão contra recibo. Os internados não deverão nunca estar sem os documentos de identidade. Se os não possuírem, receberão documentos especiais passados pelas autoridades detentoras, que lhes servirão como documentos de identidade até ao fim do internamento.

Os internados poderão conservar consigo uma certa quantia em moeda ou sob a forma de cupões de compra, a fim de poderem fazer compras.

ARTIGO 98.º

Todos os internados receberão regularmente abonos para poderem comprar géneros alimentícios e artigos tais como tabaco e outros indispensáveis à higiene, etc. Estes abonos poderão tomar a forma de créditos ou de cupões de compra.

Além disso, os internados poderão receber subsídios da Potência de que forem súbditos, das Potências protectoras, de qualquer organização que possa auxiliá-los ou de suas famílias, assim como os rendimentos dos seus bens, de harmonia com a legislação da Potência detentora. Os montantes dos súbditos concedidos pela Potência de origem serão os mesmos para cada categoria de internados (enfermos, doentes, mulheres grávidas, etc.) e não poderão ser fixados por esta Potência nem distribuídos pela Potência detentora na base de discriminações entre internados, que são proibidas pelo artigo 27.º da presente Convenção.

A Potência detentora abrirá uma conta regular para cada internado, na qual serão creditados os subsídios mencionados no presente artigo, os salários ganhos pelo internado, assim como as remessas de dinheiro que lhe sejam feitas.

Serão igualmente creditadas as importâncias que lhe sejam retiradas e que possam estar disponíveis em virtude da legislação em vigor no território onde o internado se encontra. Serão concedidas todas as facilidades compatíveis com a legislação em vigor no território interessado para enviar subsídios à sua família e às pessoas que dele dependam economicamente. Poderá levantar dessa conta as quantias necessárias para as suas despesas particulares, nos limites fixados pela Potência detentora. Ser-lhe-ão concedidas, em qualquer ocasião, facilidades razoáveis para consultar a sua conta ou para obter extractos dela. Esta conta será comunicada à Potência protectora, a pedido, e acompanhará o internado no caso da sua transferência.

CAPÍTULO VII

Administração e disciplina

ARTIGO 99.º

Todo o lugar de internamento será colocado sob a autoridade de um oficial ou funcionário responsável, escolhido nas forças militares regulares ou nos quadros da administração civil regular da Potência detentora. O oficial ou funcionário encarregado do lugar de internamento possuirá uma cópia da presente Convenção na língua oficial ou numa das línguas oficiais do seu país e será responsável pela sua aplicação. O pessoal de vigilância dos internados será instruído acerca das disposições da presente Convenção e das medidas administrativas adoptadas para assegurar a sua aplicação.

Direito Internacional Humanitário

O texto da presente Convenção e os textos dos acordos especiais concluídos em conformidade com a presente Convenção serão afixados no interior do lugar de internamento, numa língua que os internados compreendam, ou estarão na posse da comissão de internados.

Os regulamentos, ordens, avisos e publicações de qualquer natureza deverão ser comunicados aos internados e afixados no interior dos lugares de internamento, numa língua que eles compreendam.

Todas as ordens e instruções dirigidas individualmente aos internados deverão igualmente ser dadas numa língua que eles compreendam.

ARTIGO 100.º

A disciplina nos lugares de internamento deve ser compatível com os princípios de humanidade e não comportará em caso algum regulamentos que imponham aos internados fadigas físicas perigosas para a sua saúde ou troças que afectem o físico ou o moral. São proibidas a tatuagem ou a aposição de marcas ou sinais de identificação corporais.

São particularmente proibidas as permanências debaixo de forma e chamadas muito demoradas, os exercícios físicos punitivos, os exercícios militares e as reduções de alimentação.

ARTIGO 101.º

Os internados terão o direito de apresentar às autoridades em poder de quem se encontrem os pedidos referentes às condições de internamento a que estão sujeitos.

Terão igualmente o direito de se dirigir, sem restrições, quer por intermédio da comissão de internados, quer directamente, se o julgarem necessário, aos representantes da Potência protectora, para lhes indicar os pontos sobre os quais teriam queixas a formular a respeito das condições de internamento.

Estes pedidos e queixas deverão ser transmitidos imediatamente e sem modificação. Mesmo que se reconheça que estas últimas não têm fundamento, não poderão dar lugar a qualquer punição.

As comissões de internados poderão enviar aos representantes da Potência protectora relatórios periódicos sobre a situação nos lugares de internamento e necessidades dos internados.

ARTIGO 102.º

Em cada lugar de internamento, os interessados elegerão livremente, todos os seis meses e em escrutínio secreto, os membros de uma comissão encarregada de os representar junto das autoridades da Potência detentora, das Potências protectoras, do Comité Internacional da Cruz Vermelha e de qualquer outra organização que os auxilie.

Os membros da comissão serão reelegíveis.

Os internados eleitos assumirão os cargos depois de a sua eleição ter recebido a aprovação da autoridade detentora. Os motivos de recusa ou de destituição eventuais serão comunicados às Potências protectoras interessadas.

ARTIGO 103.°

As comissões de internados deverão contribuir para o bem-estar físico, moral e intelectual dos internados.

Em especial no caso de os internados decidirem organizar entre si um sistema de assistência mútua, esta organização será da competência das comissões, independentemente das missões especiais que lhes são confiadas por outras disposições da presente Convenção.

ARTIGO 104.°

Os membros das comissões de internados não serão obrigados a realizar qualquer outro trabalho, se o desempenho das suas funções se tornar mais difícil por esse motivo.

Os membros das comissões poderão designar entre os internados os auxiliares que lhes forem necessários. Ser-lhe-ão concedidas todas as facilidades materiais, e especialmente certas liberdades de movimentos necessárias para o desempenho das suas missões (visitas aos destacamentos de trabalho, recepção de abastecimentos, etc.).

Serão do mesmo modo concedidas todas as facilidades aos membros das comissões para a sua correspondência postal e telegráfica com as autoridades detentoras, com as Potências protectoras, com o Comité Internacional da Cruz Vermelha e seus delegados, assim como com os organismos que prestem auxílio aos internados. Os membros das comissões que se encontrem nos destacamentos gozarão das mesmas facilidades para a sua correspondência com a respectiva comissão do principal lugar de internamento. Esta correspondência não será limitada, nem considerada como fazendo parte do contingente mencionado no artigo 107.° Nenhum membro da comissão poderá ser transferido sem passar o tempo razoavelmente necessário para pôr o seu sucessor ao corrente dos assuntos em curso.

CAPÍTULO VIII

Relações com o exterior

ARTIGO 105.º

Imediatamente a seguir ao internamento de pessoas protegidas, as Potências detentoras levarão ao conhecimento destas, da Potência da qual elas são súbditas e da respectiva Potência protectora, as medidas tomadas para a execução das disposições do presente capítulo. As Potências detentoras notificarão igualmente sobre qualquer modificação destas medidas.

ARTIGO 106.º

A cada internado será facilitada, desde o seu internamento, ou o mais tardar uma semana após a sua chegada a um lugar de internamento, e também em caso de doença ou de transferência para outro lugar de internamento ou para um hospital, a remessa directa à sua família, por um lado, e à agência central prevista no artigo 140.º, por outro, de um cartão de internamento, se possível idêntico ao modelo anexo à presente Convenção, informando-se do seu internamento, endereço e estado de saúde. Os referidos cartões seguirão ao seu destino com toda a rapidez possível e não poderão ser de modo algum demorados.

ARTIGO 107.º

Os internados serão autorizados a expedir e a receber cartas e bilhetes. Se a Potência detentora julgar necessário limitar o número de cartas e bilhetes expedidos por cada internado, este número não poderá ser inferior a duas cartas e quatro bilhetes por mês, estabelecidos tanto quanto possível conforme os modelos anexos à presente Convenção. Se tiverem de ser aplicadas limitações à correspondência dirigida aos internados, elas não poderão ser ordenadas senão pela Potência de que os internados forem súbditos, eventualmente a pedido da Potência detentora. Estas cartas e bilhetes deverão ser transportados com razoável rapidez e não poderão ser demorados nem retidos por motivos de disciplina.

Os internados que estiverem muito tempo sem notícias das suas famílias ou que se encontrem na impossibilidade de as receber ou enviá-las por via postal ordinária, assim como os que estiverem separados dos seus por consideráveis distâncias, serão autorizados a expedir telegramas, contra pagamento de taxas telegráficas, na moeda que possuírem. Beneficiarão igualmente desta disposição nos casos de reconhecida urgência.

Como regra geral, a correspondência dos internados será redigida na sua língua materna. As Partes no conflito poderão autorizar a correspondência noutras línguas.

ARTIGO 108.°

Os internados serão autorizados a receber, por via postal ou por quaisquer outros meios, encomendas individuais ou colectivas contendo principalmente géneros alimentícios, vestuário e medicamentos, assim como livros e objectos destinados a fazer face às suas necessidades em matéria de religião, estudo ou distracção. Estas remessas não poderão, em caso algum, isentar a Potência detentora das obrigações que lhe são impostas em virtude da presente Convenção.

No caso em que se torne necessário, por razões de ordem militar, limitar a quantidade destas remessas, a Potência protectora, a Comissão Internacional da Cruz Vermelha, ou qualquer outro organismo que preste assistência aos internados, que estejam encarregados de fazer estas remessas, deverão ser devidamente avisados.

As modalidades relativas à expedição de remessas individuais ou colectivas serão objecto, se for necessário, de acordos especiais entre as Potências interessadas, que não poderão em caso algum demorar a recepção pelos internados das remessas de socorro. As encomendas de víveres ou de vestuário não conterão livros; os socorros médicos serão, em geral, enviados nas encomendas colectivas.

ARTIGO 109.°

Na falta de acordos especiais entre as Partes no conflito referentes às condições de recepção, assim como à distribuição das remessas de socorros colectivos, será aplicado o regulamento respeitante às remessas colectivas que se encontra apenso à presente Convenção.

Os acordos especiais acima previstos não poderão em caso algum restringir o direito de as comissões de internados tomarem posse das remessas de socorros colectivos destinados aos internados, procederem à sua distribuição e disporem delas em benefício dos destinatários.

Estes acordos não poderão restringir os direitos que terão os representantes da Potência protectora, do Comité Internacional da Cruz Vermelha ou de qualquer outro organismo que preste assistência aos internados, que sejam encarregados de enviar estas encomendas colectivas, de fiscalizar a distribuição aos destinatários.

ARTIGO 110.°

Todas as remessas de socorro destinadas aos internados serão isentas de todos os direitos de importação, alfandegários e outros.

Todas as remessas pelo correio, incluindo as encomendas postais de socorro e os envios de dinheiro, dirigidos de outros países aos internados ou expedidos por eles por via postal, que directamente, quer por intermédio dos departamentos de informações previstos no artigo 140.°, serão isentas de todas as taxas postais, tanto nos países de origem e de destino como nos intermediários. Para este efeito, em particular, as isenções previstas na Convenção Postal Universal, em favor dos civis de nacionalidade inimiga presos nos campos ou nas prisões civis, serão extensivas às outras pessoas protegidas internadas sob o regime da presente Convenção. Os países não signatários dos acordos acima mencionados serão levados a conceder as isenções previstas nas mesmas condições.

As despesas de transporte das remessas de socorro destinadas aos internados, que, por motivo do seu peso ou qualquer outra razão, não lhes possam ser enviadas pelo correio, ficarão a cargo da Potência detentora em todos os territórios que se achem sob a sua fiscalização. As outras Potências partes na Convenção suportarão as despesas de transporte nos seus respectivos territórios.

As despesas resultantes do transporte destas remessas, que não forem abrangidas pelos parágrafos precedentes, serão por conta do remetente.

As Altas Partes contratantes esforçar-se-ão por reduzir, tanto quanto possível, as taxas dos telegramas expedidos pelos internados ou dos que lhes forem endereçados.

ARTIGO 111.°

Se as operações militares impedirem as Potências interessadas de desempenhar a obrigação que lhes incumbe de assegurar o transporte das remessas previstas nos artigos 106.°, 107.°, 108.° e 113.°, as Potências protectoras interessadas, o Comité Internacional da Cruz Vermelha ou qualquer outro organismo devidamente aceite pelas Partes no conflito poderão tomar medidas para assegurar o transporte destas remessas com meios adequados (caminhos de ferro, camiões, navios ou aviões, etc.). Para este efeito, as Altas Partes contratantes esforçar-se-ão por obter estes meios de transporte e permitir a circulação, em especial concedendo os necessários salvo-condutos.

Estes meios de transporte poderão igualmente ser utilizados para conduzir:

a) A correspondência, as relações e os relatórios trocados entre a agência central de informações citada no artigo 140.° e os departamentos nacionais previstos no artigo 136.°;

b) A correspondência e os relatórios respeitantes aos internados que as Potências protectoras, o Comité Internacional da Cruz Vermelha ou qualquer outra organização que preste assistência aos internados troquem com os seus próprios delegados ou com as Partes no conflito.

Estas disposições não restringem de modo algum o direito de qualquer Parte no conflito organizar outros meios de transporte, se assim preferir, nem impede a concessão de salvo-condutos nas condições mutuamente acordadas para tais meios de transporte.

As despesas resultantes do uso destes meios de transporte serão suportadas proporcionalmente à importâncias das remessas pelas Partes no conflito cujos súbditos beneficiem destes serviços.

ARTIGO 112.º

A censura da correspondência dirigida aos internados ou expedida por eles deverá ser feita tão rapidamente quanto possível.

A fiscalização das remessas destinadas aos internados não deverão efectuar-se de maneira que os géneros que elas contenham fiquem sujeitos a deterioração. Será feita na presença do destinatário ou de um companheiro seu representante. A entrega das remessas individuais oucolectivas aos internados não poderá ser demorada sob o pretexto de dificuldades de censura.

Qualquer proibição de correspondência ordenada pelas Partes no conflito, por razões militares ou políticas, será apenas temporária e a sua duração deverá ser tão curta quanto possível.

ARTIGO 113.º

As Potências detentoras concederão todas as facilidades razoáveis para a transmissão, por intermédio da Potência protectora ou da agência central prevista no artigo 140.º ou por outros meios necessários, de testamentos, procurações ou de quaisquer outros documentos destinados aos internados ou enviados por eles.

Em todos os casos as Potências detentoras facilitarão aos internados a execução, autenticidade e devida forma legal destes documentos, autorizando-os em particular a consultar um advogado.

ARTIGO 114.º

A Potência detentora concederá aos internados todas as facilidades compatíveis com o regime de internamento e a legislação em vigor para que possam administrar os seus bens. Para este efeito, a referida Potência poderá autorizá-los a sair do lugar de internamento em casos urgentes e se as circunstâncias o permitirem.

ARTIGO 115.º

Em todos os casos em que um o internado fizer parte de um processo em julgamento num tribunal, a Potência detentora deverá, a pedido do interessado, informar o tribunal da sua detenção e, dentro dos limites legais, providenciar para que sejam tomadas todas as medidas necessárias para evitar que sofra qualquer prejuízo por virtude do seu internamento, pelo que respeita à preparação e trâmites do seu processo ou à execução de qualquer sentença do tribunal.

ARTIGO 116.º

Cada internado será autorizado a receber visitas, especialmente parentes próximos, com intervalos regulares e tão frequentemente quanto possível.

Em caso de urgência e na medida do possível, especialmente em caso de falecimento ou de doença grave de parentes, o internado será autorizado a visitar a sua família.

CAPÍTULO IX

Sanções penais e disciplinares

ARTIGO 117.º

Sob reserva das disposições do presente capítulo, a legislação em vigor no território onde eles se encontram continuará a aplicar-se aos internados que cometam infracções durante o internamento.

Se as leis, regulamentos ou ordens gerais consideram puníveis os actos cometidos pelos internados, ao passo que os mesmos actos não o são quando cometidos por pessoas que não sejam internadas, estes actos terão como consequência simplesmente sanções disciplinares.

Nenhum internado poderá ser punido mais de uma vez pela mesma falta ou acusação.

ARTIGO 118.º

Para fixar a pena, os tribunais ou autoridades tomarão em consideração, tanto quanto possível, o facto de o réu não ser um súbdito da Potência detentora. Terão a faculdade de atenuar a pena prevista para o delito atribuído ao internado e não serão obrigados, para este efeito, a aplicar a pena mínima prescrita.

São proibidas as reclusões em edifícios sem luz solar e, de um modo geral, toda e qualquer forma de crueldade.

Os internados punidos não poderão, depois de terem cumprido penas que lhes tenham sido impostas disciplinar ou judicialmente, ser tratados diferentemente dos outros internados.

A duração da prisão preventiva cumprida por um internado será deduzida de qualquer pena disciplinar ou judicial que implique reclusão que lhe tiver sido imposta.

As comissões de internados serão informadas de todos os processos judiciais instaurados contra os internados que elas representam, assim como dos seus resultados.

ARTIGO 119.º

As penas disciplinares aplicáveis aos internados serão:

1) Uma multa, que não excederá 50 por cento do salário previsto no artigo 95.º, durante um período que não ultrapassará 30 dias;
2) A supressão de vantagens concedidas além do tratamento previsto pela presente Convenção;
3) Os trabalhos pesados, não excedendo duas horas por dia, realizados para a conservação do lugar de internamento;
4) A reclusão.

Em caso algum as penas disciplinares serão desumanas, brutais ou perigosas para a saúde dos internados. Será tida em consideração a sua idade, o sexo e o estado de saúde.

A duração de uma mesma punição não excederá nunca um máximo de 30 dias consecutivos, mesmo no caso em que um internado tenha de responder disciplinarmente por diversas faltas, quando o seu caso for considerado, quer as faltas estejam ligadas ou não.

ARTIGO 120.º

Os internados evadidos, ou que tentem evadir-se, que tiverem sido recapturados, ficarão sujeitos apenas a sanções disciplinares por este acto, mesmo quando forem reincidentes.

Não obstante o terceiro parágrafo do artigo 118.º, os internados punidos em consequência de fuga ou tentativa de fuga poderão ser submetidos a um regime de vigilância especial, com a condição de que este regime não afecte o seu estado de saúde, que seja exercido num lugar de internamento e que não comporte a supressão de quaisquer garantias que lhes sejam concedidas pela presente Convenção.

Direito Internacional Humanitário 171

Os internados que tiverem cooperado numa evasão ou numa tentativa de evasão ficarão sujeitos somente a sanções disciplinares por esta acusação.

ARTIGO 121.º

A evasão ou a tentativa de evasão, mesmo que haja reincidência, não será considerada como uma circunstância agravante nos casos em que um internado tiver de ser entregue aos tribunais por delitos cometidos durante a evasão.

As Partes no conflito providenciarão para que as autoridades competentes usem de indulgência na apreciação da questão de saber se um delito cometido por um internado deve ser punido disciplinar ou judicialmente, especialmente com respeito a actos praticados em ligação com a evasão ou tentativa de evasão.

ARTIGO 122.º

Os actos que constituam uma falta contra a disciplina deverão ser imediatamente investigados. Este princípio será aplicado, em particular, aos casos de evasão ou tentativa de evasão e o internado recapturado será enviado o mais rapidamente possível às autoridades competentes.

No caso de faltas disciplinares, a prisão preventiva será reduzida ao mínimo possível para todos os internados e não excederá catorze dias. A sua duração será sempre deduzida da sentença de reclusão.

As disposições dos artigos 124.º e 125.º serão aplicadas aos internados presos preventivamente por falta disciplinar.

ARTIGO 123.º

Sem prejuízo da competência dos tribunais e das autoridades superiores, as penas disciplinares não poderão ser pronunciadas senão pelo comandante do lugar de internamento ou por um oficial ou funcionário responsável em quem tiver delegado a sua competência disciplinar.

Antes de ser pronunciada uma pena disciplinar, o internado acusado será informado com precisão dos delitos que lhe são imputados e autorizado a justificar a sua conduta e a defender-se. Ser-lhe-á permitido, em particular, apresentar testemunhas e recorrer, em caso de necessidade, aos serviços de um intérprete competente. A decisão será pronunciada na presença do acusado e de um membro da comissão de internados.

O espaço de tempo entre a decisão disciplinar e a sua execução não excederá um mês.

Quando um internado for punido com uma nova pena disciplinar, deverá decorrer um intervalo de três dias, pelo menos, entre a execução de cada uma das penas, desde que a duração de uma delas seja de dez dias ou mais.

O comandante do lugar de internamento deverá ter um registo de penas disciplinares, que será posto à disposição dos representantes da Potência protectora.

ARTIGO 124.º

Os internados em caso algum poderão ser transferidos para estabelecimentos penitenciários (prisões, penitenciárias, degredo, etc.) para ali cumprirem as penas disciplinares.

Os locais onde devem ser cumpridas as penas disciplinares satisfarão aos requisitos de higiene e serão especialmente dotados com leitos apropriados.

Aos internados cumprindo pena serão dadas condições para se manterem em estado de asseio.

As mulheres internadas cumprindo uma pena disciplinar serão presas em lugares diferentes dos homens e ficarão sob a vigilância de mulheres.

ARTIGO 125.º

Os internados punidos disciplinarmente terão a faculdade de fazer exercícios e permanecer ao ar livre pelo menos durante duas horas diariamente.

Serão autorizados, a seu pedido, a apresentar-se à visita médica diária; receberão os cuidados que o seu estado de saúde exigir e, em caso de necessidade, serão evacuados para a enfermaria do lugar de internamento ou para um hospital.

Serão autorizados a ler e a escrever, assim como a enviar e a receber cartas. Em contrapartida, as encomendas e remessas de dinheiro poderão não lhes ser entregues senão findo o cumprimento da pena; entretanto, serão confiadas à comissão de internados, que enviará à enfermaria os géneros alteráveis que se encontrem nas encomendas.

Nenhum internado punido disciplinarmente poderá ser privado do benefício das disposições dos artigos 107.º e 143.º da presente Convenção.

ARTIGO 126.º

As disposições dos artigos 71.º e 76.º, inclusive, serão aplicadas, por analogia, aos processos instaurados contra os internados que se encontrem no território nacional da Potência detentora.

CAPÍTULO X
Transferência dos internados

ARTIGO 127.º

A transferência dos internados efectuar-se-á sempre com humanidade. Será realizada, em regra, por caminho de ferro ou por outro meio de transporte e em condições pelo menos iguais àquelas de que beneficiam as tropas da Potência detentora nos seus deslocamentos. Se, excepcionalmente, as transferências tiverem de ser feitas pela via ordinária, só poderão ter lugar se o estado de saúde dos internados o permitir e não deverão em caso algum sujeitá-los a fadigas excessivas.

A Potência detentora fornecerá aos internados, durante a transferência, água potável e alimentação em quantidade, qualidade e variedade suficientes para mantê-los com boa saúde, e também os vestuários, abrigos adequados e os cuidados médicos necessários. A Potência detentora tomará todas as precauções úteis para garantir a sua segurança durante a transferência e organizará, antes da sua partida, uma relação completa dos internados transferidos.

Os internados doentes, feridos ou enfermos, assim como as parturientes, não serão transferidos se a viagem puder agravar o seu estado, a não ser que a sua segurança o exija imperiosamente.

Se a zona de combate se aproximar de um lugar de internamento, os internados que se encontrem no referido lugar não serão transferidos, a não ser que a sua transferência possa ser realizada em condições de segurança suficientes ou se eles correrem maior risco ficando no lugar do que sendo transferidos.

A Potência detentora, ao decidir a transferência dos internados, deverá considerar os seus interesses, tendo principalmente em vista, não lhes aumentar as dificuldades do repatriamento ou do regresso aos seus domicílios.

ARTIGO 128.º

No caso de transferência, os internados serão oficialmente avisados da partida e do seu novo endereço postal. Esta notificação será dada com bastante antecedência para que possam preparar as suas bagagens e prevenir as famílias.

Serão autorizados a levar consigo os seus objectos de uso pessoal, a correspondência e as encomendas que lhes tiverem sido dirigidas. O peso destas bagagens poderá ser limitado, se as condições de transferência assim o exigirem, mas em caso algum a menos de 25 Kg por internado.

A correspondência e as encomendas dirigidas para o seu antigo lugar de internamento ser-lhes-ão remetidas sem demora.

O comandante do lugar de internamento tomará, de acordo com a comissão de internados, as medidas necessárias para assegurar a transferência dos bens colectivos dos internados e das bagagens que os internados não puderem levar consigo, em vista das restrições impostas em virtude do segundo parágrafo do presente artigo.

CAPÍTULO XI

Falecimentos

ARTIGO 129.º

Os internados poderão entregar os seus testamentos às autoridades responsáveis, que assegurarão a sua guarda. No caso de falecimento de um internado, o seu testamento será remetido sem demora à pessoa que ele tiver previamente indicado.

Os falecimentos dos internados serão certificados em cada caso por um médico e será feito um boletim de falecimento, com a indicação das causas da morte e condições em que ela se deu.

Será lavrada uma acta oficial de falecimento, devidamente registada, de harmonia com as prescrições em vigor no território onde está situado o lugar de internamento, e uma cópia autêntica dessa acta será enviada sem demora à Potência protectora e à agência central referida no artigo 140.º

ARTIGO 130.º

As autoridades detentoras providenciarão para que os internados que falecerem durante o internamento sejam enterrados honrosamente, se possível segundo os ritos da religião a que pertenciam, e que as suas sepulturas sejam respeitadas, convenientemente conservadas e assinaladas de modo a poderem ser sempre identificadas.

Os internados falecidos serão enterrados individualmente, a não ser que circunstâncias imperiosas exijam a utilização de sepulturas colectivas. Os corpos só poderão ser cremados por razões imperativas de higiene, por causa da religião do falecido ou por sua expressa determinação. No caso de incineração, o facto será mencionado e os motivos explicados na acta de falecimento. As cinzas serão conservadas com cuidado pelas autoridades detentoras e enviadas o mais urgentemente possível aos parentes próximos, se as pedirem.

Logo que as circunstâncias o permitam e o mais tardar no fim das hostilidades, a Potência detentora remeterá, por intermédio dos departamentos de informações previstos no artigo 136.º, às Potências de quem os internados falecidos dependiam, as relações das sepulturas dos internados falecidos. Estas relações incluirão todos os pormenores necessários para a identificação dos internados falecidos, assim como a localização exacta das suas sepulturas.

ARTIGO 131.º

Todos os casos de morte ou de ferimento grave de um internado causados ou suspeitos de terem sido causados por uma sentinela, por outro internado ou por qualquer outra pessoa, assim como todos os falecimentos cuja causa seja desconhecida, serão imediatamente seguidos de um inquérito oficial, por parte da Potência detentora.

Uma comunicação a este respeito será feita imediatamente à Potência protectora. Os depoimentos das testemunhas serão recolhidos e farão parte de um relatório a organizar com destino à referida Potência.

Se o inquérito estabelecer a culpabilidade de uma ou mais pessoas, a Potência detentora tomará todas as medidas para assegurar a entrega do ou dos responsáveis aos tribunais.

CAPÍTULO XII

Libertação, repatriamento e concessão de hospitalidade em país neutro

ARTIGO 132.º

Cada pessoa internada será libertada pela Potência detentora logo que as causas que motivaram o seu internamento tenham cessado.

Além disso, as Partes no conflito esforçar-se-ão, durante o decorrer das hostilidades, por concluir acordos para a libertação, repatriamento, regresso ao local do domicílio ou concessão de hospitalidade em país neutro de certas categorias de internados, particularmente as crianças, as mulheres grávidas e mães com filhos de peito e de tenra idade, feridos e enfermos ou internados que tenham estado detidos por largo tempo.

ARTIGO 133.º

O internamento cessará o mais cedo possível depois de terminadas as hostilidades.

Contudo, os internados no território de uma Parte no conflito contra quem estejam pendentes processos penais por delitos que não estejam exclusivamente sujeitos a penalidades disciplinares poderão ficar detidos até à conclusão dos referidos processos e, se as circunstâncias o exigirem, até à expiação da pena.

Idêntico procedimento terá aplicação aos internados que tiverem sido condenados anteriormente a uma pena com perda de liberdade.

Por acordo entre a Potência detentora e as Potências interessadas, deverão ser criadas comissões, depois de terminadas as hostilidades ou a ocupação do território, para procurar os internados dispersos.

ARTIGO 134.º

As Altas Partes contratantes esforçar-se-ão, no fim das hostilidades ou da ocupação, por assegurar o regresso de todos os internados à sua última residência ou facilitar o seu repatriamento.

ARTIGO 135.º

A Potência detentora suportará as despesas de regresso dos internados libertados para os locais onde residiam no momento do seu internamento ou, se tiverem sido detidos durante a sua viagem no mar alto, as despesas necessárias para lhes permitir terminar a viagem ou o seu regresso ao ponto de partida.

Se a Potência detentora recusar autorização para residir no seu território a um internado libertado que, anteriormente, ali tinha o seu domicílio permanente, ela pagará as despesas do seu repatriamento. Se, no entanto, o internado preferir regressar ao seu país sob sua própria responsabilidade, ou em obediência ao Governo de que é súbdito, a Potência detentora não é obrigada a pagar as despesas da viagem para além do seu território. A Potência detentora não terá de pagar a despesa de repatriamento de um internado que tenha sido internado a seu pedido.

Se os internados forem transferidos em conformidade com o artigo 45.º, a Potência que os transferir e aquela que os receber acordarão sobre a parte das despesas que deverão ser suportadas por cada uma delas.

As referidas disposições não deverão prejudicar os acordos especiais que possam ter sido concluídos entre as Partes no conflito a respeito da troca e repatriamento dos seus súbditos em mãos inimigas.

SECÇÃO V

Departamentos e agência central de informações

ARTIGO 136.º

Desde o início de um conflito e em todos os casos de ocupação cada uma das Partes no conflito estabelecerá um departamento oficial de informações, encarregado de receber e transmitir informações a respeito das pessoas protegidas que se encontrem em seu poder.

No mais curto prazo possível, cada uma das Partes no conflito enviará ao referido departamento informações sobre as medidas tomadas contra quaisquer pessoas protegidas que se encontrem reclusas há mais de duas semanas, com residência fixada ou internadas. Além disso, encarregará os seus diversos serviços interessados de fornecer rapidamente ao citado departamento as indicações referentes às alterações que se tenham dado com as pessoas protegidas, tais como transferências, liberdades, repatriamentos, evasões, hospitalizações, nascimentos e falecimentos.

ARTIGO 137.º

Cada departamento nacional enviará imediatamente, pelos meios mais rápidos, as informações respeitantes às pessoas protegidas, às Potências de quem as mesmas forem súbditas, ou às Potências em cujo território tenham a sua residência, por intermédio das Potências protectoras e também através da agência central prevista no artigo 140.º Os departamentos responderão igualmente a todas as perguntas que lhes forem dirigidas a respeito de pessoas protegidas.

Os departamentos de informações transmitirão as informações relativas a uma pessoa protegida, salvo no caso em que a sua transmissão possa causar prejuízo à pessoa interessada ou à sua família. Mesmo neste caso, as informações não poderão ser recusadas à agência central, que, tendo sido advertida das circunstâncias, tomará as precauções necessárias indicadas no artigo 140.º

Todas as comunicações escritas feitas por um departamento serão autenticadas por uma assinatura ou por um selo.

ARTIGO 138.º

As informações recebidas pelo departamento nacional e transmitidas por ele serão de natureza a permitir exactamente a pessoa protegida e avisar rapidamente a sua família. A informação a respeito de cada pessoa incluirá pelo menos o apelido, nome e prenome, o lugar e data de nascimento, a nacionalidade, última residência e sinais particulares, o primeiro nome do pai e o nome de solteira da mãe, a data, local e natureza das medidas tomadas a respeito da pessoa, o endereço para onde lhe pode ser remetida a correspondência, assim como o nome e a morada da pessoa que deve ser informada.

Do mesmo modo, as informações respeitantes ao estado de saúde dos internados gravemente doentes ou feridos serão fornecidas regularmente e, se possível, semanalmente.

ARTIGO 139.º

Cada departamento nacional de informações será também encarregado de recolher todos os objectos pessoais de valor deixados pelas pessoas protegidas mencionadas no artigo 136.º, especialmente no caso do seu repatriamento, libertação, evasão ou falecimento, e de os remeter directamente aos interessados, e, se for necessário, por intermédio da agência central. Estes objectos serão enviados pelo departamento em volume selado, acompanhados por declarações estabelecendo com precisão a identidade das pessoas a quem os artigos pertenciam e também por um inventário completo do conteúdo do volume. A recepção e a remessa de todos os objectos de valor deste género serão lançadas pormenorizadamente nos registos.

ARTIGO 140.º

Será criada num país neutro uma agência central de informações para pessoas protegidas, especialmente internadas. O Comité Internacional da Cruz Vermelha proporá às Potências interessadas, se o julgar necessário, a organização desta agência, que poderá ser a mesma prevista no artigo 123.º da Convenção de Genebra relativa ao tratamento dos prisioneiros de guerra, de 12 de Agosto de 1949.

A missão da agência consistirá em reunir todas as informações com o carácter previsto no artigo 136.º, que possa obter pelas vias oficiais ou particulares, e transmiti-las tão rapidamente quanto possível aos países de origem ou de residência dos interessados, salvo nos casos em que estas transmissões possam ser prejudiciais às pessoas a quem as mesmas informações interessam, ou à sua família. A agência receberá das Partes no conflito todas as facilidades razoáveis para efectuar estas transmissões.

As Altas Partes contratantes, e em particular aquelas cujos súbditos beneficiem dos serviços da agência central, são convidadas a fornecer à referida agência o auxílio financeiro de que esta necessite.

As precedentes disposições não deverão ser interpretadas como restringindo as actividades humanitárias do Comité Internacional da Cruz Vermelha e das sociedades de socorro mencionadas no artigo 142.º.

ARTIGO 141.º

Os departamentos nacionais de informação e a agência central de informações gozarão de isenção de franquia postal para todo o correio, assim como das isenções previstas no artigo 110.º e, tanto quanto possível, da de taxas telegráficas ou pelo menos de importantes reduções das taxas.

TÍTULO IV
Execução da Convenção

SECÇÃO I
Disposições gerais

ARTIGO 142.º

Sob reserva das medidas que as Potências detentoras possam considerar indispensáveis para garantir a sua segurança ou fazer face a qualquer outra necessidade razoável, os representantes de organizações religiosas, sociedades de socorros ou quaisquer outros organismos que auxiliem as pessoas protegidas receberão destas Potências, para si ou para os seus agentes oficiais, todas as facilidades para visitar as pessoas protegidas, distribuir socorro e material de qualquer proveniência destinado a fins educativos, recreativos ou religiosos ou para as auxiliar a organizar o seu tempo de descanso nos lugares de internamento. As sociedades ou organismos referidos poderão ser constituídos no território da Potência detentora ou em qualquer outro país e até poderão ter um carácter internacional.

A Potência detentora poderá limitar o número de sociedades o organismos cujos delegados estão autorizados a exercer a sua actividade no seu território e sob a sua fiscalização, com a condição, todavia, de que uma tal limitação não impedirá o fornecimento de um auxílio eficaz e suficiente a todas as pessoas protegidas.

A situação especial do Comité Internacional da Cruz Vermelha neste campo será sempre reconhecida e respeitada.

ARTIGO 143.º

Os representantes ou delegados das Potências protectoras serão autorizados a visitar todos os lugares onde se encontrem pessoas protegidas, especialmente os lugares de internamento, de detenção e de trabalho.

Terão acesso a todos os edifícios ocupados por pessoas protegidas e poderão entrevistá-las sem testemunhas, directamente ou por intermédio de um intérprete. Estas visitas não poderão ser impedidas, a não ser por razões de imperiosas necessidades militares e somente a título excepcional e temporário. A duração e frequência não poderão ser limitadas.

Aos representantes e delegados das Potências protectoras será dada toda a liberdade para escolherem os lugares que pretendam visitar. A Potência detentora ou ocupante, a Potência protectora e, se para tal houver lugar, a Potência da origem das pessoas a visitar, poderão pôr-se de acordo para compatriotas dos internados sejam autorizados a tomar parte nas visitas.

Os delegados do Comité Internacional da Cruz Vermelha também beneficiarão das mesmas prerrogativas. A nomeação destes delegados será submetida à aprovação da Potência sob cuja autoridade estão colocados os territórios onde deverão exercer a sua actividade.

ARTIGO 144.º

As Altas Partes contratantes do obrigam-se a difundir o máximo possível, em tempo de paz e em tempo de guerra, o texto da presente Convenção nos seus respectivos países, e especialmente a incluir o seu estudo nos programas de instrução militar e, se possível, civil, de modo que osrespectivos princípios sejam conhecidos de toda a população.

As autoridades civis, militares, de polícia ou outras que, em tempo de guerra, devam assumir responsabilidades a respeito de pessoas protegidas deverão possuir o texto da Convenção e estar especialmente inteiradas a respeito das suas disposições.

ARTIGO 145.º

As Altas Partes contratantes transmitirão entre si, através do Conselho Federal Suíço e, durante as hostilidades, por intermédio das Potências protectoras, as traduções oficiais da presente Convenção, assim como as leis e regulamentos que poderão ser obrigadas a adoptar para garantir a sua aplicação.

ARTIGO 146.º

As Altas Partes contratantes obrigam-se a decretar a legislação necessária para fixar sanções penais adequadas a aplicar às pessoas que tenham cometido ou ordenado alguma das graves violações da presente Convenção definidas no artigo seguinte.

Cada Alta Parte contratante terá a obrigação de procurar as pessoas acusadas de terem cometido ou de ordenado quaisquer infracções graves e entregá-las aos seus próprios tribunais, sem atender à nacionalidade. Poderá também, se o preferir e de harmonia com as determinações da sua própria legislação, enviá-las par julgamento a uma outra Parte contratante interessada, desde que esta Parte contratante tenha produzido contra as pessoas referidas suficientes provas de acusação.

Cada Parte contratante tomará as medidas necessárias para fazer cessar todos os actos contrários às disposições da presente Convenção que não sejam as violações graves definidas no artigo seguinte.

Em todas as circunstâncias os réus beneficiarão de garantias de julgamento e de livre defesa, que não serão inferiores às que estão previstas no artigo 105.º e seguintes da Convenção de Genebra relativa ao tratamento de prisioneiros de guerra, de 12 de Agosto de 1949.

ARTIGO 147.º

Os delitos graves referidos no artigo precedente são aqueles que abrangem um ou outro dos seguintes actos, se forem cometidos contra pessoas ou bens protegidos pela presente Convenção: o homicídio voluntário, a tortura ou os tratamentos desumanos, incluindo as experiências biológicas, o propósito de causar intencionalmente grandes sofrimentos ou graves lesões no corpo ou à saúde, a deportação ou transferência ilegais, a reclusão ilegal, a obrigatoriedade de uma pessoa protegida servir as forças armadas de uma Potência inimiga ou o propósito de privá-la do seu direito de ser julgada regular e imparcialmente segundo as prescrições da presente convenção, a tomada de reféns, a destruição e apropriação de bens nãojustificáveis pelas necessidades militares e executadas em grande escala de modo ilícito e arbitrário.

ARTIGO 148.º

Nenhuma Alta Parte contratante poderá escusar-se nem isentar uma outra Parte contratante das responsabilidades contraídas por si mesmo ou por outra Parte contratante por motivo dos delitos citados do artigo precedente.

ARTIGO 149.º

A pedido de uma Parte no conflito, deverá ser aberto um inquérito, em condições a fixar entre as Partes interessadas, a respeito de toda a violação alegada da Convenção.

Se não se conseguir acordo sobre o modo de realizar o inquérito, as Partes concordarão na escolha de um árbitro, que resolverá sobre o processo a seguir.

Uma vez verificada a violação, as Partes no conflito acabarão com ela, reprimindo-a o mais rapidamente possível.

SECÇÃO II

Disposições finais

ARTIGO 150.º

A presente Convenção está redigida em inglês e em francês. Os dois textos são igualmente autênticos.

O Conselho Federal Suíço ordenará as traduções oficiais da Convenção nas línguas russa e espanhola.

ARTIGO 151.º

A presente Convenção, que tem a data de hoje, poderá ser assinada até 12 de Fevereiro de 1950, em nome das Potências representadas na Conferência que se inaugurou em Genebra no dia 21 de Abril de 1949.

ARTIGO 152.º

A presente Convenção será ratificada logo que seja possível e as ratificações serão depositadas em Berna.

Será lavrada uma acta de depósito de cada ratificação, uma cópia da qual, devidamente autenticada, será remetida pelo Conselho Federal Suíço a todas as Potências em nome das quais a Convenção tenha sido assinada ou cuja adesão tenha sido notificada.

ARTIGO 153.º

A presente Convenção entrará em vigor seis meses depois de terem sido depositados pelo menos dois instrumentos de ratificação.

Ulteriormente, entrará em vigor para cada Alta Parte contratante seis meses depois do depósito do seu instrumento de ratificação.

ARTIGO 154.°

Nas relações entre as Potências unidas pela Convenção da Haia respeitante às leis e costumes da guerra em terra, quer se trate da de 29 de Junho de 1899 ou da de 18 de Outubro de 1907, e que participem da presente Convenção, esta completará as secções II e III do regulamento apenso às sobreditas Convenções da Haia.

ARTIGO 155.°

A partir da data da sua entrada em vigor, a presente Convenção estará aberta à adesão de qualquer Potência em nome da qual esta Convenção não tenha sido assinada.

ARTIGO 156.°

As adesões serão notificadas por escrito ao Conselho Federal Suíço e produzirão os seus efeitos seis meses depois da data em que ali forem recebidas.

O Conselho Federal Suíço comunicará as adesões a todas as Potências em nome das quais a Convenção tenha sido assinada ou a adesão notificada.

ARTIGO 157.°

As situações previstas nos artigos 2.° e 3.° darão efeito imediato às ratificações depositadas e às adesões notificadas pelas Partes no conflito, antes ou depois do início das hostilidades ou da ocupação. O Conselho Federal Suíço comunicará pela via mais rápida as ratificações ou adesões recebidas das Partes no conflito.

ARTIGO 158.°

Cada uma das Altas Partes contratantes terá a faculdade de denunciar a presente Convenção.

A denúncia será notificada por escrito ao Conselho Federal Suíço. Este comunicará a notificação aos Governos de todas as Altas Partes contratantes.

A denúncia produzirá os seus efeitos um ano depois da sua notificação ao Conselho Federal Suíço. Contudo, a denúncia notificada quando a Potência denunciante estiver envolvida num conflito não produzirá qualquer efeito senão depois de a paz ter sido concluída, e, em qualquer caso, enquanto as operações de libertação, repatriamento e instalação das pessoas protegidas pela presente Convenção não estiverem terminadas.

A denúncia somente terá validade em relação à Potência denunciante. Não terá qualquer efeito sobre as obrigações que as Partes no conflito serão obrigadas a desempenhar em virtude dos princípios do direito das gentes, tais como resultam dos usos estabelecidos entre os povos civilizados, das leis de humanidade e das exigências da consciência pública.

ARTIGO 159.º

O Conselho Federal Suíço fará registar a presente Convenção no Secretariado das Nações Unidas. O Conselho Federal Suíço informará igualmente o Secretariado das Nações Unidas de todas as ratificações, adesões e denúncias que possa receber a respeito da presente Convenção.

Em testemunho do que os abaixo assinados, tendo depositado os seus respectivos plenos poderes, assinaram a presente Convenção.

Feita em Genebra de 12 de Agosto de 1949, nas línguas francesa e inglesa, devendo o original ser depositado nos arquivos da Confederação Suíça. O Conselho Federal Suíço enviará uma cópia autêntica da Convenção a cada um dos Estados signatários, assim como aos Estados que tiverem aderido à Convenção.

(Seguem as assinaturas.)

2.5. PROTOCOLO ADICIONAL ÀS CONVENÇÕES DE GENEBRA, DE 12 DE AGOSTO DE 1949, RELATIVO À PROTECÇÃO DAS VÍTIMAS DOS CONFLITOS ARMADOS INTERNACIONAIS, DE 12 DE DEZEMBRO DE 1977 (PROTOCOLO I)[20]

Preâmbulo

As Altas Partes Contratantes:

Proclamando o seu ardente desejo de ver reinar a paz entre os povos;

Lembrando que todo o Estado tem o dever, à luz da Carta das Nações Unidas, de se abster nas relações internacionais de recorrer à ameaça ou ao emprego da força contra a soberania, integridade territorial ou independência política de qualquer Estado, ou a qualquer outra forma incompatível com os objectivos das Nações Unidas;

Julgando, no entanto, necessário reafirmar e desenvolver as disposições que protegem as vítimas dos conflitos armados e completar as medidas adequadas ao reforço da sua aplicação;

Exprimindo a sua convicção de que nenhuma disposição do presente Protocolo ou das Convenções de Genebra de 12 de Agosto de 1949 poderá ser interpretada como legitimando ou autorizando qualquer acto de agressão ou emprego da força, incompatível com a Carta das Nações Unidas;

Reafirmando, ainda, que as disposições das Convenções de Genebra de 12 de Agosto de 1949 e do presente Protocolo deverão ser plenamente aplicadas, em qualquer circunstância, a todas as pessoas protegidas por estes instrumentos, sem qualquer discriminação baseada na natureza ou origem do conflito armado ou nas causas defendidas pelas partes no conflito ou a elas atribuídas;

acordam no seguinte:

---

[20] Aprovado pela Resolução da Assembleia da República n.º 10/92, de 1 de Abril, e ratificado pelo Decreto do Presidente da República n.º 10/92, de 1 de Abril.

TÍTULO I
Disposições gerais

ARTIGO 1.º
Princípios gerais e âmbitos de aplicação

1 – As Altas Partes Contratantes comprometem-se a respeitar e a fazer respeitar o presente Protocolo em todas as circunstâncias.

2 – Nos casos não previstos pelo presente Protocolo ou por outros acordos internacionais, as pessoas civis e os combatentes ficarão sob a protecção e autoridade dos princípios do Direito Internacional, tal como resulta do costume estabelecido, dos princípios humanitários e das exigências da consciência pública.

3 – O presente Protocolo, que completa as Convenções de Genebra de 12 de Agosto de 1949 para a protecção das vítimas de guerra, aplica-se nas situações previstas pelo artigo 2.º comum a estas Convenções.

4 – Nas situações mencionadas no número precedente estão incluídos os conflitos armados em que os povos lutam contra a dominação colonial e a ocupação estrangeira e contra os regimes racistas no exercício do direito dos povos à autodeterminação, consagrado na Carta das Nações Unidas e na Declaração Relativa aos Princípios do Direito Internacional Respeitante às Relações Amigáveis e à Cooperação entre os Estados nos termos da Carta das Nações Unidas.

ARTIGO 2.º
Definições

Para os fins do presente Protocolo:

a) As expressões «Convenção I», «Convenção II», «Convenção III», e «Convenção IV» designam, respectivamente:

A Convenção de Genebra para Melhorar a Situação dos Feridos e dos Doentes das Forças Armadas em Campanha, de 12 de Agosto de 1949;
A Convenção de Genebra para Melhorar a Situação dos Feridos, Doentes e Náufragos das Forças Armadas no Mar, de 12 de Agosto de 1949;
A Convenção de Genebra Relativa ao Tratamento dos Prisioneiros de Guerra, de 12 de Agosto de 1949;
A Convenção de Genebra Relativa à Protecção das Pessoas Civis em Tempo de Guerra, de 12 de Agosto de 1949.

A expressão «as Convenções» designa as quatro Convenções de Genebra, de 12 de Agosto de 1949, para a protecção das vítimas de guerra;

b) A expressão «regras do Direito Internacional, aplicável nos conflitos armados» designa as regras enunciadas nos acordos internacionais em que participam as Partes no conflito, assim como os princípios e regras do Direito Internacional, geralmente reconhecidos e aplicáveis aos conflitos armados;

c) A expressão «Potência protectora» designa um Estado neutro ou outro Estado não Parte no conflito que, designado por uma Parte no conflito, e aceite pela Parte adversa, esteja disposto a exercer as funções confiadas à Potência protectora, nos termos das Convenções e do presente Protocolo;

d) A expressão «substituto» designa uma organização que substitui a Potência protectora, nos termos do artigo 5.º

ARTIGO 3.º
Início e cessação da aplicação

Sem prejuízo das disposições aplicáveis a todo o momento:

a) As Convenções e o presente Protocolo aplicam-se desde o início de qualquer situação mencionada no artigo 1.º do presente Protocolo;

b) A aplicação das Convenções e do presente Protocolo cessa, no território das Partes no conflito, no fim geral das operações militares e, no caso dos territórios ocupados, no fim da ocupação, salvo nos dois casos, para as categorias de pessoas cuja libertação definitiva, repatriamento ou estabelecimento tenham lugar posteriormente. Estas pessoas continuam a beneficiar das disposições pertinentes das Convenções e do presente Protocolo até à sua libertação definitiva, repatriamento ou estabelecimento.

ARTIGO 4.º
Estatuto Jurídico das Partes no conflito

A aplicação das Convenções e do presente Protocolo, assim como a conclusão dos acordos previstos por esses instrumentos, não terão efeito sobre o estatuto jurídico das Partes no conflito. Nem a ocupação de um território nem a aplicação das Convenções e do presente Protocolo afectarão o estatuto jurídico do território em questão.

ARTIGO 5.º
Designação das Potências protectoras e do seu substituto

1 – É dever das Partes num conflito, desde o início desse conflito, assegurar o respeito e a execução das Convenções e do presente Protocolo pela aplicação do sistema das Potências protectoras, incluindo, nomeadamente, a designação e aceitação dessas Potências nos termos dos números seguintes. As Potências protectoras serão encarregadas de salvaguardar os interesses das Partes no conflito.

2 – Desde o início de uma situação prevista pelo artigo 1.º, cada uma das Partes no conflito designará, sem demora, uma Potência protectora para os fins da aplicação das Convenções e do presente Protocolo e autorizará, igualmente sem demora e para os mesmos fins, a actividade de uma Potência protectora que a Parte adversa tenha designado e que ela própria haja aceite como tal.

3 – Se uma Potência protectora não for designada ou aceite desde o início de uma situação prevista pelo artigo 1.º, o Comité Internacional da Cruz Vermelha, sem prejuízo do direito de qualquer outra organização humanitária imparcial fazer o mesmo, oferecerá os seus bons ofícios às Partes no conflito com vista à designação sem demora de uma Potência protectora aprovada pelas Partes no conflito. Para este efeito, poderá, nomeadamente, pedir a cada Parte o envio de uma lista de pelo menos cinco Estados que essa Parte considere aceitáveis para agir em seu nome, na qualidade de Potência protectora face a uma Parte adversa, e pedir a cada uma das Partes adversas o envio de uma lista de pelo menos cinco Estados aceitáveis como Potência protectora da outra Parte; estas listas deverão ser comunicadas ao Comité nas duas semanas que se seguem à recepção do pedido; aquele compará-las-á e solicitará o acordo de todos os Estados cujos nomes figurem nessas duas listas.

4 – Se, apesar do que precede, não houver Potência protectora, as Partes no conflito deverão aceitar, sem demora, a oferta que poderá fazer o Comité Internacional da Cruz Vermelha ou qualquer outra organização dando todas as garantias de imparcialidade e eficácia, depois das devidas consultas com as citadas Partes e tendo em conta os resultados dessas consultas, para agir na qualidade de substituto. O exercício das funções por um tal substituto fica subordinado ao consentimento das Partes no conflito; as Partes no conflito farão tudo para facilitar a tarefa do substituto no cumprimento da sua missão em conformidade com as Convenções e o presente Protocolo.

5 – Nos termos do artigo 4.º, a designação e a aceitação de Potências protectoras, para os fins da aplicação das Convenções e do presente Protocolo, não terão efeito sobre o estatuto jurídico das Partes no conflito nem sobre o de qualquer território, incluindo um território ocupado.

6 – A manutenção das relações diplomáticas entre as Partes no conflito ou o facto de se confiar a um terceiro Estado a protecção dos interesses de uma Parte e os dos seus nacionais, à luz das regras do Direito Internacional relativas às relações diplomáticas, não impede a designação de Potências protectoras para os fins da aplicação das Convenções e do presente Protocolo.

7 – Sempre que se fizer menção, daqui em diante no presente Protocolo, à Potência protectora, essa menção designa igualmente o substituto.

ARTIGO 6.º
Pessoal qualificado

1 – Em tempo de paz, as Altas Partes Contratantes procurarão, com a ajuda das sociedades nacionais da Cruz Vermelha e Crescente Vermelho, formar pessoal qualificado com vista a facilitar a aplicação das Convenções e do presente Protocolo e especialmente a actividade das Potências protectoras.

2 – O recrutamento e a formação desse pessoal são competência nacional.

3 – O Comité Internacional da Cruz Vermelha manterá à disposição das Altas Partes Contratantes as listas de pessoas assim formadas que as Altas Partes Contratantes tenham estabelecido e lhe tenham comunicado para esse fim.

4 – As condições em que este pessoal será utilizado fora do território nacional serão, em cada caso, objecto de acordos especiais entre as Partes interessadas.

ARTIGO 7.º
Reuniões

O depositário do presente Protocolo convocará, a pedido de uma ou de várias Altas Partes Contratantes, e com a aprovação da maioria destas, uma reunião das Altas Partes Contratantes com vista a examinar os problemas gerais relativos à aplicação das Convenções e do Protocolo.

TÍTULO II
Feridos, doentes e náufragos

SECÇÃO I
Protecção geral

ARTIGO 8.º
Terminologia

Para os fins do presente Protocolo:

a) Os termos «feridos» e «doentes» designam as pessoas, militares ou civis, que, por motivo de um traumatismo, doença ou de outras incapacidades ou perturbações físicas ou mentais, tenham necessidade de cuidados médicos e se abstenham de qualquer acto de hostilidade. Estes termos designam também as parturientes, os recém-nascidos e outras pessoas que possam ter necessidade de cuidados médicos imediatos, tais como os enfermos e as mulheres grávidas, e que se abstenham de qualquer acto de hostilidade;

b) O termo «náufrago» designa as pessoas, militares ou civis, que se encontrem numa situação perigosa no mar ou noutras águas, devido ao infortúnio que os afecta ou afecta o navio ou aeronave que os transporta, e que se abstenham de qualquer acto de hostilidade. Essas pessoas, na condição de continuarem a abster-se de qualquer acto de hostilidade, continuarão a ser consideradas como náufragos durante o seu salvamento até que tenham adquirido outro estatuto, em virtude das Convenções ou do presente Protocolo;

c) A expressão «pessoal sanitário» designa as pessoas exclusivamente afectas por uma Parte no conflito aos fins sanitários enumerados na alínea *e)*, à administração de unidades sanitárias ou ainda ao funcionamento ou à administração de meios de transporte sanitário. Estas afectações podem ser permanentes ou temporárias. A expressão engloba:

    i) O pessoal sanitário, militar ou civil, de uma Parte no conflito, incluindo o mencionado nas Convenções I e II, e o afecto aos organismos de protecção civil;

    ii) O pessoal sanitário das sociedades nacionais da Cruz Vermelha e Crescente Vermelho e outras sociedades nacionais de socorro voluntários devidamente reconhecidas e autorizadas por uma Parte no conflito;

iii) O pessoal sanitário das unidades ou meios de transporte sanitário mencionados pelo artigo 9.°, n.° 2;

d) A expressão «pessoal religioso» designa as pessoas, militares ou civis, tais como os capelães, exclusivamente votados ao seu ministério e adstritos:

  i) Às forças armadas de uma Parte no conflito;
  ii) Às unidades sanitárias ou meios de transporte sanitário de uma Parte no conflito;
  iii) As unidades sanitárias ou meios de transporte sanitário mencionados pelo artigo 9.°, n.° 2;
  iv) Aos organismos de protecção civil de uma Parte no conflito.

  A ligação do pessoal religioso a essas unidades pode ser permanente ou temporária e as disposições pertinentes previstas na alínea *k)* aplicam-se a esse pessoal;

e) A expressão «unidades sanitárias» designa os estabelecimentos e outras formações, militares ou civis, organizadas com fins sanitários, tais como a procura, a evacuação, o transporte, o diagnóstico ou o tratamento - incluindo os primeiros socorros - dos feridos, doentes e náufragos, bem como a prevenção de doenças. Inclui, ainda, entre outros, os hospitais e outras unidades similares, os centros de transfusão de sangue, os centros e institutos de medicina preventiva e os centros de abastecimento sanitário, assim como os depósitos de material sanitário e de produtos farmacêuticos destas unidades. As unidades sanitárias podem ser fixas ou móveis, permanentes ou temporárias;

f) A expressão «transporte sanitário» designa o transporte por terra, água ou ar dos feridos, doentes e náufragos, do pessoal sanitário e religioso e do material sanitário, protegidos pelas Convenções e pelo presente Protocolo;

g) A expressão «meio de transporte sanitário» designa qualquer meio de transporte, militar ou civil, permanente ou temporário, afecto exclusivamente ao transporte sanitário e colocado sob a direcção de uma autoridade competente de uma Parte no conflito;

h) A expressão «veículo sanitário» designa qualquer meio de transporte sanitário por terra;

i) A expressão «navio e embarcação sanitários» designa qualquer modo de transporte sanitário por água;

j) Aexpressão «aeronave sanitária» designa qualquer meio de transporte sanitário por ar;

k) São «permanentes» o pessoal sanitário, as unidades sanitárias e os meios de transporte sanitário afectos exclusivamente a fins sanitários por tempo indeterminado. São «temporários» o pessoal sanitário, as unidades sanitárias e os meios de transporte sanitário utilizados exclusivamente para fins sanitários por períodos limitados durante toda a duração desses períodos. Salvo se forem diferentemente qualificadas, as expressões «pessoal sanitário», «unidade sanitária» e «meio de transporte sanitário» englobam pessoal, unidades ou meios de transporte que podem ser permanentes ou temporários;

l) A expressão «sinal distintivo» designa o sinal distintivo da Cruz Vermelha e Crescente Vermelho, sobre fundo branco, quando utilizado para protecção das unidades e meios de transporte sanitários, do pessoal sanitário e religioso e do seu material;

m) A expressão «sinalização distintiva» designa qualquer meio de sinalização destinado exclusivamente a permitir a identificação das unidades e meios de transporte sanitários, previsto no capítulo III do anexo I ao presente Protocolo.

ARTIGO 9.º
Âmbito de aplicação

1 – O presente título, cujas disposições têm por fim melhorar a situação dos feridos, doentes e náufragos, aplica-se a todos os que forem afectados por qualquer situação prevista pelo artigo 1.º, sem qualquer discriminação baseada na raça, cor, sexo, língua, religião ou crença, opiniões políticas ou outras, origem nacional ou social, fortuna, nascimento, ou qualquer outra situação ou critério análogo.

2 – As disposições pertinentes dos artigos 27.º e 32.º da Convenção I aplicam-se às unidades e meios de transporte sanitários permanentes (exceptuando-se os navios-hospitais, aos quais se aplica o artigo 25.· da Convenção II), assim como ao seu pessoal, posto à disposição de uma Parte no conflito para fins humanitários:

a) Por um Estado neutro ou qualquer outro Estado não Parte nesse conflito;
b) Por uma sociedade de socorro reconhecida e autorizada por esse Estado;
c) Por uma organização internacional imparcial de carácter humanitário.

ARTIGO 10.º
Protecção e cuidados

1 – Todos os feridos, doentes e náufragos, seja qual for a Parte a que pertençam, devem ser respeitados e protegidos.

2 – Devem em todas as circunstâncias ser tratados com humanidade e receber, na medida do possível e sem demora, os cuidados médicos que o seu

estado exigir. Não deverá ser feita entre eles qualquer distinção fundada em critérios que não sejam médicos.

ARTIGO 11.º
Protecção da pessoa

1 – A saúde e a integridade física ou mental das pessoas em poder de Parte adversa, internadas, detidas ou de qualquer outra forma privadas de liberdade em virtude de uma situação mencionada pelo artigo 1.º não devem ser comprometidas por nenhum acto ou omissão injustificados. Em consequência, é proibido submeter as pessoas referidas no presente artigo a um acto médico que não seja motivado pelo seu estado de saúde e que não seja conforme às normas médicas geralmente reconhecidas e que a Parte responsável do acto aplicaria, em circunstâncias médicas análogas, aos próprios nacionais no gozo da sua liberdade.

2 – É proibido em particular praticar nessas pessoas, mesmo com o seu consentimento:

a) Mutilações físicas;
b) Experiências médicas ou científicas;
c) Extracção de tecidos ou órgãos para transplantações;
salvo se esses actos forem justificados pelas condições previstas no n.º 1.

3 – Não pode haver excepção à proibição referida no n.º 2, alínea *c),* salvo se se tratar de doações de sangue para transfusões ou de pele destinada a enxertos, na condição de estas doações serem voluntárias, não resultarem de medidas de coacção ou persuasão e serem destinadas a fins terapêuticos, em condições compatíveis com as normas médicas geralmente reconhecidas e com os controlos efectuados no interesse tanto do dador como do receptor.

4 – Qualquer acto ou omissão voluntária que ponha gravemente em perigo a saúde ou integridade física ou mental de uma pessoa em poder de uma Parte, que não aquela da qual depende, e que infrinja uma das proibições enunciadas pelos n.ᵒˢ 1 e 2, ou não respeite as condições prescritas pelo n.º 3, constitui infracção grave ao presente Protocolo.

5 – As pessoas definidas no n.º 1 têm o direito de recusar qualquer intervenção cirúrgica. Em caso de recusa, o pessoal sanitário deve procurar obter uma declaração escrita para esse efeito, assinada ou reconhecida pelo paciente.

6 – Todas as Partes no conflito devem manter um registo médico das doações de sangue para transfusões, ou de pele para enxertos, pelas pessoas mencionadas no n.º 1, se essas doações forem efectuadas sob a responsabilidade dessa Parte. Além disso, todas as Partes no conflito devem procurar manter um registo de todos os actos médicos levados a cabo em relação às pessoas internadas, detidas ou de

qualquer outra forma privadas de liberdade em virtude de uma situação prevista pelo artigo 1.º Esses registos devem estar sempre à disposição da Potência protectora para fins de inspecção.

ARTIGO 12.º
Protecção das unidades sanitárias

1 – As unidades sanitárias devem ser sempre respeitadas e protegidas e não devem ser objecto de ataques.

2 – O n.º 1 aplica-se às unidades sanitárias civis desde que preencham uma das condições seguintes:

a) Pertencer a uma das Partes no conflito;

b) Serem reconhecidas e autorizadas pela autoridade competente de uma das Partes no conflito;

c) Estarem autorizadas nos termos dos artigos 9.º, n.º 2, do presente Protocolo, ou 27.º da Convenção I.

3 – As Partes no conflito são convidadas a comunicar mutuamente a localização das suas unidades sanitárias fixas. A ausência de tal notificação não dispensa qualquer das Partes da observância das disposições do n.º 1.

4 – As unidades sanitárias não deverão em qualquer circunstância ser utilizadas para tentar colocar objectivos militares ao abrigo de ataques. Sempre que possível, as Partes no conflito procurarão situar as unidades sanitárias de maneira que os ataques contra objectivos militares não ponham aquelas em perigo.

ARTIGO 13.º
Cessação de protecção das unidades sanitárias civis

1 – A protecção devida às unidades sanitárias civis apenas poderá cessar se aquelas forem utilizadas para cometer, fora do seu objectivo humanitário, actos nocivos ao inimigo. No entanto, a protecção cessará somente quando uma notificação, fixando, sempre que a tal houver lugar, um prazo razoável, ficar sem efeito.

2 – Não deverão ser considerados actos nocivos ao inimigo:

a) O facto de o pessoal da unidade estar munido de armas ligeiras individuais para sua própria defesa ou para a dos feridos e doentes a seu cargo;

b) O facto de a unidade estar guardada por um piquete, sentinelas ou uma escolta;

c) O facto de na unidade se encontrarem armas portáteis e munições, retiradas aos feridos e doentes e ainda não devolvidas ao serviço competente;

Direito Internacional Humanitário 195

d) O facto de membros das forças armadas ou outros combatentes se encontrarem nessas unidades por razões de ordem médica.

ARTIGO 14.º
Limitação à requisição das unidades sanitárias civis

1 – A Potência ocupante tem o dever de assegurar que as necessidades médicas da população civil continuem a ser satisfeitas nos territórios ocupados.

2 – Em consequência, a Potência ocupante não pode requisitar as unidades sanitárias civis, o seu equipamento, material ou pessoal, enquanto tais meios forem necessários para satisfazer as necessidades médicas da população civil e para assegurar a continuidade dos cuidados aos feridos e doentes já em tratamento.

3 – A Potência ocupante pode requisitar os meios acima mencionados na condição de continuar a observar a regra geral estabelecida no n.º 2 e sob reserva das seguintes condições particulares:

a) Serem os meios necessários para assegurar um tratamento médico imediato e adequado aos feridos e doentes das forças armadas da Potência ocupante ou aos prisioneiros de guerra;

b) A requisição não exceder o período em que essa necessidade exista; e

c) Serem tomadas disposições imediatas para que as necessidades médicas da população civil, assim como as dos feridos e doentes em tratamento afectados pela requisição continuem a ser satisfeitas.

ARTIGO 15.º
Protecção do pessoal sanitário e religioso civil

1 – O pessoal sanitário civil será respeitado e protegido.

2 – Em caso de necessidade, toda a assistência possível deve ser dada ao pessoal sanitário civil numa zona em que os serviços sanitários civis estejam desorganizados devido a combates.

3 – A Potência ocupante dará toda a assistência ao pessoal sanitário civil nos territórios ocupados para lhe permitir cumprir da melhor forma a sua missão humanitária. A Potência ocupante não pode exigir deste pessoal que essa missão se cumpra com prioridade em benefício de quem quer que seja, salvo por razões médicas. Este pessoal não poderá ser sujeito a tarefas incompatíveis com a sua missão humanitária.

4 – O pessoal sanitário civil poderá deslocar-se aos locais onde os seus serviços sejam indispensáveis, sob reserva das medidas de controlo e segurança que a Parte interessada no conflito julgar necessárias.

5 – O pessoal religioso civil será respeitado e protegido. As disposições das Convenções e do presente Protocolo relativas à protecção e à identificação do pessoal sanitário ser-lhe-ão aplicadas.

ARTIGO 16.º
Protecção geral da missão médica

1 – Ninguém será punido por ter exercido uma actividade de carácter médico conforme à deontologia, quaisquer que tenham sido as circunstâncias ou os beneficiários dessa actividade.

2 – As pessoas que exerçam uma actividade de carácter médico não podem ser obrigadas a praticar actos ou a efectuar trabalhos contrários à deontologia ou às outras regras médicas que protegem os feridos e os doentes, ou às disposições das Convenções ou do presente Protocolo, nem de se abster de praticar actos exigidos por essas regras e disposições.

3 – Nenhuma pessoa que exerça uma actividade médica poderá ser obrigada a dar a alguém, pertencente a uma Parte adversa ou à sua própria Parte, salvo nos casos previstos pela lei desta última, informações respeitantes a feridos e doentes que trate ou que tenha tratado e achar que tais informações podem ser prejudiciais a estes ou às suas famílias. As regras relativas à notificação obrigatória das doenças contagiosas devem, no entanto, ser respeitadas.

ARTIGO 17.º
Papel da população civil e das sociedades de socorro

1 – A população civil deve respeitar os feridos, doentes e náufragos mesmo se pertencerem à Parte adversa, e não exercer sobre eles qualquer acto de violência. A população civil e as sociedades de socorro, tais como as sociedades nacionais da Cruz Vermelha e Crescente Vermelho, serão autorizadas, mesmo em regiões invadidas ou ocupadas, a recolher esses feridos, doentes e náufragos e a assegurar-lhes cuidados, ainda que por sua própria iniciativa. Ninguém poderá ser inquietado, perseguido, condenado ou punido por tais actos humanitários.

2 – As Partes em conflito poderão fazer apelo à população civil e às sociedades de socorro mencionadas no n.º 1 para recolher os feridos, doentes e náufragos e para lhes assegurar cuidados e ainda para procurar os mortos e dar indicação do lugar onde se encontram; assegurarão protecção e as facilidades necessárias àqueles que tiverem respondido a este apelo. No caso de a Parte adversa vir a tomar ou a retomar o controlo da região, manterá esta protecção e facilidades enquanto forem necessárias.

ARTIGO 18.º
Identificação

1 – Cada Parte no conflito deve procurar agir de maneira que o pessoal sanitário e religioso, assim como as unidades e os meios de transporte sanitários, possam ser identificados.

2 – Cada Parte no conflito deve igualmente procurar adoptar e pôr em prática métodos e procedimentos que permitam identificar as unidades e os meios de transporte sanitários que utilizem o sinal distintivo e as sinalizações distintivas.

3 – Nos territórios ocupados e nas zonas onde se desenrolem combates ou seja provável que venham a desenrolar-se, o pessoal sanitário civil e o pessoal religioso civil far-se-á reconhecer, regra geral, por meio do sinal distintivo e de um bilhete de identidade que ateste o seu estatuto.

4 – Com o consentimento da autoridade competente, as unidades e meios de transporte sanitários serão marcados com o sinal distintivo. Os navios e embarcações mencionados no artigo 22.º do presente Protocolo serão assinalados em conformidade com as disposições da Convenção II.

5 – Além do sinal distintivo, uma Parte no conflito pode, nos termos do capítulo III do anexo I do presente Protocolo, autorizar o uso das sinalizações distintivas para permitir a identificação das unidades e dos meios de transporte sanitários. A título excepcional, nos casos particulares previstos no citado capítulo, os meios de transporte sanitário podem utilizar as sinalizações distintivas sem arvorar o sinal distintivo.

6 – A execução das disposições previstas nos n.ºs 1 a 5 é regulada pelos capítulos I a III do anexo I do presente Protocolo. As sinalizações descritas no capítulo III deste anexo e destinadas exclusivamente ao uso das unidades e dos meios de transporte sanitários só poderão ser utilizadas, salvo as excepções previstas no citado capítulo, para permitir a identificação das unidades e meios de transporte sanitários.

7 – As disposições do presente artigo não permitem estender o uso, em tempo de paz, do sinal distintivo para além do previsto no artigo 44.º da Convenção I.

8 – As disposições das Convenções e do presente Protocolo relativas ao controlo do uso do sinal distintivo assim como à prevenção e repressão da sua utilização abusiva são aplicáveis às sinalizações distintivas.

ARTIGO 19.º
Estados neutros e outros Estados não Partes no conflito

Os Estados neutros e os Estados que não são Partes no conflito aplicarão as disposições pertinentes do presente Protocolo às pessoas protegidas pelo presente título que possam ser recebidas ou internadas no seu território, assim como aos mortos das Partes nesse conflito que possam recolher.

ARTIGO 20.º
Proibição de represálias

São proibidas as represálias contra as pessoas e os bens protegidos pelo presente título.

SECÇÃO II

Transportes sanitários

ARTIGO 21.º
Veículos sanitários

Os veículos sanitários serão respeitados e protegidos da maneira prevista pelas Convenções e pelo presente Protocolo para as unidades sanitárias móveis.

ARTIGO 22.º
Navios-hospitais e embarcações de salvamento costeiras

1 – As disposiçõesdas Convenções respeitantes:

a) Aos navios descritos nos artigos 22.º, 24.º, 25.º e 27.º da Convenção II;
b) Aos barcos de salvamento e suas embarcações;
c) Ao seu pessoal e tripulação;
d) Aos feridos, doentes e náufragos que se encontrem a bordo;

aplicam-se também quando esses navios, barcos ou embarcações transportarem civis feridos, doentes e náufragos que não pertençam a nenhuma das categorias mencionadas pelo artigo 13.º da Convenção II. No entanto, esses civis não devem ser entregues a uma Parte que não seja a sua, nem capturados no mar. Se se encontrarem em poder de uma Parte no conflito que não seja a sua, a Convenção IV e o presente Protocolo ser-lhes-ão aplicados.

2 – A protecção assegurada pelas Convenções aos navios descritos no artigo 25.º da Convenção II estende-se aos navios-hospitais postos à disposição de uma Parte no conflito para fins humanitários:

a) Por um Estado neutro ou por outro Estado não Parte nesse conflito; ou
b) Por uma organização internacional imparcial de carácter humanitário;

contanto que, nos dois casos, as condições enunciadas no citado artigo sejam preenchidas.

Direito Internacional Humanitário 199

3 – As embarcações descritas no artigo 27.º da Convenção II serão protegidas mesmo se a notificação prevista nesse artigo não tiver sido feita. As Partes no conflito são, no entanto, convidadas a informar-se mutuamente de qualquer elemento relativo a essas embarcações que permita identificá-las e reconhecê-las mais facilmente.

ARTIGO 23.º
Outros navios e embarcações sanitárias

1 – Os navios e embarcações sanitárias não abrangidos pelo artigo 22.º do presente Protocolo e pelo artigo 38.· da Convenção II devem, quer no mar, quer noutras águas, ser respeitados e protegidos da maneira prevista para as unidades sanitárias móveis, pelas Convenções e pelo presente Protocolo. A protecção destes barcos só pode ser eficaz se puderem ser identificados e reconhecidos como navios ou embarcações sanitárias, pelo que deverão ser marcados com o sinal distintivo e conformar-se, na medida do possível, às disposições do artigo 43.º, segunda alínea, da Convenção II.

2 – Os navios e embarcações mencionados pelo n.º 1 ficam sujeitos ao Direito da Guerra. A ordem de parar, de se afastar ou de tomar uma rota determinada poderá ser-lhes dada por qualquer navio de guerra que, navegando à superfície, esteja em posição de fazer executar tal ordem imediatamente, devendo aqueles obedecer às ordens desta natureza. Não podem, no entanto, ser desviados da sua missão sanitária por qualquer outro modo enquanto forem necessários aos feridos, doentes e náufragos que se encontrem a bordo.

3 – A protecção prevista pelo n.º 1 só cessará nas condições enunciadas pelos artigos 34.º e 35.º da Convenção II. A recusa nítida de obedecer a uma ordem dada nos termos do n.º 2 constitui um acto nocivo ao inimigo, segundo os efeitos do artigo 34.º da Convenção II.

4 – Uma Parte no conflito poderá notificar uma Parte adversa, sempre que possível antes da partida, do nome, características, hora de partida prevista, rota estimativa da velocidade do navio ou da embarcação sanitária, em particular se se tratar de navios de mais de 2000 t brutas, e poderá comunicar quaisquer outras informações que facilitem a sua identificação e reconhecimento. A Parte adversa deverá acusar a recepção dessas informações.

5 – As disposições do artigo 37.º da Convenção II aplicam-se ao pessoal sanitário e religioso que se encontre a bordo desses navios e embarcações.

6 – As disposições pertinentes da Convenção II aplicam-se aos feridos, doentes e náufragos pertencentes às categorias mencionadas no artigo 13.º da Convenção II e pelo artigo 44.º do presente Protocolo que se encontrem a bordo desses navios e embarcações sanitárias. As pessoas civis feridas, doentes e náufragos

que não pertençam a nenhuma das categorias mencionadas no artigo 13.° da Convenção II não devem, se se encontrarem no mar, ser entregues a uma Parte que não seja a sua, nem ser obrigadas a deixar o navio; se, no entanto, elas se encontrarem em poder de uma Parte no conflito que não seja a sua, a Convenção IV e o presente Protocolo ser-lhes-ão aplicáveis.

ARTIGO 24.°
Protecção das aeronaves sanitárias

As aeronaves sanitárias serão respeitadas e protegidas nos termos das disposições do presente título.

ARTIGO 25.°
Aeronaves sanitárias em zonas não dominadas pela Parte adversa

Em zonas terrestres dominadas de facto por forças amigas ou em zonas marítimas que não sejam de facto dominadas por uma Parte adversa, e no seu espaço aéreo, o respeito e a protecção das aeronaves sanitárias de uma Parte no conflito não dependem de acordo com a Parte adversa. Uma Parte no conflito que empregue desse modo as suas aeronaves sanitárias nessas zonas poderá, no entanto, a fim de reforçar a sua segurança, fazer à Parte adversa as notificações previstas pelo artigo 29.°, nomeadamente quando essas aeronaves efectuarem voos que as coloquem ao alcance dos sistemas de armas terra-ar da Parte adversa.

ARTIGO 26.°
Aeronaves sanitárias em zonas de contacto ou similares

1 – Nas Partes da zona de contacto dominadas de facto por forças amigas, assim como nas zonas que, de facto, nenhuma força domine claramente, e no espaço aéreo correspondente, a protecção das aeronaves sanitárias só será plenamente eficaz se um acordo tiver sido previamente estabelecido entre as autoridades militares competentes das Partes do conflito, tal como previsto no artigo 29.° Na ausência de tal acordo, as aeronaves sanitárias operam por sua conta e risco; as aeronaves sanitárias deverão, no entanto, ser respeitadas quando tiverem sido reconhecidas como tal.

2 – A expressão «zona de contacto» designa qualquer zona terrestre em que os elementos avançados das forças opostas estiverem em contacto, particularmente quando estiverem expostos a tiros directos a partir do solo.

Direito Internacional Humanitário 201

ARTIGO 27.º
Aeronaves sanitárias nas zonas dominadas pela Parte adversa

1 – As aeronaves sanitárias de uma Parte no conflito estarão protegidas enquanto sobrevoarem as zonas terrestres ou marítimas dominadas de facto por uma Parte adversa, desde que tenham previamente obtido, para tais voos, o acordo da autoridade competente dessa Parte adversa.

2 – Uma aeronave sanitária que sobrevoe uma zona dominada de facto por uma Parte adversa, na ausência do acordo previsto pelo n.º 1 ou em violação de um tal acordo, por erro de navegação ou de uma situação de emergência que afecte a segurança de voo, deverá fazer o possível para se identificar e informar a Parte adversa. Logo que a Parte adversa tiver reconhecido essa aeronave sanitária, deverá fazer todos os esforços razoáveis para dar a ordem de aterragem ou amaragem citada no artigo 30.º, n.º 1, ou tomar outras medidas de forma a salvaguardar os interesses desta Parte e dar à aeronave, em ambos os casos, o tempo de obedecer, antes de recorrer a um ataque.

ARTIGO 28.º
Restrições ao emprego das aeronaves sanitárias

1 – É proibido às Partes no conflito utilizar as suas aeronaves sanitárias para tentar obter vantagem militar sobre a Parte adversa. A presença de aeronaves sanitárias não deverá ser utilizada para tentar pôr objectivos militares ao abrigo de um ataque.

2 – As aeronaves sanitárias não devem ser utilizadas para colher ou transmitir informações de carácter militar e não devem transportar material destinado a esses fins. É-lhes vedado o transporte de pessoas ou carregamentos não compreendidos na definição dada pelo artigo 8.º, alínea *f)*. O transporte a bordo de objectos pessoais dos ocupantes ou de material exclusivamente destinado a facilitar a navegação, as comunicações ou a identificação não é considerado proibido.

3 – As aeronaves sanitárias não devem transportar outras armas além das armas portáteis e munições que tenham sido retiradas aos feridos, doentes ou náufragos que se encontrem a bordo e que ainda não tenham sido devolvidas ao serviço competente, bem como as armas ligeiras individuais necessárias para permitir ao pessoal sanitário que se encontre a bordo assegurar a sua defesa e a dos feridos, doentes e náufragos que estão à sua guarda.

4 – Ao efectuar os voos mencionados nos artigos 26.º e 27.º, as aeronaves sanitárias não devem ser utilizadas, salvo acordo prévio com a Parte adversa, para a busca de feridos, doentes e náufragos.

ARTIGO 29.º
Notificações e acordos respeitantes às aeronaves sanitárias

1 – As notificações previstas pelo artigo 25.º ou os pedidos de acordo prévio mencionados pelos artigos 26.º, 27.º, 28.º, n.º 4, e 31.º, devem indicar o número previsto de aeronaves sanitárias, os seus planos de voo e meios de identificação; serão interpretadas como significando que cada voo se efectuará nos termos do disposto pelo artigo 28.º

2 – A Parte que recebe uma notificação feita nos termos do artigo 25.º deve acusar a recepção sem demora.

3 – A Parte que recebe um pedido de acordo prévio nos termos dos artigos 26.º, 27.º ou 31.º ou do artigo 28.º, n.º 4, deve notificar o mais rapidamente possível a Parte requisitante:

a) Da aceitação do pedido;
b) Da rejeição do pedido; ou
c) De uma proposta razoável de modificação do pedido.

Pode ainda propor a proibição ou restrição de outros voos na zona durante o período considerado. Se a Parte que apresentou o pedido aceitar as contrapropostas, deve notificar a outra Parte do seu acordo.

4 – As Partes tomarão as medidas necessárias para que seja possível efectuar essas notificações e concluir esses acordos rapidamente.

5 – As Partes tomarão também as medidas necessárias para que o conteúdo pertinente dessas notificações e acordos seja rapidamente difundido às unidades militares interessadas e estas sejam rapidamente instruídas sobre os meios de identificação utilizados pelas aeronaves sanitárias em questão.

ARTIGO 30.º
Aterragem e inspecção das aeronaves sanitárias

1 – As aeronaves sanitárias que sobrevoem zonas dominadas de facto pela Parte adversa, ou zonas que, de facto, nenhuma força domine claramente, podem ser intimadas a aterrar ou amarar, consoante o caso, para permitir a inspecção prevista pelos números seguintes. As aeronaves sanitárias deverão obedecer a qualquer intimação desta natureza.

2 – Se uma aeronave sanitária aterrar ou amarar devido a uma intimação ou por outras razões, só poderá ser sujeita a inspecção para verificação dos pontos mencionados nos n.ºs 3 e 4. A inspecção deverá iniciar-se sem demora e efectuar-se rapidamente. A Parte que proceder à inspecção não deve exigir que os feridos e doentes sejam desembarcados da aeronave, salvo se esse desembarque for

indispensável à inspecção. Deve em todo o caso procurar que essa inspecção ou desembarque não agrave o estado dos feridos e doentes.

3 – Se a inspecção revelar que a aeronave:

a) É uma aeronave sanitária nos termos do artigo 8.º, alínea *j)*;

b) Não viola as condições prescritas pelo artigo 28.º; e

c) Não iniciou o seu voo com ausência ou em violação de acordo prévio, quando tal acordo for exigível;

a aeronave com os ocupantes que pertençam a uma Parte adversa, a um Estado neutro ou a um outro Estado não Parte no conflito será autorizada a prosseguir o seu voo sem demora.

4 – Se a inspecção revelar que a aeronave:

a) Não é uma aeronave sanitária nos termos do artigo 8.º, alínea *j)*;

b) Viola as condições prescritas pelo artigo 28.º; ou

c) Iniciou o seu voo com ausência ou em violação de acordo prévio quando tal acordo for exigível;

a aeronave pode ser apresada. Os seus ocupantes deverão ser tratados em conformidade com as disposições pertinentes das Convenções e do presente Protocolo. No caso de a aeronave apresada estar afecta como aeronave sanitária permanente, só poderá ser ulteriormente utilizada como aeronave sanitária.

ARTIGO 31.º
Estados neutros ou outros Estados não Partes no conflito

1 - As aeronaves sanitárias não devem sobrevoar o território de um Estado neutro ou de outro Estado não Parte no conflito, nem aterrar ou amarar, salvo em virtude de acordo prévio. Se, no entanto, tal acordo existir, essas aeronaves deverão ser respeitadas durante todo o seu voo ou durante as escalas eventuais. Deverão, de qualquer forma, obedecer a qualquer intimação de aterrar ou amarar, consoante o caso.

2 – Qualquer aeronave sanitária que, na ausência de acordo ou em violação das disposições de um acordo, sobrevoar o território de um Estado neutro ou de outro Estado não Parte no conflito, seja por erro de navegação, seja por uma situação de emergência afectando a segurança do voo, deve procurar notificar o seu voo e fazer-se identificar. Desde que esse Estado tenha reconhecido a aeronave sanitária, deverá desenvolver todos os esforços razoáveis para dar a ordem de aterrar ou amarar, prevista pelo artigo 30.º, n.º 1, ou para tomar outras medidas a fim de salvaguardar os interesses desse Estado e para dar à aeronave, em ambos os casos, tempo de obedecer, antes de recorrer a qualquer ataque.

3 – Se uma aeronave sanitária, nos termos de um acordo ou nas condições indicadas no n.º 2, aterrar ou amarar no território de um Estado neutro ou de um outro Estado não Parte no conflito, por intimação ou outro motivo, poderá ser submetida a uma inspecção a fim de determinar se se trata de facto de uma aeronave sanitária. A inspecção deverá ser iniciada sem demora e efectuada rapidamente. A Parte que proceder à inspecção não deve exigir que os feridos e doentes dependentes da Parte que utiliza a aeronave sejam desembarcados da aeronave, salvo se esse desembarque for indispensável à inspecção. Procurará, em todo o caso que esta inspecção ou desembarque não agrave o estado dos feridos ou doentes. Se a inspecção revelar que se trata efectivamente de uma aeronave sanitária, esta aeronave e os seus ocupantes, com excepção daqueles que devam ficar sob guarda em virtude das regras do Direito Internacional aplicável aos conflitos armados, será autorizada a prosseguir o seu voo e beneficiará das facilidades adequadas. Se a inspecção revelar que essa aeronave não é uma aeronave sanitária, a aeronave será apresada e os seus ocupantes tratados nos termos do disposto pelo n.º 4.

4 – Com a excepção dos que forem desembarcados a título temporário, os feridos, doentes e náufragos desembarcados de uma aeronave sanitária com o consentimento da autoridade local no território de um Estado neutro ou noutro Estado não Parte no conflito ficarão, salvo acordo diferente entre aquele Estado e as Partes no conflito, sob guarda daquele Estado quando as regras do Direito Internacional aplicável nos conflitos armados o exigirem, de modo a que não possam de novo tomar parte nas hostilidades. As despesas de hospitalização e internamento ficarão a cargo do Estado de que dependem essas pessoas.

5 – Os Estados neutros ou os outros Estados não Partes no conflito aplicarão de maneira semelhante a todas as Partes no conflito as condições e restrições eventuais relativas ao sobrevoo do seu território por aeronaves sanitárias ou à aterragem dessas aeronaves.

SECÇÃO III

Pessoas desaparecidas e mortas

ARTIGO 32.º
Princípio geral

Na aplicação da presente secção, a actividade das Altas Partes Contratantes, das Partes no conflito e das organizações humanitárias internacionais mencionadas nas Convenções e no presente Protocolo é motivada, em primeiro lugar, pelo direito que as famílias têm de conhecer o destino dos seus membros.

ARTIGO 33.º
Pessoas desaparecidas

1 – Desde que as circunstâncias o permitam, e o mais tardar a partir do fim das hostilidades activas, cada Parte no conflito deve procurar as pessoas cujo desaparecimento tiver sido assinalado por uma Parte adversa. A citada Parte adversa deve comunicar todas as informações úteis sobre essas pessoas, a fim de facilitar as buscas.

2 – A fim de facilitar a recolha das informações previstas no número precedente, cada Parte no conflito deve, relativamente às pessoas que não beneficiem dum regime mais favorável em virtude das Convenções ou do presente Protocolo:

a) Registar as informações previstas no artigo 138.º da Convenção IV sobre as pessoas que tiverem sido detidas, presas ou de qualquer outra forma mantidas em cativeiro durante mais de duas semanas devido às hostilidades ou à ocupação, ou que tenham morrido durante um período de detenção;

b) Na medida do possível, facilitar e, se necessário, efectuar a procura e registo de informações sobre essas pessoas se tiverem morrido noutras circunstâncias devido a hostilidades ou ocupação.

3 – As informações sobre as pessoas cujo desaparecimento foi assinalado em aplicação do n.º 1 e os pedidos relativos a essas informações serão transmitidos directamente ou por intermédio da Potência protectora, da Agência Central de Pesquisas do Comité Internacional da Cruz Vermelha, ou das Sociedades Nacionais da Cruz Vermelha e do Crescente Vermelho. Quando essas informações não forem transmitidas por intermédio do Comité Internacional da Cruz Vermelha e da sua Agência Central de Pesquisas, cada Parte no conflito procederá de maneira que elas também sejam fornecidas à Agência Central de Pesquisas.

4 – As Partes no conflito esforçar-se-ão por acordar sobre as disposições que permitam às equipas procurar, identificar e retirar os mortos nas zonas dos campos de batalha; estas disposições podem prever, em caso de necessidade, que essas equipas sejam acompanhadas por pessoal da Parte adversa quando desempenharem a sua missão nas zonas que estiverem sob controlo dessa Parte adversa. O pessoal dessas equipas deve ser respeitado e protegido quando se consagrar exclusivamente a tais missões.

ARTIGO 34.º
Restos mortais de pessoas falecidas

1 – Os restos mortais das pessoas que morreram devido a causas ligadas a uma ocupação ou aquando de uma detenção resultante de uma ocupação ou de hostilidades e os das pessoas que não eram nacionais do país em que morreram devido às hostilidades devem ser respeitados e as sepulturas de todas essas pessoas devem ser respeitadas, conservadas e assinaladas como previsto no artigo 130.º da Convenção IV, salvo se esses restos e sepulturas não beneficiarem de um regime mais favorável em virtude das Convenções e do presente Protocolo.

2 – Logo que as circunstâncias e as relações entre as Partes adversas o permitam, as Altas Partes Contratantes em cujo território estão situadas as campas e, se tal for o caso, outros lugares onde se encontrem os restos mortais das pessoas falecidas em virtude de hostilidades, durante uma ocupação ou detenção, devem concluir acordos com vista a:

a) Facilitar o acesso às sepulturas aos membros das famílias das pessoas mortas e aos representantes dos serviços oficiais de registo das campas, e determinar disposições de ordem prática relativas a esse acesso;

b) Assegurar a permanente protecção e conservação dessas sepulturas;

c) Facilitar o regresso dos restos mortais das pessoas mortas e dos seus objectos pessoais ao país de origem, a pedido deste país ou da família, salvo se esse país a isso se opuser.

3 – Na ausência dos acordos previstos no n.º 2, alíneas *b)* ou *c)*, e se o país de origem das pessoas mortas não estiver disposto a assegurar por sua conta a conservação das sepulturas, a Alta Parte Contratante em cujo território se encontrem essas sepulturas pode oferecer facilidades para o regresso dos restos mortais ao país de origem. Se esta oferta não for aceite nos cinco anos seguintes a ter sido feita, a Alta Parte Contratante poderá, depois de devidamente avisado o país de origem, aplicar as disposições previstas na sua legislação sobre cemitérios e sepulturas.

4 – A Alta Parte Contratante em cujo território se encontram as sepulturas citadas pelo presente artigo fica autorizada a exumar os restos mortais unicamente:

a) Nas condições definidas pelos n.os 2, alínea *c)*, e 3; ou

b) Quando a exumação se impuser por motivos de interesse público, incluindo os casos de necessidade sanitária e investigação, em que a Alta Parte Contratante deve tratar sempre os restos mortais com respeito e avisar o país de origem da sua intenção de os exumar, dando informações precisas sobre o sítio previsto para a nova sepultura.

TÍTULO III
Métodos e meios de guerra – Estatuto do combatente e do prisioneiro de guerra

SECÇÃO I
Métodos e meios de guerra

ARTIGO 35.º
Regras fundamentais

1 – Em qualquer conflito armado o direito de as Partes no conflito escolherem os métodos ou meios de guerra não é ilimitado.

2 – É proibido utilizar armas, projécteis e materiais, assim como métodos de guerra de natureza a causar danos supérfluos.

3 – É proibido utilizar métodos ou meios de guerra concebidos para causar, ou que se presume irão causar, danos extensos, duráveis e graves ao meio ambiente natural.

ARTIGO 36.º
Armas novas

Durante o estudo, preparação aquisição ou adopção de uma nova arma, de novos meios ou de um novo método de guerra, a Alta Parte Contratante tem a obrigação de determinar se o seu emprego seria proibido, em algumas ou em todas as circunstâncias, pelas disposições do presente Protocolo ou por qualquer outra regra do direito internacional aplicável a essa Alta Parte Contratante.

ARTIGO 37.º
Proibição da perfídia

1 – É proibido matar, ferir ou capturar um adversário recorrendo à perfídia. Constituem perfídia os actos que apelem, com intenção de enganar, à boa fé de um adversário para lhe fazer crer que tem o direito de receber ou a obrigação de assegurar a protecção prevista pelas regras do Direito Internacional aplicável nos conflitos armados. São exemplo de perfídia os actos seguintes:

a) Simular a intenção de negociar a coberto da bandeira parlamentar, ou simular a rendição;

b) Simular uma incapacidade causada por ferimentos ou doença;

c) Simular ter estatuto de civil ou de não combatente;

d) Simular ter um estatuto protegido utilizando sinais, emblemas ou uniformes das Nações Unidas, Estados neutros ou de outros Estados não Partes no conflito.

2 – As astúcias de guerra não são proibidas. Constituem astúcias de guerra os actos que têm por fim induzir um adversário em erro ou fazer-lhe cometer imprudências, mas que não violem nenhuma regra do Direito Internacional aplicável aos conflitos armados e que, não apelando à boa fé do adversário no respeitante à protecção prevista por aquele direito, não são perfídias. Os actos seguintes são exemplos de astúcias de guerra: uso de camuflagem, engodos, operações simuladas e falsas informações.

ARTIGO 38.º
Emblemas reconhecidos

1 – É proibido utilizar indevidamente o sinal distintivo da Cruz Vermelha ou do Crescente Vermelho, Leão e Sol Vermelhos ou outros emblemas, sinais ou sinalizações previstos pelas Convenções ou pelo presente Protocolo. É igualmente proibido fazer uso abusivo deliberado, num conflito armado, de outros emblemas, sinais ou sinalizações protectores reconhecidos no plano internacional, incluindo a bandeira parlamentar e o emblema protector dos bens culturais.

2 – É proibido utilizar o emblema distintivo das Nações Unidas fora dos casos em que o seu uso é autorizado por aquela Organização.

ARTIGO 39.º
Sinais de nacionalidade

1 – É proibido utilizar, num conflito armado, as bandeiras, pavilhões, símbolos, insígnias ou uniformes militares de Estados neutros ou outros Estados não Partes do conflito.

2 – É proibido utilizar as bandeiras, pavilhões, símbolos, insígnias ou uniformes militares das Partes adversas durante os ataques ou para dissimular, favorecer, proteger ou prejudicar operações militares.

3 – Nenhuma das disposições do presente artigo ou do artigo 37.º, n.º 1, alínea *d)*, afecta as regras existentes geralmente reconhecidas do Direito Internacional aplicável à espionagem ou ao emprego dos pavilhões na condução de conflitos armados no mar.

Direito Internacional Humanitário 209

ARTIGO 40.º
Quartel

É proibido ordenar que não hajam sobreviventes, ameaçar de tal o adversário ou conduzir as hostilidades em função dessa decisão.

ARTIGO 41.º
Protecção do inimigo fora de combate

1 – Nenhuma pessoa reconhecida, ou devendo ser reconhecida, devido às circunstâncias, como estando fora de combate, deverá ser objecto de um ataque.

2 – Está fora de combate toda a pessoa que:

a) Estiver em poder de uma Parte adversa;
b) Exprimir claramente a intenção de se render; ou
c) Tiver perdido os sentidos ou esteja por qualquer outra forma em estado de incapacidade devido a ferimentos ou doença e, consequentemente, incapaz de se defender;

desde que, em qualquer caso, se abstenha de actos de hostilidade e não tente evadir-se.

3 – Quando as pessoas com direito à protecção dos prisioneiros de guerra caírem em poder de uma Parte adversa em condições invulgares de combate que impeçam evacuá-las, como previsto no título III, secção I, da Convenção III, devem ser libertadas e tomadas todas as precauções úteis para garantir a sua segurança.

ARTIGO 42.º
Ocupantes de aeronaves

1 – Aquele que saltar de pára-quedas de uma aeronave em perigo não deve ser objecto de ataque durante a descida.

2 – Ao tocar o solo de um território controlado por uma Parte adversa, a pessoa que saltou de pára-quedas de uma aeronave em perigo deve ter a possibilidade de se render antes de ser objecto de ataque, salvo se for evidente que executa um acto de hostilidade.

3 – As tropas aerotransportadas não são protegidas pelo presente artigo.

SECÇÃO II
Estatuto do combatente e do prisioneiro de guerra

ARTIGO 43.º
Forças armadas

1 – As forças armadas de uma Parte num conflito compõem-se de todas as forças, grupos e unidades armadas e organizadas, colocadas sob um comando responsável pela conduta dos seus subordinados perante aquela Parte, mesmo que aquela seja representada por um governo ou uma autoridade não reconhecidos pela Parte adversa. Essas forças armadas devem ser submetidas a um regime de disciplina interna que assegure nomeadamente o respeito pelas regras do Direito Internacional aplicável nos conflitos armados.

2 – Os membros das forças armadas de uma Parte num conflito (que não o pessoal sanitário e religioso citado no artigo 33.º da Convenção III) são combatentes, isto é, têm o direito de participar directamente nas hostilidades.

3 – A parte num conflito que incorpore, nas suas forças armadas, uma organização paramilitar ou um serviço armado encarregado de fazer respeitar a ordem, deve notificar esse facto às outras Partes no conflito.

ARTIGO 44.º
Combatentes e prisioneiros de guerra

1 – Qualquer combatente, nos termos do artigo 43.º, que cair em poder de uma Parte adversa, é prisioneiro de guerra.

2 – Se bem que todos os combatentes devam respeitar as regras do Direito Internacional aplicável nos conflitos armados, as violações dessas regras não privam um combatente do direito de ser considerado como combatente ou, se cair em poder de uma Parte adversa, do direito de ser considerado como prisioneiro de guerra, salvo nos casos previstos nos n.ºs 3 e 4.

3 – Para que a protecção da população civil contra os efeitos das hostilidades seja reforçada, os combatentes devem distinguir-se da população civil quando tomarem parte num ataque ou numa operação militar preparatória de um ataque. Dado, no entanto, existirem situações nos conflitos armados em que, devido à natureza das hostilidades, um combatente armado não se pode distinguir da população civil, conservará o estatuto de combatente desde que, em tais situações, use as suas armas abertamente:

a) Durante cada recontro militar; e

b) Durante o tempo em que estiver à vista do adversário quando tomar parte num desdobramento militar que preceda o lançamento do ataque em que deve participar.

Os actos que satisfaçam as condições previstas pelo presente número não são considerados como perfídias nos termos do artigo 37.º, n.º 1, alínea c).

4 – Qualquer combatente que cair em poder de uma Parte adversa, quando não se encontrar nas condições previstas pela segunda frase do n.º 3, perde o direito a ser considerado como prisioneiro de guerra, beneficiando, no entanto, de protecção equivalente, em todos os aspectos, à concedida aos prisioneiros de guerra pela Convenção III e pelo presente Protocolo. Essa protecção compreende protecções equivalentes às concedidas aos prisioneiros de guerra pela Convenção III, no caso de tal pessoa ser julgada e condenada por todas as infracções que tiver cometido.

5 – O combatente que cair em poder de uma Parte adversa quando não estiver a participar num ataque ou numa operação militar preparatória de um ataque, não perde, pelas suas actividades anteriores, o direito a ser considerado como combatente e prisioneiro de guerra.

6 – O presente artigo não priva ninguém do direito de ser considerado como prisioneiro de guerra, nos termos do artigo 4.º da Convenção III.

7 – O presente artigo não visa modificar a prática dos Estados, geralmente aceite, respeitante ao uso de uniforme pelos combatentes afectos às unidades armadas regulares em uniforme de uma Parte no conflito.

8 – Além das categorias de pessoas mencionadas pelo artigo 13.º das Convenções I e II, todos os membros das forças armadas de uma Parte no conflito, nos termos definidos pelo artigo 43.º do presente Protocolo, têm direito à protecção concedida pelas citadas Convenções se estiverem feridos ou doentes, ou, no caso da Convenção II, se tiverem naufragado no mar ou noutras águas.

ARTIGO 45.º
Protecção das pessoas que tomem parte nas hostilidades

1 – Aquele que tomar parte em hostilidades e cair em poder de uma Parte adversa será considerado prisioneiro de guerra e, em consequência, encontra-se protegido pela Convenção III, quando reivindicar o estatuto de prisioneiro de guerra, ou pareça que tem direito ao estatuto de prisioneiro de guerra, ou quando a Parte de que depende reivindicar por ele tal estatuto, por notificação à Potência que a detém ou à potência protectora. Se existir alguma dúvida sobre o seu direito ao estatuto de prisioneiro de guerra, continuará a beneficiar desse estatuto e, consequentemente, da protecção da Convenção III e do presente Protocolo, enquanto espera que o seu estatuto seja determinado por um tribunal competente.

2 – Se uma pessoa em poder de uma Parte adversa não for detida como prisioneiro de guerra e tiver de ser julgada por essa Parte por uma infracção ligada às hostilidades, fica habilitada a fazer valer o seu direito ao estatuto de prisioneiro de guerra perante um tribunal judicial e a obter uma decisão sobre essa questão. Sempre que o processo aplicável o permita, a questão deverá ser decidida antes de julgada a infracção. Os representantes da Potência protectora têm o direito de assistir aos debates em que esta questão for decidida, salvo no caso excepcional em que os debates se processem à porta fechada, por razões de segurança de Estado. Nesse caso, a Potência detentora deverá avisar a Potência protectora.

3 – Todo aquele que, tendo tomado parte em hostilidades, não tiver direito ao estatuto de prisioneiro de guerra e não beneficiar de um tratamento mais favorável, em conformidade com a Convenção IV, terá em qualquer momento direito à protecção do artigo 75.º do presente Protocolo. Em território ocupado, e salvo no caso de detenção por espionagem, beneficiará, igualmente, dos direitos de comunicação previstos na Convenção IV, não obstante as disposições do artigo 5.º desta Convenção.

ARTIGO 46.º
Espiões

1 – Não obstante qualquer outra disposição das Convenções ou do presente Protocolo, o membro das forças armadas de uma Parte no conflito que cair em poder de uma Parte adversa enquanto se dedica a actividades de espionagem não terá direito ao estatuto de prisioneiro de guerra e poderá ser tratado como espião.

2 – O membro das forças armadas de uma Parte no conflito que recolha ou procure recolher, por conta dessa Parte, informações num território controlado por uma Parte adversa não será considerado como dedicando-se a actividades de espionagem se, ao fazê-lo, envergar o uniforme das suas forças armadas.

3 – O membro das forças armadas de uma Parte no conflito que residir num território ocupado por uma Parte adversa e que recolha ou procure recolher, por conta da Parte de que depende, informações de interesse militar nesse território, não será considerado como dedicando-se a actividades de espionagem, a menos que, ao fazê-lo, proceda sob pretextos falaciosos ou de maneira deliberadamente clandestina. Além disso, esse residente não perderá o seu direito ao estatuto de prisioneiro de guerra e não poderá ser tratado como espião, salvo se for capturado quando se dedique a actividades de espionagem.

4 – O membro das forças armadas de uma Parte no conflito que não for residente de um território ocupado por uma Parte adversa e que se dedicou a actividades de espionagem nesse território não perde o seu direito ao estatuto de

Direito Internacional Humanitário 213

prisioneiro de guerra e não pode ser tratado como espião, salvo no caso de ser capturado antes de se juntar às forças armadas a que pertence.

ARTIGO 47.º
Mercenários

1 – Um mercenário não tem direito ao estatuto de combatente ou de prisioneiro de guerra.

2 – O termo «mercenário» designa todo aquele que:

a) Seja especialmente recrutado no país ou no estrangeiro para combater num conflito armado;

b) De facto participe directamente nas hostilidades;

c) Tome parte nas hostilidades essencialmente com o objectivo de obter uma vantagem pessoal e a quem foi efectivamente prometido, por uma Parte no conflito ou em seu nome, uma remuneração material claramente superior à que foi prometida ou paga aos combatentes com um posto e função análogos nas forças armadas dessa Parte;

d) Não é nacional de uma Parte no conflito, nem residente do território controlado por uma Parte no conflito;

e) Não é membro das forças armadas de uma Parte no conflito; e

f) Não foi enviado por um Estado que não é Parte no conflito, em missão oficial, na qualidade de membro das forças armadas desse Estado.

TÍTULO IV

População civil

SECÇÃO I

Protecção geral contra os efeitos das hostilidades

CAPÍTULO I

Regra fundamental e âmbito de aplicação

ARTIGO 48.º
Regra fundamental

De forma a assegurar o respeito e protecção da população civil e dos bens de carácter civil, as Partes no conflito devem sempre fazer a distinção entre população civil e combatentes, assim como entre bens de carácter civil e objectivos militares, devendo, portanto, dirigir as suas operações unicamente contra objectivos militares.

ARTIGO 49.º
Definição de ataques e âmbito de aplicação

1 – A expressão «ataques» designa os actos de violência contra o adversário, quer sejam actos ofensivos, quer defensivos.

2 – As disposições do presente Protocolo respeitantes aos ataques aplicam-se a todos os ataques, qualquer que seja o território em que tiverem lugar, incluindo o território nacional pertencente a uma Parte no conflito mas encontrando-se sob controlo de uma Parte adversa.

3 – As disposições da presente secção aplicam-se a qualquer operação terrestre, aérea ou naval, podendo afectar, em terra, a população civil, as pessoas civis e os bens de carácter civil. Aplicam-se também a todos os ataques navais ou aéreos dirigidos contra objectivos em terra, mas não afectam de qualquer outra forma as regras do Direito Internacional aplicável nos conflitos armados no mar ou no ar.

4 – As disposições da presente secção completam as regras relativas à protecção humanitária enunciadas na Convenção IV, em particular no título II, e nos outros acordos internacionais que vinculam as Altas Partes Contratantes, assim como as regras do Direito Internacional relativas à protecção dos civis e dos bens de carácter civil contra os efeitos das hostilidades em terra, no mar e no ar.

CAPÍTULO II
Pessoas civis e população civil

ARTIGO 50.º
Definição de pessoas civis e de população civil

1 – É considerada como civil toda a pessoa não pertencente a uma das categorias mencionadas pelo artigo 4.º-A, alíneas *1), 2), 3)* e *6)*, da Convenção III e pelo artigo 43.º do presente Protocolo. Em caso de dúvida, a pessoa citada será considerada como civil.

2 – A população civil compreende todas as pessoas civis.

3 – A presença no seio da população civil de pessoas isoladas que não correspondam à definição de pessoa civil, não priva essa população da sua qualidade.

ARTIGO 51.º
Protecção da população civil

1 – A população civil e as pessoas civis gozam de uma protecção geral contra os perigos resultantes de operações militares. De forma a tornar essa protecção efectiva, as regras seguintes, que se aditam às outras regras do Direito Internacional aplicável, devem ser observadas em todas as circunstâncias.

2 – Nem a população civil enquanto tal nem as pessoas civis devem ser objecto de ataques. São proibidos os actos ou ameaças de violência cujo objectivo principal seja espalhar o terror entre a população civil.

3 – As pessoas civis gozam da protecção concedida pela presente secção, salvo se participarem directamente nas hostilidades e enquanto durar essa participação.

4 – Os ataques indiscriminados são proibidos. Pela expressão «ataques indiscriminados» designam-se:

a) Os ataques não dirigidos contra um objectivo militar determinado;
b) Os ataques em que sejam utilizados métodos ou meios de combate que não possam ser dirigidos contra um objectivo militar determinado; ou
c) Os ataques em que sejam utilizados métodos ou meios de combate cujos efeitos não possam ser limitados, como prescrito pelo presente Protocolo;

e que consequentemente são, em cada um desses casos, próprios para atingir indistintamente objectivos militares e pessoas civis ou bens de carácter civil.

5 – Serão considerados como efectuados sem discriminação, entre outros, os seguintes tipos de ataques:

a) Os ataques por bombardeamento, quaisquer que sejam os métodos ou meios utilizados, que tratem como objectivo militar único um certo número de objectivos militares nitidamente separados e distintos, situados numa cidade, aldeia ou qualquer outra zona contendo concentração análoga de pessoas civis ou bens de carácter civil;
b) Os ataques de que se possa esperar venham a causar incidentalmente perda de vidas humanas na população civil, ferimentos nas pessoas civis, danos nos bens de carácter civil ou uma combinação destas perdas e danos, que seriam excessivos relativamente à vantagem militar concreta e directa esperada.

6 – São proibidos os ataques dirigidos a título de represália contra a população civil ou pessoas civis.

7 – A presença ou os movimentos da população civil ou de pessoas civis não devem ser utilizados para colocar certos pontos ou certas zonas ao abrigo de operações militares, especialmente para tentar colocar objectivos militares ao

abrigo de ataques ou para encobrir, favorecer ou dificultar operações militares. As Partes no conflito não devem orientar os movimentos da população civil ou das pessoas civis para tentar colocar objectivos militares ao abrigo de ataques ou para encobrir operações militares.

8 – Nenhuma violação destas proibições dispensa as Partes no conflito das suas obrigações jurídicas perante a população civil e as pessoas civis, incluindo a obrigação de tomar as medidas de precaução previstas pelo artigo 57.º

CAPÍTULO III

Bens de carácter civil

ARTIGO 52.º
Protecção geral dos bens de carácter civil

1 – Os bens de carácter civil não devem ser objecto de ataques ou de represálias. São bens de carácter civil todos os bens que não são objectivos militares nos termos do n.º 2.

2 – Os ataques devem ser estritamente limitados aos objectivos militares. No que respeita aos bens, os objectivos militares são limitados aos que, pela sua natureza, localização, destino ou utilização contribuam efectivamente para a acção militar e cuja destruição total ou parcial, captura ou neutralização ofereça, na ocorrência, uma vantagem militar precisa.

3 – Em caso de dúvida, um bem que é normalmente afecto ao uso civil, tal como um local de culto, uma casa, outro tipo de habitação ou uma escola, presume-se não ser utilizado com o propósito de trazer uma contribuição efectiva à acção militar.

ARTIGO 53.º
Protecção dos bens culturais e lugares de culto

Sem prejuízo das disposições da Convenção da Haia de 14 de Maio de 1954 para a protecção dos bens culturais em caso de conflito armado e de outros instrumentos internacionais pertinentes, é proibido:

a) Cometer qualquer acto de hostilidade contra monumentos históricos, obras de arte ou lugares de culto que constituam património cultural ou espiritual dos povos;

b) Utilizar esses bens para apoio do esforço militar;

c) Fazer desses bens objecto de represálias.

ARTIGO 54.º
Protecção dos bens indispensáveis à sobrevivência da população civil

1 – É proibido utilizar, contra os civis, a fome como método de guerra.

2 – É proibido atacar, destruir, retirar ou pôr fora de uso bens indispensáveis à sobrevivência da população civil, tais como os géneros alimentícios e as zonas agrícolas que os produzem, as colheitas, gado, instalações e reservas de água potável e obras de irrigação, com vista a privar, pelo seu valor de subsistência, a população civil ou a Parte adversa, qualquer que seja o motivo que inspire aqueles actos, seja para provocar a fome das pessoas civis, a sua deslocação ou qualquer outro.

3 – As proibições previstas no n.º 2 não se aplicam se os bens enumerados forem utilizados por uma Parte adversa:

a) Para a subsistência exclusiva dos membros das suas forças armadas;

b) Paraoutros fins além do aprovisionamento, mas como apoio directo de uma acção militar, com a condição, no entanto, de não efectuar, em caso algum, contra esses bens, acções que se presuma deixem tão pouca alimentação ou água à população civil que esta fique reduzida à fome ou seja forçada a deslocar-se.

4 – Esses bens não deverão ser objecto de represálias.

5 – Tendo em conta as exigências vitais de qualquer Parte no conflito para a defesa do seu território nacional contra a invasão, são permitidas a uma Parte no conflito, em território sob seu controlo, derrogações às proibições previstas no n.º 2, se necessidades militares imperiosas o exigirem.

ARTIGO 55.º
Protecção do meio ambiente natural

1 – A guerra será conduzida de forma a proteger o meio ambiente natural contra danos extensivos, duráveis e graves. Esta protecção inclui a proibição de utilizar métodos ou meios de guerra concebidos para causar ou que se presume venham a causar tais danos ao meio ambiente natural, comprometendo, por esse facto, a saúde ou a sobrevivência da população.

2 – São proibidos os ataques contra o meio ambiente natural a título de represália.

ARTIGO 56.º
Protecção das obras e instalações contendo forças perigosas

1 – As obras ou instalações contendo forças perigosas, tais como barragens, diques e centrais nucleares de produção de energia eléctrica, não serão objecto de

ataques mesmo que constituam objectivos militares, se esses ataques puderem provocar a libertação dessas forças e, em consequência, causar severas perdas na população civil. Os outros objectivos militares situados sobre estas obras ou instalações ou na sua proximidade não devem ser objecto de ataques, quando estes puderem provocar a libertação de forças perigosas e, em consequência, causar severas perdas na população civil.

2 – A protecção especial contra os ataques previstos no n.º 1 só pode cessar:

a) Relativamente às barragens e diques, se estes forem utilizados para outros fins que não os da sua função normal e para o apoio regular, importante e directo de operações militares e se tais ataques forem o único meio prático de fazer cessar esse apoio;

b) Relativamente às centrais nucleares de produção de energia eléctrica, se fornecerem corrente eléctrica para o apoio regular, importante e directo de operações militares e se tais ataques forem o único meio prático de fazer cessar esse apoio;

d) Relativamente a outros apoios militares situados sobre estas obras ou instalações ou na sua proximidade, se forem utilizados para o apoio regular, importante e directo de operações militares e se tais ataques forem o único meio prático de fazer cessar esse apoio.

3 – Em qualquer destes casos a população civil e as pessoas civis continuam a beneficiar de todas as protecções que lhes são conferidas pelo Direito Internacional, incluindo as medidas de precaução previstas pelo artigo 57.º Se a protecção cessar e se uma das obras, instalações ou objectivos militares mencionados no n.º 1 for atacado, devem ser tomadas todas as precauções possíveis na prática para evitar que as forças perigosas sejam libertadas.

4 – É proibido fazer de qualquer obra, instalação ou objectivo militar mencionado no n.º 1 objecto de represálias.

5 – As Partes no conflito procurarão não colocar objectivos militares na proximidade das obras ou instalações mencionadas no n.º 1. No entanto, as instalações estabelecidas unicamente com o fim de defender as obras ou instalações protegidas contra os ataques são autorizadas e não devem ser elas próprias objecto de ataques, na condição de não serem utilizadas nas hostilidades, salvo para acções defensivas necessárias para responder aos ataques contra as obras ou instalações protegidas e de que o seu armamento seja limitado às armas que só possam servir para repelir uma acção inimiga contra as obras ou instalações protegidas.

6 – As Altas Partes Contratantes e as Partes no conflito são veementemente convidadas a concluir entre si outros acordos para assegurar uma protecção suplementar aos bens contendo forças perigosas.

Direito Internacional Humanitário

7 – Para facilitar a identificação dos bens protegidos pelo presente artigo, as Partes no conflito poderão marcá-los por meio de um sinal especial, consistindo num grupo de três círculos cor de laranja vivo dispostos sobre um mesmo eixo, como se especifica no artigo 16.º do anexo I do presente Protocolo. A falta de tal sinalização não dispensa em nada as Partes no conflito das obrigações decorrentes do presente artigo.

CAPÍTULO IV

Medidas de precaução

ARTIGO 57.º
Precauções no ataque

1 – As operações militares devem ser conduzidas procurando constantemente poupar a população civil, as pessoas civis e os bens de carácter civil.

2 – No que respeita aos ataques, devem ser tomadas as seguintes precauções:

a) Os que preparam e decidem um ataque devem:

   i) Fazer tudo o que for praticamente possível para verificar se os objectivos a atacar não são pessoas civis, nem bens de carácter civil, e não beneficiam de uma protecção especial, mas que são objectivos militares, nos termos do n.º 2 do artigo 52.º, e que as disposições do presente Protocolo não proíbem o seu ataque;

   ii) Tomar todas as precauções praticamente possíveis quanto à escolha dos meios e métodos de ataque de forma a evitar e, em qualquer caso, a reduzir ao mínimo as perdas de vidas humanas na população civil, os ferimentos nas pessoas civis e os danos nos bens de carácter civil que puderem ser incidentalmente causados;

   iii) Abster-se de lançar um ataque de que se possa esperar venha a causar incidentalmente perdas de vidas humanas na população civil, ferimentos nas pessoas civis, danos nos bens de carácter civil ou uma combinação dessas perdas e danos que seriam excessivos relativamente à vantagem militar concreta e directa esperada;

b) Um ataque deverá ser anulado ou interrompido quando pareça que o seu objectivo não é militar ou que beneficia de uma protecção especial ou que se possa esperar venha a causar incidentalmente perdas de vidas humanas na população civil, ferimentos nas pessoas civis, danos em bens de carácter civil ou uma combinação dessas perdas e danos, que seriam excessivos relativamente à vantagem militar concreta e directa esperada;

c) No caso de um ataque que possa afectar a população civil, deverá ser feito um aviso, em tempo útil e por meios eficazes, a menos que as circunstâncias o não permitam.

3 – Quando for possível escolher entre vários objectivos militares para obter uma vantagem militar equivalente, a escolha deverá recair sobre o objectivo cujo ataque seja susceptível de apresentar o menor perigo para as pessoas civis ou para os bens de carácter civil.

4 – Na condução das operações militares no mar ou no ar, cada Parte no conflito deve tomar, em conformidade com os direitos e deveres decorrentes das regras do Direito Internacional aplicável aos conflitos armados, todas as precauções razoáveis para evitar perdas de vidas humanas na população civil e danos nos bens de carácter civil.

5 – Nenhuma disposição do presente artigo poderá ser interpretada como autorizando ataques contra a população civil, pessoas civis ou bens de carácter civil.

ARTIGO 58.º
Precauções contra os efeitos dos ataques

Na medida do que for praticamente possível, as Partes no conflito:

a) Esforçar-se-ão, procurarão, sem prejuízo do artigo 49.º da Convenção IV, por afastar da proximidade dos objectivos militares a população civil, as pessoas civis e os bens de carácter civil sujeitos à sua autoridade;

b) Evitarão colocar objectivos militares no interior ou na proximidade de zonas fortemente povoadas;

c) Tomarão outras precauções necessárias para proteger a população civil, as pessoas civis e os bens de carácter civil sujeitos à sua autoridade contra os perigos resultantes das operações militares.

CAPÍTULO V
Localidades e zonas sob protecção especial

ARTIGO 59.º
Localidades não defendidas

1 – É proibido às Partes no conflito atacar, por qualquer meio, que seja, as localidades não defendidas.

2 – As autoridades competentes de uma Parte no conflito poderão declarar localidade não defendida todo o lugar habitado que se encontre na proximidade

ou no interior de uma zona onde as forças armadas estão em contacto e que esteja aberta à ocupação por uma Parte adversa. Uma tal localidade deve reunir as seguintes condições:

a) Todos os combatentes, armas e material militar móveis deverão ter sido evacuados;
b) Não deve ser feito uso hostil das instalações ou estabelecimentos militares fixos;
c) As autoridades e a população não cometerão actos de hostilidade;
d) Nenhuma actividade de apoio a operações militares deve ser empreendida.

3 – A presença, nessa localidade, de pessoas especialmente protegidas pelas Convenções e o presente Protocolo e de forças de polícia exclusivamente destinadas a manter a ordem pública não é contrária às condições formuladas no n.º 2.

4 – A declaração feita nos termos do n.º 2 deve ser endereçada à Parte adversa e deve determinar e indicar, de forma tão precisa quanto possível, os limites da localidade não defendida. A Parte no conflito que receber a declaração deve acusar a sua recepção e tratar a localidade como uma localidade não defendida, a menos que as condições formuladas no n.º 2 não estejam efectivamente reunidas, em cujo caso deverá informar sem demora a Parte que tiver feito a declaração. Mesmo quando as condições formuladas no n.º 2 não estiverem reunidas, a localidade continuará a beneficiar da protecção prevista pelas outras disposições do presente Protocolo e regras do Direito Internacional aplicável nos conflitos armados.

5 – As Partes no conflito poderão acordar sobre a criação de localidades não defendidas, mesmo que essas localidades não preencham as condições formuladas no n.º 2. O acordo deverá determinar e indicar, de forma tão precisa quanto possível, os limites da localidade não defendida; se necessário, pode fixar as modalidades de controlo.

6 – A Parte em poder da qual se encontre uma localidade que seja objecto de tal acordo deverá marcá-la, na medida do possível, com sinais a combinar com a outra Parte, os quais devem ser colocados em locais onde sejam claramente visíveis, particularmente no perímetro e limites da localidade e sobre as estradas principais.

7 – Uma localidade perde o seu estatuto de localidade não defendida logo que deixe de satisfazer as condições formuladas no n.º 2 ou no acordo mencionado no n.º 5. Nessa eventualidade, a localidade continua a beneficiar da protecção prevista pelas outras disposições do presente Protocolo e outras regras do Direito Internacional aplicável nos conflitos armados.

ARTIGO 60.º
Zonas desmilitarizadas

1 – É proibido às Partes no conflito estender as suas operações militares às zonas a que tenham conferido, por acordo, o estatuto de zona desmilitarizada, se essa extensão for contrária às disposições de tal acordo.

2 – Esse acordo será expresso; poderá se concluído verbalmente ou por escrito, directamente ou por intermédio de uma Potência protectora ou de uma organização humanitária imparcial, e consistirá em declarações recíprocas e concordantes. Poderá ser concluído tanto em tempo de paz como depois da abertura das hostilidades e deverá determinar e indicar, de maneira tão precisa quanto possível, os limites da zona desmilitarizada; fixará, se necessário, as modalidades de controlo.

3 – O objecto de um tal acordo será, normalmente, uma zona reunindo as seguintes condições:

a) Todos os combatentes, armas e material militar móveis deverão ter sido evacuados;

b) Não será feito uso hostil das instalações ou estabelecimentos militares fixos;

c) As autoridades e a população não cometerão actos de hostilidade;

d) Toda a actividade ligada ao esforço militar deverá ter cessado.

As Partes no conflito deverão acordar entre si no que diz respeito à interpretação a dar à condição formulada na alínea d), bem como no que diz respeito às pessoas a admitir na zona desmilitarizada, para além das mencionadas no n.º 4.

4 – A presença, nessa zona, de pessoas especialmente protegidas pelas Convenções e pelo presente Protocolo e de forças de polícia exclusivamente destinadas a manter a ordem pública não é contrária às condições formuladas no n.º 3.

5 – A Parte em poder da qual se encontra uma tal zona deve marcá-la, na medida do possível, com sinais a combinar com a outra Parte, os quais devem ser colocados em locais onde sejam claramente visíveis, particularmente no perímetro e limites da zona e nas estradas principais.

6 – Se os combatentes se aproximarem de uma zona desmilitarizada e as Partes no conflito tiverem concluído um acordo para esse fim, nenhuma delas poderá utilizar essa zona para fins ligados à condução das operações militares, nem revogar unilateralmente o seu estatuto.

7 – No caso de violação substancial por uma das Partes no conflito das disposições dos n.ᵒˢ 3 ou 6, a outra Parte ficará livre das obrigações decorrentes

Direito Internacional Humanitário 223

do acordo que confere à zona o estatuto de zona desmilitarizada. Nessa eventualidade, a zona perderá o seu estatuto; mas continuará a beneficiar da protecção prevista pelas outras disposições do presente Protocolo e regras do Direito Internacional aplicável nos conflitos armados.

CAPÍTULO VI
Protecção civil

ARTIGO 61.º
Definição e âmbito de aplicação

Para os fins do presente Protocolo:

a) A expressão «protecção civil» designa a execução de todas as tarefas humanitárias, ou de algumas delas, a seguir mencionadas e destinadas a proteger a população civil contra os perigos de hostilidades ou catástrofes e a ajudá-la a ultrapassar os seus efeitos imediatos, bem como a assegurar-lhe as condições necessárias à sua sobrevivência. Essas tarefas são as seguintes:

   i) Serviço de alerta;
   ii) Evacuação;
   iii) Disponibilização e organização de abrigos;
   iv) Execução de medidas de obscurecimento;
   v) Salvamento;
   vi) Serviços sanitários, incluindo primeiros socorros e assistência religiosa;
   vii) Luta contra incêndios;
   viii) Localização e sinalização de zonas perigosas;
   ix) Descontaminação e outras medidas de protecção análogas;
   x) Alojamento e abastecimentos de urgência;
   xi) Ajuda, em caso de urgência, para o restabelecimento e manutenção da ordem nas zonas sinistradas;
   xii) Restabelecimentode urgência dos serviços de utilidade pública indispensáveis;
   xiii) Serviços funerários de urgência;
   xiv) Ajuda para a salvaguarda dos bens essenciais à sobrevivência;
   xv) Actividades complementares necessárias ao cumprimento de qualquer uma das tarefas atrás mencionadas, compreendendo a planificação e organização, embora não se limitando a isso;

b) A expressão «organismos de protecção civil» designa os estabelecimentos e outras unidades organizadas ou autorizadas pelas autoridades competentes de uma Parte no conflito a realizar qualquer uma das tarefas mencionadas na alínea *a)* e que estão exclusivamente afectas e utilizadas para essas tarefas;

c) O termo «pessoal» dos organismos de protecção civil designa as pessoas que uma Parte no conflito afecte exclusivamente ao cumprimento das tarefas enumeradas na alínea *a)*, incluindo o pessoal destacado exclusivamente para a administração desses organismos pela autoridade competente dessa Parte;

d) O termo «material» dos organismos de protecção civil designa o equipamento, aprovisionamentos e meios de transporte que esses organismos utilizam para realizarem as tarefas enumeradas na alínea *a)*.

ARTIGO 62.º
Protecção geral

1 – Os organismos civis de protecção civil e o seu pessoal devem ser respeitados e protegidos, em conformidade com as disposições do presente Protocolo e, especialmente, com as da presente secção. Têm o direito de desempenhar as suas tarefas de protecção civil, salvo no caso de necessidade militar imperiosa.

2 – As disposições do n.º 1 aplicam-se igualmente aos civis que, embora não pertencendo a organismos civis de protecção civil, respondam a um chamamento das autoridades competentes e cumpram, sob o seu controlo, tarefas de protecção civil.

3 – As instalações e o material utilizados para fins de protecção civil, assim como os abrigos destinados à população civil, são regulados pelo artigo 52.º Os bens utilizados para fins de protecção civil não podem ser destruídos nem desviados do fim a que se destinam, salvo pela Parte a que pertencem.

ARTIGO 63.º
Protecção civil nos territórios ocupados

1 – Nos territórios ocupados, os organismos civis de protecção civil receberão das autoridades as facilidades necessárias ao desempenho das suas tarefas. O seu pessoal não deve em circunstância alguma ser sujeito a quaisquer actividades que prejudiquem a execução adequada dessas tarefas. A Potência ocupante não poderá causar à estrutura ou ao pessoal daqueles organismos qualquer modificação que possa prejudicar o desempenho eficaz da sua missão. Estes organismos civis de

protecção civil não poderão ser obrigados a conceder prioridade aos nacionais ou aos interesses dessa Potência.

2 – A Potência ocupante não deve obrigar, coagir ou incitar os organismos civis de protecção civil a desempenhar as suas tarefas de forma prejudicial, no que quer que seja, aos interesses da população civil.

3 – A Potência ocupante pode, por razões de segurança, desarmar o pessoal de protecção civil.

4 – A Potência ocupante não deve desviar do seu uso próprio nem requisitar as instalações ou o material pertencentes aos organismos de protecção civil ou utilizados por aqueles, quando desse desvio ou requisição prejudicar a população civil.

5 – A Potência ocupante pode requisitar ou desviar aqueles meios desde que continue a observar a regra geral estabelecida no n.º 4 e sob reserva das seguintes condições particulares:

a) Que as instalações ou o material sejam necessários para outras necessidades da população civil; e

b) Que a requisição ou o desvio apenas durem enquanto existir tal necessidade.

6 – A Potência ocupante não deve desviar nem requisitar os abrigos postos à disposição da população civil ou necessários ao uso dessa população.

ARTIGO 64.º
Organismos civis de protecção civil dos Estados neutros ou de outros Estados não Partes no conflito e organismos internacionais de coordenação

1 – Os artigos 62.º, 63.º, 65.º e 66.º aplicam-se ao pessoal e material dos organismos civis de protecção civil dos Estados neutros ou de outros Estados não Partes no conflito que desempenhem tarefas de protecção civil enumeradas no artigo 61.º no território de uma Parte no conflito, com o consentimento e sob o controlo dessa parte. Logo que possível, será feita notificação dessa assistência às Partes adversas interessadas. Essa actividade não será considerada em qualquer circunstância como ingerência no conflito. No entanto, essa actividade deverá ser exercida tendo devidamente em conta os interesses em matéria de segurança das Partes no conflito interessadas.

2 – As Partes no conflito que recebam a assistência mencionada no n.º 1 e as Altas Partes Contratantes que a concedam deverão facilitar, quando a tal houver lugar, a coordenação internacional destas acções de protecção civil. Nesse caso, as disposições do presente capítulo aplicam-se aos organismos internacionais competentes.

3 – Nos territórios ocupados, a Potência ocupante só pode excluir ou restringir as actividades dos organismos civis de protecção civil de Estados neutros ou de outros Estados não Partes no conflito e de organismos internacionais de coordenação se puder assegurar o desempenho adequado das tarefas de protecção civil pelos seus próprios meios ou pelos do território ocupado.

ARTIGO 65.º
Cessação da protecção

1 – A protecção a que têm direito os organismos civis de protecção civil, seu pessoal, instalações, abrigos e material só poderá cessar no caso de cometerem ou serem utilizados para cometer, para além das suas tarefas próprias, actos nocivos ao inimigo. No entanto, a protecção cessará somente depois de ter ficado sem efeito uma intimação fixando, sempre que a tal houver lugar, um prazo razoável.

2 – Não deverão ser considerados actos nocivos ao inimigo:

a) O facto de executar tarefas de protecção civil sob a direcção ou vigilância de autoridades militares;

b) O facto de o pessoal civil de protecção civil cooperar com o pessoal militar no desempenho das tarefas de protecção civil, ou de militares serem afectos a organismos civis de protecção civil;

c) O facto de o desempenho das tarefas de protecção civil poder incidentalmente beneficiar vítimas militares, em particular as que estão fora de combate.

3 – Também não será considerado acto nocivo ao inimigo o porte de armas ligeiras individuais pelo pessoal civil de protecção civil, com vista à manutenção da ordem ou para a sua própria protecção. No entanto, nas zonas onde se desenrolem combates terrestres ou pareçam vir a desenrolar-se, as Partes no conflito tomarão as disposições adequadas para limitar essas armas às armas de mão, tais como pistolas ou revólveres, a fim de facilitar a distinção entre o pessoal de protecção civil e os combatentes. Ainda que o pessoal de protecção civil use outras armas ligeiras individuais nessas zonas, deverá ser respeitado e protegido, logo que seja reconhecido como tal.

4 – O facto de os organismos civis de protecção civil serem organizados segundo o modelo militar, assim como o carácter obrigatório do serviço exigido ao seu pessoal, não os privará tão-pouco da protecção conferida pelo presente capítulo.

ARTIGO 66.º
Identificação

1 – Cada Parte no conflito deve procurar fazer de forma que os seus organismos de protecção civil, o pessoal, instalações e material possam ser identificados quando estiverem exclusivamente consagrados ao desempenho de tarefas de protecção civil. Os abrigos postos à disposição da população civil deverão ser identificados de maneira análoga.

2 – Cada Parte no conflito deve procurar, igualmente, adoptar e pôr em prática métodos e procedimentos que permitam identificar os abrigos civis, assim como o pessoal, instalações e material de protecção civil que usem ou arvorem o sinal distintivo internacional da protecção civil.

3 – Nos territórios ocupados e nas zonas onde se desenrolam ou pareçam vir a desenrolar-se combates, o pessoal civil de protecção civil far-se-á reconhecer, regra geral, por meio do sinal distintivo internacional de protecção civil e de um bilhete de identidade comprovando o seu estatuto.

4 – O sinal distintivo internacional de protecção civil consiste num triângulo equilátero azul em fundo cor de laranja, quando utilizado para a protecção dos organismos de protecção civil, suas instalações, pessoal e material ou para a protecção dos abrigos civis.

5 – Além do sinal distintivo, as Partes no conflito poderão acordar na utilização de sinalizações distintas para fins de identificação dos serviços de protecção civil.

6 – A aplicação das disposições dos n.ºs 1 a 4 rege-se pelo capítulo v do anexo I ao presente Protocolo.

7 – Em tempo de paz, o sinal descrito no n.º 4 pode, com o consentimento das autoridades nacionais competentes, ser utilizado para fins de identificação dos serviços de protecção civil.

8 – As Altas Partes Contratantes e as Partes no conflito tomarão as medidas necessárias para controlar o uso do sinal distintivo internacional de protecção civil e para evitar e reprimir a sua utilização abusiva.

9 – A identificação do pessoal sanitário e religioso, das unidades sanitárias e dos meios de transporte sanitário de protecção civil rege-se igualmente pelo artigo 18.º

ARTIGO 67.º
Membros das forças armadas e unidades militares afectas aos organismos de protecção civil

1 – Os membros das forças armadas e as unidades militares afectas aos organismos de protecção civil serão respeitados e protegidos na condição de:

a) Esse pessoal e essas unidades estarem afectos permanentemente ao desempenho de qualquer tarefa mencionada pelo artigo 61.º e a ela se consagrarem exclusivamente;

b) Aquele pessoal, no caso de tal afectação, não desempenhar quaisquer outras tarefas militares durante o conflito;

c) Esse pessoal se distinguir nitidamente dos outros membros das forças armadas usando, de forma bem visível, o sinal distintivo internacional de protecção civil, que deverá ser de tamanho conveniente, e estar munido do bilhete de identidade referido no capítulo v do anexo I ao presente Protocolo, comprovando o seu estatuto;

d) Esse pessoal e unidades estarem dotados unicamente de armas ligeiras individuais para a manutenção da ordem ou para a sua própria defesa. As disposições do artigo 65.º, n.º 3, aplicar-se-ão igualmente neste caso;

e) Esse pessoal não participar directamente nas hostilidades e não cometer nem ser utilizado para cometer, para além das tarefas de protecção civil, actos nocivos à Parte adversa;

f) Esse pessoal e unidades desempenharem as tarefas de protecção civil unicamente no território nacional da sua Parte.

É proibida a não observância das condições enunciadas na alínea *e)* pelos membros das forças armadas vinculados às condições prescritas nas alíneas *a)* e *b)*.

2 – Os membros do pessoal militar que sirvam nos organismos de protecção civil serão prisioneiros de guerra se caírem em poder de uma Parte adversa. Em território ocupado podem, embora no exclusivo interesse da população civil desse território, ser utilizados para tarefas de protecção civil, na medida em que tal se mostre necessário, e ainda com a condição de, tratando-se de trabalho perigoso, serem voluntários.

3 – As instalações e os elementos importantes do material e dos meios de transporte das unidades militares afectas aos organismos de protecção civil devem ser marcados, claramente, com o sinal distintivo internacional de protecção civil. Este sinal deve ser de tamanho conveniente.

4 – As instalações e o material das unidades militares permanentemente afectas aos organismos de protecção civil e exclusivamente afectos à realização das tarefas de protecção civil, se caírem em poder de uma Parte adversa, manter-se-ão

Direito Internacional Humanitário 229

regulados pelo Direito da Guerra. No entanto, não podem ser desviados da sua missão enquanto forem necessários ao desempenho das tarefas de protecção civil, salvo em caso de necessidade militar imperiosa, a menos que disposições prévias tenham sido tomadas para prover de forma adequada às necessidades da população civil.

SECÇÃO II

Socorros a favor da população civil

ARTIGO 68.º
Âmbito de aplicação

As disposições da presente secção aplicam-se à população civil segundo o presente Protocolo e completam os artigos 23.º, 55.º, 59.º, 60.º, 61.º e 62.º e as outras disposições pertinentes da Convenção IV.

ARTIGO 69.º
Necessidades essenciais nos territórios ocupados

1 – Além das obrigações enumeradas no artigo 55.º da Convenção IV relativas ao abastecimento de víveres e medicamentos, a Potência ocupante assegurará, também, na medida dos seus meios e sem qualquer discriminação, o fornecimento de vestuário, material de pernoita, alojamentos de urgência e outros abastecimentos essenciais à sobrevivência da população civil do território ocupado e objectos necessários ao culto.

2 – As acções de socorro a favor da população civil do território ocupado regem-se pelos artigos 59.º, 60.º, 62.º, 108.º, 109.º, 110.º e 111.º da Convenção IV, assim como pelo artigo 71.º do presente Protocolo, e serão levadas a cabo sem demora.

ARTIGO 70.º
Acções de socorro

1 – Quando a população civil de um território sob controlo de uma Parte no conflito, que não seja território ocupado, estiver insuficientemente abastecida do material e géneros mencionados no artigo 69.º, serão efectuadas acções de socorro de carácter humanitário e imparcial, conduzidas sem qualquer discriminação de carácter desfavorável, sem prejuízo do assentimento das Partes nelas interessadas. As ofertas de socorro que preencham as condições acima mencionadas não deverão ser consideradas como ingerência no conflito armado

nem como actos hostis. Aquando da distribuição das remessas de socorro, será dada prioridade a pessoas que, tais como as crianças, mulheres grávidas ou parturientes e mães que aleitem, devam ser objecto, segundo a Convenção IV ou o presente Protocolo, de um tratamento de favor ou de uma protecção especial.

2 – As Partes no conflito e cada Alta Parte Contratante autorizarão e facilitarão a passagem rápida e sem obstáculo de todas as remessas de equipamento e pessoal de socorro fornecidos em conformidade com as prescrições da presente secção, mesmo se esta ajuda se destinar à população civil da Parte adversa.

3 - As Partes no conflito e cada Alta Parte Contratante que autorizarem a passagem de socorro, equipamento e pessoal, nos termos do n.º 2:

a) Disporão do direito de prescrever os regulamentos técnicos, incluindo as verificações, a que uma tal passagem está subordinada,

b) Poderão subordinar a sua autorização à condição de que a distribuição da assistência seja efectuada sob controlo local de uma Parte protectora;

d) Não desviarão, de forma alguma, as remessas de socorro do seu destino, nem atrasarão o seu encaminhamento, salvo em casos de necessidade urgente, no interesse da população civil em causa.

4 – As Partes no conflito assegurarão a protecção das remessas de socorro e facilitarão a sua rápida distribuição.

5 – As Partes no conflito e cada Alta Parte Contratante interessada encorajarão e facilitarão uma coordenação internacional eficaz das acções de socorro mencionadas no n.º 1.

ARTIGO 71.º
Pessoal participante nas acções de socorro

1 – Em caso de necessidade, a ajuda fornecida numa acção de socorro poderá compreender pessoal de socorro, especialmente para o transporte e distribuição das remessas de socorro; a participação desse pessoal será submetida à aprovação da Parte em cujo território exercerá a sua actividade.

2 – Esse pessoal será respeitado e protegido.

3 – Cada Parte que receba remessas de socorro assistirá, na medida do possível, o pessoal mencionado no n.º 1, no cumprimento da sua missão de socorro. As actividades deste pessoal de socorro não podem ser limitadas, nem as suas deslocações temporariamente restringidas, salvo em caso de necessidade militar imperiosa.

4 – O pessoal de socorro não deverá ultrapassar em qualquer circunstância os limites da sua missão nos termos do presente Protocolo. Deverá ter particularmente em conta as exigências de segurança da Parte em cujo território

exerce as suas funções. Poderá pôr-se fim à missão de qualquer dos membros do pessoal de socorro que não respeite estas condições.

SECÇÃO III
Tratamento das pessoas em poder de uma Parte no conflito

CAPÍTULO I
Âmbito de aplicação e protecção das pessoas e bens

ARTIGO 72.º
Âmbito de aplicação

As disposições da presente secção completam as normas relativas à protecção humanitária das pessoas civis e bens de carácter civil em poder de uma Parte no conflito, enunciadas na Convenção IV, particularmente nos títulos I e II, assim como as outras normas aplicáveis do Direito Internacional que regem a protecção dos direitos fundamentais do homem durante um conflito armado de carácter internacional.

ARTIGO 73.º
Refugiados e apátridas

As pessoas que, antes do início das hostilidades, foram consideradas apátridas ou refugiadas, nos termos dos instrumentos internacionais pertinentes aceites pelas Partes interessadas, ou da legislação nacional do Estado de acolhimento ou de residência, serão, em qualquer circunstância e sem qualquer discriminação, pessoas protegidas, nos termos dos títulos I e III da Convenção IV.

ARTIGO 74.º
Reagrupamento das famílias dispersas

As Altas Partes Contratantes e as Partes no conflito facilitarão, na medida do possível, o reagrupamento das famílias dispersas em virtude de conflitos armados e encorajarão, designadamente, a acção das organizações humanitárias que se consagrarem a esta tarefa, em conformidade com as disposições das Convenções e do presente Protocolo e com as suas regras de segurança respectivas.

ARTIGO 75.º
Garantias fundamentais

1 – Na medida em que forem afectadas por uma situação prevista pelo artigo 1.º do presente Protocolo, as pessoas que estiverem em poder de uma Parte no conflito e não beneficiarem de um tratamento mais favorável, nos termos das Convenções e do presente Protocolo, serão, em qualquer circunstância, tratadas com humanidade e beneficiarão, pelo menos, das protecções previstas pelo presente artigo, sem discriminação baseada na raça, cor, sexo, língua, religião ou crença, opiniões políticas ou outras, origem nacional ou social, fortuna, nascimento ou outra situação, ou qualquer outro critério análogo. Todas as Partes respeitarão a pessoa, a honra, as convicções e práticas religiosas de todas essas pessoas.

2 – São e permanecerão proibidos em qualquer momento ou lugar, quer sejam cometidos por agentes civis quer por militares, os actos seguintes:

a) Atentados contra a vida, saúde e bem-estar físico ou mental das pessoas, nomeadamente:

 i) Assassínio;
 ii) Tortura sob qualquer forma, física ou mental;
 iii) Castigos corporais; e
 iv) Mutilações;

b) Atentados contra a dignidade da pessoa, nomeadamente os tratamentos humilhantes e degradantes, a prostituição forçada e qualquer forma de atentado ao pudor;
c) Tomada de reféns;
d) Penas colectivas;
e) Ameaça de cometer qualquer dos actos supracitados.

3 – Toda a pessoa presa, detida ou internada por actos relacionados com o conflito armado será informada sem demora, numa língua que compreenda, das razões por que aquelas medidas foram tomadas. Excepto em caso de prisão ou detenção pela prática de infracção penal, deverá ser libertada no mais curto prazo, e em qualquer caso, desde que tenham cessado as circunstâncias que justificavam a prisão, a detenção ou o internamento.

4 – Nenhuma condenação poderá ser pronunciada nem nenhuma pena executada a uma pessoa reconhecida culpada de uma infracção penal cometida em relação a um conflito armado se não for através de julgamento prévio proferido por um tribunal imparcial e regularmente constituído em conformidade com os princípios comummente reconhecidos do processo judicial regular, compreendendo as garantias seguintes:

Direito Internacional Humanitário

a) O processo disporá que qualquer detido deverá ser informado sem demora dos detalhes da infracção que lhe é imputada e assegurará ao detido, antes e durante o seu processo, todos os direitos e meios necessários à sua defesa;

b) Ninguém poderá ser punido por uma infracção a não ser com base na responsabilidade penal individual;

c) Ninguém poderá ser acusado ou condenado por acções ou omissões que não constituam acto delituoso segundo o Direito Nacional ou Internacional aplicável no momento em que foram cometidas. Da mesma maneira, não poderá ser aplicada qualquer pena mais grave do que a que seria aplicável no momento em que a infracção foi cometida. Se, posteriormente à infracção, a lei previr a aplicação de uma pena mais leve, o delinquente deverá beneficiar dessa medida;

d) Qualquer pessoa acusada de uma infracção se presume inocente até que a sua culpabilidade tenha sido estabelecida de acordo com a lei;

e) Qualquer pessoa acusada de uma infracção tem o direito de ser julgada na sua presença;

f) Ninguém pode ser forçado a testemunhar contra si próprio ou a confessar-se culpado;

g) Qualquer pessoa acusada de uma infracção tem o direito de interrogar ou fazer interrogar as testemunhas de acusação e de obter a comparência e o interrogatório das testemunhas de defesa nas mesmas condições das testemunhas de acusação;

h) Ninguém poderá ser perseguido ou punido pela mesma Parte por uma infracção que já tenha sido objecto de sentença definitiva de absolvição ou condenação proferida em conformidade com o mesmo direito e o mesmo processo judicial;

i) Qualquer pessoa acusada de uma infracção tem direito a que a sentença seja proferida publicamente;

j) Qualquer pessoa condenada será informada, no momento da condenação, dos seus direitos de recurso judicial e outros, assim como dos prazos em que os mesmos devem ser exercidos.

5 – As mulheres privadas de liberdade por motivos relacionados com o conflito armado serão mantidas em locais separados dos dos homens. Serão colocadas sob vigilância directa de mulheres. No entanto, se forem presas, detidas ou internadas famílias, a unidade dessas famílias deverá ser preservada na medida do possível quanto ao seu alojamento.

6 – As pessoas presas, detidas ou internadas por motivos que se relacionam com o conflito armado beneficiarão das protecções previstas pelo presente artigo

até à sua libertação definitiva, repatriamento ou estabelecimento, mesmo após o fim do conflito armado.

7 – Para que não subsista qualquer dúvida quanto ao processo e julgamento das pessoas acusadas de crimes de guerra ou de crimes contra a Humanidade, aplicar-se-ão os princípios seguintes:

a) As pessoas acusadas de tais crimes deverão ser presentes a juízo para os fins de processo e julgamento em conformidade com as regras do Direito Internacional aplicável; e

b) A todo aquele que não beneficiar de um tratamento mais favorável nos termos das Convenções ou do presente Protocolo será dado o tratamento previsto pelo presente artigo, quer os crimes de que foi acusado constituam, quer não, infracções graves às Convenções ou ao presente Protocolo.

8 – Nenhuma disposição do presente artigo poderá ser interpretada como limitando ou prejudicando qualquer outra disposição mais favorável, assegurando, nos termos das regras do Direito Internacional aplicável, uma maior protecção às pessoas abrangidas pelo n.º 1.

CAPÍTULO II
Medidas a favor das mulheres e das crianças

ARTIGO 76.º
Protecção das mulheres

1 – As mulheres devem ser objecto de um respeito especial e protegidas nomeadamente contra a violação, a prostituição forçada e qualquer outra forma de atentado ao pudor.

2 – Os casos de mulheres grávidas ou de mães de crianças de tenra idade dependentes delas e que forem presas, detidas ou internadas por razões ligadas ao conflito armado serão examinados com prioridade absoluta.

3 – Na medida do possível, as Partes no conflito procurarão evitar que a pena de morte seja pronunciada contra mulheres grávidas ou mães de crianças de tenra idade que dependam delas, por infracção cometida relacionada com o conflito armado. Uma condenação à morte contra essas mulheres por uma tal infracção não será executada.

ARTIGO 77.º
Protecção das crianças

1 – As crianças devem ser objecto de um respeito particular e protegidas contra qualquer forma de atentado ao pudor. As Partes no conflito dar-lhes-ão os cuidados e a ajuda necessária em virtude da sua idade ou por qualquer outra razão.

2 – As Partes no conflito tomarão todas as medidas possíveis na prática para que as crianças de menos de 15 anos não participem directamente nas hostilidades, abstendo-se nomeadamente de os recrutar para as suas forças armadas. Quando incorporarem pessoas de mais de 15 anos mas de menos de 18 anos, as Partes no conflito esforçar-se-ão por dar a prioridade aos mais velhos.

3 – Se, em casos excepcionais e apesar das disposições no n.º 2, crianças que não tenham 15 anos completos participarem directamente nas hostilidades e caírem em poder de uma Parte adversa, continuarão a beneficiar da protecção especial assegurada pelo presente artigo, quer sejam ou não prisioneiros de guerra.

4 – Se forem presas, detidas ou internadas por razões ligadas ao conflito armado, as crianças serão mantidas em locais separados dos dos adultos, salvo nos casos de famílias alojadas como unidades familiares, como previsto pelo n.º 5 do artigo 75.º

5 – Não será executada uma condenação à morte por infracção ligada ao conflito armado, contra pessoas que não tenham 18 anos no momento da infracção.

ARTIGO 78.º
Evacuação das crianças

1 – Nenhuma Parte no conflito deve proceder à evacuação, para um país estrangeiro, de crianças que não sejam os seus próprios nacionais, a menos que se trate de uma evacuação temporária, tornada necessária por razões imperiosas de saúde, tratamento médico das crianças ou, salvo num território ocupado, da sua segurança. Quando se puderem contactar os pais ou tutores, é necessário o seu consentimento escrito para essa evacuação. Se não se puderem contactar, a evacuação só pode ser feita com o consentimento escrito das pessoas a quem a lei ou o costume atribua, primordialmente, a guarda das crianças. A Potência protectora controlará qualquer evacuação dessa natureza, de acordo com as Partes interessadas, isto é, a Parte que procede à evacuação, a Parte que recebe as crianças e qualquer Parte cujos nacionais são evacuados. Em todos os casos, todas as Partes no conflito tomarão as precauções possíveis na prática para evitar comprometer a evacuação.

2 – Quando se proceder a uma evacuação nas condições do n.º 1, a educação de cada criança evacuada, incluindo a sua educação religiosa e moral tal como desejada pelos seus pais, deverá ser assegurada da forma mais continuada possível.

3 – A fim de facilitar, em conformidade com as disposições do presente artigo, o regresso das crianças evacuadas à sua família e ao seu país, as autoridades da Parte que procedeu à evacuação e, quando conveniente, as autoridades do país de acolhimento, estabelecerão, para cada criança, uma ficha acompanhada de fotografias que farão chegar à Agência Central de Pesquisas do Comité Internacional da Cruz Vermelha. Esta ficha conterá, sempre que possível e não se mostrar prejudicial à criança, as seguintes informações:

a) O(s) apelido(s) da criança;
b) O(s) nome(s) próprio(s) da criança;
c) O sexo da criança;
d) O local e data de nascimento (ou, se essa data não for conhecida, a idade aproximada);
e) O apelido e o nome do pai;
f) O apelido e o nome da mãe, e, eventualmente, o seu apelido de solteira;
g) Os parentes próximos da criança;
h) A nacionalidade da criança;
i) A língua materna da criança e qualquer outra língua que fale;
j) A morada da família da criança;
k) Qualquer número de identificação dado à criança;
l) O estado de saúde da criança;
m) O grupo sanguíneo da criança;
n) Eventuais sinais particulares;
o) Data e local onde a criança foi encontrada;
p) Data e local em que a criança deixou o seu país;
q) Eventualmente a religião da criança;
r) A morada actual da criança no país de acolhimento;
s) Se a criança morrer antes do seu regresso, a data, local e circunstâncias da sua morte e local de sepultura.

CAPÍTULO III

Jornalistas

ARTIGO 79.º
Medidas de protecção aos jornalistas

1 – Os jornalistas que cumprem missões profissionais perigosas em zonas de conflito armado serão considerados pessoas civis nos termos do artigo 50.º, n.º 1.

Direito Internacional Humanitário

2 – Serão protegidos enquanto tal em conformidade com as Convenções e o presente Protocolo, na condição de não empreenderem qualquer acção prejudicial ao seu estatuto de pessoas civis e sem prejuízo do direito dos correspondentes de guerra acreditados junto das forças armadas de beneficiarem do estatuto previsto pelo artigo 4.º, alínea 4, da Convenção III.

3 – Poderão obter um bilhete de identidade, conforme o modelo junto ao anexo II ao presente Protocolo. Esse bilhete, a emitir pelo governo do Estado de que são nacionais, no território onde residem ou no qual se encontra a agência ou órgão de imprensa que os emprega, comprovará a qualidade de jornalista do seu detentor.

TÍTULO V
Execução das Convenções e do presente Protocolo

SECÇÃO I
Disposições gerais

ARTIGO 80.º
Medidas de execução

1 – As Altas Partes Contratantes e as Partes no conflito tomarão sem demora todas as medidas necessárias para executar as obrigações que lhes cabem por força das Convenções e do presente Protocolo.

2 – As Altas Partes Contratantes e as Partes no conflito darão ordens e instruções adequadas a assegurar o respeito das Convenções e do presente Protocolo e velarão pela sua execução.

ARTIGO 81.º
Actividades da Cruz Vermelha e de outras organizações humanitárias

1 – As Partes no conflito concederão ao Comité Internacional da Cruz Vermelha todas as facilidades ao seu alcance para lhe permitir assumir as tarefas humanitárias que lhe são atribuídas pelas Convenções e pelo presente Protocolo a fim de assegurar protecção e assistência às vítimas dos conflitos; o Comité Internacional da Cruz Vermelha poderá, igualmente, exercer quaisquer outras actividades humanitárias em favor daquelas vítimas, com o consentimento das Partes no conflito.

2 – As Partes no conflito concederão às organizações respectivas da Cruz Vermelha (Crescente Vermelho) as facilidades necessárias ao exercício das suas actividades humanitárias a favor das vítimas do conflito, em conformidade com as disposições das Convenções e do presente Protocolo e com os princípios fundamentais da Cruz Vermelha, formulados pelas Conferências Internacionais da Cruz Vermelha.

3 – As Altas Partes Contratantes e as Partes no conflito facilitarão, na medida do possível, a ajuda que as organizações da Cruz Vermelha (Crescente Vermelho) e a Liga das Sociedades da Cruz Vermelha levarão às vítimas dos conflitos, em conformidade com as disposições das Convenções e do presente Protocolo e com os princípios fundamentais da Cruz Vermelha, formulados pelas Conferências Internacionais da Cruz Vermelha.

4 – As Altas Partes Contratantes e as Partes no conflito concederão, tanto quanto possível, facilidades semelhantes às mencionadas nos n.ºs 2 e 3 às outras organizações humanitárias mencionadas pelas Convenções e pelo presente Protocolo, que estejam devidamente autorizadas pelas Partes no conflito interessadas e que exerçam as suas actividades humanitárias em conformidade com as disposições das Convenções e do presente Protocolo.

ARTIGO 82.º
Conselheiros jurídicos nas forças armadas

As Altas Partes Contratantes, em qualquer altura, e as Partes no conflito, em período de conflito armado, providenciarão para que conselheiros jurídicos estejam disponíveis, quando necessário, para aconselhar os comandantes militares, ao nível adequado, quanto à aplicação das Convenções e do presente Protocolo e quanto ao ensino apropriado a dispensar às forças armadas sobre esta matéria.

ARTIGO 83.º
Difusão

1 – As Altas Partes Contratantes comprometem-se a difundir o mais amplamente possível, tanto em tempo de paz como em período de conflito armado, as Convenções e o presente Protocolo nos seus países respectivos e, nomeadamente, a incorporar o seu estudo nos programas de instrução militar e a encorajar o seu estudo pela população civil, de maneira que esses instrumentos sejam conhecidos das forças armadas e da população civil.

2 – As autoridades militares ou civis que, em período de conflito armado, assumirem responsabilidades na aplicação das Convenções e do presente Protocolo deverão ter pleno conhecimento do texto destes instrumentos.

ARTIGO 84.º
Leis de aplicação

As Altas Partes Contratantes comunicarão entre si, tão rapidamente quanto possível, por intermédio do depositário, ou, sendo caso disso, por intermédio das Potências protectoras, as suas traduções oficiais do presente Protocolo, assim como as leis e regulamentos que poderão vir a ser adoptados para assegurar a sua aplicação.

SECÇÃO II
Repressão das infracções às Convenções ou ao presente Protocolo

ARTIGO 85.º
Repressão das infracções ao presente Protocolo

1 – As disposições das Convenções relativas à repressão das infracções e das infracções graves, completadas pela presente secção, aplicam-se à repressão das infracções e das infracções graves ao presente Protocolo.

2 – Os actos qualificados de infracção grave nas Convenções constituem infracções graves ao presente Protocolo, se forem cometidos contra pessoas em poder de uma Parte adversa protegidas pelos artigos 44.º, 45.º e 73.º do presente Protocolo, ou contra feridos, doentes e náufragos da Parte adversa protegidos pelo presente Protocolo, ou contra o pessoal sanitário ou religioso, unidades sanitárias ou meios de transporte sanitário que estiverem sob controlo da Parte adversa e protegidos pelo presente Protocolo.

3 – Além das infracções graves definidas no artigo 11.º, os seguintes actos, quando cometidos intencionalmente, em violação das disposições pertinentes do presente Protocolo e que acarretem a morte ou causem danos graves à integridade física ou à saúde, consideram-se infracções graves ao presente Protocolo:

a) Submeter a população civil ou pessoas civis a um ataque;

b) Lançar um ataque indiscriminado, que atinja a população civil ou bens de carácter civil, sabendo que esse ataque causará perdas de vidas humanas, ferimentos em pessoas civis ou danos em bens de carácter civil, que sejam excessivos nos termos do artigo 57.º, n.º 2, alínea *a), iii);*

c) Lançar um ataque contra obras ou instalações contendo forças perigosas, sabendo que esse ataque causará perdas de vidas humanas, ferimentos em pessoas civis ou danos em bens de carácter civil, que sejam excessivos nos termos do artigo 57.º, n.º 2, alínea *a), iii);*

d) Submeter a um ataque localidades não defendidas ou zonas desmilitarizadas;

e) Submeter uma pessoa a um ataque sabendo-a fora do combate;

f) Utilizar perfidamente, em violação do artigo 37.°, o sinal distintivo da Cruz Vermelha, ou do Crescente Vermelho ou outros sinais protectores reconhecidos pelas Convenções e pelo presente Protocolo.

4 – Além das infracções graves definidas nos números precedentes e nas Convenções, os seguintes actos são considerados como infracções graves ao Protocolo, quando cometidos intencionalmente e em violação das Convenções ou do presente Protocolo:

a) A transferência pela Potência ocupante, de uma parte da sua própria população civil para o território que ela ocupa, ou a deportação ou a transferência no interior ou fora do território ocupado, da totalidade ou de parte da população desse território, em violação do artigo 49.° da Convenção IV;

b) Qualquer demora injustificada no repatriamento dos prisioneiros de guerra ou dos civis;

c) Práticas de *apartheid* ou outras práticas desumanas e degradantes, baseadas na discriminação racial que dêem lugar a ultrajes à dignidade da pessoa;

d) O facto de dirigir ataques contra monumentos históricos, obras de arte ou lugares de culto claramente reconhecidos, que constituam património cultural ou espiritual dos povos e aos quais uma protecção especial foi concedida em virtude de acordo especial, por exemplo no âmbito de uma organização internacional competente, provocando assim a sua destruição em grande escala, quando não existe qualquer prova de violação pela Parte adversa do artigo 53.°, alínea *b),* e os monumentos históricos, obras de arte e lugares de culto em questão não estejam situados na proximidade imediata de objectivos militares;

e) O facto de privar uma pessoa protegida pelas Convenções ou mencionada pelo n.° 2 do presente artigo do seu direito de ser julgada regular e imparcialmente.

5 – Sob reserva da aplicação das Convenções e do presente Protocolo, as infracções graves a estes documentos são consideradas crimes de guerra.

ARTIGO 86.°
Omissões

1 – As Altas Partes Contratantes e as Partes no conflito devem reprimir as infracções graves e tomar as medidas necessárias para fazer cessar quaisquer outras

infracções às Convenções ou ao presente Protocolo que resultem de uma omissão contrária ao dever de agir.

2 – O facto de uma infracção às Convenções ou ao presente Protocolo ter sido cometida por um subordinado não isenta os seus superiores da sua responsabilidade penal ou disciplinar, consoante o caso, se sabiam ou possuíam informações que permitissem concluir, nas circunstâncias do momento, que aquele subordinado cometia ou ia cometer tal infracção e não haviam tomado todas as medidas praticamente possíveis dentro dos seus poderes para impedir ou reprimir essa infracção.

ARTIGO 87.º
Deveres dos comandantes

1 – As Altas Partes Contratantes e as Partes no conflito devem encarregar os comandantes militares, no que respeita aos membros das forças armadas colocadas sob o seu comando e às outras pessoas sob a sua autoridade, de impedir que sejam cometidas infracções às Convenções e ao presente Protocolo e, se necessário, de as reprimir e denunciar às autoridades competentes.

2 – A fim de impedir que sejam cometidas infracções e de as reprimir, as Altas Partes Contratantes e as Partes no conflito devem exigir que os comandantes, consoante o seu nível de responsabilidade, se certifiquem de que os membros das forças armadas colocadas sob o seu comando conheçam as suas obrigações nos termos das Convenções e do presente Protocolo.

3 – As Altas Partes Contratantes e as Partes do conflito devem exigir que qualquer comandante, que tiver conhecimento de que subordinados seus ou outras pessoas sob a sua autoridade vão cometer ou cometeram uma infracção às Convenções ou ao presente Protocolo, tome as medidas necessárias para impedir tais violações às Convenções ou ao presente Protocolo e que, oportunamente, tome a iniciativa de uma acção disciplinar ou penal contra os autores das violações.

ARTIGO 88.º
Entre-ajuda judiciária em matéria penal

1 – As Altas Partes Contratantes acordar-se-ão a mais ampla entre-ajuda judiciária possível em todos os processos relativos às infracções graves às Convenções ou ao presente Protocolo.

2 – Sem prejuízo dos direitos e obrigações estabelecidos pelas Convenções e pelo artigo 85.º, n.º 1, do presente Protocolo, e sempre que as circunstâncias o permitam, as Altas Partes Contratantes deverão cooperar em matéria de extradição. Tomarão em devida consideração o pedido do Estado em cujo território a alegada infracção tiver lugar.

3 – Em qualquer caso a lei aplicável é a da Alta Parte Contratante requerida. No entanto, as disposições dos números precedentes não afectam as obrigações decorrentes das disposições de qualquer outro tratado de carácter bilateral ou multilateral que reja ou venha a reger, no todo ou em parte, o domínio da entreajuda judiciária em matéria penal.

ARTIGO 89.º
Cooperação

Nos casos de violação grave das Convenções ou do presente Protocolo, as Altas Partes Contratantes comprometem-se a agir, tanto conjunta como separadamente em cooperação com a Organização das Nações Unidas e em conformidade com a Carta das Nações Unidas.

ARTIGO 90.º
Comissão internacional para o apuramento dos factos

1 – *a)* Será constituída uma comissão internacional para o apuramento dos factos, denominada daqui em diante por «Comissão», composta por 15 membros de alta moralidade e de imparcialidade reconhecida.

b) Quando pelo menos 20 Altas Partes Contratantes tiverem acordado aceitar a competência da Comissão nos termos do n.º 2, e, posteriormente, com intervalos de cinco anos, o depositário convocará uma reunião dos representantes dessas Altas Partes Contratantes, com vista a eleger os membros da Comissão. Nessa reunião, os membros da Comissão serão eleitos, por escrutínio secreto, de uma lista de pessoas para cuja constituição cada uma dessas Altas Partes Contratantes poderá propor um nome.

c) Os membros da Comissão exercerão o seu cargo a título pessoal e cumprirão o seu mandato até à eleição dos novos membros na reunião seguinte.

d) No momento da eleição, as Altas Partes Contratantes assegurar-se-ão que cada uma das pessoas a eleger para a Comissão possui as qualificações requeridas e procurarão assegurar no conjunto da Comissão uma representação geográfica equitativa.

e) No caso de vacatura de um lugar, a Comissão preenchê-lo-á, tendo em devida conta as disposições das alíneas precedentes.

f) O depositário porá à disposição da Comissão os serviços administrativos necessários ao cumprimento das suas funções.

2 – *a*) As Altas Partes Contratantes podem, no momento da assinatura, ratificação ou adesão ao Protocolo, ou posteriormente em qualquer outro momento, declarar reconhecer de pleno direito e sem acordo especial, em relação a qualquer outra Alta Parte Contratante que aceite a mesma obrigação, a competência da Comissão para inquirir das alegações de uma outra Parte, tal como autorizado pelo presente artigo.

b) As declarações acima citadas serão entregues ao depositário que enviará cópias às Altas Partes Contratantes.

c) A Comissão será competente para:

i) Investigar qualquer facto susceptível de constituir infracção grave nos termos das Convenções e do presente Protocolo ou qualquer outra violação grave das Convenções ou do presente Protocolo;

ii) Facilitar, assegurando os seus bons ofícios, o regresso à observância das disposições das Convenções e do presente Protocolo.

d) Noutras situações, a Comissão só abrirá inquérito a pedido de uma Parte no conflito com o consentimento da outra ou outras Partes interessadas.

e) Sem prejuízo das anteriores disposições do presente número, as disposições dos artigos 52.º da Convenção I, 53.º da Convenção II, 132.º da Convenção III e 149.º da Convenção IV continuam aplicáveis a qualquer alegada violação das Convenções e aplicam-se também a qualquer alegada violação do presente Protocolo.

3 – a) A menos que as Partes interessadas, de comum acordo, decidam diferentemente, todas as investigações serão efectuadas por uma Câmara composta por sete membros da seguinte forma:

i) Cinco membros da Comissão, que não deverão ser nacionais de nenhuma das Partes no conflito, serão nomeados pelo presidente da Comissão, com base numa representação equitativa das regiões geográficas, após consulta às Partes no conflito;

ii) Dois membros *ad hoc*, que não devem ser nacionais de nenhuma das Partes no conflito, serão nomeados respectivamente por cada uma daquelas.

b) Desde a recepção de um pedido de investigação, o presidente da Comissão fixará um prazo conveniente para a constituição de uma Câmara. Se pelo menos um dos dois membros *ad hoc* não tiver sido nomeado no prazo fixado, o presidente procederá imediatamente à nomeação ou nomeações necessárias para completar a composição da Câmara.

4 – *a*) A Câmara constituída em conformidade com as disposições do n.º 3, com o fim de proceder a uma investigação, convidará as Partes no conflito a assistir e a apresentar provas. Poderá também pesquisar as provas que julgue pertinentes e proceder a uma investigação local.

b) Todos os elementos de prova serão comunicados às Partes interessadas, que terão o direito de apresentar as suas observações à Comissão.

c) Cada Parte interessada terá o direito de discutir as provas.

5 – *a*) A Comissão apresentará às Partes interessadas um relatório sobre os resultados da investigação da Câmara com as recomendações que julgar apropriadas.

b) Se a Câmara não se encontrar em situação de reunir as provas suficientes para formular conclusões objectivas e imparciais, a Comissão dará a conhecer as razões dessa impossibilidade.

c) A Comissão não comunicará publicamente as suas conclusões, a menos que todas as Partes no conflito lho tenham solicitado.

6 – A Comissão estabelecerá o seu regulamento interno, incluindo as regras respeitantes à presidência da Comissão e da Câmara. Este regulamento estabelecerá que as funções do presidente da Comissão serão exercidas em qualquer momento e que, em caso de investigação, serão exercidas por alguém que não seja nacional de uma das Partes no conflito.

7 – As despesas administrativas da Comissão serão cobertas por contribuições das Altas Partes Contratantes que tiverem feito a declaração prevista no n.º 2 e por contribuições voluntárias. A ou as Partes no conflito que solicitarem uma investigação adiantarão os fundos necessários para cobrir as despesas ocasionadas por uma Câmara e serão reembolsadas pela ou pelas Partes contra as quais as alegações são feitas até à quantia de 50% das despesas da Câmara. Se forem apresentadas à Câmara alegações contrárias, cada Parte adiantará 50% dos fundos necessários.

ARTIGO 91.º
Responsabilidade

A Parte no conflito que violar as disposições das Convenções ou do presente Protocolo será obrigada a indemnizar, se a ela houver lugar. Será também responsável por todos os actos cometidos pelas pessoas que fizerem parte das suas forças armadas.

TÍTULO VI
Disposições finais

ARTIGO 92.º
Assinatura

O presente Protocolo estará aberto à assinatura das Partes nas Convenções seis meses após a assinatura da acta final e ficará aberto durante um período de 12 meses.

ARTIGO 93.º
Ratificação

O presente Protocolo será ratificado logo que possível. Os instrumentos de ratificação serão depositados junto do Conselho Federal Suíço, depositário das Convenções.

ARTIGO 94.º
Adesão

O presente Protocolo estará aberto à adesão de qualquer Parte nas Convenções não signatária do presente Protocolo. Os instrumentos de adesão serão depositados junto do depositário.

ARTIGO 95.º
Entrada em vigor

1 – O presente Protocolo entrará em vigor seis meses após o depósito de dois instrumentos de ratificação ou adesão.

2 – Para cada uma das Partes nas Convenções que o ratificar ou a ele venha a aderir posteriormente, o presente Protocolo entrará em vigor seis meses após o depósito por essa Parte do seu instrumento de ratificação ou adesão.

ARTIGO 96.º
Relações convencionais após a entrada em vigor do presente Protocolo

1 – Quando as Partes nas Convenções forem igualmente Partes no presente Protocolo, as Convenções aplicam-se tal como são completadas pelo presente Protocolo.

2 – Se uma das Partes no conflito não estiver vinculada pelo presente Protocolo, as Partes no presente Protocolo permanecerão, apesar disso, vinculadas

por este nas suas relações recíprocas. Ficarão, além disso, vinculadas ao presente Protocolo em relação à citada Parte se esta aceitar e aplicar as suas disposições.

3 – A autoridade representante de um povo empenhado contra uma Alta Parte Contratante num conflito armado do tipo mencionado no artigo 1.°, n.° 4, pode comprometer-se a aplicar as Convenções e o presente Protocolo, relativamente a esse conflito, enviando uma declaração unilateral ao depositário. Após recepção pelo depositário, esta declaração terá, em relação ao conflito, os efeitos seguintes:

a) As Convenções e o presente Protocolo produzem imediatamente efeitos para a citada autoridade na sua qualidade de Parte no conflito;

b) A citada autoridade exerce os mesmos direitos e desempenha as mesmas obrigações de uma Alta Parte Contratante nas Convenções e no presente Protocolo; e

c) As Convenções e o presente Protocolo vinculam de igual modo todas as Partes no conflito.

ARTIGO 97.°
Emendas

1 – Qualquer Alta Parte Contratante poderá propor emendas ao presente Protocolo. O texto de qualquer projecto de emenda deverá ser comunicado ao depositário, que, após consulta ao conjunto das Altas Partes Contratantes e ao Comité Internacional da Cruz Vermelha, decidirá da conveniência em convocar uma Conferência para examinar a ou as emendas propostas.

2 – O depositário convidará para essa Conferência as Altas Partes Contratantes, assim como as Partes nas Convenções, signatárias ou não do presente Protocolo.

ARTIGO 98.°
Revisão do anexo I

1 – Quatro anos, o mais tardar, após a entrada em vigor do presente Protocolo e, posteriormente, com intervalos de pelo menos quatro anos, o Comité Internacional da Cruz Vermelha consultará as Altas Partes Contratantes sobre o anexo I ao presente Protocolo e, se o julgar necessário, poderá propor uma reunião de peritos técnicos com o fim de rever o anexo I e propor as emendas que pareçam indicadas. Salvo se, nos seis meses seguintes à comunicação às Altas Partes Contratantes de uma proposta relativa a essa reunião, um terço dessas Partes se lhe oponha, o Comité Internacional da Cruz Vermelha convocará a reunião, para a qual convidará, igualmente, os observadores das organizações internacionais

interessadas. Tal reunião será igualmente convocada pelo Comité Internacional da Cruz Vermelha, em qualquer momento, a pedido de um terço das Altas Partes Contratantes.

2 – O depositário convocará uma Conferência das Altas Partes Contratantes e das Partes nas Convenções para examinar as emendas propostas pela reunião de peritos técnicos se, na sequência da referida reunião, o Comité Internacional da Cruz Vermelha ou um terço das Altas Partes Contratantes o solicitar.

3 – As emendas ao anexo I poderão ser adoptadas na citada Conferência por uma maioria de dois terços das Altas Partes Contratantes presentes e votantes.

4 – O depositário comunicará às Altas Partes Contratantes e às Partes nas Convenções qualquer emenda assim adoptada. A emenda será considerada aceite no termo de um período de um ano a contar da data da comunicação, salvo se, durante este período, uma declaração de não aceitação da emenda for comunicada ao depositário por um terço, pelo menos, das Altas Partes Contratantes.

5 – Uma emenda considerada aceite nos termos do n.º 4 entrará em vigor três meses após a data de aceitação por todas as Altas Partes Contratantes, com excepção das que tenham feito uma declaração de não aceitação nos termos daquele mesmo número. Qualquer Parte que fizer tal declaração pode retirá-la em qualquer momento, em cujo caso a emenda entrará em vigor para essa Parte três meses após tal retirada.

6 – O depositário dará conhecimento às Altas Partes Contratantes e às Partes nas Convenções a entrada em vigor de qualquer emenda às Partes vinculadas por essa emenda, a data da sua entrada em vigor para cada uma das Partes, as declarações de não aceitação feitas nos termos do n.º 4 e a retirada de tais declarações.

ARTIGO 99.º
Denúncia

1 – No caso de uma Alta Parte Contratante denunciar o presente Protocolo, a denúncia só produzirá efeitos um ano após a recepção do instrumento de denúncia. Se, no entanto, expirado esse ano, a Parte denunciante se encontrar numa situação mencionada pelo artigo 1.º, o efeito da denúncia continuará suspenso até ao fim do conflito armado ou da ocupação e, em qualquer caso, enquanto as operações de libertação definitiva, de repatriamento ou de estabelecimento das pessoas protegidas pelas Convenções ou pelo presente Protocolo não tiverem terminado.

2 – A denúncia será notificada por escrito ao depositário, que informará todas as Altas Partes Contratantes dessa notificação.

3 – A denúncia só produzirá efeitos em relação à Parte denunciante.

248   *Jorge Bacelar Gouveia*

4 – Nenhuma denúncia notificada nos termos do n.º 1 terá efeito sobre as obrigações já contraídas em virtude de conflito armado e em razão do presente Protocolo pela Parte denunciante relativamente a qualquer acto cometido antes de a citada denúncia se ter tornado efectiva.

ARTIGO 100.º
Notificações

O depositário informará as Altas Partes Contratantes, assim como as Partes nas Convenções, quer sejam signatárias quer não do presente Protocolo:

a) Das assinaturas apostas ao presente Protocolo e dos instrumentos de ratificação e adesão depositados, nos termos dos artigos 93.º e 94.º;

b) Da data em que o presente Protocolo entrar em vigor, nos termos do artigo 95.º;

c) Das comunicações e declarações recebidas nos termos dos artigos 84.º, 90.º e 97.º;

d) Das declarações recebidas nos termos do artigo 96.º, n.º 3, que serão comunicadas pelas vias mais rápidas;

e) Das denúncias notificadas nos termos do artigo 99.º

ARTIGO 101.º
Registo

1 – Após a sua entrada em vigor, o presente Protocolo será transmitido pelo depositário ao Secretariado das Nações Unidas para registo e publicação, nos termos do artigo 102.º da Carta das Nações Unidas.

2 – O depositário informará, igualmente, o Secretariado das Nações Unidas de todas as ratificações, adesões e denúncias relativas ao presente Protocolo.

ARTIGO 102.º
Textos autênticos

O original do presente Protocolo, cujos textos em inglês, árabe, chinês, espanhol, francês e russo são igualmente autênticos, será depositado junto do depositário, que fará chegar cópias conformes a todas as Partes nas Convenções.

2.6. PROTOCOLO ADICIONAL ÀS CONVENÇÕES DE GENEBRA, DE 12 DE AGOSTO DE 1949, RELATIVO À PROTECÇÃO DAS VÍTIMAS DOS CONFLITOS ARMADOS NÃO INTERNACIONAIS DE 12 DE DEZEMBRO DE 1977 (PROTOCOLO II)[21]

Preâmbulo

As Altas Partes Contratantes:

Lembrando que os princípios humanitários consagrados no artigo 3.º comum às Convenções de Genebra de 12 de Agosto de 1949 constituem o fundamento do respeito pela pessoa humana em caso de conflito armado não apresentando carácter internacional;

Lembrando igualmente que os instrumentos internacionais relativos aos direitos do homem oferecem à pessoa humana uma protecção fundamental;

Sublinhando a necessidade de assegurar uma melhor protecção às vítimas desses conflitos armados;

Lembrando que, para os casos não previstos pelo Direito em vigor, a pessoa humana fica sob a salvaguarda dos princípios da humanidade e das exigências da consciência pública;

acordaram no que se segue:

---

[21] Aprovado pela Resolução da Assembleia da República n.º 10/92, de 1 de Abril, e ratificado pelo Decreto do Presidente da República n.º 10/92, de 1 de Abril.

TÍTULO I
Âmbito do presente Protocolo

ARTIGO 1.º
Âmbito de aplicação material

1 – O presente Protocolo, que desenvolve e completa o artigo 3.º, comum às Convenções de 12 de Agosto de 1949, sem modificar as suas condições de aplicação actuais, aplica-se a todos os conflitos armados que não estão cobertos pelo artigo 1.º do Protocolo Adicional às Convenções de Genebra de 12 de Agosto de 1949, Relativo à Protecção das Vítimas dos Conflitos Armados Internacionais (Protocolo I), e que se desenrolem em território de uma Alta Parte Contratante, entre as suas forças armadas e forças armadas dissidentes ou grupos armados organizados que, sob a chefia de um comando responsável, exerçam sobre uma parte do seu território um controlo tal que lhes permita levar a cabo operações militares continuas e organizadas e aplicar o presente Protocolo.

2 – O presente Protocolo não se aplica às situações de tensão e de perturbação internas, tais como motins, actos de violência isolados e esporádicos e outros actos análogos, que não são considerados como conflitos armados.

ARTIGO 2.º
Âmbito de aplicação pessoal

1 – O presente Protocolo aplica-se sem qualquer discriminação baseada na raça, cor, sexo, língua, religião ou crença, opiniões políticas ou outras, origem nacional ou social, fortuna, nascimento ou outra situação ou quaisquer outros critérios análogos (daqui em diante designados por «discriminação») a qualquer pessoa afectada por um conflito armado, nos termos do artigo 1.º

2 – No final do conflito armado, todas as pessoas que tiverem sido objecto de uma privação ou restrição de liberdade por motivos relacionados com esse conflito, assim como as que forem objecto de tais medidas depois do conflito pelos mesmos motivos, beneficiarão das disposições dos artigos 5.º e 6.º, até ao final dessa privação ou restrição de liberdade.

ARTIGO 3.º
Não intervenção

1 – Nenhuma disposição do presente Protocolo será invocada para atentar contra a soberania de um Estado ou a responsabilidade do governo em manter ou

Direito Internacional Humanitário

restabelecer a ordem pública no Estado ou defender a unidade nacional e a integridade territorial do Estado por todos os meios legítimos.

2 – Nenhuma disposição do presente Protocolo será invocada como justificação de uma intervenção directa ou indirecta, seja qual for a razão, no conflito armado ou nos assuntos internos ou externos da Alta Parte Contratante, em cujo território o conflito se desenrola.

TÍTULO II

Tratamento humano

ARTIGO 4.º
Garantias fundamentais

1 – Todas as pessoas que não participem directamente ou já não participem nas hostilidades, quer estejam ou não privadas da liberdade, têm direito ao respeito da sua pessoa, honra, convicções e práticas religiosas. Serão, em todas as circunstâncias, tratadas com humanidade, sem qualquer discriminação. É proibido ordenar que não haja sobreviventes.

2 – Sem prejuízo do carácter geral das disposições anteriores, são e permanecem proibidas, em qualquer momento ou lugar, em relação às pessoas mencionadas no n.º 1:

a) Os atentados contra a vida, saúde ou bem-estar físico ou mental das pessoas, em particular o assassínio, assim como os tratamentos cruéis, tais como a tortura, as mutilações ou qualquer forma de pena corporal;
b) As punições colectivas;
c) A tomada de reféns;
d) Os actos de terrorismo;
e) Os atentados à dignidade da pessoa, nomeadamente os tratamentos humilhantes e degradantes, a violação, a coacção à prostituição e todo o atentado ao pudor;
f) A escravatura e o tráfico de escravos, qualquer que seja a sua forma;
g) A pilhagem;
h) A ameaça de cometer os actos atrás citados.

3 – As crianças receberão os cuidados e a ajuda de que careçam e, nomeadamente:

a) Deverão receber uma educação, incluindo educação religiosa e moral, tal como a desejarem os seus pais ou, na falta destes, as pessoas que tiverem a sua guarda;

b) Todas as medidas adequadas serão tomadas para facilitar o reagrupamento das famílias momentaneamente separadas;

c) As crianças de menos de 15 anos não deverão ser recrutadas para as forças ou grupos armados, nem autorizadas a tomar parte nas hostilidades;

d) A protecção especial prevista no presente artigo para as crianças de menos de 15 anos continuará a ser-lhes aplicável se tomarem parte directa nas hostilidades, apesar das disposições da alínea *c)*, e forem capturadas;

e) Serão tomadas medidas, se necessário e sempre que for possível com o consentimento dos pais ou das pessoas que tiverem a sua guarda, de acordo com a lei ou costume, para evacuar temporariamente as crianças do sector onde as hostilidades se desenrolarem para um sector mais seguro do país, e para as fazer acompanhar por pessoas responsáveis pela sua segurança e bem-estar.

ARTIGO 5.º
Pessoas privadas de liberdade

1 – Além das disposições do artigo 4.º, as disposições seguintes serão no mínimo respeitadas, em relação às pessoas privadas de liberdade por motivos relacionados com o conflito armado, quer estejam internadas ou detidas:

a) Os feridos e doentes serão tratados nos termos do artigo 7.º;

b) As pessoas mencionadas no presente número receberão, na mesma medida que a população civil local, víveres e água potável, e beneficiarão de garantias de salubridade e higiene e de protecção contra os rigores do clima e os perigos do conflito armado;

c) Serão autorizadas a receber socorros individuais ou colectivos;

d) Poderão praticar a sua religião e receber a seu pedido, se tal for adequado, uma assistência espiritual de pessoas que exerçam funções religiosas, tais como os capelães;

e) Deverão beneficiar, se tiverem de trabalhar, de condições de trabalho e de garantias semelhantes às que usufrui a população civil local.

2 – Os responsáveis pelo internamento ou detenção das pessoas mencionadas no n.º 1 respeitarão, na medida dos seus meios, as disposições seguintes em relação a essas pessoas:

a) Salvo no caso de os homens e as mulheres de uma mesma família partilharem o mesmo alojamento, as mulheres serão mantidas em locais

Direito Internacional Humanitário 253

separados dos dos homens e serão colocadas sob a vigilância imediata de mulheres;

b) As pessoas mencionadas no n.º 1 serão autorizadas a expedir e a receber cartas e postais cujo número poderá ser limitado pela autoridade competente, se esta o julgar necessário;

c) Os locais de internamento e de detenção não serão situados na proximidade da zona de combate. As pessoas mencionadas no n.º 1 serão evacuadas quando os locais onde se encontrem internadas ou detidas se tornarem particularmente expostos aos perigos resultantes do conflito armado, se a sua evacuação se puder efectuar em condições satisfatórias de segurança;

d) Deverão beneficiar de exames médicos;

f) A sua saúde e integridade física ou mental não serão comprometidas por nenhum acto nem omissão injustificados. Em consequência, é proibido submeter as pessoas mencionadas no presente artigo a acto médico que não seja motivado pelo estado de saúde e conforme às normas médicas geralmente reconhecidas e aplicadas em circunstâncias médicas análogas às pessoas em liberdade.

3 – As pessoas que não estiverem abrangidas pelo n.º 1, mas cuja liberdade se encontre limitada por qualquer forma por motivos relacionados com o conflito armado, serão tratadas com humanidade de harmonia com o artigo 4.º e n.ᵒˢ 1, alíneas *a)*, *c)* e *d)*, e 2, alínea *b)*, do presente artigo.

4 – Se for decidido libertar pessoas privadas da liberdade, as medidas necessárias para garantir a segurança dessas pessoas serão tomadas por quem decidir libertá-las.

ARTIGO 6.º
Acções penais

1 – O presente artigo aplica-se ao exercício da acção penal e à repressão de infracções penais relacionadas com o conflito armado.

2 – Nenhuma condenação será pronunciada e nenhuma pena executada contra quem haja sido reconhecido culpado de uma infracção, sem uma sentença prévia proferida por um tribunal que ofereça as garantias essenciais de independência e imparcialidade. Em particular:

a) O processo disporá que o detido seja informado, sem demora, dos detalhes da infracção que lhe é imputada e assegurará ao detido, antes e durante o seu julgamento, todos os direitos e meios necessários à sua defesa;

b) Só se poderá ser condenado por uma infracção, com base em responsabilidade penal individual;

c) Ninguém poderá ser condenado por acções ou omissões que não constituíam acto delituoso segundo o Direito Nacional ou Internacional no momento em que foram cometidos. Da mesma maneira, não poderá ser aplicada pena mais grave do que a que seria aplicável no momento em que a infracção foi cometida. Se, posteriormente a essa infracção, a lei previr a aplicação de uma pena mais leve, o delinquente deverá beneficiar dessa medida;

d) Qualquer pessoa acusada de uma infracção se presume inocente até que a sua culpabilidade tenha sido estabelecida de acordo com a lei;

e) Qualquer pessoa acusada de uma infracção tem o direito de ser julgada na sua presença;

f) Ninguém pode ser forçado a testemunhar contra si próprio ou a confessar-se culpado.

3 – Qualquer pessoa condenada será informada, no momento da condenação, dos seus direitos de recurso judicial e outros, assim como dos prazos em que deverão ser exercidos.

4 – A pena de morte não será proferida contra pessoas de idade inferior a 18 anos no momento da infracção, nem será executada contra mulheres grávidas ou mães de crianças de tenra idade.

5 – Quando da cessação das hostilidades, as autoridades no poder procurarão conceder a mais ampla amnistia às pessoas que tiverem tomado parte no conflito armado ou que tiverem estado privadas de liberdade por motivos relacionados com o conflito armado, quer estejam internadas, quer detidas.

TÍTULO III

Feridos, doentes e náufragos

ARTIGO 7.º
Protecção e cuidados

1 – Todos os feridos, doentes e náufragos, quer tenham ou não tomado parte no conflito armado, serão protegidos e respeitados.

2 – Serão tratados, em qualquer circunstância, com humanidade e receberão, na medida do possível e com a maior brevidade, os cuidados médicos que o seu

estado exigir. Nenhuma discriminação fundada em quaisquer outros critérios que não sejam os médicos será feita entre eles.

ARTIGO 8.º
Pesquisas

Sempre que as circunstâncias o permitirem, e especialmente depois de um confronto, serão tomadas, sem tardar, todas as medidas possíveis para procurar e recolher os feridos, doentes e náufragos, protegê-los contra a pilhagem e os maus tratos, e assegurar-lhes os cuidados adequados, assim como para procurar os mortos, impedir que sejam despojados e prestar-lhes os últimos deveres.

ARTIGO 9.º
Protecção do pessoal sanitário e religioso

1 – O pessoal sanitário e religioso será respeitado e protegido. Receberá toda a ajuda disponível no exercício das suas funções e não será obrigado a serviços incompatíveis com a sua missão humanitária.

2 – Não será exigido ao pessoal sanitário que cumpra a sua missão com prioridade em proveito de quem quer que seja, salvo por razões médicas.

ARTIGO 10.º
Protecção geral da missão médica

1 – Ninguém será punido por ter exercido uma actividade de carácter médico conforme à deontologia, quaisquer que tenham sido as circunstâncias ou os beneficiários dessa actividade.

2 – As pessoas que exerçam uma actividade de carácter médico não poderão ser obrigadas a cumprir actos ou a efectuar trabalhos contrários à deontologia ou a outras regras médicas que protejam os feridos e doentes, ou às disposições do presente Protocolo, nem a abster-se de executar actos exigidos por essas regras ou disposições

3 – As obrigações profissionais das pessoas que exercem actividades de carácter médico, quanto a informações que poderiam obter junto dos feridos e doentes por eles tratados, deverão ser respeitadas, sem prejuízo da legislação nacional.

4 – Sem prejuízo da legislação nacional, ninguém que exerça actividades de carácter médico poderá ser de alguma maneira punido por se ter recusado ou abstido de dar informações respeitantes a feridos ou doentes que trate ou tenha tratado.

ARTIGO 11.º
Protecção das unidades e meios de transporte sanitário

1 – As unidades e meios de transporte sanitário serão sempre respeitados e protegidos e não serão objecto de ataques.

2 – A protecção devida às unidades e meios de transporte sanitário só poderá cessar no caso de serem utilizados para cometer actos hostis, fora da sua função humanitária. Contudo, a protecção só cessará depois de ter ficado sem efeito uma intimação fixando, sempre que a tal houver lugar, um prazo razoável.

ARTIGO 12.º
Sinal distintivo

Sob o controlo da autoridade competente interessada, o sinal distintivo da Cruz Vermelha ou do Crescente Vermelho, em fundo branco, será arvorado pelo pessoal sanitário e religioso, pelas unidades e meios de transporte sanitário. Deve ser respeitado em todas as circunstâncias. Não deve ser utilizado abusivamente.

TÍTULO IV
População civil

ARTIGO 13.º
Protecção da população civil

1 – A população civil e as pessoas civis gozam de uma protecção geral contra os perigos resultantes das operações militares. Com vista a tornar essa protecção eficaz, serão observadas em todas as circunstâncias as regras seguintes.

2 – Nem a população civil, enquanto tal, nem as pessoas civis deverão ser objecto de ataques. São proibidos os actos ou ameaças de violência cujo objectivo principal seja espalhar o terror na população civil.

3 – As pessoas civis gozam da protecção atribuída pelo presente título, salvo se participarem directamente nas hostilidades e enquanto durar tal participação.

ARTIGO 14.º
Protecção dos bens indispensáveis à sobrevivência da população civil

É proibido utilizar contra as pessoas civis a fome como método de combate. É, portanto, proibido atacar, destruir, tirar ou pôr fora de uso com essa finalidade os bens indispensáveis à sobrevivência da população civil, tais como os géneros alimentícios e as zonas agrícolas que os produzem, as colheitas, o gado, as instalações e as reservas de agua potável e os trabalhos de irrigação.

ARTIGO 15.º
Protecção das obras e instalações contendo forças perigosas

As obras de engenharia ou instalações contendo forças perigosas, tais como barragens, diques e centrais nucleares de produção de energia eléctrica, não serão objecto de ataques, mesmo que constituam objectivos militares, se esses ataques puderem ocasionar a libertação daquelas forças e causar, em consequência, severas perdas na população civil.

ARTIGO 16.º
Protecção dos bens culturais e lugares de culto

Sem prejuízo das disposições da Convenção da Haia, de 14 de Maio de 1954, para a Protecção dos Bens Culturais em Caso de Conflito Armado, é proibido cometer qualquer acto de hostilidade dirigido contra monumentos históricos, obras de arte ou lugares de culto que constituam o património cultural ou espiritual dos povos e utilizá-los para apoio do esforço militar.

ARTIGO 17.º
Proibição das deslocações forçadas

1 – A deslocação da população civil não poderá ser ordenada por razões relacionadas com o conflito, salvo nos casos em que a segurança das pessoas civis ou razões militares imperativas o exigem. Se tal deslocação tiver de ser efectuada, serão tomadas todas as medidas possíveis para que a população civil seja acolhida em condições satisfatórias de alojamento, salubridade, higiene, segurança e alimentação.

2 – As pessoas civis não poderão ser forçadas a deixar o seu próprio território por razões que se relacionem com o conflito.

ARTIGO 18.º
Sociedades de socorro e acções de socorro

1 – As sociedades de socorro situadas no território da Alta Parte Contratante, tais como as organizações da Cruz Vermelha e do Crescente Vermelho, poderão oferecer os seus serviços para desempenhar as suas tarefas tradicionais para com as vítimas do conflito armado. A população civil pode, mesmo por sua própria iniciativa, oferecer-se para recolher e cuidar dos feridos, doentes e náufragos.

2 – Quando a população civil sofrer de privações excessivas por falta dos mantimentos essenciais à sua sobrevivência, tais como víveres e abastecimentos sanitários, serão empreendidas, com o consentimento da Alta Parte Contratante interessada, acções de socorro em favor da população civil, de carácter exclusivamente humanitário e imparcial, conduzidas sem qualquer discriminação.

TÍTULO V

Disposições finais

ARTIGO 19.º
Difusão

O presente Protocolo será divulgado o mais amplamente possível.

ARTIGO 20.º
Assinatura

O presente Protocolo estará aberto à assinatura das Partes nas Convenções seis meses após a assinatura da acta final e ficará aberto durante um período de 12 meses.

ARTIGO 21.º
Ratificação

O presente Protocolo será ratificado logo que possível. Os instrumentos de ratificação serão depositados junto do Conselho Federal Suíço, depositário das Convenções.

ARTIGO 22.º
Adesão

O presente Protocolo estará aberto à adesão de qualquer Parte nas Convenções não signatária do presente Protocolo. Os instrumentos de adesão serão depositados junto do depositário.

ARTIGO 23.º
Entrada em vigor

1 – O presente Protocolo entrará em vigor seis meses após o depósito de dois instrumentos de ratificação ou adesão.

2 – Para cada uma das Partes nas Convenções que ratificar ou aderir ulteriormente, o presente Protocolo entrará em vigor seis meses após o depósito por aquela Parte do seu instrumento de ratificação ou adesão.

ARTIGO 24.º
Emenda

1 – Qualquer Alta Parte Contratante poderá propor emendas ao presente Protocolo. O texto de qualquer projecto de emenda será comunicado ao depositário que, após consulta ao conjunto das Altas Partes Contratantes e ao Comité Internacional da Cruz Vermelha, decidirá da necessidade de convocar uma conferência para examinar a ou as emendas propostas.

2 – O depositário convidará para essa conferência as Altas Partes Contratantes, assim como as Partes nas Convenções, signatárias ou não do presente Protocolo.

ARTIGO 25.º
Denúncia

1 – No caso de uma Alta Parte Contratante denunciar o presente Protocolo, a denúncia só produzirá efeitos seis meses após a recepção do instrumento de denúncia. Se, no entanto, expirados esses seis meses, a Parte denunciante se encontrar na situação prevista pelo artigo 1.º, a denúncia só terá efeito no final do conflito armado. As pessoas que tiverem sido objecto de privação ou restrição de liberdade por motivos relacionados com o conflito continuarão a beneficiar das disposições do presente Protocolo até à sua libertação definitiva.

2 – A denúncia será notificada por escrito ao depositário, que informará todas as Altas Partes Contratantes daquela notificação.

ARTIGO 26.º
Notificações

O depositário informará as Altas Partes Contratantes, assim como as Partes nas Convenções, quer sejam signatárias quer não do presente Protocolo:

a) Das assinaturas apostas ao presente Protocolo e dos instrumentos de ratificação e adesão depositados, nos termos dos artigos 21.º e 22.º;

b) Da data em que o presente Protocolo entrará em vigor, conforme o artigo 23.º; e

c) Das comunicações e declarações recebidas nos termos do artigo 24.º

ARTIGO 27.º
Registo

1 – Após a sua entrada em vigor, o presente Protocolo será transmitido pelo depositário ao Secretariado das Nações Unidas para registo e publicação nos termos do artigo 102.º da Carta das Nações Unidas.

2 – O depositário informará igualmente o Secretariado das Nações Unidas de todas as ratificações e adesões recebidas relativamente ao presente Protocolo.

ARTIGO 28.º
Textos autênticos

O original do presente Protocolo, cujos textos em inglês, árabe, chinês, espanhol, francês e russo são igualmente autênticos, será depositado junto do depositário, que fará chegar cópias certificadas conforme a todas as Partes nas Convenções.

3. CONVENÇÃO PARA A PROTECÇÃO DOS BENS CULTURAIS EM CASO DE CONFLITO ARMADO E I PROTOCOLO, ADOPTADOS NA HAIA, EM 14 DE MAIO DE 1954

3.1. CONVENÇÃO PARA A PROTECÇÃO DOS BENS CULTURAIS EM CASO DE CONFLITO ARMADO, INCLUINDO O REGULAMENTO DE EXECUÇÃO E TAMBÉM O PROTOCOLO DA CONVENÇÃO E AS RESOLUÇÕES DA CONFERÊNCIA[22]

INTRODUÇÃO

No seguimento da quarta Convenção de 1907 respeitante às leis e costumes da guerra em terra, que instituiu pela primeira vez um embrião de protecção internacional para os edifícios consagrados às artes e às ciências, bem como para os monumentos históricos, visa esta Convenção salvaguardar e assegurar o respeito pelos bens móveis ou imóveis que representem uma grande importância para o património cultural dos povos, qualquer que seja a sua origem ou o seu proprietário.

A salvaguarda destes bens implica que os Estados em cujo território eles se encontrem situados tomem em tempo de paz todas as medidas necessárias à sua protecção.

O respeito pelos bens protegidos impõe-se tanto ao Estado onde eles se encontrem como aos seus adversários. Este respeito pelos bens implica que as partes da Convenção renunciem, por um lado, a utilizar os referidos bens para fins que os possam expor à destruição e, por outro lado, que as partes se abstenham de qualquer acto de hostilidade em relação a esses bens. Elas comprometem-se para mais a proibir e prevenir qualquer acto de roubo, pilhagem, desvio ou vandalismo em relação a bens culturais.

---

[22] Aprovada pela Resolução da Assembleia da República n.º 26/2000, de 30 de Março, e ratificada pelo Decreto do Presidente da República n.º 13/2000, de 30 de Março.

Está prevista uma protecção especial para aqueles bens de grande importância, assim como para os abrigos destinados a protegê-los.

As modalidades de aplicação da Convenção estão determinadas no Regulamento de Execução, que, por iniciativa do Director-Geral da UNESCO, foi pela primeira vez posto em prática aquando do conflito de 1907 no Médio Oriente.

A Convenção prevê também que as Partes Contratantes dirijam, pelo menos uma vez de quatro em quatro anos, ao Director-Geral da UNESCO um relatório sobre as medidas tomadas, preparadas ou consideradas em aplicação da Convenção e do seu Regulamento de Execução.

A Convenção entrou em vigor em 7 de Agosto de 1956.

O Protocolo adoptado pela Conferência da Haia, da mesma forma que a Convenção de 1954, proíbe aos Estados Contratantes a exportação de bens culturais dos territórios que eles ocupem. Estes Estados devem mesmo tomar todas as medidas necessárias para impedir semelhantes exportações por quem quer que seja.

Se, apesar dessas medidas, um bem cultural for exportado de um território ocupado, esse bem deverá ser restituído às autoridades competentes desse território no fim das hostilidades, ficando estabelecido que as indemnizações devidas aos possuidores ou detentores de boa fé serão pagas pelo Estado ocupante. O Protocolo estabelece ainda que em caso algum os bens culturais transferidos de um território ocupado poderão ser retidos como indemnizações de guerra.

O Protocolo entrou em vigor em 7 de Agosto de 1956.

As Altas Partes Contratantes:

Considerando que os bens culturais sofreram graves danos durante os últimos conflitos e que eles se encontram cada vez mais ameaçados de destruição devido ao desenvolvimento de tecnologia de guerra;

Convencidos de que os atentados perpetrados contra os bens culturais, qualquer que seja o povo a quem eles pertençam, constituem atentados contra o património cultural de toda a Humanidade, sendo certo que cada povo dá a sua contribuição para a cultura mundial;

Considerando que a convenção do património cultural apresenta uma grande importância para todos os povos do mundo e que importa assegurar a este património uma protecção internacional;

Guiados pelos princípios respeitantes à protecção dos bens culturais em caso de conflito armado estabelecidos nas Convenções da Haia de 1899 e de 1907 e no Pacto de Washington de 15 de Abril de 1935;

Considerando que, para ser eficaz, a protecção destes bens deve ser organizada em tempo de paz através de medidas quer nacionais quer internacionais;

Determinados a adoptar todas as disposições possíveis para proteger os bens culturais;

acordam o que se segue:

CAPÍTULO I

Disposições gerais respeitantes à protecção

ARTIGO 1.º
Definição de bens culturais

Para fins da presente Convenção são considerados como bens culturais, qualquer que seja a sua origem ou o seu proprietário:

a) Os bens, móveis ou imóveis, que apresentem uma grande importância para o património cultural dos povos, tais como os monumentos de arquitectura, de arte ou de história, religiosos ou laicos, ou sítios arqueológicos, os conjuntos de construções que apresentem um interesse histórico ou artístico, as obras de arte, os manuscritos, livros e outros objectos de interesse artístico, histórico ou arqueológico, assim como as colecções científicas e as importantes colecções de livros, de arquivos ou de reprodução dos bens acima definidos;

b) Os edifícios cujo objectivo principal e efectivo seja, de conservar ou de expor os bens culturais móveis definidos na alínea a), como são os museus, as grandes bibliotecas, os depósitos de arquivos e ainda os refúgios destinados a abrigar os bens culturais móveis definidos na alínea a) em caso de conflito armado;

c) Os centros que compreendam um número considerável de bens culturais que são definidos nas alíneas a) e b), os chamados «centros monumentais».

ARTIGO 2.º
Protecção dos bens culturais

Para fins da presente Convenção a protecção dos bens culturais comporta a salvaguarda e o respeito por estes bens.

ARTIGO 3.º
Salvaguarda dos bens culturais

As Altas Partes Contratantes comprometem-se a preparar, em tempo de paz, a salvaguarda dos bens culturais situados no seu próprio território contra os efeitos previsíveis de um conflito armado, tomando as medidas que considerem apropriadas.

ARTIGO 4.º
Respeito pelos bens culturais

1 – As Altas Partes Contratantes comprometem-se a respeitar os bens culturais situados quer no seu próprio território quer no território das outras Altas Partes Contratantes, não se permitindo a utilização desses bens, dos seus dispositivos de protecção e dos acessos imediatos para fins que poderiam expor esses bens a uma possível destruição ou deterioração em caso de conflito armado, devendo também abster-se de qualquer acto de hostilidade em relação a esses bens.

2 – As obrigações definidas no primeiro parágrafo do presente artigo não poderão sofrer derrogações, excepto no caso em que uma necessidade militar exija de uma maneira imperativa uma tal derrogação.

3 – As Altas Partes Contratantes comprometem-se ainda a proibir, a prevenir e, caso seja necessário, a fazer cessar todo o acto de roubo, de pilhagem ou de desvio de bens culturais, qualquer que seja a sua forma, bem como todo o acto de vandalismo em relação aos referidos bens. As Partes impedem a requisição dos bens culturais móveis que se situem no território de uma outra Alta Parte Contratante.

4 – As Partes proíbem qualquer acção de represália que atinja os bens culturais.

5 – Uma Alta Parte Contratante não se pode desvincular das obrigações estipuladas no presente artigo em relação a uma outra Alta Parte Contratante com fundamento na não adopção das medidas de salvaguarda prescritas no artigo 3.º por parte desta última.

ARTIGO 5.º
Ocupação

1 – As Altas Partes Contratantes que ocupem total ou parcialmente o território de uma outra Alta Parte Contratante devem, na medida do possível, apoiar os esforços das autoridades competentes do território ocupado de forma a assegurar a salvaguarda e a conservação dos seus bens culturais.

2 – Se uma intervenção urgente for necessária para a conservação dos bens culturais situados em território ocupado e danificados por operações militares e se as autoridades nacionais competentes não puderem encarregar-se disso, deve a potência ocupante tomar, quando possível, as medidas de conservação mais prementes em estreita colaboração com as autoridades.

3 – Qualquer Alta Parte Contratante cujo Governo seja considerado pelos membros de um movimento de resistência como o seu governo legítimo, chamará, se possível, a atenção desses membros para a obrigação de observar aquelas disposições da Convenção referentes ao respeito pelos bens culturais.

ARTIGO 6.º
Sinalização dos bens culturais

Em conformidade com as disposições do artigo 16.º, os bens culturais podem ser munidos de um sinal distintivo de modo a facilitar a sua identificação.

ARTIGO 7.º
Medidas de ordem militar

1 – As Altas Partes Contratantes comprometem-se a introduzir em tempo de paz nos regulamentos ou instituições destinados à utilização pelas suas tropas disposições próprias para assegurar a observação da presente Convenção. Comprometem-se ainda a incutir ao pessoal das suas forças armadas em tempo de paz um espírito de respeito pelas culturas e pelos bens culturais de todos os povos.

2 – As Partes comprometem-se a preparar ou a estabelecer, desde o tempo de paz, no seio das suas forças armadas, serviços ou um pessoal especializado cuja missão será velar pelo respeito dos bens culturais e colaborar com as autoridades civis encarregadas da salvaguarda desses bens.

CAPÍTULO II
Da protecção especial

ARTIGO 8.º
Atribuição de protecção especial

1 – Pode ser posto sob protecção especial um número restrito de refúgios destinados a abrigar os bens culturais móveis de grande importância desde que:

a) Eles se encontrem a uma distância suficiente de um grande centro industrial ou de qualquer objectivo militar importante que constitua um ponto sensível, como por exemplo um aeródromo, uma estação de radiodifusão, um estabelecimento ao serviço da defesa nacional, um porto ou uma gare de caminhos de ferro com uma certa importância, ou uma grande via de comunicação;

b) Eles não sejam utilizados para fins militares.

2 – Um refúgio para bens culturais móveis pode também ser colocado sob protecção especial, qualquer que seja a sua localização, se tiver sido construído de modo que, segundo todas as probabilidades, não seja afectado por bombardeamentos.

3 – Um centro monumental é considerado como utilizado para fins militares quando seja empregue para deslocações de pessoal ou material militar, mesmo em trânsito. O mesmo se passará quando aí se desenvolvam actividades que tenham uma relação directa com operações militares, com o alojamento do pessoal militar ou com a produção de material bélico.

4 – Não é considerada como utilidade para fins militares a vigilância de um dos bens culturais enumerados no primeiro parágrafo por guardas armados e especialmente equipados para esse efeito, ou a presença, próxima desse bem cultural, de forças de polícia normalmente encarregues de assegurar a ordem pública.

5 – Se um dos bens culturais enumerados no primeiro parágrafo do presente artigo estiver situado próximo de um objectivo militar importante, de acordo com o sentido deste parágrafo, ele pode, todavia, ser colocado sob protecção especial desde que a Alta Parte Contratante, que no presente pede essa protecção, se comprometa a não fazer uso do objectivo em causa em caso de conflito armado. Se o objectivo se tratar de um posto, de uma gare ou de um aeródromo, todo o tráfego deve ser desviado. Neste caso o desvio de tráfego deve ser organizado ainda em tempo de paz.

6 – A protecção especial é concedida aos bens culturais através da sua inscrição no Registo Internacional dos Bens Culturais sob Protecção Especial. Esta inscrição só poderá ser efectuada em conformidade com as disposições da presente Convenção e nas condições previstas no Regulamento de Execução.

ARTIGO 9.º
Imunidade dos bens culturais

As Altas Partes Contratantes comprometem-se a assegurar a imunidade dos bens culturais sob protecção especial através de interdição, a partir da inscrição no Registo Internacional, de todo o acto de hostilidade em relação a esses bens e de qualquer utilização dos mesmos ou dos seus acessos para fins militares, exceptuando-se os casos previstos no quinto parágrafo do artigo 8.º

ARTIGO 10.º
Sinalização e controlo

No decurso de um conflito armado os bens culturais sob protecção especial devem ser munidos de um sinal distintivo definido pelo artigo 16.º e ser abertos a um controlo de carácter internacional, como está previsto no Regulamento de Execução.

ARTIGO 11.º
Levantamento de imunidade

1 – Se uma das Altas Partes Contratantes cometer, relativamente a um bem cultural sob protecção especial, uma violação dos compromissos assumidos em virtude do artigo 9.º, no período de tempo em que a violação subsistir, a outra Parte fica desobrigada de assegurar a imunidade do bem em causa. Porém, cada vez que esta o possa, deve tomar previamente as diligências de modo a pôr fim a esta violação dentro de um prazo razoável.

2 – Em exclusão do caso previsto no primeiro parágrafo do presente artigo, a imunidade de um bem cultural sob protecção especial não pode ser levantada a não ser em casos excepcionais de necessidade militar inelutável e apenas naquele tempo em que essa necessidade subsiste. Esta só poderá ser constatada por um chefe de uma formação igual ou superior em importância a uma divisão. Em todos os casos que as circunstâncias o permitam, a decisão de levantar a imunidade é notificada com uma antecedência suficiente à Parte contrária.

3 – A Parte que levanta a imunidade deve informar no mais curto prazo possível, por escrito, e com indicação dos seus motivos, o comissário-geral para os bens culturais, tal como previsto no Regulamento de Execução.

CAPÍTULO III
Dos transportes de bens culturais

ARTIGO 12.º
Transporte sob protecção especial

1 – Um transporte exclusivamente afectado à transferência de bens culturais, seja para o interior de um território, seja com destino a outro território, pode, a pedido da Alta Parte Contratante interessada, ser efectuado sob protecção especial, nas condições previstas no Regulamento de Execução.

2 – O transporte sob protecção especial é realizado sob uma vigilância de carácter internacional prevista no Regulamento de Execução e deve estar munido de um sinal distintivo definido no artigo 16.º

3 – As Altas Partes Contratantes proíbem qualquer acto de hostilidade contra um transporte sob protecção especial.

ARTIGO 13.º
Transporte em caso de urgência

1 – Se uma Alta Parte Contratante julgar que a segurança de certos bens culturais exige a sua transferência, e que há uma urgência tal que o procedimento previsto no artigo 12.º não pode ser seguido, nomeadamente no início de um conflito armado, o transporte pode ser munido de um sinal distintivo definido no artigo 16.º, a menos que ele não tenha sido objecto de um pedido de imunidade no sentido do artigo 12.º e que o dito pedido não tenha sido recusado. Sempre que possível a notificação do transporte deve ser feita às Partes contrárias. O transporte para o território de um outro país não pode em caso algum ser munido de um sinal distintivo, se a imunidade não lhe tiver sido concedida expressamente.

2 – As Altas Partes Contratantes tomarão, na medida do possível, as precauções necessárias para que os transportes previstos no primeiro parágrafo do presente artigo e munidos de um sinal distintivo sejam protegidos contra actos de hostilidade contra elas dirigidos.

ARTIGO 14.º
Imunidade de embargo, captura e apreensão

1 – Gozam de imunidade de embargo, captura e apreensão:

a) Os bens culturais que beneficiem da protecção prevista no artigo 12.º ou da prevista no artigo 13.º;

b) Os meios de transporte afectados exclusivamente à transferência destes bens.

2 – Nada do presente artigo limita o direito de visita e de controlo.

CAPÍTULO IV

Do pessoal

ARTIGO 15.º
Pessoal

O pessoal afecto à protecção aos bens culturais deve, na medida do compatível com as exigências de segurança, ser respeitado no interesse destes bens e, se ele cair nas mãos de uma Parte contrária, deve poder continuar a exercer as suas funções desde que os bens a seu cargo caiam também nas mãos de Parte contrária.

CAPÍTULO V
Do sinal distintivo

ARTIGO 16.°
Sinal da Convenção

1 – O sinal distintivo da Convenção consiste num escudo, pontiagudo em baixo, esquartelado em aspa em azul-real e em branco (um escudete formado por um quadrado azul-real tendo um dos ângulos inscritos na ponta do escudete e de um triângulo azul-real por cima do quadrado, os dois delimitando um triângulo branco de cada lado).

2 – O sinal é utilizado isolado ou repetido três vezes em formação triangular (um sinal em baixo), nas condições previstas no artigo 17.°

ARTIGO 17.°
Utilização do sinal

1 – O sinal distintivo repetido três vezes só pode ser utilizado para:

a) Os bens imóveis sob protecção especial;
b) Os transportes de bens culturais, nas condições previstas nos artigos 12.° e 13.°;
c) Os refúgios improvisados, nas condições previstas no Regulamento de Execução.

2 – O sinal distintivo só pode ser utilizado isoladamente para:

a) Os bens culturais que não estejam sob protecção especial;
b) As pessoas encarregadas de funções de controlo em conformidade com o Regulamento de Execução;
c) O pessoal afecto à protecção dos bens culturais;
d) Os cartões de identidade previstos no Regulamento de Execução.

3 – Durante um conflito armado é proibida a utilização de um sinal semelhante ao sinal distintivo para qualquer efeito.

4 – O sinal distintivo não pode ser colocado sobre um bem cultural imóvel sem que ao mesmo tempo seja afixada uma autorização devidamente datada e assinada pela autoridade competente da Alta Parte Contratante.

CAPÍTULO VI
Do campo de aplicação da Convenção

ARTIGO 18.º
Aplicação da Convenção

1 – Além das disposições que devem entrar em vigor desde o tempo de paz, a presente Convenção será aplicada em caso de guerra declarada ou de qualquer outro conflito armado que surja entre duas ou mais das Altas Partes Contratantes, mesmo se o estado de guerra não for reconhecido por uma ou mais Partes.

2 – A Convenção será igualmente aplicada em todos os casos de ocupação total ou parcial do território de uma Alta Parte Contratante, mesmo se essa ocupação não encontrar nenhuma resistência militar.

3 – Se uma das potências em conflito não for Parte na presente Convenção, as potências que façam parte dela ficarão contudo ligadas por esta nas suas relações recíprocas. Elas estarão ligadas ainda pela Convenção relativamente à potência que não seja Parte, se esta tiver declarado aceitar as disposições e desde que as aplique.

ARTIGO 19.º
Conflitos de carácter não internacional

1 – Em caso de conflito armado que não apresente um carácter internacional e surja no território de uma Alta Parte Contratante, cada uma das Partes no conflito deverá aplicar pelo menos as disposições da presente Convenção que obrigam ao respeito dos bens culturais.

2 – As Partes no conflito procederão no sentido de pôr em vigor, por via de acordos especiais, todas (ou parte) das outras disposições da presente Convenção.

3 – A Organização das Nações Unidas para a Educação, a Ciência e a Cultura pode oferecer os seus serviços às Partes em conflito.

4 – A aplicação das disposições precedentes não produzirá efeitos sobre o estatuto jurídico das Partes em conflito.

CAPÍTULO VII
Da execução da Convenção

ARTIGO 20.º
Regulamento de Execução

As modalidades de aplicação da presente Convenção são determinadas pelo Regulamento de Execução da qual é parte integrante.

ARTIGO 21.º
Potências protectoras

A presente Convenção e o seu Regulamento de Execução são aplicados com a concordância das potências protectoras encarregadas da salvaguarda dos interesses das Partes no conflito.

ARTIGO 22.º
Processo de conciliação

1 – As potências protectoras prestam os seus bons serviços em todos os casos nos quais julguem ser útil e no interesse dos bens culturais, nomeadamente se houver algum desacordo entre as Partes em conflito sobre a aplicação ou a interpretação das disposições da presente Convenção ou do seu Regulamento de Execução.

2 – Para este efeito, cada uma das potências protectoras pode, a convite de uma Parte, do Director-Geral da Organização das Nações Unidas para a Educação, a Ciência e a Cultura ou espontaneamente, propor às Partes no conflito uma reunião dos seus representantes e, em particular, das autoridades encarregues da protecção dos bens culturais, eventualmente em território neutro escolhido convenientemente. As Partes em conflito devem dar seguimento às propostas da reunião que lhe sejam feitas.

As potências protectoras propõem, de acordo com as Partes do conflito, uma personalidade pertencente a uma potência neutra, ou apresentada pelo Director--Geral da Organização das Nações Unidas para a Educação, a Ciência e a Cultura, que é chamada a participar nesta reunião na qualidade de presidente.

ARTIGO 23.º
Cooperação da UNESCO

1 – As Altas Partes Contratantes podem fazer apelo à cooperação tecnológica da Organização das Nações Unidas para a Educação, a Ciência e a Cultura tendo em vista a organização da protecção dos seus bens culturais, ou a propósito de qualquer outro problema derivado da aplicação da presente Convenção ou seu Regulamento de Execução. A Organização acorda esta cooperação nos limites do seu programa e das suas possibilidades.

2 – A Organização está habilitada a apresentar, por sua própria iniciativa, propostas sobre esta questão às Altas Partes Contratantes.

ARTIGO 24.º
Acordos especiais

1 – As Altas Partes Contratantes podem concluir acordos especiais sobre qualquer questão que lhes pareça oportuno regular separadamente.

2 – Não pode ser concluído nenhum acordo especial que diminua a protecção assegurada pela presente Convenção aos bens culturais e ao pessoal que lhes está afecto.

ARTIGO 25.º
Difusão da Convenção

As Altas Partes Contratantes obrigam-se a difundir o mais largamente possível, em tempo de paz e em tempo de conflito armado, o texto da presente Convenção e o seu Regulamento de Execução nos respectivos países. Elas obrigam-se a incorporar o estudo nos programas de instruções militares e, se possível, civis, de tal maneira que os princípios possam ser conhecidos do conjunto de população, em particular das forças armadas e do pessoal afecto à protecção dos bens culturais.

ARTIGO 26.º
Traduções e relatórios

1 – As Altas Partes Contratantes comunicam entre elas, por intermédio do Director-Geral da Organização das Nações Unidas para a Educação, a Ciência e a Cultura, as traduções oficiais da presente Convenção e do seu Regulamento de Execução.

2 – Além do mais, uma vez cada quatro anos elas dirigem ao Director-Geral um relatório dando as sugestões que elas julguem oportunas sobre as medidas tomadas, preparadas e verificadas pela sua respectiva administração em aplicação da presente Convenção e do seu Regulamento de Execução.

ARTIGO 27.º
Reuniões

1 – O Director-Geral da Organização das Nações Unidas para a Educação, a Ciência e a Cultura pode, com a aprovação do Conselho Executivo, convocar reuniões de representantes das Altas Partes Contratantes. Ele é obrigado a fazê-lo se pelo menos um quinto das Altas Partes Contratantes o requisitarem.

2 – Sem prejuízo de todas as outras funções que lhe são conferidas pela presente Convenção e seu Regulamento de Execução, a reunião tem como pro-

pósito estudar os problemas relativos à aplicação da Convenção e do seu Regulamento de Execução e de formular recomendações a este propósito.

3 – A reunião pode, além do mais, proceder à revisão da Convenção e do seu Regulamento de Execução se a maioria das Altas Partes Contratantes se encontrar representada, em conformidade com as disposições do artigo 39.º

ARTIGO 28.º
Sanções

As Altas Partes Contratantes obrigam-se a tomar, no quadro do seu sistema de Direito Penal, todas as medidas necessárias para que sejam encontradas e aplicadas as sanções penais e disciplinares às pessoas, qualquer que seja a sua nacionalidade, que cometeram ou deram ordem para cometer uma infracção à presente Convenção.

Disposições finais

ARTIGO 29.º
Línguas

1 – A presente Convenção é redigida em inglês, espanhol, francês e russo, tendo os quatro textos o mesmo valor.

2 – A Organização das Nações Unidas para a Educação, a Ciência e a Cultura providenciará traduções nas outras línguas oficiais da sua Conferência Geral.

ARTIGO 30.º
Assinatura

A presente Convenção terá a data de 14 de Maio de 1954 e ficará aberta até à data de 31 de Dezembro de 1954 para a assinatura de todos os Estados convidados à Conferência que se reuniu na Haia entre 21 de Abril e 14 de Maio de 1954.

ARTIGO 31.º
Ratificação

1 – A presente Convenção será submetida à ratificação dos Estados signatários em conformidade com os seus procedimentos constitucionais respectivos.

2 – Os instrumentos de ratificação serão depositados junto do Director--Geral da Organização das Nações Unidas para a Educação, a Ciência e a Cultura.

ARTIGO 32.°
Adesão

A contar do dia da sua entrada em vigor a presente Convenção estará aberta à adesão de todos os Estados visados no artigo 30.° não signatários, assim como de todos os Estados convidados a aderir pelo Conselho Executivo da Organização das Nações Unidas para a Educação, a Ciência e a Cultura.

A adesão far-se-á pelo depósito de um instrumento de adesão junto do Director-Geral da Organização das Nações Unidas para a Educação, a Ciência e a Cultura.

ARTIGO 33.°
Entrada em vigor

1 – A presente Convenção entrará em vigor três meses após o depósito de cinco instrumentos de ratificação.

2 – Posteriormente, ela entrará em vigor, por cada Alta Parte Contratante, três meses após o depósito do seu instrumento de ratificação ou adesão.

3 – As situações previstas nos artigos 18.° e 19.° darão efeitos imediatos às ratificações e às adesões depositadas pelas Partes no conflito antes ou depois do início das hostilidades ou da ocupação. Nestes casos o Director-Geral da Organização das Nações Unidas para a Educação, a Ciência e a Cultura fará, pela via mais rápida, as comunicações previstas no artigo 38.°

ARTIGO 34.°
Aplicação efectiva

1 – Os Estados Partes na Convenção à data da sua entrada em vigor tomarão, cada um no que lhe diga respeito, todas as medidas requeridas para a sua aplicação efectiva num prazo de seis meses.

2 – Este prazo será de seis meses a contar do depósito do instrumento de ratificação ou de adesão para todos os Estados que depositem o seu instrumento de ratificação ou adesão após a data de entrada em vigor da Convenção.

ARTIGO 35.°
Extensão territorial da Convenção

Qualquer Alta Parte Contratante poderá, no momento da ratificação ou adesão, ou em qualquer momento posterior, declarar através de uma notificação dirigida ao Director-Geral da Organização das Nações Unidas para a Educação, a Ciência e a Cultura, que a presente Convenção poderá estender-se a um conjunto ou a qualquer um dos territórios onde ela assegure as relações internacionais. A referida notificação produzirá efeitos passados três meses da data da sua recepção.

ARTIGO 36.º
Relação com as Convenções anteriores

1 – Nas relações entre potências que estejam ligadas pelas Convenções da Haia respeitantes às leis e costumes da guerra em terra (IV) e respeitantes ao bombardeamento por forças navais em tempo de guerra (IX), quer se trate das de 29 de Julho de 1899 ou das de 18 de Outubro de 1907, e que são Partes na presente Convenção, esta última completará a acima referida Convenção (IX) e o regulamento anexo à acima mencionada Convenção (IV) e substituirá o sinal definido no artigo 5.º da acima referida Convenção (IX) pelo sinal definido no artigo 16.º da presente Convenção para os casos em que esta e o seu Regulamento de Execução prevejam a utilização deste sinal distintivo.

2 – Nas relações entre potências ligadas pelo Pacto de Washington de 15 de Abril de 1935, para a protecção de instituições artísticas e científicas e de monumentos históricos (Pacto Roerich), e que sejam Partes na presente Convenção, esta última completará o Pacto Roerich e substituirá a bandeira distintiva definida no artigo III do Pacto pelo sinal definido no artigo 16.º da presente Convenção, para os casos em que esta e o seu Regulamento de Execução prevejam o emprego deste sinal distintivo.

ARTIGO 37.º
Denúncia

1 – A cada uma das Altas Partes Contratantes será concedida a faculdade de denunciar a presente Convenção em seu próprio nome ou em nome de qualquer território onde ela garanta as relações internacionais.

2 – A denúncia será notificada mediante um instrumento escrito depositado junto do Director-Geral da Organização das Nações Unidas para a Educação, a Ciência e a Cultura.

3 – A denúncia produzirá efeitos um ano após a recepção do instrumento de denúncia. Se, todavia, no final desse ano, a Parte denunciante se encontrar envolvida num conflito armado, o efeito da denúncia ficará suspenso até ao fim das hostilidades e em todos os casos durante o período de tempo em que se processem as operações de repatriamento dos bens culturais.

ARTIGO 38.º
Notificação

O Director-Geral da Organização das Nações Unidas para a Educação, a Ciência e a Cultura informará os Estados visados nos artigos 30.º e 32.º, assim como a Organização das Nações Unidas, do depósito de qualquer instrumento de ratificação, de adesão ou de aceitação mencionado nos artigos 31.º, 32.º e 39.º, e ainda das notificações e denúncias respectivamente previstas nos artigos 35.º, 37.º e 39.º

ARTIGO 39.º
Revisão da Convenção e do seu Regulamento de Execução

1 – Cada uma das Altas Partes Contratantes pode propor aditamentos à presente Convenção e ao seu Regulamento de Execução. Qualquer proposta de aditamento será comunicada ao Director-Geral da Organização das Nações Unidas para a Educação, a Ciência e a Cultura, que transmitirá o texto da proposta a todas as Altas Partes Contratantes solicitando-lhes ao mesmo tempo que dêem a conhecer num prazo de quatro meses:

   a) Se desejam que seja convocada uma conferência para estudar o aditamento proposto;
   b) Ou se elas são da opinião que se aceite o aditamento proposto sem a convocação de uma conferência;
   c) Ou se elas são da opinião que se registe o aditamento proposto sem a convocação de uma conferência.

2 – O Director-Geral transmitirá as respostas recebidas, em aplicação do primeiro parágrafo do presente artigo, a todas as Altas Partes Contratantes.

3 – Se todas as Altas Partes Contratantes que tenham, no prazo previsto, dado a conhecer os seus pontos de vista ao Director-Geral da Organização das Nações Unidas para a Educação, a Ciência e a Cultura, em conformidade com a alínea b) do primeiro parágrafo do presente artigo, informarem o Director--Geral que elas são da opinião que se deve adoptar o aditamento sem que uma conferência seja realizada, a notificação da sua decisão será feita pelo Director-Geral em conformidade com o artigo 38.º O aditamento produzirá efeitos em relação a todas as Altas Partes Contratantes num prazo de 90 dias a partir desta notificação.

4 – O Director-Geral convocará uma conferência das Altas Partes Contratantes, tendo em vista o estudo do aditamento proposto se o pedido lhe for feito por mais de um terço das Altas Partes Contratantes.

5 – Os aditamentos à Convenção ou ao seu Regulamento de Execução submetidos ao procedimento previsto no parágrafo precedente só entrarão em vigor após terem sido adoptados por unanimidade pelas Altas Partes Contratantes representadas na conferência e após terem sido aceites por cada uma das Altas Partes Contratantes.

6 – A aceitação pelas Altas Partes Contratantes dos aditamentos à Convenção ou ao seu Regulamento de Execução que tiverem sido adoptados pela conferência referida nos parágrafos 4 e 5 realizar-se-á mediante o depósito de um instrumento formal junto do Director-Geral da Organização das Nações Unidas para a Educação, a Ciência e a Cultura.

7 – Após a entrada em vigor dos aditamentos à presente Convenção ou ao seu Regulamento de Execução, somente o texto da referida Convenção ou do seu Regulamento de Execução desta forma modificado ficará aberto à ratificação ou à adesão.

ARTIGO 40.º
Registo

Em conformidade com o artigo 102.º da Carta das Nações Unidas, a presente Convenção será registada no Secretariado das Nações Unidas a requerimento do Director-Geral da Organização das Nações Unidas para a Educação, a Ciência e a Cultura.

Em fé do que os abaixo assinados, devidamente autorizados pelos respectivos governos, assinaram a presente Convenção.

A referida Convenção foi elaborada na Haia, aos 14 dias do mês de Maio de 1954, num só exemplar, que será depositado nos arquivos da Organização das Nações Unidas para a Educação, a Ciência e a Cultura, e cujas cópias certificadas conforme o original serão remetidas a todos os Estados visados nos artigos 30.º e 32.º e ainda à Organização das Nações Unidas.

3.2. I PROTOCOLO À CONVENÇÃO PARA A PROTECÇÃO DOS BENS CULTURAIS EM CASO DE CONFLITO ARMADO[23]

As Altas Partes Contratantes acordam o que se segue:

I – 1 – Cada uma das Altas Partes Contratantes compromete-se a impedir a exportação, de um território por si ocupado durante um conflito armado, de bens culturais, tal como definidos pelo artigo 1.º da Convenção para a Protecção dos Bens Culturais em Caso de Conflito Armado, assinada na Haia em 14 de Maio de 1954.

2 – Cada uma das Altas Partes Contratantes compromete-se a reter os bens culturais importados no seu território e provenientes directa ou indirectamente de um qualquer território ocupado. Tal será efectuado de imediato, no momento da importação, ou, se tal não for possível, a pedido das autoridades desse território.

3 – Cada uma das Altas Partes Contratantes compromete-se a restituir, no fim das hostilidades, às autoridades competentes do território anteriormente ocupado, os bens culturais que se encontram no seu território se esses bens tiverem sido exportados em violação do princípio consignado no parágrafo 1. Esses bens não poderão em caso algum ser retidos como indemnizações de guerra.

4 – A Alta Parte Contratante que tinha a obrigação de impedir a exportação de bens culturais do território por si ocupado deve indemnizar os possuidores de boa fé dos bens culturais, os quais devem ser restituídos nos termos do parágrafo precedente.

II – 5 – Os bens culturais provenientes do território de uma Alta Parte Contratante e depositados por esta com vista à sua protecção contra os perigos de um conflito armado no território de uma outra Alta Parte Contratante serão, no fim das hostilidades, restituídos por esta última às autoridades competentes do território de proveniência.

---

[23] Aprovado pela Resolução da Assembleia da República n.º 4/2005, de 14 de Fevereiro, e feita a adesão pelo Decreto do Presidente da República n.º 9/2005, de 14 de Fevereiro.

III – 6 – O presente Protocolo leva aposta a data de 14 de Maio de 1954 e ficará aberto até à data de 31 de Dezembro de 1954 para a assinatura de todos os Estados convidados à Conferência que se reuniu na Haia entre 21 de Abril de 1954 e 14 de Maio de 1954.

7 – *a*) O presente Protocolo será submetido à ratificação dos Estados signatários em conformidade com os seus procedimentos constitucionais respectivos.

b) Os instrumentos de ratificação serão depositados junto do Director--Geral da Organização das Nações Unidas para a Educação, a Ciência e a Cultura.

8 – A partir do dia da sua entrada em vigor o presente Protocolo estará aberto à adesão de todos os Estados mencionados no parágrafo 6, não signatários, assim como de todos os Estados convidados a aderir pelo Conselho Executivo da Organização das Nações Unidas para a Educação, a Ciência e a Cultura. A adesão far-se-á pelo depósito do instrumento de adesão junto do Director-Geral da Organização das Nações Unidas para a Educação, a Ciência e a Cultura.

9 – Os Estados referidos nos parágrafos 6 e 8 poderão, no momento da assinatura, da ratificação ou da adesão, declarar que não ficarão ligados pelas disposições da parte I ou da parte II do presente Protocolo.

10 – *a*) O presente Protocolo entrará em vigor três meses após o depósito de cinco instrumentos de ratificação.

b) Posteriormente, ele entrará em vigor, por cada Alta Parte Contratante, três meses após o depósito do seu instrumento de ratificação ou adesão.

c) As situações previstas nos artigos 18.° e 19.° da Convenção para a Protecção dos Bens Culturais em Caso de Conflito Armado, assinada na Haia em 14 de Maio de 1954, produzirão efeitos imediatos às ratificações e às adesões depositadas pelas Partes no conflito antes ou depois do início das hostilidades ou da ocupação. Nestes casos, o Director-Geral da Organização das Nações Unidas para a Educação, a Ciência e a Cultura fará, pela via mais rápida, as comunicações previstas no parágrafo 14.

11 – *a*) Os Estados Partes no Protocolo à data da sua entrada em vigor tomarão, cada um no que lhe diga respeito, todas as medidas requeridas para a sua aplicação efectiva num prazo de seis meses.

b) Este prazo será de seis meses a contar do depósito do instrumento de ratificação ou de adesão para todos os Estados que depositem o seu instrumento de ratificação ou adesão após a data de entrada em vigor do Protocolo.

12 – Qualquer Alta Parte Contratante poderá, no momento da adesão, ou em qualquer momento posterior, declarar através de notificação dirigida ao

Director-Geral da Organização das Nações Unidas para a Educação, a Ciência e a Cultura que o presente Protocolo poderá estender-se a um conjunto ou a qualquer um dos territórios onde ela assegure as relações internacionais. A referida notificação produzirá efeitos passados três meses da data da sua recepção.

13 – *a*) Cada uma das Altas Partes Contratantes goza da faculdade de denunciar o presente Protocolo em seu próprio nome ou em nome de qualquer território onde ela garanta as relações internacionais.

b) A denúncia será notificada mediante um instrumento escrito depositado junto do Director-Geral da Organização das Nações Unidas para a Educação, a Ciência e a Cultura.

c) A denúncia produzirá efeitos um ano após a recepção do instrumento de denúncia. Se, todavia, no final desse período, a Parte denunciante se encontrar envolvida num conflito armado, o efeito da denúncia ficará suspenso até ao fim das hostilidades e em todos os casos durante o período de tempo em que se processem as operações de repatriamento dos bens culturais.

14 – O Director-Geral da Organização das Nações Unidas para a Educação, a Ciência e a Cultura informará os Estados mencionados nos parágrafos 6 e 8, assim como a Organização das Nações Unidas, do depósito de qualquer instrumento de ratificação, de adesão ou de aceitação mencionado nos parágrafos 7, 8 e 15 e ainda das notificações e denúncias respectivamente previstas nos parágrafos 12 e 13.

15 – *a*) O presente Protocolo pode ser revisto se a revisão do Protocolo for solicitada por mais de um terço das Altas Partes Contratantes.

b) O Director-Geral da Organização das Nações Unidas para a Educação, a Ciência e a Cultura convoca uma conferência para esse fim.

c) As alterações ao presente Protocolo só entrarão em vigor após terem sido adoptados por unanimidade pelas Altas Partes Contratantes representadas na conferência e após terem sido aceites por cada uma das Altas Partes Contratantes.

d) A aceitação pelas Altas Partes Contratantes das alterações ao presente Protocolo que tiverem sido adoptadas pela conferência referida nas alíneas b) e c) realizar-se-á mediante o depósito de um instrumento formal junto do Director-Geral da Organização das Nações Unidas para a Educação, a Ciência e a Cultura.

e) Após a entrada em vigor das alterações ao presente Protocolo, somente o texto do referido Protocolo desta forma modificado ficará aberto à ratificação ou adesão.

Em conformidade com o artigo 102.º da Carta das Nações Unidas, o presente Protocolo será registado no Secretariado das Nações Unidas a requerimento do Director-Geral da Organização das Nações Unidas para a Educação, a Ciência e a Cultura.

Em fé do que os abaixo assinados, devidamente autorizados pelos respectivos governos, assinaram o presente Protocolo.

O referido Protocolo foi feito na Haia, aos 14 dias do mês de Maio de 1954, em inglês, espanhol, francês e russo, fazendo os quatro textos igualmente fé, num único exemplar, que será depositado nos arquivos da Organização das Nações Unidas para a Educação, a Ciência e a Cultura, e cujas cópias autenticadas serão remetidas a todos os Estados referidos nos parágrafos 6 e 8 e ainda à Organização das Nações Unidas.

4. RESOLUÇÃO 2444 (XXIII) DA ASSEMBLEIA GERAL DAS NAÇÕES UNIDAS RELATIVA AO RESPEITO PELOS DIREITOS DO HOMEM EM PERÍODO DE CONFLITO ARMADO

A Assembleia Geral,

Reconhecendo a necessidade de aplicar os princípios humanitários fundamentais em todos os conflitos armados,

Tomando nota da resolução XXIII relativa ao respeito dos direitos do homem em período de conflito armado, adoptada a 12 de Maio de 1968 pela Conferência Internacional dos Direitos do Homem,

Afirmando que as disposições desta resolução devem ser aplicadas de forma efectiva o mais cedo possível,

1. Faz sua a resolução XXVIII adoptada em Viena em 1965 pela XX Conferência Internacional da Cruz Vermelha, que estabeleceu nomeadamente os seguintes princípios que deverão ser observados por todas as autoridades, governamentais e outras, responsáveis pela conduta de operações em período de conflito armado, a saber:

   a) o direito das partes num conflito armado de adoptar meios de afectar o inimigo não é ilimitado;
   b) proibição de lançar ataques contra as populações civis enquanto tais;
   c) deve fazer-se sempre a distinção entre as pessoas que participam nas hostilidades e os membros da população civil, afim de que estes sejam poupados na medida do possível.

2. Convida o Secretário-Geral a estudar, com a consulta do Comité Internacional da Cruz Vermelha e outras organizações internacionais apropriadas:

   a) As medidas que poderiam ser tomadas com vista a assegurar uma melhor aplicação das convenções e das regras internacionais de carácter humanitário existentes aquando de conflitos armados;

b) A necessidade de elaborar novas convenções internacionais de carácter humanitário ou outros instrumentos jurídicos apropriados com o intuito de melhor assegurar a protecção dos civis, dos prisioneiros e dos combatentes aquando de conflitos armados e de proibir e limitar a utilização de certos métodos e meios de guerra;

3. Pede ao Secretário Geral de tomar todas as outras medidas necessárias para dar efeito às disposições da presente resolução e de dar conta à Assembleia Geral, aquando da sua vigésima quarta sessão, das medidas que terá tomado;

4. Pede ainda aos Estados Membros de prestarem toda a assistência possível ao Secretário Geral para a preparação do estudo solicitado no parágrafo 2 supra;

5. Faz apelo a que todos os Estados que ainda o não fizeram, se tornem Partes às Convenções de Haia de 1899 e 1907, ao Protocolo de Genebra de 1925 e às Convenções de Genebra de 1949.

1748ª sessão plenária
19 de Dezembro de 1969.

5. CONVENÇÃO SOBRE A PROIBIÇÃO OU LIMITAÇÃO DO USO DE CERTAS ARMAS CONVENCIONAIS QUE PODEM SER CONSIDERADAS COMO PRODUZINDO EFEITOS TRAUMÁTICOS EXCESSIVOS OU FERINDO INDISCRIMINADAMENTE, DE 10 DE ABRIL DE 1981, E SEUS PROTOCOLOS I, II, III E IV

5.1. CONVENÇÃO SOBRE A PROIBIÇÃO OU LIMITAÇÃO DO USO DE CERTAS ARMAS CONVENCIONAIS QUE PODEM SER CONSIDERADAS COMO PRODUZINDO EFEITOS TRAUMÁTICOS EXCESSIVOS OU FERINDO INDISCRIMINADAMENTE[24]

As Altas Partes Contratantes:

Recordando que todo o Estado tem o dever, em conformidade com a Carta das Nações Unidas, de se abster, nas relações internacionais, de recorrer à ameaça ou ao emprego da força contra a soberania, integridade territorial ou independência política de qualquer Estado, ou a qualquer outra forma incompatível com os objectivos das Nações Unidas;

Recordando ainda o princípio geral sobre a protecção das pessoas civis contra os efeitos das hostilidades;

Baseando-se no princípio do Direito Internacional segundo o qual o direito das partes num conflito armado de escolher os métodos ou os meios de guerra não é ilimitado e sobre o princípio que proíbe a utilização nos conflitos armados de armas, projécteis, matérias e, bem assim, de métodos de guerra de natureza a causar males supérfluos e sofrimento desnecessário;

---

[24] Aprovada pela Resolução da Assembleia da República n.º 1/97, de 13 de Janeiro, e ratificada pelo Decreto do Presidente da República n.º 1/97, de 13 de Janeiro.

Recordando também que é proibida a utilização de métodos ou meios de guerra concebidos para causar ou de que se possa esperar que causarão danos extensos, duráveis e graves ao meio ambiente;

Confirmando a sua determinação segundo a qual, nos casos não previstos pela presente Convenção e protocolos anexos ou por outros acordos internacionais, a população civil e os combatentes permanecem sob a salvaguarda dos princípios do Direito Internacional resultantes dos costumes estabelecidos, dos princípios da humanidade e dos ditames da consciência pública;

Desejosos de contribuir para a détente internacional, para o fim da corrida aos armamentos e a instauração da confiança entre os Estados e para a realização da aspiração de todos os povos de viver em paz;

Reconhecendo a importância de prosseguir todos os esforços que possam contribuir para o desarmamento generalizado e completo sob controlo internacional estrito e eficaz;

Reafirmando a necessidade de prosseguir a codificação e o desenvolvimento progressivo das regras do Direito Internacional aplicáveis aos conflitos armados;

Desejosos de proibir ou limitar ainda mais o uso de certas armas convencionais e acreditando que os resultados positivos obtidos nesse domínio podem facilitar as principais negociações sobre o desarmamento com vista a pôr fim à produção, ao armazenamento e à proliferação dessas armas;

Sublinhando o interesse de que todos os Estados, e particularmente os Estados militarmente importantes, se tornem partes da presente Convenção e protocolos anexos;

Considerando que a Assembleia Geral das Nações Unidas e a Comissão das Nações Unidas para o Desarmamento podem decidir examinar a questão de um possível alargamento do âmbito das proibições e limitações contidas na presente Convenção e protocolos anexos;

Considerando ainda que o Comité do Desarmamento pode decidir examinar a questão da adopção de novas medidas para proibir ou limitar o uso de certas armas convencionais;

acordaram no seguinte:

ARTIGO 1.º
Campo de aplicação

A presente Convenção e os protocolos anexos aplicam-se nas situações previstas pelo artigo 2.º comum às Convenções de Genebra de 12 Agosto de 1949, relativas à protecção das vítimas da guerra, incluindo qualquer situação descrita no parágrafo 4 do artigo 1.º do Protocolo Adicional I às Convenções.

ARTIGO 2.º
Relações com outros acordos internacionais

Nenhuma disposição da presente Convenção e protocolos anexos será interpretada no sentido de diminuir outras obrigações impostas às Partes pelo direito internacional humanitário aplicável em caso de conflito armado.

ARTIGO 3.º
Assinatura

A presente Convenção estará aberta à assinatura de todos os Estados, na sede da Organização das Nações Unidas, em Nova Iorque, durante um período de 12 meses contados a partir de 10 de Abril de 1981.

ARTIGO 4.º
Ratificação, aceitação, aprovação ou adesão

1 – A presente Convenção será sujeita à ratificação, aceitação ou aprovação pelos signatários. Qualquer Estado que não tenha assinado a presente Convenção poderá aderir a ela.

2 – Os instrumentos de ratificação, aceitação, aprovação ou adesão serão depositados junto do depositário.

3 – Cada Estado poderá aceitar estar vinculado por qualquer dos protocolos anexos à presente Convenção, na condição de que, no momento do depósito do seu instrumento de ratificação, aceitação, aprovação ou adesão da presente Convenção, notifique o depositário do seu consentimento em estar vinculado por dois ou mais desses protocolos.

4 – A qualquer momento após o depósito do seu instrumento de ratificação, aceitação, aprovação ou adesão da presente Convenção, um Estado pode notificar o depositário do seu consentimento em estar vinculado a qualquer protocolo anexo de que ainda não faça parte.

5 – Todo o protocolo que vincule uma Alta Parte Contratante é uma parte integrante da presente Convenção no que diz respeito à referida Parte.

ARTIGO 5.º
Entrada em vigor

1 – A presente Convenção entrará em vigor seis meses após a data do depósito do 20.º instrumento de ratificação, aceitação, aprovação ou adesão.

2 – Para qualquer Estado que deposite um instrumento de ratificação, aceitação, aprovação ou adesão após a data de depósito do 20.º instrumento de

ratificação, aceitação, aprovação ou adesão, a Convenção entrará em vigor seis meses após a data do depósito desse instrumento.

3 – Cada um dos protocolos anexos à presente Convenção entrará em vigor seis meses após a data em que 20 Estados tenham notificado o seu consentimento de estarem vinculados por esse protocolo, de acordo com as disposições dos n.ºs 3 ou 4 do artigo 4.º da presente Convenção.

4 – Para qualquer Estado que notifique o seu consentimento de estar vinculado por um protocolo anexo à presente Convenção após a data em que 20 Estados notificaram o seu consentimento de estarem vinculados por esse protocolo, o protocolo entrará em vigor seis meses após a data em que o referido Estado tinha notificado o seu consentimento de estar a este vinculado.

ARTIGO 6.º
Difusão

As Altas Partes Contratantes comprometem-se a divulgar o mais amplamente possível no seu país, em tempo de paz como em período de conflito armado, a presente Convenção e os protocolos anexos de que eles são partes e, em especial, a incluir o seu estudo nos programas de instrução militar, de tal forma que as suas forças armadas tomem conhecimento desses instrumentos.

ARTIGO 7.º
Relações convencionais após a entrada em vigor da presente Convenção

1 – Quando uma das partes num conflito não está vinculada por um protocolo anexo à presente Convenção, as partes vinculadas pela presente Convenção e pelo referido protocolo anexo ficarão por eles vinculadas nas suas relações mútuas.

2 – Qualquer Alta Parte Contratante está vinculada pela presente Convenção e por qualquer protocolo em vigor para a mesma, em qualquer situação prevista pelo artigo 1.º, relativamente a qualquer Estado que não seja parte na presente Convenção ou que não esteja vinculado pelo respectivo protocolo anexo, se esse último Estado aceita e aplica a presente Convenção ou o respectivo protocolo e o notifica ao depositário.

3 – O depositário informará sem demora as Altas Partes Contratantes envolvidas de qualquer notificação recebida prevista no n.º 2 do presente artigo.

4 – A presente Convenção e os protocolos anexos pelos quais uma Alta Parte Contratante está vinculada aplicam-se a qualquer conflito armado contra a referida Alta Parte Contratante do tipo referido no parágrafo 4 do artigo 1.º do Protocolo

Adicional I às Convenções de Genebra de 12 de Agosto de 1949, relativo à protecção das vítimas de guerra:

a) Quando a Alta Parte Contratante também é parte no Protocolo Adicional I e uma autoridade referida no parágrafo 3 do artigo 96.º desse Protocolo se comprometeu a aplicar as Convenções de Genebra e o Protocolo Adicional I de acordo com o parágrafo 3 do artigo 96.º do referido Protocolo e se compromete a aplicar, no que diz respeito a esse conflito, a presente Convenção e os protocolos anexos respectivos; ou

b) Quando a Alta Parte Contratante não é parte no Protocolo Adicional I e uma autoridade do tipo referido na alínea a) acima aceita e aplica, no que diz respeito a esse conflito, as obrigações das Convenções de Genebra e da presente Convenção e dos protocolos anexos respectivos. Essa aceitação e essa aplicação terão, relativamente a esse conflito, os seguintes efeitos:

i) As Convenções de Genebra e a presente Convenção e os seus respectivos protocolos anexos entrarão em vigor, para as partes no conflito, com efeitos imediatos;

ii) A referida autoridade exerce os mesmos direitos e desempenha as mesmas obrigações de uma Alta Parte Contratante nas Convenções de Genebra, na presente Convenção e nos respectivos protocolos anexos;

iii) As Convenções de Genebra, a presente Convenção e os respectivos protocolos anexos vinculam de igual modo todas as partes em conflito.

A Alta Parte Contratante e a autoridade podem também decidir aceitar e aplicar numa base recíproca as obrigações enunciadas no Protocolo Adicional I às Convenções de Genebra.

ARTIGO 8.º
Revisão e emendas

1 – a) Após a entrada em vigor da presente Convenção, qualquer Alta Parte Contratante pode, a todo o momento, propor emendas à presente Convenção ou a qualquer dos protocolos anexos pela qual está vinculada. Qualquer proposta de emenda será comunicada ao depositário, que a notifica a todas as Altas Partes Contratantes perguntando-lhes se têm a intenção de convocar uma conferência para a examinar. Se uma maioria de pelo menos 18 Altas Partes Contratantes estiver de acordo, o depo-

sitário convocará em tempo oportuno uma conferência, relativamente à qual todas as Altas Partes Contratantes serão convidadas. Os Estados não partes na presente Convenção serão convidados para a conferência na qualidade de observadores.

b) Essa conferência poderá concordar com as emendas que forem adoptadas e entrarão em vigor da mesma forma que a presente Convenção e os protocolos anexos; no entanto, as emendas a esta Convenção só poderão ser adoptadas pelas Altas Partes Contratantes e as emendas a um protocolo anexo só poderão ser adoptadas pelas Altas Partes Contratantes que estão vinculadas por esse protocolo.

2 – *a)* Após a entrada em vigor da presente Convenção, qualquer Alta Parte Contratante pode a qualquer momento propor protocolos adicionais relacionados com outras categorias de armas convencionais não abrangidas pelos protocolos existentes. Qualquer dessas propostas de protocolo adicional será comunicada ao depositário, que a notifica a todos os Estados Partes Contratantes de acordo com a alínea a) do n.º 1 do presente artigo. Se uma maioria de pelo menos 18 Altas Partes Contratantes estiver de acordo, o depositário convocará em tempo oportuno uma conferência para a qual todos os Estados serão convidados.

b) Essa conferência poderá, com a plena participação de todos os Estados representados na Conferência, aprovar os protocolos adicionais, que serão adoptados da mesma maneira que a presente Convenção e serão anexados e entrarão em vigor de acordo com as disposições dos n.ºs 3 e 4 do artigo 5.º da presente Convenção.

3 – a) Se, 10 anos após a entrada em vigor da presente Convenção, não tiver sido convocada nenhuma conferência de acordo com as alíneas a) do n.º 1 ou a) do n.º 2 do presente artigo, qualquer Alta Parte Contratante poderá solicitar ao depositário a convocação de uma conferência, na qual todas as Altas Partes Contratantes serão convidadas a examinar o âmbito de aplicação da Convenção e dos protocolos anexos e a estudar qualquer proposta de emenda à presente Convenção e aos protocolos existentes. Os Estados não partes na presente Convenção serão convidados para a conferência na qualidade de observadores. A conferência poderá aprovar emendas, que serão adoptadas e entrarão em vigor de acordo com a alínea b) do n.º 1 acima.

b) A conferência poderá também examinar qualquer proposta de protocolos adicionais relacionada com outras categorias de armas convencionais não abrangidas pelos protocolos anexos existentes. Todos os Estados nela representados poderão participar plenamente no exame dessa proposta. Os protocolos adicionais serão adoptados da mesma forma que a presente Convenção, serão anexados à presente Convenção e entrarão em vigor de acordo com os n.ᵒˢ 3 e 4 do artigo 5.° da presente Convenção.

c) A referida conferência poderá examinar se deverão ser tomadas medidas para a convocação de uma nova conferência a pedido de uma Alta Parte Contratante se, após um período idêntico ao que está estipulado na alínea a) do n.° 3 do presente artigo, não tiver sido convocada nenhuma conferência de acordo com as alíneas a) do n.° 1 ou a) do n.° 2 do presente artigo.

ARTIGO 9.°
Denúncia

1 – Qualquer Alta Parte Contratante pode denunciar a presente Convenção ou qualquer dos protocolos anexos, notificando o depositário da sua decisão.

2 – A denúncia só entrará em vigor um ano após a recepção pelo depositário da notificação ou da denúncia. Se, porém, no termo desse ano a Alta Parte Contratante se encontrar numa situação prevista pelo artigo 1.°, esta permanecerá vinculada pelas obrigações da Convenção e dos protocolos relevantes anexos até ao fim do conflito armado ou da ocupação e, em todo o caso, até à conclusão das operações de libertação definitiva, de repatriamento ou de estabelecimento das pessoas protegidas pelas regras do Direito Internacional aplicáveis em caso de conflito armado e, no caso de qualquer protocolo anexo à presente Convenção contendo disposições relativas a situações nas quais as funções de manutenção da paz de observação ou de funções idênticas são exercidas pelas forças ou missões das Nações Unidas na região em causa, até ao termo das referidas funções.

3 – Qualquer denúncia da presente Convenção aplicar-se-á igualmente a todos os protocolos anexos a cujo cumprimento a Alta Parte Contratante denunciante está vinculada.

4 – A denúncia só produzirá efeitos relativamente à Alta Parte Contratante denunciante.

5 – A denúncia não afectará as obrigações já contraídas, relativamente a um conflito armado, ao abrigo da presente Convenção e dos protocolos anexos, pela Alta Parte Contratante denunciante em relação a qualquer acto cometido antes que a referida denúncia se torne efectiva.

ARTIGO 10.º
Depositário

1 – O Secretário-Geral da Organização das Nações Unidas é o depositário da presente Convenção e dos protocolos anexos.

2 – Para além das suas funções habituais, o depositário notificará a todos os Estados:

a) As assinaturas apostas à presente Convenção, em conformidade com o artigo 3.º;

b) Os instrumentos de ratificação, aceitação, aprovação ou adesão à presente Convenção depositados ao abrigo do artigo 4.º;

c) As notificações de aceitação das obrigações dos protocolos anexos à presente Convenção, em conformidade com o artigo 5.º;

d) As datas de entrada em vigor da presente Convenção e de cada um dos protocolos anexos, em conformidade com o artigo 5.º;

e) As notificações de denúncia recebidas em conformidade com o artigo 9.º e as datas a partir das quais têm efeito.

ARTIGO 11.º
Textos autênticos

O original da presente Convenção e dos protocolos anexos, cujos textos em árabe, chinês, espanhol, francês, inglês e russo são igualmente autênticos, será depositado junto do depositário, que enviará cópias devidamente certificadas a todos os Estados.

5.2. PROTOCOLO RELATIVO AOS ESTILHAÇOS NÃO LOCALIZÁVEIS (PROTOCOLO I)[25]

É proibido utilizar qualquer arma cujo efeito principal seja ferir com estilhaços não localizáveis pelos raios X no corpo humano.

---

[25] Aprovado pela Resolução da Assembleia da República n.º 1/97, de 13 de Janeiro, e ratificado pelo Decreto do Presidente da República n.º 1/97, de 13 de Janeiro.

5.3. PROTOCOLO SOBRE A PROIBIÇÃO OU LIMITAÇÃO DA UTILIZAÇÃO DE MINAS, ARMADILHAS E OUTROS DISPOSITIVOS, CONFORME FOI MODIFICADO EM 3 DE MAIO DE 1996 (PROTOCOLO II)[26]

ARTIGO 1.º
Protocolo modificado

O Protocolo sobre a Proibição ou Limitação da Utilização de Minas, Armadilhas e Outros Dispositivos (Protocolo II), anexo à Convenção sobre a Proibição ou Restrição do Uso de Certas Armas Convencionais Que Podem Ser Consideradas como Produzindo Efeitos Traumáticos Excessivos ou Ferindo Indiscriminadamente («a Convenção»), é modificado. O texto do Protocolo conforme foi modificado é o seguinte:

«Protocolo sobre a Proibição ou Limitação da Utilização de Minas, Armadilhas e Outros Dispositivos, conforme foi modificado em 3 de Maio de 1996 (Protocolo II, conforme foi modificado em 3 de Maio de 1996).

ARTIGO 1.º
Campo de aplicação

1 – O presente Protocolo refere-se à utilização em terra de minas, armadilhas e outros dispositivos adiante definidos, incluindo as minas colocadas para interditar o acesso a praias, a travessia de vias navegáveis ou de cursos de água, mas não se aplica às minas antinavio utilizadas no mar ou nas vias de navegação interiores.

2 – O presente Protocolo aplica-se, para além das situações previstas no artigo 1.º da presente Convenção, a situações previstas no artigo 3.º comum às Convenções de Genebra de 12 de Agosto de 1949. O presente Protocolo não se

---

[26] Aprovado pela Resolução da Assembleia da República n.º 70/98, de 29 de Dezembro, e ratificado pelo Decreto do Presidente da República n.º 62/98, de 29 de Dezembro.

Direito Internacional Humanitário 295

aplica às situações de tensões e distúrbios internos, tais como motins, actos de violência isolados e esporádicos e outros actos análogos que não sejam conflitos armados.

3 – No caso de conflitos armados que não sejam de carácter internacional que tenham lugar no território de uma das Altas Partes Contratantes, cada parte no conflito é obrigada a aplicar as proibições e restrições previstas no presente Protocolo.

4 – Nenhuma disposição do presente Protocolo será invocada com a finalidade de atentar a soberania de um Estado ou a responsabilidade do governo, utilizando todos os meios legítimos, de manter ou restabelecer a ordem pública no Estado ou de defender a unidade nacional e a integridade territorial do Estado.

5 – Nenhuma disposição do presente Protocolo será invocada para justificar a intervenção, directa ou indirecta, seja qual for a razão, num conflito armado ou em assuntos internos ou externos da Alta Parte Contratante em cujo território tenha lugar esse conflito.

6 – A aplicação das disposições do presente Protocolo às partes num conflito em que não sejam Altas Partes Contratantes mas que tenham aceite o presente Protocolo não modificará, explícita ou implicitamente, o seu estatuto jurídico nem a condição jurídica de um território disputado.

ARTIGO 2.º
Definições

Para efeitos do presente Protocolo:

1) Por 'mina' entende-se munição colocada sob, no ou perto do solo ou de outra superfície e concebida para explodir pela presença, proximidade ou contacto de uma pessoa ou veículo;

2) Por 'mina colocada à distância' entende-se uma mina que não tenha sido colocada directamente, mas que tenha sido lançada por artilharia, mísseis, foguetes, morteiros ou mecanismos similares, ou lançada por uma aeronave. As minas lançadas a uma distância inferior a 500 m por um sistema com base em terra não são consideradas como sendo 'colocadas à distância' desde que estas sejam utilizadas em conformidade com o artigo 5.º e os outros artigos pertinentes do presente Protocolo;

3) Por 'mina antipessoal' entende-se uma mina concebida para explodir devido à presença, proximidade ou contacto de uma pessoa e destinada a incapacitar, ferir ou matar uma ou várias pessoas. As minas concebidas para explodir pela presença, proximidade ou contacto de um veículo e não de uma pessoa, que estão munidas com dispositivos antimanipulação, não são consideradas minas antipessoais pelo facto de possuírem este dispositivo;

4) Por 'armadilha' entende-se qualquer dispositivo ou material concebido, construído ou adaptado para matar ou ferir e que é activado inesperadamente quando uma pessoa toca ou se aproxima de um objecto aparentemente inofensivo ou quando se efectua um acto aparentemente seguro;

5) Por 'outros dispositivos' entende-se as munições e dispositivos colocados manualmente e concebidos para matar, ferir ou danificar e que são accionados manualmente, por controlo remoto ou automaticamente com efeito retardado;

6) Por 'objectivo militar' entende-se, no que diz respeito a bens, qualquer bem que, devido à sua natureza, localização, finalidade ou utilização, forneça uma contribuição efectiva à acção militar e cuja destruição total ou parcial, captura ou neutralização proporcione durante a ocorrência uma vantagem precisa;

7) Por 'bens de carácter civil' entende-se todos os bens que não são objectivos militares conforme definido no parágrafo 6 do presente artigo;

8) Por 'campo de minas' entende-se uma zona definida na qual se colocaram minas e por 'zona minada' entende-se uma zona que é considerada perigosa devido à presença ou suspeita de presença de minas. Por 'campo de minas simulado' entende-se uma zona livre de minas que aparenta ser um campo de minas. A expressão 'campo de minas' também abrange os campos de minas simulados;

9) Por 'registo' entende-se uma operação de carácter material, administrativo e técnico cujo objectivo é recolher, para efeitos de inclusão em registos oficiais, toda a informação disponível que facilite a localização de campos de minas, zonas minadas, minas, armadilhas e outros dispositivos;

10) Por 'mecanismo de autodestruição' entende-se um mecanismo incorporado ou agregado exteriormente, de funcionamento automático, que assegura a destruição da mina à qual está incorporado ou agregado;

11) Por 'mecanismo de autoneutralização' entende-se um mecanismo incorporado, de funcionamento automático, que deixa a mina à qual foi incorporado inoperável;

12) Por 'autodesactivação' entende-se o processo automático que deixa uma mina inoperável através da exaustão de um componente, por exemplo, uma bateria eléctrica que seja essencial para o funcionamento da munição;

13) Por 'controlo remoto' entende-se um controlo comandado à distância;

14) Por 'dispositivo antimanipulação' entende-se um dispositivo destinado a proteger uma mina, o qual faz parte desta, está ligado ou agregado a esta ou colocado por baixo desta e que é activado em caso de tentativa de manipulação da mina;

15) Por 'transferência' entende-se, para além da deslocação física de minas para o interior ou exterior do território nacional, a transferência do direito de propriedade e de controlo dessas minas, mas não envolve a transferência de um território no qual tenham sido colocadas minas.

ARTIGO 3.º
Restrições gerais à utilização de minas, armadilhas e outros dispositivos

1 – O presente artigo aplica-se a:

a) Minas;
b) Armadilhas; e
c) Outros dispositivos.

2 – Cada Alta Parte Contratante ou cada parte num conflito é responsável, em conformidade com as disposições do presente Protocolo, por todas as minas e por todas as armadilhas e outros dispositivos que tenham utilizado e compromete-se a proceder ao seu levantamento, remoção e destruição ou a mantê-los segundo o previsto no artigo 10.º do presente Protocolo.

3 – É proibido, em todas as circunstâncias, utilizar minas, armadilhas ou quaisquer outros dispositivos que tenham sido concebidos ou cuja natureza seja de modo a causar sofrimentos desnecessários.

4 – As armas relativas às quais se aplica o presente artigo deverão estar estritamente em conformidade com as normas e os limites especificados no anexo técnico no que diz respeito a cada categoria concreta.

5 – É proibido utilizar minas, armadilhas e outros dispositivos munidos de um mecanismo ou de um dispositivo concebido especificamente para detonar a mina perante a presença de detectores de minas comuns como resultado da sua influência magnética ou outro tipo de influência durante a sua utilização normal em operações de detecção.

6 – É proibido utilizar minas com autodesactivação que estejam equipadas com um dispositivo antimanipulação concebido para continuar a funcionar mesmo depois de a mina já ser incapaz de funcionar.

7 – É proibido, em todas as circunstâncias, dirigir as armas às quais se aplica o presente artigo contra a população civil em geral ou contra indivíduos civis, ou contra bens de carácter civil, quer seja como meio de ataque ou de defesa, ou a título de represália.

8 – É proibida a utilização indiscriminada de armas às quais se aplica o presente artigo. Por utilização indiscriminada entende-se a colocação dessas armas em determinado local:

a) Que não seja um objectivo militar ou que não esteja dirigido contra um objectivo militar. Em caso de dúvida relativamente a um bem que normalmente se destina a fins civis, como é o caso de um local de culto, uma casa ou outro tipo de habitação ou escola, que esteja a ser utilizado como contribuição efectiva para uma acção militar, deve-se presumir que não está a ser utilizado com esse fim;

b) Que utilize um método ou meio de lançamento que não possa ser dirigido contra um objectivo militar determinado; ou

c) No qual se possa prever que possa causar acidentalmente a perda de vidas humanas na população civil, ferimentos às pessoas civis, danos a bens de carácter civil ou uma combinação dessas perdas e danos, que seriam excessivos em relação à vantagem militar concreta e directa esperada.

9 – Não se considerarão como um único objectivo militar diversos objectivos militares nitidamente separados e distintos que se encontrem numa cidade, vila, aldeia ou noutra zona em que haja uma concentração análoga de civis ou bens de carácter civil.

10 – Serão tomadas todas as precauções viáveis para proteger os civis dos efeitos das armas relativas às quais se aplica o presente artigo. Por precauções viáveis entende-se as precauções que são praticáveis ou passíveis de pôr em prática, tendo em conta as circunstâncias do momento, nomeadamente as considerações de ordem humanitária e militar. Entre outras, estas circunstâncias incluem:

a) O efeito a curto e a longo prazos das minas sobre a população civil local durante o período em que está activo o campo de minas;

b) Possíveis medidas para proteger as pessoas civis (por exemplo, cercas, sinais, avisos e vigilância);

c) A disponibilidade e viabilidade de utilizar alternativas; e

d) As exigências militares de um campo de minas a curto e a longo prazos.

11 – Deverá ser feito um pré-aviso efectivo de qualquer colocação de minas, de armadilhas e de outros dispositivos num determinado local que possam afectar a população civil, salvo se as circunstâncias o não permitirem.

ARTIGO 4.º
Restrições à utilização de minas antipessoais

É proibido utilizar minas antipessoais que não sejam detectáveis, conforme o especificado no parágrafo 2 do anexo técnico.

ARTIGO 5.º
Restrições à utilização de minas antipessoais para além das minas colocadas à distância

1 – O presente artigo aplica-se a outras minas antipessoais para além das minas colocadas à distância.

Direito Internacional Humanitário   299

2 – É proibido utilizar armas relativas às quais se aplica o presente artigo e que não estejam em conformidade com as disposições do anexo técnico sobre autodestruição e autodesactivação, a menos que:

a) Essas armas sejam colocadas numa zona com o perímetro demarcado, que é vigiada por pessoal militar e protegida por uma cerca ou outros meios que garantam que os civis não a penetrem. A marcação deverá ser inconfundível e durável e estar visível para alguém que tente penetrar a zona com o perímetro demarcado; e

b) Essas armas sejam removidas antes de se abandonar a zona, a não ser que a zona tenha sido entregue às forças de outro Estado que tenha aceite a responsabilidade pela manutenção dos meios de protecção exigidos pelo presente artigo e pela subsequente remoção dessas armas.

3 – Uma parte num conflito só ficará isenta do cumprimento das disposições das alíneas a) e b) do parágrafo 2 do presente artigo quando não for possível esse cumprimento devido a perda de controlo da zona por uso de força como resultado de uma acção militar do inimigo, incluindo as situações em que a acção militar directa na zona impeça esse cumprimento. Se essa parte retomar o controlo da zona, retomará o cumprimento das disposições das alíneas a) e b) do parágrafo 2 do presente artigo.

4 – Se as forças de uma parte num conflito tomarem o controlo de uma zona na qual tenham sido colocadas armas relativas às quais se aplica o presente artigo, as referidas forças manterão e, caso necessário, estabelecerão, na medida do possível, as protecções exigidas no presente artigo até que essas armas tenham sido removidas.

5 – Deverão ser tomadas todas as medidas viáveis para impedir a remoção, a alteração, a destruição ou ocultação, não autorizada, de qualquer dispositivo, sistema ou material utilizado para delimitar o perímetro de uma zona demarcada.

6 – As armas às quais se aplica o presente artigo que lancem fragmentos num arco horizontal inferior a 90.º e que estejam colocadas à superfície do solo ou por cima deste poderão ser utilizadas sem as medidas previstas no parágrafo 2, alínea a), do presente artigo por um período máximo de setenta e duas horas, se:

a) Estas estiverem localizadas nas proximidades da unidade militar que as tenha colocado; e

b) A zona estiver vigiada por pessoal militar que interdite a entrada a civis.

ARTIGO 6.º
Restrições à utilização de minas colocadas à distância

1 – É proibido utilizar minas colocadas à distância, salvo se estas estiverem registadas em conformidade com as disposições da alínea b) do parágrafo 1 do anexo técnico.

2 – É proibido utilizar minas antipessoais colocadas à distância que não estejam em conformidade com as disposições do anexo técnico sobre autodestruição e autodesactivação.

3 – É proibido utilizar minas colocadas à distância para além das minas antipessoais, a menos que, na medida do possível, estejam equipadas com um mecanismo eficaz de autodestruição ou autoneutralização e que tenham um dispositivo de autodesactivação de reserva, concebido para que a mina não funcione como mina a partir do momento que já não tenha a utilidade militar para a qual foi colocada num determinado local.

4 – Deverá ser feito um pré-aviso efectivo de qualquer lançamento ou colocação de minas à distância que possa afectar a população civil, salvo se as circunstâncias o não permitirem.

ARTIGO 7.º
Proibições à utilização de armadilhas e de outros dispositivos

1 – Sem prejuízo das regras do Direito Internacional aplicáveis aos conflitos armados relativos à traição e à perfídia, é proibido em todas as circunstâncias utilizar armadilhas e outros dispositivos que estejam de algum modo associados ou relacionados com:

a) Emblemas, sinais ou sinalizações protectores reconhecidos internacionalmente;
b) Doentes, feridos ou mortos;
c) Locais de inumação, crematórios ou campas;
d) Instalações, equipamento, abastecimento ou transportes sanitários;
e) Brinquedos de crianças ou outros objectos portáteis ou produtos especialmente destinados à alimentação, à higiene, ao vestuário ou à educação das crianças;
f) Alimentos ou bebidas;
g) Utensílios de cozinha ou aparelhos de uso doméstico, salvo nos estabelecimentos militares, nos locais militares e depósitos de aprovisionamento militar;
h) Objectos de carácter claramente religioso;

i) Monumentos históricos, obras de arte ou lugares de culto que constituam o património cultural ou espiritual dos povos; ou

j) Animais ou suas carcaças.

2 – É proibido utilizar armadilhas ou outros dispositivos que se pareçam com objectos portáteis aparentemente inofensivos, mas que tenham sido especificamente concebidos e fabricados para terem materiais explosivos.

3 – Sem prejuízo das disposições do artigo 3.º, é proibido utilizar armas às quais este artigo se aplica em qualquer cidade, vila, aldeia ou outra zona onde se encontre uma concentração análoga de civis, onde não ocorram combates entre as forças terrestres ou que estes não estejam iminentes, a menos que:

a) Essas armas estejam colocadas num objectivo militar ou na sua proximidade; ou

b) Que sejam tomadas medidas para proteger a população civil contra os seus efeitos, por exemplo através da afixação e difusão de avisos, da colocação de sentinelas ou da instalação de cercas.

ARTIGO 8.º
Transferências

1 – A fim de promover os objectivos do presente Protocolo, cada Alta Parte Contratante:

a) Compromete-se a não transferir nenhum tipo de minas cuja utilização esteja proibida em virtude do presente Protocolo;

b) Compromete-se a não transferir minas para um destinatário que não seja um Estado ou organismo do Estado autorizado a recebê-las;

c) Compromete-se a restringir a transferência de todo o tipo de minas cuja utilização esteja restrita pelo presente Protocolo. Em particular, cada Alta Parte Contratante compromete-se a não transferir minas antipessoais aos Estados que não estejam vinculados pelo presente Protocolo, salvo se o Estado receptor aceitar aplicar o presente Protocolo; e

d) Compromete-se a garantir que, ao realizar qualquer transferência em conformidade com o presente artigo, tanto o Estado que transfere as minas como o Estado receptor fazem-no em plena conformidade com as disposições pertinentes do presente Protocolo e com as normas aplicáveis do direito internacional humanitário.

2 – No caso em que uma Alta Parte Contratante declarar que adia o cumprimento de algumas disposições concretas para a utilização de determinadas minas, segundo o disposto no anexo técnico, a alínea a) do parágrafo 1 do presente artigo aplicar-se-á a essas minas.

3 – Até à entrada em vigor do presente Protocolo, todas as Altas Partes Contratantes abster-se-ão de todo o tipo de acções que sejam incompatíveis com a alínea a) do parágrafo 1 do presente artigo.

ARTIGO 9.º
Registo e utilização de informação relativa aos campos de minas, zonas minadas, minas, armadilhas e outros dispositivos

1 – Toda a informação relativa aos campos de minas, zonas minadas, minas, armadilhas e outros dispositivos deve ser registada em conformidade com as disposições do anexo técnico.

2 – Todos os registos deverão ser conservados pelas partes num conflito, as quais adoptarão, prontamente, após a cessação das hostilidades activas, todas as medidas necessárias e apropriadas, incluindo a utilização dessa informação, para proteger as pessoas civis dos efeitos dos campos de minas, zonas minadas, minas, armadilhas e outros dispositivos nas zonas sob o seu controlo.

Ao mesmo tempo, facilitarão também à outra parte ou às outras partes no conflito e ao Secretário-Geral das Nações Unidas toda a informação que possuam relativamente aos campos de minas, zonas minadas, minas, armadilhas e outros dispositivos colocados por elas nas zonas que já não estejam sob o seu controlo; não obstante, e na condição que haja reciprocidade, quando as forças de uma parte no conflito estejam no território de uma parte contrária, cada uma das partes poderá abster-se de facultar essa informação ao Secretário-Geral e à outra parte, na medida exigida pelos seus interesses de segurança, até que nenhuma das partes se encontre no território da outra. Neste último caso, a informação retida será divulgada assim que os interesses de segurança o permitam. Sempre que possível, as partes no conflito tentarão, por mútuo acordo, divulgar essa informação o mais rápido possível e de forma compatível com os interesses de segurança de cada uma delas.

3 – O presente artigo aplica-se sem prejuízo das disposições dos artigos 10.º e 12.º do presente Protocolo.

ARTIGO 10.º
Remoção de campos de minas, zonas minadas, minas, armadilhas e outros dispositivos e cooperação internacional

1 – Após o fim das hostilidades activas, todos os campos de minas, zonas minadas, minas, armadilhas e outros dispositivos devem ser retirados, destruídos ou conservados de acordo com o artigo 3.º e com o parágrafo 2 do artigo 5.º do presente Protocolo.

Direito Internacional Humanitário 303

2 – As Altas Partes Contratantes e as partes num conflito assumem essa responsabilidade com respeito aos campos minados, zonas minadas, minas, armadilhas e outros dispositivos situados nas zonas que controlam.

3 – Com respeito aos campos de minas, zonas minadas, minas, armadilhas e outros dispositivos colocados por uma parte nas zonas em que já não detenha o controlo, essa parte facultará à parte que detém o controlo, em conformidade com o parágrafo 2 do presente artigo, na medida em que essa parte o permita, a assistência técnica e material necessária ao cumprimento dessa responsabilidade.

4 – Sempre que necessário, as partes esforçar-se-ão por chegar a um acordo entre si, e, quando oportuno, com outros Estados e organizações internacionais, sobre a concessão de uma assistência técnica e material, incluindo, se as circunstâncias o permitirem, a organização de operações conjuntas para cumprir essa responsabilidade.

ARTIGO 11.º
Cooperação e assistência técnica

1 – Cada Alta Parte Contratante compromete-se a facilitar o intercâmbio, mais completo possível, de equipamento, material e informação científica e técnica relacionados com a aplicação do presente Protocolo e os meios para a desminagem, e terá o direito de participar nesse intercâmbio. Em particular, as Altas Partes Contratantes não imporão restrições indevidas ao fornecimento, para fins militares, de equipamento para a desminagem e de informação técnica correspondente.

2 – Cada Alta Parte Contratante compromete-se a facultar informação à base de dados sobre desminagem estabelecida no sistema das Nações Unidas, em especial informação relativa aos diversos meios e tecnologias de desminagem, bem como listas de peritos, organismos de especialistas ou centros nacionais de contacto para a desminagem.

3 – Cada Alta Parte Contratante em condições de o fazer fornecerá assistência para a desminagem através do sistema das Nações Unidas, de outros organismos internacionais ou numa base bilateral, ou contribuirá para o Fundo Voluntário das Nações Unidas para Assistência à Desminagem.

4 – Os pedidos de assistência apresentados pelas Altas Partes Contratantes, fundamentados em informação pertinente, podem ser submetidos às Nações Unidas, a outros organismos adequados ou a outros Estados. Esses pedidos podem ser apresentados ao Secretário-Geral das Nações Unidas, que os transmitirá a todas as Altas Partes Contratantes e às organizações internacionais competentes.

5 – No caso de pedidos feitos às Nações Unidas, o Secretário-Geral das Nações Unidas poderá, utilizando os recursos que dispõe, tomar as medidas adequadas para avaliar a situação e, em cooperação com a Alta Parte solicitante,

determinar o tipo de assistência à desminagem ou a aplicação do presente Protocolo. O Secretário-Geral das Nações Unidas poderá igualmente informar as Altas Partes Contratantes sobre a avaliação efectuada, bem como sobre o tipo e o âmbito de assistência necessário.

6 – Sem prejuízo das suas disposições constitucionais e outras disposições legais, as Altas Partes Contratantes comprometem-se a cooperar e a transferir tecnologia com vista a facilitar a aplicação das proibições e restrições pertinentes estabelecidas no presente Protocolo.

7 – Cada Alta Parte Contratante tem o direito de pedir e receber assistência técnica, quando adequado, de outra Alta Parte Contratante no que diz respeito a tecnologia específica pertinente, que não seja tecnologia de armamento, com vista a reduzir qualquer período de deferimento previsto nas disposições do anexo técnico.

ARTIGO 12.º

Protecção contra os efeitos dos campos de minas, zonas minadas, minas, armadilhas e outros dispositivos

1 – Aplicação:

a) Com excepção das forças e missões adiante referidas nas alíneas a), i), do parágrafo 2 do presente artigo, o presente artigo aplica-se unicamente às missões que desempenhem funções numa zona com o consentimento da Alta Parte Contratante em cujo território desempenham essas funções.

b) A aplicação das disposições do presente artigo às partes num conflito que não sejam Altas Partes Contratantes não modificará, explícita ou implicitamente, o seu estatuto jurídico ou o estatuto de um território disputado.

c) As disposições do presente artigo aplicam-se sem prejuízo do Direito Internacional Humanitário em vigor ou de outros instrumentos internacionais aplicáveis, ou de decisões do Conselho de Segurança das Nações Unidas, que visam garantir um nível de protecção mais elevado para o pessoal que desempenhe as suas funções em conformidade com o presente artigo.

2 – Forças de manutenção de paz e outras forças ou missões:

a) O presente parágrafo aplica-se a:

i) Qualquer força ou missão das Nações Unidas que desempenhe funções de manutenção de paz, de observação ou funções análogas em qualquer zona em conformidade com a Carta das Nações Unidas;

ii) Qualquer missão estabelecida de acordo com o capítulo VII da Carta das Nações Unidas e que desempenhe as suas funções numa zona de conflito.

b) Cada Alta Parte Contratante ou cada parte num conflito, se para tal for solicitado pelo chefe de uma força ou missão à qual se aplica o presente parágrafo, deverá:

i) Tomar, na medida do possível, as medidas necessárias para proteger a força ou missão contra os efeitos das minas, armadilhas e outros dispositivos que se encontrem na zona sob o seu controlo;

ii) Caso seja necessário para proteger esse pessoal, remover ou tornar inofensivas, dentro do possível, todas as minas, armadilhas e outros dispositivos nessa zona; e

iii) Informar o chefe da força ou missão acerca da localização de todos os campos de minas, zonas minadas, minas e armadilhas e outros dispositivos conhecidos na zona em que a força ou missão desempenhe as suas funções e, na medida do possível, pôr à disposição do chefe da força ou missão toda a informação na sua posse relativa aos campos de minas, zonas minadas, minas, armadilhas e outros dispositivos.

3 – Missões humanitárias e missões de averiguação das Nações Unidas:

a) O presente parágrafo aplica-se a qualquer missão humanitária ou de averiguação do sistema das Nações Unidas.

b) Cada Alta Parte Contratante ou parte num conflito, se para tal for solicitado pelo chefe de uma força ou missão à qual se aplica o presente parágrafo, deverá:

i) Facultar ao pessoal da missão a protecção estabelecida no parágrafo 2, alínea b), i), do presente artigo; e

ii) Se a missão o necessitar para levar a cabo as suas funções, ter acesso ou poder passar por algum local que esteja sob o controlo da parte, e assegurar ao pessoal da missão acesso seguro até esse local ou passagem segura pelo mesmo local:

aa) A menos que as hostilidades em curso o impeçam, informar o chefe da missão quanto à existência de uma via segura até esse local, quando existir esse tipo de informação; ou

bb) Se a informação que permite determinar se essa via é segura ou não estiver disponível em conformidade com a alínea aa), na medida em que seja necessário e viável, abrir um caminho através dos campos de minas.

4 – Missões do Comité Internacional da Cruz Vermelha:

a) O presente parágrafo aplica-se a qualquer missão do Comité Interna-cional da Cruz Vermelha que desempenhe funções com o consentimento do Estado ou Estados anfitriões em conformidade com o previsto nas Convenções de Genebra de 12 de Agosto de 1949 e, onde aplicável, dos seus protocolos adicionais.

b) Cada Alta Parte Contratante ou parte num conflito, se para tal for solicitado pelo chefe de uma força ou missão à qual se aplica o presente parágrafo, deverá:

i) Facultar ao pessoal da missão a protecção estabelecida no parágrafo 2, alínea b), i), do presente artigo; e

ii) Tomar as medidas estabelecidas na alínea b), ii), do parágrafo 3 do presente artigo.

5 – Outras missões humanitárias e missões de averiguação:

a) Na medida em que os parágrafos 2, 3 e 4 do presente artigo não sejam aplicáveis, aplicar-se-á o presente parágrafo às seguintes missões, quando estas desempenhem funções na zona de um conflito ou prestem assis-tência às vítimas do mesmo:

i) Qualquer missão humanitária da Cruz Vermelha ou do Crescente Vermelho ou da sua Federação Internacional;

ii) Qualquer missão de uma organização imparcial de carácter huma-nitário, incluindo qualquer missão imparcial de desminagem de carácter humanitário;

iii) Qualquer missão de averiguação estabelecida em conformidade com as disposições das Convenções de Genebra de 12 de Agosto de 1949 e, onde aplicável, os seus protocolos adicionais.

b) Cada Alta Parte Contratante ou cada parte num conflito, se para tal for solicitado pelo chefe da missão à qual se aplica este parágrafo, deverá, na medida do possível:

i) Facultar ao pessoal da missão a protecção estabelecida no parágrafo 2, alínea b), i), do presente artigo; e

ii) Tomar as medidas estabelecidas no parágrafo 3, alínea b), ii), do presente artigo.

6 – Confidencialidade. – Toda a informação fornecida a título confidencial em conformidade com o disposto no presente artigo será tratada por quem a receba de uma forma estritamente confidencial e não deverá ser divulgada

fora da força ou da missão em causa sem a autorização expressa daqueles que a forneceram.

7 – Respeito pelas leis e regulamentos. – Sem prejuízo dos privilégios e imunidades de que possam gozar, ou das exigências das suas funções, o pessoal que participe nas forças e missões a que se refere o presente artigo deverá:

a) Respeitar as leis e regulamentos do Estado anfitrião; e
b) Abster-se de qualquer medida ou actividade que seja incompatível com o carácter imparcial e internacional das suas funções.

ARTIGO 13.º
Consultas entre as Altas Partes Contratantes

1 – As Altas Partes Contratantes comprometem-se a efectuar consultas e a cooperar entre si com respeito a todas as questões relacionadas com a aplicação deste Protocolo. Com esse fim serão realizadas anualmente conferências das Altas Partes Contratantes.

2 – A participação nas conferências anuais será determinada pelo regulamento por elas adoptado.

3 – Entre outros assuntos, a conferência:

a) Examinará a aplicação e estado do presente Protocolo;
b) Examinará as questões levantadas pelos relatórios das Altas Partes Contratantes de acordo com o parágrafo 4 do presente artigo;
c) Preparará as conferências de revisão; e
d) Estudará o desenvolvimento das tecnologias a fim de proteger a população civil dos efeitos indiscriminados das minas.

4 – As Altas Partes Contratantes apresentarão relatórios anuais ao depositário, o qual os distribuirá a todas as Altas Partes Contratantes antes da conferência, sobre qualquer dos seguintes assuntos:

a) Divulgação de informação sobre o presente Protocolo às suas Forças Armadas e à população civil;
b) Desminagem e programas de reabilitação;
c) Medidas adoptadas para satisfazer as exigências técnicas do Protocolo e qualquer outra informação pertinente relacionada;
d) Legislação relacionada com o presente Protocolo;
e) Medidas tomadas sobre a troca internacional de informação técnica, sobre a cooperação internacional de desminagem e sobre a cooperação e assistência técnica; e
f) Outros assuntos pertinentes.

5 – As despesas da conferência das Altas Partes Contratantes serão assumidas pelas Altas Partes Contratantes e pelos Estados não partes que participem nos trabalhos da conferência, em conformidade com a escala de quotas das Nações Unidas convenientemente ajustada.

ARTIGO 14.º
Cumprimento

1 – Cada Alta Parte Contratante adoptará todas as medidas pertinentes, incluindo medidas legislativas e de outra índole, para evitar e impedir as violações do presente Protocolo cometidas por indivíduos ou em territórios sujeitos à sua jurisdição ou controlo.

2 – As medidas previstas no parágrafo 1 do presente artigo incluem medidas pertinentes que garantam a imposição de sanções penais a pessoas que, em relação a um conflito armado e contrariamente ao previsto nas disposições do presente Protocolo, intencionalmente matem ou causem ferimentos graves a civis, e a comparência dessas pessoas perante a justiça.

3 – Cada uma das Altas Partes Contratantes exigirá também que as suas Forças Armadas divulguem as instruções militares e elaborem os procedimentos operacionais pertinentes e que o pessoal das Forças Armadas receba uma formação de acordo com as suas obrigações e responsabilidades para cumprir as disposições do presente Protocolo.

4 – As Altas Partes Contratantes comprometem-se a efectuar consultas e cooperar entre si, bilateralmente, por intermédio do Secretário-Geral das Nações Unidas ou através de outro procedimento internacional pertinente, para resolver qualquer problema que possa surgir com relação à interpretação e aplicação das disposições do presente Protocolo.

ANEXO TÉCNICO

1 – Registo

a) O registo da localização das minas que não sejam minas colocadas à distância, campos de minas, zonas minadas, armadilhas e outros dispositivos será efectuado em conformidade com as seguintes disposições:

  i) A localização dos campos de minas, zonas minadas, zonas de armadilhas e de outros dispositivos será especificada com exactidão em relação às coordenadas de pelo menos dois pontos de referência e as dimensões previstas da zona em que se encontram essas armas em relação a esses pontos de referência;

ii) Os mapas, os diagramas e outros documentos serão feitos de forma a indicar a localização dos campos de minas, das zonas minadas, das armadilhas e de outros dispositivos em relação aos pontos de referência; esses registos deverão igualmente indicar os seus perímetros e as suas dimensões; e

iii) Para efeitos de detecção e remoção de minas, armadilhas e outros dispositivos, os mapas, os diagramas ou outros registos conterão a informação completa sobre o tipo, o número, o método de colocação, o tipo de espoleta e o tempo de vida, a data e a hora de colocação no local, os dispositivos antimanipulação (caso existam) e outra informação pertinente relativa a todas as armas colocadas. Sempre que possível, o registo do campo de minas indicará a situação exacta de cada mina, excepto nos campos de minas onde as minas são colocadas em filas, caso em que bastará conhecer a localização das filas. A localização exacta e o mecanismo de accionamento de cada armadilha serão registados individualmente.

b) A localização prevista e a zona onde se encontram as minas colocadas à distância devem ser indicadas através das coordenadas de pontos de referência (normalmente pontos situados nas esquinas) verificados e, sempre que possível, marcados no solo na primeira oportunidade. O número total e o tipo de minas colocadas, a data e a hora de colocação no local e os períodos de autodestruição também serão registados.

c) Os exemplares dos documentos de registo serão conservados a um nível de comando suficientemente elevado para garantir, tanto quanto possível, a sua segurança.

d) É proibida a utilização de minas fabricadas após a entrada em vigor do presente Protocolo, salvo se tiverem sido marcadas, em inglês ou na língua ou línguas oficiais respectivas, com a seguinte informação:

i) O nome do país de origem;

ii) O mês e o ano de fabrico;

iii) O número de série ou o número do lote.

Na medida do possível, a marcação deverá ser visível, legível, duradoura e resistente aos efeitos ambientais.

2 – Especificações sobre detectabilidade

a) As minas antipessoais produzidas após 1 de Janeiro de 1997 terão integrados na sua estrutura um material ou dispositivo que permita a sua detecção com o equipamento técnico de detecção de minas actualmente existente e que faculte um sinal de resposta equivalente ao proporcionado por 8 g, ou mais, de ferro numa única massa homogénea.

b) As minas antipessoais produzidas após 1 de Janeiro de 1997 terão integrados na sua estrutura ou ser-lhes-á 'colado' antes da sua colocação, de forma que não se possa separar facilmente, um material ou dispositivo que permita a sua detecção com o equipamento técnico de detecção de minas actualmente existente e que faculte um sinal de resposta equivalente ao proporcionado por 8 g, ou mais, de ferro numa única massa homogénea.

c) No caso em que uma Alta Parte Contratante chegue à conclusão de que não pode cumprir de imediato o disposto na alínea b), poderá declarar, no momento de notificação do seu consentimento de ficar vinculada pelo presente Protocolo, que difere o cumprimento da referida alínea por um período que não excederá nove anos a partir da data de entrada em vigor do presente Protocolo. Entretanto, reduzirá, tanto quanto possível, a utilização de minas antipessoais que não estejam em conformidade com essas disposições.

3 – Especificações sobre a autodestruição e a autodesactivação

a) Todas as minas antipessoais colocadas à distância devem ser concebidas e fabricadas por forma que, nos 30 dias seguintes a terem sido colocadas, não haja mais de 10% das minas activadas que não se tenham autodestruído, e cada mina disporá ainda de um dispositivo de auto-desactivação concebido e fabricado por forma que, juntamente com o mecanismo suplementar de autodestruição, não haja mais de uma em cada mil minas activadas a funcionar nos 120 dias posteriores à colocação dessas minas.

b) Todas as minas antipessoais não colocadas à distância que sejam utilizadas fora das zonas demarcadas, conforme previsto no artigo 5.º do presente Protocolo, cumprirão os requisitos de autodestruição e autodesactivação estabelecidos na alínea a).

c) No caso em que uma Alta Parte Contratante chegue à conclusão de que não pode cumprir de imediato o disposto nas alíneas a) e ou b), poderá declarar, no momento de notificação do seu consentimento de ficar vinculada pelo presente Protocolo, que difere o cumprimento das referidas alíneas, relativamente às minas fabricadas antes da sua entrada em vigor, por um período que não excederá nove anos a partir da data de entrada em vigor do presente Protocolo.

Durante esse período de diferimento, a Alta Parte Contratante:

i) Esforçar-se-á por reduzir, tanto quanto possível, a utilização de minas antipessoais que não estejam em conformidade com essas disposições; e

ii) No que respeita às minas antipessoais lançadas à distância, cumprirá os requisitos de autodestruição ou de autodesactivação, e, relativamente às restantes minas antipessoais cumprirá pelo menos os requisitos de auto-desactivação.

4 – Sinais internacionais para os campos de minas e zonas minadas

Serão utilizados sinais análogos aos do exemplo em apêndice e conforme especificado abaixo para marcar os campos de minas e as zonas minadas de forma que sejam visíveis e reconhecidos pela população civil:

a) Dimensão e forma: um triângulo, tendo um dos lados pelo menos 28 cm (11 polegadas) e os outros dois pelo menos 20 cm (7,9 polegadas), ou um quadrado com pelo menos 15 cm (6 polegadas) de lado;

b) Cor: vermelha ou laranja com a borda em amarelo-fluorescente;

c) Símbolo: o símbolo ilustrado como exemplo no apêndice ou qualquer outro símbolo que, na zona em que o sinal deve ser instalado, seja facilmente reconhecível para identificar uma zona perigosa;

d) Língua: o sinal deverá apresentar a palavra 'minas' numa das seis línguas oficiais da presente Convenção (árabe, chinês, espanhol, inglês, francês e russo) e na língua ou línguas faladas na zona; e

e) Distanciamento: os sinais deverão ser colocados à volta do campo de minas ou zona minada a uma distância que permita que um civil que se aproxime da zona possa vê-los de qualquer ponto.»

Artigo 2.°

O presente Protocolo modificado entrará em vigor de acordo com o disposto na alínea b) do parágrafo 1 do artigo 8.° da Convenção.

5.4. PROTOCOLO SOBRE A PROIBIÇÃO OU LIMITAÇÃO DO USO DE ARMAS INCENDIÁRIAS (PROTOCOLO III)[27]

ARTIGO 1.º
Definições

Para efeitos do presente Protocolo:

1) Entende-se por «arma incendiária» qualquer arma ou munição que foi essencialmente concebida para incendiar objectos ou para causa queimaduras a pessoas através de chamas, de calor ou de uma combinação de chamas e calor, desencadeada, por uma reacção química de uma substância lançada ao alvo.

a) As armas incendiárias poderão adoptar a forma, por exemplo, de lança-chamas, de fogaças, de obuses, de foguetes, de granadas, de minas, de bombas e de outros dispositivos com substâncias incendiárias.

b) As armas incendiárias não incluem:

  i) As munições que possam produzir efeitos incendiários fortuitos, como, por exemplo, as munições iluminantes, tracejantes, fumígenas ou os sistemas de sinalização;

  ii) As munições que são concebidas para combinar os efeitos de penetração, detonação ou fragmentação com um efeito incendiário adicional, como por exemplo os projécteis perfurantes, os obuses de fragmentação, as bombas explosivas e as munições similares de efeitos combinados em que o efeito incendiário combinado não visa expressamente causar queimaduras a pessoas, mas a ser utilizado contra os objectivos militares, tais como veículos blindados, aviões e edifícios ou instalações para apoio logístico;

---

[27] Aprovado pela Resolução da Assembleia da República n.º 1/97, de 13 de Janeiro, e ratificado pelo Decreto do Presidente da República n.º 1/97, de 13 de Janeiro.

2) Entende-se por «concentração de civis» uma concentração de civis, quer seja permanente ou temporária, como é o caso das zonas habitadas das cidades e vilas ou aldeias habitadas ou como das que constituem os campos e as colónias de refugiados ou de evacuados ou os grupos de nómadas;

3) Entende-se por «objectivo militar», no que diz respeito a «bens», qualquer bem que, pela sua natureza, localização, destino ou utilização, fornece uma contribuição efectiva à acção militar e cuja destruição total ou parcial, captura ou neutralização proporciona a ocorrência de uma vantagem militar precisa;

4) Entende-se por «bens de carácter civil» todos os bens que não são objectivos militares no sentido dos do n.º 3);

5) Entende-se por «eventuais precauções» as precauções que são praticáveis ou que são praticamente possíveis, tendo em consideração todas as condições nesse momento, nomeadamente as considerações de ordem humanitária e de ordem militar.

ARTIGO 2.º
Protecção de civis e de bens de carácter civil

1 – É proibido em todas as circunstâncias fazer da população civil como tal, civis isolados ou bens de carácter civil objecto de ataque com armas incendiárias.

2 – É proibido em todas as circunstâncias fazer de um objectivo militar situado no interior de uma concentração de civis o objecto de um ataque com armas incendiárias lançadas por avião.

3 – É proibido para além disso fazer de um objectivo militar situado no interior de uma concentração de civis objecto de um ataque com armas incendiárias que não sejam as armas incendiárias lançadas por avião, excepto quando um tal objectivo militar está nitidamente separado da concentração de civis e quando todas as precauções possíveis foram tomadas para controlar os efeitos incendiários sobre o objectivo militar e para evitar, e em qualquer caso para minimizar, perdas acidentais de vidas humanas da população civil, queimaduras que poderiam ser causadas aos civis e os danos a bens de carácter civil.

4 – É proibido submeter florestas e outros tipos de cobertura vegetal a ataques com armas incendiárias, excepto quando esses elementos naturais são utilizados para cobrir, dissimular ou camuflar os combatentes ou outros objectivos militares ou são eles próprios os objectivos militares.

5.5. PROTOCOLO SOBRE ARMAS LASER QUE CAUSAM A CEGUEIRA, DE 13 DE OUTUBRO DE 1993 (PROTOCOLO IV)[28]

ARTIGO 1.º
Protocolo adicional

O seguinte Protocolo deve ser junto à Convenção sobre a proibição ou limitação do uso de certas armas convencionais que podem ser consideradas como produzindo efeitos traumáticos excessivos ou ferindo indiscriminadamente (a Convenção), como Protocolo IV:

Protocolo sobre Armas Laser que causam a Cegueira (Protocolo IV)

ARTIGO 1.º

É proibido utilizar armas laser especificamente concebidas de forma que a sua única função de combate ou uma das suas funções de combate seja provocar a cegueira permanente em pessoas cuja vista não seja auxiliada, isto é, que vêem a olho nu ou que usam instrumentos correctores da visão. As Altas Partes Contratantes não transferirão tais armas para nenhum Estado nem para nenhuma entidade não estatal.

ARTIGO 2.º

Na utilização de sistemas laser, as Altas Partes Contratantes tomam todas as precauções possíveis para evitar os casos de cegueira permanente em pessoas cuja visão não seja auxiliada. Tais precauções abrangem designadamente o treino das suas forças armadas e outras medidas práticas.

---

[28] Aprovado pela Resolução da Assembleia da República n.º 52/2001, de 13 de Julho, e ratificado pelo Decreto do Presidente da República n.º 38/2001, de 13 de Julho.

ARTIGO 3.º

A cegueira permanente enquanto efeito fortuito ou colateral do uso militar legítimo de sistemas laser, incluindo os sistemas laser utilizados contra os dispositivos ópticos, não está abrangida pela proibição estabelecida pelo presente Protocolo.

ARTIGO 4.º

Para os efeitos do presente Protocolo, 'cegueira permanente' significa uma perda de visão irreversível e incorrigível, que causa uma invalidez grave sem nenhuma perspectiva de recuperação. Entende-se por invalidez grave a equivalente a uma acuidade visual inferior a 20/200 medida com a ajuda do teste de Snellen aos dois olhos.»

ARTIGO 2.º
Entrada em vigor

O presente Protocolo entrará em vigor nos termos dos parágrafos 3 e 4 do artigo 5.º da Convenção.

6. CONVENÇÃO SOBRE A PROIBIÇÃO DO DESENVOL-VIMENTO, PRODUÇÃO, ARMAZENAGEM E UTILIZAÇÃO DE ARMAS QUÍMICAS E SOBRE A SUA DESTRUIÇÃO, DE 13 DE JANEIRO DE 1993[29]

Preâmbulo

Os Estados Partes na presente Convenção:

Determinados a agir com vista a realizar progressos efectivos para o desarmamento geral e completo sob um controlo internacional estrito e eficaz, incluindo a proibição e a eliminação de todos os tipos de armas de destruição em massa;

Desejando contribuir para a realização dos fins e princípios da Carta das Nações Unidas;

Recordando que a Assembleia Geral das Nações Unidas tem condenado repetidamente todas as acções contrárias aos princípios e objectivos do Protocolo Relativo à Proibição da Utilização em Guerra de Gases Asfixiantes, Tóxicos ou Similares e de Métodos Bacteriológicos de Guerra, assinado em Genebra em 17 de Junho de 1925 (o Protocolo de Genebra de 1925);

Reconhecendo que a presente Convenção reafirma os princípios e objectivos do Protocolo de Genebra de 1925 e da Convenção sobre a Proibição do Desenvolvimento, Produção e do Armazenamento de Armas Bacteriológicas (Biológicas) ou à Base de Toxinas e sobre a Sua Destruição, assinada em Londres, Moscovo e Washington em 10 de Abril de 1972, bem como as obrigações contraídas em virtude desses instrumentos;

Tendo presente o objectivo enunciado no artigo IX da Convenção sobre a Proibição do Desenvolvimento, Produção e do Armazenamento de Armas Bacteriológicas (Biológicas) ou à Base de Toxinas e sobre a Sua Destruição;

---

[29] Aprovada pela Resolução da Assembleia da República n.º 25-A/96, de 23 de Julho, e ratificada pelo Decreto do Presidente da República n.º 25-C/96, de 23 de Julho.

Determinados, para o bem da Humanidade, a excluir completamente a possibilidade de utilização de armas químicas, mediante a implementação e aplicação das disposições da presente Convenção, complementando assim as obrigações assumidas em virtude do Protocolo de Genebra de 1925;

Reconhecendo a proibição, incluída nos acordos pertinentes e princípios relevantes do Direito Internacional, da utilização de herbicidas como método de guerra;

Considerando que os progressos na área da química devem ser utilizados exclusivamente em benefício da Humanidade;

Desejando promover o livre comércio de produtos químicos, assim como a cooperação internacional e o intercâmbio de informação científica e técnica na área das actividades químicas para fins não proibidos pela presente Convenção, com vista a reforçar o desenvolvimento económico e tecnológico de todos os Estados Partes;

Convencidos de que a proibição completa e eficaz do desenvolvimento, produção, aquisição, armazenagem, retenção, transferência e utilização de armas químicas, e a sua destruição, representam um passo necessário para a realização destes objectivos comuns;

acordaram nas seguintes disposições:

ARTIGO I
Obrigações gerais

1 – Cada Estado Parte na presente Convenção compromete-se, quaisquer que sejam as circunstâncias, a:

a) Não desenvolver, produzir, obter de outra forma, armazenar ou conservar armas químicas, nem a transferir essas armas para quem quer que seja, directa ou indirectamente;

b) Não utilizar armas químicas;

c) Não proceder a quaisquer preparativos militares para a utilização de armas químicas;

d) Não auxiliar, encorajar ou induzir outrem, por qualquer forma, a tomar parte em qualquer actividade proibida aos Estados Partes ao abrigo da presente Convenção.

2 – Cada Estado Parte compromete-se a destruir as armas químicas de sua propriedade ou na sua posse, ou que se encontrem em qualquer local sob a sua jurisdição ou controlo, em conformidade com as disposições da presente Convenção.

3 – Cada Estado Parte compromete-se a destruir todas as armas químicas que

tiver abandonado no território de outro Estado Parte, em conformidade com as disposições da presente Convenção.

4 – Cada Estado Parte compromete-se a destruir todas as instalações de produção de armas químicas de sua propriedade ou na sua posse, ou que se encontrem em qualquer local sob a sua jurisdição ou controlo, em conformidade com as disposições da presente Convenção.

5 – Cada Estado Parte compromete-se a não utilizar agentes antimotins como método de guerra.

ARTIGO II
Definições e critérios

Para efeitos da presente Convenção:

1 – Por «armas químicas» entende-se, conjunta ou separadamente, o seguinte:

a) Os produtos químicos tóxicos e seus precursores, excepto quando se destinem a fins não proibidos pela presente Convenção, desde que os tipos e as quantidades desses produtos sejam compatíveis com esses fins;

b) As munições e dispositivos especificamente concebidos para causar a morte ou provocar lesões através das propriedades tóxicas dos produtos químicos especificados na alínea a), quando libertados como resultado da utilização dessas munições ou dispositivos;

c) Qualquer equipamento especificamente concebido para ser utilizado em relação directa com a utilização das munições e dispositivos especificados na alínea b).

2 – Por «produto químico tóxico» entende-se todo o produto químico que, pela sua acção química sobre os processos vitais, possa causar a morte, a incapacidade temporária ou lesões permanentes em seres humanos ou animais. Ficam abrangidos todos os produtos químicos deste tipo, independentemente da sua origem ou método de produção, e quer sejam produzidos em instalações, como munições ou de outra forma.

(Para efeitos de aplicação da presente Convenção, os produtos químicos tóxicos que foram reconhecidos como devendo ser objecto de medidas de verificação estão enumerados nas listas incluídas no Anexo sobre Produtos Químicos.)

3 – Por «precursor» entende-se todo o reagente químico que intervenha em qualquer fase da produção de um produto químico tóxico, qualquer que seja o método utilizado. Fica abrangido qualquer componente chave de um sistema químico binário ou multicomponente.

(Para efeitos da aplicação da presente Convenção, os precursores que foram reconhecidos como devendo ser objecto de medidas de verificação estão enumerados nas listas incluídas no Anexo sobre Produtos Químicos.)

4 – Por componente chave «de sistemas químicos binários ou multicomponentes» (adiante designado por componente chave) entende-se o precursor que desempenhe o papel mais importante na determinação das propriedades tóxicas do produto final e que reaja rapidamente com outros produtos químicos no sistema binário ou multicomponente.

5 – Por «armas químicas antigas» entendem-se:

a) As armas químicas produzidas antes de 1925; ou

b) As armas químicas produzidas entre 1925 e 1946 que se tenham de tal forma deteriorado que não possam já ser utilizadas como armas químicas.

6 – Por «armas químicas abandonadas» entendem-se as armas químicas, incluindo as armas químicas antigas, que um Estado tenha abandonado após 1 de Janeiro de 1925 no território de outro Estado sem o consentimento deste último.

7 – Por «agente antimotins» entende-se qualquer produto químico não incluído em qualquer das listas, que possa provocar rapidamente nos seres humanos uma irritação sensorial ou uma incapacidade física que desaparece pouco tempo após terminada a exposição ao agente.

8 – Por «instalação de produção de armas químicas» entende-se:

a) Todo o equipamento, assim como qualquer edifício em que esse equipamento estiver abrigado, que tenha sido concebido, construído ou utilizado a todo o tempo após 1 de Janeiro de 1946:

i) Como parte da etapa de produção de produtos químicos (etapa tecnológica final) em que os fluxos de materiais incluam, quando o equipamento está em funcionamento:

1) Qualquer produto químico enumerado na lista n.º 1 do Anexo sobre Produtos Químicos; ou

2) Qualquer outro produto químico que não tenha utilização, em quantidade superior a 1 t por ano, no território de um Estado Parte ou em qualquer outro local sob a sua jurisdição ou controlo, para fins não proibidos pela presente Convenção, mas que possa ser utilizado para fins de armas químicas;

ou

ii) Para enchimento de armas químicas, incluindo, nomeadamente, o enchimento de produtos químicos enumerados na lista n.º 1 em munições, dispositivos ou contentores de armazenagem a granel; o enchimento de produtos químicos em contentores que façam parte de

Direito Internacional Humanitário 321

munições e dispositivos binários compósitos ou em submunições químicas que façam parte de munições e dispositivos unitários compósitos, e o enchimento dos contentores e submunições químicas nas respectivas munições e dispositivos;

b) Não significa:

    i) Qualquer instalação cuja capacidade de produção para a síntese dos produtos químicos especificados na alínea a), i), for inferior a 1 t;

    ii) Qualquer instalação onde se produza ou tenha produzido um produto químico especificado na alínea a), i), como subproduto inevitável de actividades destinadas a fins não proibidos pela presente Convenção, desde que esse produto químico não exceda 3% da quantidade do produto total e que a instalação seja submetida a declaração e inspecção segundo o Anexo sobre Implementação e Verificação (adiante designado por Anexo sobre Verificação); nem

    iii) Uma instalação única de pequena escala que se destine à produção de produtos químicos enumerados na lista n.° 1 para fins não proibidos pela presente Convenção, como referido na parte VI do Anexo sobre Verificação.

9 – Por «fins não proibidos pela presente Convenção» entende-se:

a) Actividades industriais, agrícolas, de investigação, médicas, farmacêuticas ou outras realizadas com outros fins pacíficos;

b) Fins de protecção, nomeadamente os relacionados directamente com a protecção contra os produtos químicos tóxicos e a protecção contra as armas químicas;

c) Fins militares não relacionados com a utilização de armas químicas e que não dependam das propriedades tóxicas de produtos químicos como método de guerra;

d) Manutenção da ordem, incluindo o controlo de motins a nível interno.

10 – Por «capacidade de produção» entende-se o potencial quantitativo anual de produção de um produto químico específico através do processo tecnológico que a instalação em causa efectivamente utiliza ou, caso o processo não esteja ainda operacional, que nela se tenciona utilizar. Considera-se esta capacidade equivalente à capacidade nominal ou, quando esta não estiver disponível, à capacidade projectada. A capacidade nominal é a quantidade de produto obtido em condições optimizadas para que a instalação produza a quantidade máxima, como demonstrado através de um ou mais ensaios. A capacidade projectada é a correspondente quantidade de produto produzido determinada através de cálculos teóricos.

11 – Por «organização» entende-se a Organização para a Proibição de Armas Químicas, estabelecida em conformidade com o artigo VIII da presente Convenção.

12 – Para efeitos do artigo VI:

a) Por «produção» de um produto químico entende-se a sua formação mediante reacção química;

b) Por «processamento» de um produto químico entende-se um processo físico, tal como formulação, extracção e purificação, em que o produto químico não é convertido noutro produto químico;

c) Por «consumo» de um produto químico entende-se a sua transformação noutro produto químico mediante reacção química.

ARTIGO III
Declarações

1 – Cada Estado Parte apresentará à Organização, no prazo máximo de 30 dias após a entrada em vigor da presente Convenção nesse Estado, as seguintes declarações, em que:

a) No que diz respeito às armas químicas:

i) Declarará se tem a propriedade ou se tem na sua posse quaisquer armas químicas ou se existem armas químicas em qualquer local sob a sua jurisdição ou controlo;

ii) Indicará a localização exacta, a quantidade total e o inventário pormenorizado das armas químicas de sua propriedade ou que tenha na sua posse, ou as que se encontrem em qualquer local sob a sua jurisdição ou controlo, em conformidade com os parágrafos 1 a 3 da parte IV (A) do Anexo sobre Verificação, com excepção das armas químicas mencionadas no ponto iii);

iii) Notificará da existência no seu território de quaisquer armas químicas de propriedade ou na posse de um outro Estado e que se encontrem em qualquer local sob a jurisdição ou controlo de outro Estado, em conformidade com o parágrafo 4 da parte IV (A) do Anexo sobre Verificação;

iv) Declarará se transferiu ou recebeu, directa ou indirectamente, quaisquer armas químicas desde 1 de Janeiro de 1946 e indicará a transferência ou a recepção dessas armas, em conformidade com o parágrafo 5 da parte IV (A) do Anexo sobre Verificação;

v) Facultará o seu plano geral para a destruição das armas químicas de sua propriedade ou que estejam na sua posse, ou que se encontrem em qualquer local sob a sua jurisdição ou controlo, em conformidade com o parágrafo 6 da parte IV (A) do Anexo sobre Verificação;

b) No que diz respeito às armas químicas antigas e às armas químicas abandonadas:

i) Declarará a existência no seu território de armas químicas antigas e facultará toda a informação disponível, em conformidade com o parágrafo 3 da parte IV (B) do Anexo sobre Verificação;

ii) Declarará a existência de armas químicas abandonadas no seu território e facultará toda a informação disponível, em conformidade com o parágrafo 8 da parte IV (B) do Anexo sobre Verificação;

iii) Declarará se abandonou armas químicas no território de outros Estados e facultará toda a informação disponível, em conformidade com o parágrafo 10 da parte IV (B) do Anexo sobre Verificação;

c) No que diz respeito às instalações de produção de armas químicas:

i) Declarará se tem ou teve a propriedade ou a posse de qualquer instalação de produção de armas químicas ou se uma instalação desse tipo se encontra ou encontrou em qualquer local sob a sua jurisdição ou controlo a todo o tempo desde 1 de Janeiro de 1946;

ii) Indicará qualquer instalação de produção de armas químicas que seja ou tenha sido de sua propriedade ou que esteja ou tenha estado na sua posse, ou que se encontre ou tenha encontrado em qualquer local sob a sua jurisdição ou controlo a todo o tempo desde 1 de Janeiro de 1946, em conformidade com o parágrafo 1 da parte V do Anexo sobre Verificação, com excepção das instalações mencionadas no ponto iii);

iii) Notificará da existência de qualquer instalação de produção de armas química,, no seu território relativamente à qual um outro Estado tenha ou tenha tido a propriedade ou a posse ou que se encontre ou tenha encontrado em qualquer local sob a jurisdição ou controlo desse outro Estado a todo o tempo desde 1 de Janeiro de 1946, em conformidade com o parágrafo 2 da parte V do Anexo sobre Verificação;

iv) Declarará se transferiu ou recebeu, directa ou indirectamente, qualquer equipamento para a produção de armas químicas desde 1 de Janeiro de 1946 e indicará a transferência ou a recepção desse equipamento, em conformidade com os parágrafos 3 a 5 da parte V do Anexo sobre Verificação;

v) Facultará o seu plano geral para a destruição de qualquer instalação de produção de armas químicas de sua propriedade ou que esteja na sua posse, ou que se encontre em qualquer local sob a sua jurisdição ou controlo, em conformidade com o parágrafo 6 da parte V do Anexo sobre Verificação;

vi) Indicará as medidas a tomar para o encerramento de qualquer instalação de produção de armas químicas de sua propriedade ou que esteja na sua posse, ou que se encontre em qualquer local sob a sua jurisdição ou controlo, em conformidade com o parágrafo 1, alínea i), da parte V do Anexo sobre Verificação;

vii) Facultará o seu plano geral para qualquer conversão temporária de qualquer instalação de produção de armas químicas de sua proprie-dade ou que esteja na sua posse, ou que se encontre em qualquer local sob a sua jurisdição ou controlo, numa instalação de destruição de armas químicas, em conformidade com o parágrafo 7 da parte V do Anexo sobre Verificação;

d) No que diz respeito a outras instalações, indicará a localização exacta, a natureza e o âmbito geral das actividades de qualquer instalação ou unidade de sua propriedade ou que esteja na sua posse, ou que se encontre em qualquer local sob a sua jurisdição ou controlo, e que, a todo o tempo desde 1 de Janeiro de 1946, tenha sido principalmente concebida, construída ou utilizada para o desenvolvimento de armas químicas. A declaração abran-gerá, nomeadamente, os laboratórios e os locais de ensaio e de avaliação;

e) No que diz respeito aos agentes antimotins, indicará o nome químico, a fórmula estrutural e o número de registo do Chemical Abstracts Service (CAS), se já atribuído, para cada um dos produtos químicos que detenha para fins de controlo de motins. Esta declaração será actualizada no prazo máximo de 30 dias após a efectivação de qualquer alteração.

2 – As disposições do presente artigo e as disposições pertinentes da Parte IV do Anexo sobre Verificação não se aplicarão, à discrição de cada Estado Parte, às armas químicas enterradas no seu território antes de 1 de Janeiro de 1977 e que permanecem enterradas, ou que tenham sido lançadas no mar antes de 1 de Janeiro de 1985.

ARTIGO IV
Armas químicas

1 – As disposições do presente artigo e os procedimentos pormenorizados para a sua implementação aplicar-se-ão a todas as armas químicas de propriedade

Direito Internacional Humanitário 325

ou na posse de um Estado Parte, ou que se encontrem em qualquer local sob a sua jurisdição ou controlo, com excepção das amas químicas antigas e das armas químicas abandonadas relativamente às quais se aplica a parte IV (B) do Anexo sobre Verificação.

2 – Os procedimentos para a aplicação do presente artigo encontram-se especificados de forma pormenorizada no Anexo sobre Verificação.

3 – Todos os locais nos quais se armazene ou destrua as armas químicas especificadas no parágrafo 1 serão sujeitos a verificação sistemática mediante inspecção in situ e vigilância com instrumentos instalados no local, em conformidade com a parte IV (A) do Anexo sobre Verificação.

4 – Cada Estado Parte, imediatamente após ter apresentado a declaração prevista no parágrafo 1, alínea a), do artigo III, facultará o acesso às armas químicas especificadas no parágrafo 1, para efeitos de verificação sistemática da declaração mediante inspecção in situ. A partir desse momento, nenhum Estado Parte retirará qualquer dessas armas químicas, excepto se destinadas a uma instalação de destruição de armas químicas. Cada Estado Parte facultará o acesso a essas armas químicas, para efeitos de verificação sistemática *in situ*.

5 – Cada Estado Parte facultará o acesso a qualquer instalação de destruição de armas químicas e as suas zonas de armazenagem, que sejam de sua propriedade ou que estejam na sua posse, ou que se encontrem em qualquer local sob a sua jurisdição ou controlo, para efeitos de verificação sistemática mediante inspecção *in situ* e vigilância com instrumentos instalados no local.

6 – Cada Estado Parte destruirá todas as armas químicas especificadas no parágrafo 1 em conformidade com o Anexo sobre Verificação, observando o ritmo e a sequência de destruição acordados (adiante designados por ordem de destruição). Essa destruição iniciar-se-á no prazo máximo de dois anos após a entrada em vigor da presente Convenção no Estado Parte e deverá ficar concluída no prazo máximo de 10 anos após a entrada em vigor da presente Convenção. Nada impede que um Estado Parte destrua essas armas químicas a um ritmo mais rápido.

7 – Cada Estado Parte:

a) Apresentará planos pormenorizados para a destruição das armas químicas especificadas no parágrafo 1, no prazo máximo de 60 dias antes do início de cada período anual de destruição, em conformidade com o parágrafo 29 da parte IV (A) do Anexo sobre Verificação; esses planos pormenorizados abrangerão todos os arsenais a destruir no período anual de destruição seguinte;

b) Apresentará declarações anuais sobre a execução dos seus planos para a destruição das armas químicas especificadas no parágrafo 1, no prazo máximo de 60 dias após o fim de cada período anual de destruição; e *c)* Certificará, no prazo máximo de 30 dias após a conclusão do processo de destruição, que todas as armas químicas especificadas no parágrafo 1 foram destruídas.

8 – Se um Estado ratificar ou aderir à presente Convenção após decorrido o período de 10 anos estabelecido para a destruição nos termos do parágrafo 6, destruirá as armas químicas especificadas no parágrafo 1 o mais rapidamente que lhe for possível. O Conselho Executivo determinará a ordem de destruição e os procedimentos de verificação rigorosos para esse Estado Parte.

9 – Quaisquer armas químicas que venham a ser descobertas por um Estado Parte após ter sido comunicada a declaração inicial das armas químicas serão comunicadas, desactivadas e destruídas em conformidade com a parte IV (A) do Anexo sobre Verificação.

10 – Cada Estado Parte atribuirá a mais alta prioridade a garantia da segurança das pessoas e à protecção do ambiente durante o transporte, a recolha de amostras, a armazenagem e a destruição das armas químicas. Cada Estado Parte procederá ao transporte, recolha de amostras, armazenagem e destruição de armas químicas em conformidade com as suas normas nacionais de segurança e de protecção ambiental.

11 – Todo o Estado Parte que tiver no seu, território armas químicas de propriedade ou na posse de outro Estado, ou que se encontrem em qualquer local sob a jurisdição ou controlo de outro Estado, desenvolverá os maiores esforços para assegurar a remoção dessas armas químicas do seu território no prazo máximo de um ano após a entrada em vigor da presente Convenção no Estado Parte. Se essas armas não forem retiradas no prazo de um ano, o Estado Parte poderá pedir ajuda à Organização e aos outros Estados Partes para a destruição dessas armas químicas.

12 – Cada Estado Parte compromete-se a cooperar com os outros Estados Partes que solicitem informação ou assistência, seja de forma bilateral ou por intermédio do Secretariado Técnico, relativamente aos métodos e tecnologias para a destruição segura e eficaz das armas químicas.

13 – Ao realizar as actividades de verificação nos termos do presente artigo e da parte IV (A) do Anexo sobre Verificação, a Organização deliberará sobre medidas para evitar uma duplicação desnecessária de acordos bilaterais ou multilaterais celebrados entre Estados Partes sobre a verificação da armazenagem de armas químicas e sua destruição.

Com este objectivo, o Conselho Executivo decidirá quanto à limitação da verificação a medidas complementares às adoptadas em virtude desses acordos bilaterais ou multilaterais, se considerar que:

a) As disposições desses acordos relativas à verificação são compatíveis com as disposições relativas à verificação contidas no presente artigo e na parte IV (A) do Anexo sobre Verificação;

b) A aplicação de tais acordos oferece uma garantia suficiente do cumprimento das disposições pertinentes da presente Convenção; e

c) As Partes nos acordos bilaterais ou multilaterais mantêm a Organização plenamente informada sobre as suas actividades de verificação.

14 − Se o Conselho Executivo deliberar nos termos do disposto no parágrafo 13, a Organização terá o direito de vigiar a aplicação do acordo bilateral ou multilateral.

15 − Nenhuma das disposições contidas nos parágrafos 13 e 14 suprime a obrigação de um Estado Parte apresentar declarações em conformidade com o artigo III, com o presente artigo e com a parte IV (A) do Anexo sobre Verificação.

16 − Cada Estado Parte assumirá as despesas relativas à destruição das armas químicas que é obrigado a destruir. Assumirá também as despesas de verificação da armazenagem e da destruição destas armas químicas, salvo outra decisão do Conselho Executivo. Caso o Conselho Executivo decida limitar as medidas de verificação da Organização nos termos do parágrafo 13, as despesas de verificação e vigilância complementares que a Organização realizar serão pagas em conformidade com a escala de quotas das Nações Unidas, como especificado no parágrafo 7 do artigo VIII.

17 − As disposições do presente artigo e as disposições pertinentes da parte IV do Anexo sobre Verificação não se aplicarão, à discrição de cada Estado Parte, às armas químicas que tenham sido enterradas no seu território antes de 1 de Janeiro de 1977 e que permanecem enterradas, ou que tenham sido lançadas no mar antes de 1 de Janeiro de 1985.

ARTIGO V
Instalações de produção de armas químicas

1 − As disposições do presente artigo e os procedimentos pormenorizados para a sua implementação aplicar-se-ão a todas e quaisquer instalações de produção de armas químicas que sejam da propriedade ou estejam na posse de um Estado Parte, ou que se encontrem em qualquer local sob a sua jurisdição ou controlo.

2 − Os procedimentos pormenorizados para a aplicação do presente artigo encontram-se enunciados no Anexo sobre Verificação.

3 − Todas as instalações de produção de armas químicas especificadas no parágrafo 1 serão submetidas a verificação sistemática mediante inspecção *in situ* e vigilância com instrumentos instalados no local em conformidade com a parte V do Anexo sobre Verificação.

4 – Cada Estado Parte cessará imediatamente todas as actividades nas instalações de produção de armas químicas especificadas no parágrafo 1, com excepção das actividades necessárias para o encerramento.

5 – Nenhum Estado Parte construirá quaisquer novas instalações de produção de armas químicas nem modificará nenhuma das instalações existentes para fins de produção de armas químicas ou, para qualquer outra actividade proibida pela presente Convenção.

6 – Cada Estado Parte, imediatamente após ter apresentado a declaração prevista no parágrafo 1, alínea c), do artigo III facultará o acesso às instalações de produção de armas químicas especificadas no parágrafo 1, para fins de verificação sistemática dessa declaração mediante inspecção *in situ*.

7 – Cada Estado Parte:

a) Encerrará, no prazo máximo de 90 dias após a entrada em vigor da presente Convenção nesse Estado, todas as instalações de produção de armas químicas especificadas no parágrafo 1, em conformidade com a parte V do Anexo sobre Verificação, e notificará desse encerramento; e

b) Facultará o acesso às instalações de produção de armas químicas especificadas no parágrafo 1, após o seu encerramento, para efeitos de verificação sistemática mediante inspecção *in situ* e vigilância com instrumentos instalados no local, por forma a garantir que as instalações permanecem encerradas e são subsequentemente destruídas.

8 – Cada Estado Parte destruirá todas as instalações de produção de armas químicas especificadas no parágrafo 1 e as instalações e equipamentos conexos, em conformidade com o Anexo sobre Verificação, observando o ritmo e a sequência de destruição acordados (adiante designados por ordem de destruição). Essa destruição iniciar-se-á no prazo máximo de um ano após a entrada em vigor da presente Convenção no Estado Parte e deverá ficar concluída no prazo máximo de 10 anos após a entrada em vigor da presente Convenção. Nada impede que um Estado Parte destrua essas instalações a um ritmo mais rápido.

9 – Cada Estado Parte:

a) Apresentará planos pormenorizados para a destruição das instalações de produção de armas químicas especificadas no parágrafo 1, no prazo máximo de 180 dias antes do início da destruição de cada instalação;

b) Apresentará anualmente declarações sobre a execução dos seus planos para a destruição de todas as instalações de produção de armas químicas especificadas no parágrafo 1, no prazo máximo de 90 dias após o final de cada período anual de destruição; e *c)* Certificará, no prazo máximo de 30 dias após a conclusão do processo de destruição, que todas as instalações de produção de armas químicas especificadas no parágrafo 1 foram destruídas.

10 – Se um Estado ratificar ou aderir a presente Convenção após ter decorrido o período de 10 anos para a destruição estabelecido no parágrafo 8, destruirá o mais cedo possível as instalações de produção de armas químicas especificadas no parágrafo 1. O Conselho Executivo determinará para esse Estado Parte a ordem de destruição e os procedimentos para uma verificação rigorosa.

11 – Cada Estado Parte, durante a destruição das instalações de produção de armas químicas, atribuirá a mais alta prioridade à garantia da segurança das pessoas e da protecção do ambiente. Cada Estado Parte destruirá as instalações de produção de armas químicas em conformidade com as suas normas nacionais de segurança e de protecção do ambiente.

12 – As instalações de produção de armas químicas especificadas no parágrafo 1 poderão ser reconvertidas temporariamente para a destruição de armas químicas em conformidade com os parágrafos 18 a 25 da parte V do Anexo sobre Verificação. Essas instalações reconvertidas deverão ser destruídas logo que deixem de ser utilizadas para a destruição de armas químicas, mas em qualquer caso no prazo máximo de 10 anos após a entrada em vigor da presente Convenção.

13 – Em casos excepcionais de necessidade imperiosa, um Estado Parte poderá pedir autorização para utilizar uma instalação de produção de armas químicas especificadas no parágrafo 1 para fins não proibidos pela presente Convenção. Por recomendação do Conselho Executivo, a Conferência dos Estados Partes decidirá da aprovação ou do indeferimento do pedido e estabelecerá as condições a que ficará sujeita a aprovação do pedido, em conformidade com a parte V, secção D, do Anexo sobre Verificação.

14 – A instalação de produção de armas químicas será convertida de tal forma que, uma vez convertida, não possa ser reconvertida numa instalação de produção de armas químicas com maior facilidade do que qualquer outra instalação que seja utilizada para fins industriais, agrícolas, de investigação, médicos, farmacêuticos ou outros fins pacíficos que não envolvam produtos químicos enumerados na lista n.º 1.

15 – Todas as instalações reconvertidas serão submetidas a verificação sistemática mediante inspecção *in situ* e vigilância com instrumentos instalados no local, em conformidade com a parte V, secção D, do Anexo sobre Verificação.

16 – Ao realizar as actividades de verificação nos termos do «presente artigo e da parte V do Anexo sobre Verificação, a Organização deliberará sobre medidas para evitar uma duplicação desnecessária dos acordos bilaterais ou multilaterais

celebrados entre Estados Partes sobre verificação de instalações de produção de armas químicas e sua destruição.

Com este objectivo, o Conselho Executivo decidirá quanto à limitação da verificação a medidas complementares às que forem adoptadas em virtude desses acordos bilaterais ou multilaterais, se considerar que:

a) As disposições desses acordos relativas à verificação são compatíveis com as disposições relativas à verificação contidas no presente artigo e com a parte V do Anexo sobre Verificação;

b) A aplicação de tais acordos oferece uma garantia suficiente do cumprimento, das disposições pertinentes da presente Convenção; e

c) As Partes nos acordos bilaterais ou multilaterais mantêm a Organização plenamente informada sobre as suas actividades de verificação.

17 – Se o Conselho Executivo deliberar nos termos do disposto no parágrafo 16, a Organização terá o direito de vigiar a aplicação do acordo bilateral ou multilateral.

18 – Nenhuma das disposições contidas nos parágrafos 16 e 17 suprime a obrigação de um Estado Parte apresentar declarações em conformidade com o artigo III, com o presente artigo e com a parte V do. Anexo sobre Verificação.

19 – Cada Estado Parte assumirá as despesas relativas à destruição das instalações de produção de armas químicas a que é obrigado. Assumirá também as despesas de verificação previstas no presente artigo, salvo outra decisão do Conselho Executivo. Se o Conselho Executivo decidir limitar as medidas de verificação da Organização nos termos do parágrafo 16, as despesas das medidas de verificação e vigilância complementares que a Organização realizar serão pagas em conformidade com a escala de quotas das Nações Unidas, nos termos previstos no parágrafo 7 do artigo VIII.

ARTIGO VI
Actividades não proibidas pela presente Convenção

1 – Cada Estado Parte tem o direito de, sujeito às disposições da presente Convenção, desenvolver, produzir, obter de qualquer outro modo, conservar, transferir e utilizar produtos químicos tóxicos e seus precursores para fins não proibidos pela presente Convenção.

2 – Cada Estado Parte aprovará as medidas necessárias para garantir que os produtos químicos tóxicos e seus precursores só são desenvolvidos, produzidos, obtidos de qualquer outro modo, conservados, transferidos ou utilizados no seu território ou em qualquer outro local sob a sua jurisdição ou controlo para fins não proibidos pela presente Convenção. Com este objectivo, e de forma a

verificar-se que as actividades estão em conformidade com as obrigações estabelecidas na presente Convenção, cada Estado Parte submeterá às medidas de verificação estabelecidas no Anexo sobre Verificação os produtos químicos tóxicos e seus precursores enumerados nas listas n.ᵒˢ 1, 2 e 3 do Anexo sobre Produtos Químicos, assim como as instalações relacionadas com esses produtos químicos, e outras instalações especificadas no Anexo sobre Verificação, que se encontrem no seu território ou em qualquer local sob a sua jurisdição ou controlo.

3 – Cada Estado Parte submeterá os produtos químicos enumerados na lista n.º 1 (adiante designados por produtos químicos da lista n.º 1) às proibições relativas à produção, obtenção, conservação, transferência e utilização tal como especificadas na parte VI do Anexo sobre Verificação. Submeterá os produtos químicos da lista n.º 1 e as instalações especificadas na parte VI do Anexo sobre Verificação a verificação sistemática mediante inspecção *in situ* e vigilância com instrumentos instalados no local, em conformidade com essa parte do Anexo sobre Verificação.

4 – Cada Estado Parte submeterá os produtos químicos especificados na lista n.º 2 (adiante designados por produtos químicos da lista n.º 2) e as instalações especificadas na parte VII do Anexo sobre Verificação a controlo de, dados e verificação *in situ*, em conformidade com essa parte do Anexo sobre Verificação.

5 – Cada Estado Parte submeterá os produtos químicos especificados na lista n.º 3 (adiante designados por produtos químicos da lista n.º 3) e as instalações especificadas na parte VIII do Anexo sobre Verificação a controlo de dados e. verificação *in situ*, em conformidade com essa parte do Anexo sobre Verificação.

6 – Cada Estado Parte submeterá as instalações especificadas na parte IX do Anexo sobre Verificação a controlo de dados e eventual verificação *in situ*, em conformidade com essa parte do Anexo sobre Verificação, salvo outra decisão da Conferência dos Estados Partes, segundo o parágrafo 22 da parte IX do Anexo sobre Verificação.

7 – Cada Estado Parte fará, no prazo máximo de 30 dias após a entrada em vigor da presente Convenção nesse Estado, uma declaração inicial sobre os produtos químicos e instalações pertinentes, em conformidade com o Anexo sobre Verificação.

8 – Cada Estado Parte fará declarações anuais sobre os produtos químicos e instalações pertinentes, em conformidade com o Anexo sobre Verificação.

9 – Para efeitos de verificação *in situ*, cada Estado Parte facultará aos inspectores o acesso às instalações, como determinado no Anexo sobre Verificação.

10 – Ao proceder a actividades de verificação, o Secretariado Técnico evitará qualquer intromissão desnecessária nas actividades químicas que o Estado Parte desenvolva para fins não proibidos pela presente Convenção, e, em particular, actuará em conformidade com as disposições estabelecidas no Anexo sobre a

Protecção de Informações Confidenciais (adiante designado por Anexo sobre Confidencialidade).

11 — As disposições do presente artigo serão aplicadas por forma a não entravar o desenvolvimento económico ou tecnológico dos Estados Partes, nem a cooperação internacional no campo das actividades químicas para fins não proibidos pela presente Convenção, incluindo o intercâmbio internacional de informação científica e técnica e de produtos químicos e equipamentos para a produção, processamento ou utilização de produtos químicos para fins não proibidos pela presente Convenção.

ARTIGO VII
Medidas nacionais de implementação
Obrigações gerais

1 — Cada Estado Parte aprovará, em conformidade com os seus procedimentos constitucionais, as medidas necessárias para implementar as suas obrigações, assumidas em virtude da presente Convenção. Em particular:

a) Proibirá as pessoas físicas e jurídicas que se encontrem em qualquer parte do seu território, ou em qualquer outro local sob a sua jurisdição, conforme reconhecido pelo Direito Internacional, de realizar quaisquer actividades que a presente Convenção proíba a um Estado Parte, para o que promulgará legislação penal que abranja essas actividades;

b) Não permitirá que em qualquer local sob o seu controlo se realize qualquer actividade que a presente Convenção proíba a um Estado Parte; e

c) Tornará a legislação penal promulgada nos termos da alínea a) extensiva a qualquer actividade que a presente Convenção proíba a um Estado Parte quando realizada em qualquer local por pessoas físicas que possuam a sua nacionalidade, em conformidade com o direito internacional.

2 — Cada Estado Parte cooperará com os outros Estados Partes e prestará a modalidade adequada de assistência jurídica para facilitar o cumprimento das obrigações decorrentes do parágrafo 1.

3 — No cumprimento das obrigações contraídas em virtude da presente Convenção, cada Estado Parte atribuirá a mais alta prioridade à garantia da segurança das pessoas e à protecção do ambiente e cooperará nesse sentido, quando adequado, com outros Estados Partes.

Relações entre Estados Partes e a Organização

4 — Com a finalidade de cumprir as obrigações contraídas em virtude da presente Convenção, cada Estado Parte designará ou constituirá uma autoridade

Direito Internacional Humanitário

nacional, que será o centro nacional de coordenação encarregado de manter uma ligação eficaz com a Organização e com os outros Estados Partes. No momento em que a presente Convenção entrar em vigor num Estado Parte, esse Estado Parte notificará a Organização da sua autoridade nacional.

5 – Cada Estado Parte informará a Organização das medidas legislativas e administrativas que tiver adoptado para a aplicação da presente Convenção.

6 – Cada Estado Parte tratará como confidencial e manuseará de forma especial a informação e dados relativos à aplicação da presente Convenção que receba da Organização sob reserva de confidencialidade. Tratará essa informação e esses dados exclusivamente em relação com os direitos e as obrigações que lhe assistem ao abrigo da presente Convenção e em conformidade com as disposições estabelecidas no Anexo sobre Confidencialidade.

7 – Cada Estado Parte compromete-se a colaborar com a Organização no exercício de todas as funções desta e, em particular, a prestar apoio ao Secretariado Técnico.

ARTIGO VIII
A Organização

A – Disposições gerais

1 – Os Estados Partes na presente Convenção estabelecem pelo presente artigo a Organização para a Proibição de Armas Químicas, a fim de atingir o objecto e fim da presente Convenção, de garantir a aplicação das suas disposições, incluindo as que dizem respeito à verificação internacional do seu cumprimento, e de proporcionar um fórum para a consulta e a cooperação entre Estados Partes.

2 – Todos os Estados Partes na presente Convenção serão membros da Organização. Nenhum Estado Parte será privado da sua qualidade de membro da Organização.

3 – A Organização terá a sua sede na Haia, no Reino dos Países Baixos.

4 – Pelo presente artigo ficam estabelecidos como órgãos da Organização a Conferência dos Estados Partes, o Conselho Executivo e o Secretariado Técnico.

5 – A Organização levará a efeito as suas actividades de verificação, que lhe são atribuídas pela presente Convenção, da forma menos intrusiva possível, consistente com a realização atempada e eficaz dos seus objectivos. A Organização solicitará apenas as informações e os dados que forem necessários para o desempenho das responsabilidades que a presente Convenção lhe impõe. Tomará todas as precauções para proteger o carácter confidencial das informações sobre actividades e instalações civis e militares de que venha a ter conhecimento no

âmbito da aplicação da presente Convenção e, em particular, sujeitar-se-á às disposições estabelecidas no Anexo sobre Confidencialidade.

6 – No desempenho das suas actividades de verificação, a Organização elaborará medidas para tirar partido dos progressos da ciência e da tecnologia.

7 – As despesas das actividades da Organização serão pagas pelos Estados Partes segundo a escala de quotas da Organização das Nações Unidas, ajustada para ter em conta as diferenças entre o número dos Estados membros da Organização das Nações Unidas e o número dos Estados Partes desta Organização, e sujeita às disposições dos artigos IV e V. As contribuições financeiras dos Estados Partes para a Comissão Preparatória serão devidamente deduzidas das correspondentes contribuições para o orçamento ordinário. O orçamento da Organização incluirá dois capítulos distintos, um consagrado às despesas de administração e outras despesas e o outro às despesas relativas à verificação.

8 – Qualquer membro da Organização que se atrase no pagamento da sua contribuição financeira para a Organização perderá o direito de voto nesta quando o total das suas contribuições em atraso igualar ou exceder a soma das contribuições devidas correspondentes aos dois anos completos precedentes. Não obstante, a Conferência dos Estados Partes poderá permitir que o referido membro vote quando considerar que a falta de pagamento é justificada por circunstâncias alheias à sua vontade.

B – A Conferência dos Estados Partes

Composição, procedimentos e deliberações

9 – A Conferência dos Estados Partes (adiante designada por a Conferência) será constituída por todos os membros da Organização. Cada membro terá um representante na Conferência, que poderá fazer-se acompanhar por suplentes e assessores.

10 – A primeira sessão da Conferência será convocada pelo depositário no prazo máximo de 30 dias após a entrada em vigor da presente Convenção.

11 – A Conferência reunir-se-á em sessões ordinárias, que serão realizadas anualmente, salvo outra decisão.

12 – As sessões extraordinárias da Conferência serão convocadas:

a) Quando esta assim o decidir;
b) Quando solicitado pelo Conselho Executivo;
c) Quando solicitado por qualquer membro, com o apoio de um terço dos seus membros; ou
d) Para examinar o funcionamento da presente Convenção, nos termos do parágrafo 22.

Com a excepção da situação prevista na alínea d), as sessões extraordinárias serão convocadas no prazo máximo de 30 dias após a recepção do pedido pelo director-geral do Secretariado Técnico, salvo outra indicação no pedido.

13 – A Conferência poderá também reunir a título da Conferência de Revisão, nos termos do parágrafo 2 do artigo XV.

14 – As sessões da Conferência serão realizadas na sede da Organização, salvo outra decisão da própria Conferência.

15 – A Conferência aprovará o seu próprio regulamento. No início de cada sessão ordinária, a Conferência elegerá o seu presidente e outros membros da mesa que sejam necessários. O presidente e os outros membros da mesa continuarão a exercer as suas funções até que seja eleito um novo presidente e novos membros da mesa na sessão ordinária seguinte.

16 – O quórum para a Conferência será constituído pela maioria dos membros da Organização.

17 – Cada membro da Organização terá um voto na Conferência.

18 – A Conferência deliberará sobre questões de procedimento por maioria simples dos membros presentes e Votantes. As decisões sobre questões de fundo, na medida do possível, deverão ser tomadas por consenso. Se não se conseguir obter consenso ao submeter uma questão a deliberação, o presidente adiará a Votação por um período de vinte e quatro horas e, durante este período, desenvolverá todas as diligências possíveis para que se chegue a um consenso, informando a Conferência a esse respeito antes do final do referido período. Se não se conseguir um consenso ao fim dessas vinte e quatro horas, a Conferência tomará a decisão por maioria de dois terços dos membros presentes e votantes, salvo estabelecido de outro modo na presente Convenção. Quando existir divergência sobre se a questão é ou não de fundo, considerar-se-á que se trata de uma questão de fundo, salvo outra decisão da Conferência pela maioria exigida para as decisões sobre questões de fundo.

Poderes e funções

19 – A Conferência é o órgão principal da Organização. A Conferência examinará todas as questões, assuntos ou problemas no âmbito da presente Convenção, incluindo os relacionados com os poderes e funções do Conselho Executivo e do Secretariado Técnico. A Conferência poderá fazer recomendações e deliberar sobre todas as questões, assuntos ou problemas relacionados com a presente Convenção que lhe sejam apresentados por um Estado Parte ou submetidos à sua atenção pelo Conselho Executivo.

20 – A Conferência supervisará a aplicação da presente Convenção e actuará de forma a promover o seu objecto e fim. A Conferência avaliará o cumprimento da presente Convenção. Supervisará também as actividades do Conselho Exe-

cutivo e do Secretariado Técnico e poderá emitir orientações, em conformidade com a presente Convenção, dirigidas a qualquer desses órgãos no exercício das suas funções.

21 – A Conferência:

a) Examinará e aprovará, em sessões ordinárias, o relatório, o programa e o orçamento da Organização, apresentados pelo Conselho Executivo, e examinará também outros relatórios;

b) Decidirá sobre a escala de contribuições financeiras a ser pagas pelos Estados Partes em conformidade com o parágrafo 7;

c) Elegerá os membros do Conselho Executivo;

d) Nomeará o director-geral do Secretariado Técnico (adiante designado por director-geral);

e) Aprovará o regulamento do Conselho Executivo, por este apresentado;

f) Constituirá os órgãos subsidiários que julgar necessários ao desempenho das suas funções, em conformidade com a presente Convenção;

g) Fomentará a cooperação internacional para fins pacíficos no campo das actividades químicas;

h) Examinará os desenvolvimentos científicos e tecnológicos que possam afectar o funcionamento da presente Convenção, e, neste contexto, encarregará o director-geral de estabelecer um Conselho Consultivo Científico que permita ao director-geral, no exercício das suas funções, prestar à Conferência, ao Conselho Executivo ou aos Estados Partes uma assistência especializada nas áreas científicas e tecnológicas relevantes para a presente Convenção. O Conselho Consultivo Científico será composto por peritos independentes designados em conformidade com os critérios aprovados pela Conferência;

i) Examinará e aprovará, na sua primeira sessão, qualquer projecto de acordo, disposições e directivas que a Comissão Preparatória tiver elaborado;

j) Instituirá, na sua primeira sessão, o fundo voluntário de assistência, em conformidade com o artigo X;

k) Tomará as medidas necessárias para garantir o cumprimento da presente Convenção e para reparar e corrigir qualquer situação que contravenha as disposições da Convenção, em conformidade com o artigo XII.

22 – A Conferência reunirá em sessão extraordinária, no prazo máximo de um ano após o transcurso do 5.º e do 10.º ano desde a entrada em vigor da presente Convenção, e em qualquer outro momento dentro desses períodos que para tal se decida, para examinar o funcionamento da presente Convenção. Essa apreciação terá em conta toda a evolução científica e tecnológica pertinente.

Posteriormente, e salvo outra decisão, a Conferência convocará de cinco em cinco anos sessões adicionais com o mesmo objectivo.

C – O Conselho Executivo

Composição, procedimentos e deliberações

23 – O Conselho Executivo será composto por 41 membros. Cada Estado Parte terá o direito de participar no Conselho Executivo, segundo o princípio da rotatividade. Os membros do Conselho Executivo serão eleitos pela Conferência, para um mandato de dois anos. Para garantir o eficaz funcionamento da presente Convenção, e tendo em especial consideração quer uma distribuição geográfica equitativa, quer a importância da indústria química, quer ainda os interesses políticos e de segurança, a composição do Conselho Executivo será a seguinte:

a) Nove Estados Partes da África, que serão designados pelo grupo de Estados Partes situados nessa região. Entender-se-á como critério para tal designação que, desses nove Estados Partes, três serão, em regra, os Estados Partes cuja indústria química nacional estiver entre as mais importantes da região, como estabelecido através de dados divulgados e publicados a nível internacional; para além disso, o grupo regional poderá também chegar a acordo quanto a outros factores regionais a ter em conta para designar esses três membros;

b) Nove Estados Partes da Ásia, que serão designados pelo grupo de Estados Partes situados nessa região. Entender-se-á como critério para tal designação que, desses nove Estados Partes, quatro serão, em regra, os Estados Partes cuja indústria química nacional estiver entre as mais importantes da região, como estabelecido através de dados divulgados e publicados a nível internacional; para além disso, o grupo regional poderá também chegar a acordo quanto a outros factores regionais a ter em conta para designar esses quatro membros;

c) Cinco Estados Partes da Europa Oriental, que serão designados pelo grupo de Estados Partes situados nessa região. Entender-se-á como critério para tal designação que, desses cinco Estados Partes, um será, em regra, o Estado Parte cuja indústria química nacional estiver entre as mais importantes da região, como estabelecido através de dados divulgados e publicados a nível internacional; para além disso, o grupo regional poderá também chegar a acordo quanto a outros factores regionais a ter em conta para designar esse membro;

d) Sete Estados Partes da América Latina e das Caraíbas, que serão designados pelo grupo de Estados Partes situados nessa região. Entender-se-á como critério para tal designação que, desses sete Estados Partes, três serão, em regra, os Estados Partes cuja indústria química nacional estiver entre as mais importantes da região, como estabelecido através de dados divulgados e publicados a nível internacional; para além disso, o grupo regional poderá acordar também outros factores regionais a ter em conta para designar esses três membros;

e) Dez Estados Partes de entre o grupo de Estados da Europa Ocidental e outros Estados, que serão designados pelo grupo de Estados Partes situados nessa região. Entender-se-á como critério para tal designação que, desses dez Estados Partes, cinco serão, em regra, os Estados Partes cuja indústria química nacional estiver entre as mais importantes da região, como estabelecido através de dados divulgados e publicados a nível internacional; para além disso, o grupo regional poderá também chegar a acordo quanto a outros factores regionais a ter em conta para designar esses cinco membros;

f) Um Estado Parte adicional, que será designado consecutivamente pelo grupo de Estados Partes situados nas regiões da Ásia, da América Latina e das Caraíbas. Entender-se-á como critério para a designação que esse Estado Parte será um membro dessas regiões em regime de rotatividade.

24 – Na primeira eleição do Conselho Executivo, serão eleitos 20 membros para exercer um mandato de um ano, tendo em devida consideração as proporções numéricas estabelecidas tal como disposto no parágrafo 23.

25 – Após a aplicação integral dos artigos IV e V, a Conferência poderá, a pedido da maioria dos membros do Conselho Executivo, reexaminar a composição deste Conselho, tendo em consideração a evolução verificada quanto aos princípios indicados no parágrafo 23 para estabelecimento da composição do Conselho Executivo.

26 – O Conselho Executivo elaborará o seu regulamento e submetê-lo-á à aprovação da Conferência.

27 – O Conselho Executivo elegerá o seu presidente de entre os seus membros.

28 – O Conselho Executivo reunir-se-á para sessões ordinárias. Entre os períodos de sessões ordinárias, o Conselho Executivo poderá reunir-se com a frequência que for necessária para o exercício dos seus poderes e funções.

29 – Cada membro do Conselho Executivo terá direito a um voto. Salvo disposição em contrário na presente Convenção, as decisões sobre questões de fundo serão tomadas pelo Conselho Executivo por maioria de dois terços da totalidade dos seus membros. As decisões sobre questões de procedimento serão tomadas pelo Conselho Executivo por maioria simples de todos os seus membros.

Quando existir dúvida sobre se a questão é ou não de fundo, considerar-se-á que se trata de uma questão de fundo, salvo outra decisão do Conselho Executivo pela maioria exigida para as decisões sobre questões de fundo.

Poderes e funções

30 – O Conselho Executivo é o órgão executivo da Organização. O Conselho Executivo é responsável perante a Conferência. O Conselho Executivo desempenhará os poderes e funções que lhe atribui a presente Convenção, assim como as funções que lhe forem delegadas pela Conferência. No exercício dessas funções, actuará em conformidade com as recomendações, as decisões e os critérios da Conferência e garantirá a sua adequada e constante aplicação.

31 – O Conselho Executivo promoverá a aplicação efectiva e o cumprimento da presente Convenção. Supervisará as actividades do Secretariado Técnico, cooperará com a autoridade nacional de cada Estado Parte e facilitará as consultas e a cooperação entre os Estados Partes a pedido destes.

32 – O Conselho Executivo:

a) Elaborará e submeterá à Conferência o projecto de programa e de orçamento da Organização;

b) Elaborará e submeterá à Conferência o projecto do relatório da Organização sobre a aplicação da presente Convenção, o relatório sobre o desempenho das suas próprias actividades e os relatórios especiais que considerar necessários ou que a Conferência possa solicitar;

c) Fará os preparativos necessários para as sessões da Conferência, incluindo a elaboração da agenda provisória.

33 – O Conselho Executivo poderá solicitar a convocação de uma sessão extraordinária da Conferência.

34 – O Conselho Executivo:

a) Celebrará acordos ou protocolos com Estados e organizações internacionais em nome da Organização, sujeitos a aprovação prévia pela Conferência;

b) Celebrará acordos com Estados Partes em nome da Organização, em relação ao artigo X, e supervisará o fundo voluntário de contribuições mencionado no artigo X;

c) Aprovará os acordos ou protocolos relativos à aplicação das actividades de verificação negociadas pelo Secretariado Técnico com os Estados Partes.

35 – O Conselho Executivo apreciará todas as questões ou assuntos que no âmbito da sua competência afectem a presente Convenção e a sua aplicação, incluindo as dúvidas relativas ao cumprimento, e os casos de incumprimento, e,

quando apropriado, informará os Estados Partes e levará a questão ou assunto à atenção da Conferência.

36 – Ao examinar as dúvidas e preocupações quanto ao cumprimento e os casos de incumprimento, incluindo, nomeadamente, o abuso dos direitos enunciados na presente Convenção, o Conselho Executivo consultará os Estados Partes envolvidos e, quando necessário, solicitará ao Estado Parte que tome medidas para reparar a situação num prazo determinado. Se considerar necessário, o Conselho Executivo aprovará, nomeadamente, uma ou mais das seguintes medidas:

a) Informar todos os Estados Partes sobre a questão ou assunto;
b) Levar a questão ou assunto à atenção da Conferência;
c) Fazer recomendações à Conferência em relação a medidas para remediar a situação e assegurar o cumprimento da Convenção.

Nos casos de particular gravidade e urgência, o Conselho Executivo levará a questão ou assunto, incluídas as informações e conclusões pertinentes, directamente à atenção da assembleia geral e do Conselho de Segurança das Nações Unidas. Ao mesmo tempo, informará todos os Estados Partes sobre essa medida.

D – O Secretariado Técnico

37 – O Secretariado Técnico dará apoio à Conferência e ao Conselho Executivo no cumprimento das suas funções. Cabe ao Secretariado Técnico realizar as medidas de verificação previstas na presente Convenção. Desempenhará as restantes funções que lhe são conferidas pela presente Convenção, assim como as funções que lhe forem delegadas pela Conferência e pelo Conselho Executivo.

38 – O Secretariado Técnico:

a) Elaborará e submeterá ao Conselho Executivo os projectos de programa e de orçamento da Organização;
b) Elaborará e submeterá ao Conselho Executivo o projecto de relatório da Organização sobre a aplicação da presente Convenção e todos os outros relatórios que a Conferência ou o Conselho Executivo possam solicitar;
c) Dará apoio administrativo e técnico à Conferência, do Conselho Executivo e aos órgãos subsidiários;
d) Remeterá aos Estados Partes e receberá destes, em nome da Organização, comunicações sobre questões relativas à aplicação da presente Convenção;
e) Facultará apoio e assessoria técnica aos Estados Partes na aplicação das disposições da presente Convenção, incluindo a avaliação dos produtos químicos enumerados e não enumerados nas listas.

Direito Internacional Humanitário 341

39 – O Secretariado Técnico:

a) Negociará com os Estados Partes acordos ou protocolos relativos à implementação das actividades de verificação, sujeitos à aprovação do Conselho Executivo;

b) No prazo máximo de 180 dias após a entrada em vigor da presente Convenção, coordenará o estabelecimento e a manutenção de reservas permanentes de ajuda de emergência e humanitária, fornecidas Pelos Estados Partes em conformidade com as alíneas b) e c) do parágrafo 7 do artigo X. O Secretariado Técnico poderá inspeccionar os artigos dessa reserva para confirmar as suas condições de utilização. A Conferência examinará e aprovará as listas dos artigos a armazenar, em conformidade com a alínea i) do parágrafo 21 acima;

c) Administrará o fundo de contribuições voluntárias a que se refere o artigo X, compilará as declarações feitas pelos Estados Partes e registará, quando a tal for solicitado, os acordos bilaterais celebrados entre Estados Partes ou entre um Estado Parte e a Organização para efeitos do artigo X.

40 – O Secretariado Técnico informará o Conselho Executivo sobre qualquer problema que tenha surgido no exercício das suas funções, incluindo as dúvidas, ambiguidades ou incertezas sobre o cumprimento da presente Convenção que tenha constatado na execução das suas actividades de verificação e que não tenha podido resolver ou esclarecer através de consultas com o Estado Parte em causa.

41 – O Secretariado Técnico é composto por um director-geral, que será o seu chefe e mais alto funcionário administrativo, por inspectores e por pessoal científico, técnico e de outro perfil que seja necessário.

42 – O corpo de inspectores é uma unidade do Secretariado Técnico e actua sob a supervisão do director-geral.

43 – O director-geral será nomeado pela Conferência, com prévia recomendação do Conselho Executivo, para exercer um mandato de quatro anos, renovável uma única vez.

44 – O director-geral será responsável, perante a Conferência e o Conselho Executivo, pela nomeação dos membros do pessoal, assim como pela organização e funcionamento do Secretariado Técnico. O factor primordial a considerar no recrutamento do pessoal e na determinação das condições de trabalho será a necessidade de garantir o mais elevado grau de eficiência, competência e integridade. O director-geral, os inspectores e os outros membros do pessoal profissional e administrativo só poderão ser cidadãos dos Estados Partes. Ter-se-á em devida consideração a importância de recrutar pessoal de forma que a repre-

sentação geográfica seja a mais ampla possível. O recrutamento reger-se-á pelo princípio de manutenção dos efectivos de pessoal no mínimo necessário para o adequado desempenho das responsabilidades que cabem ao Secretariado Técnico.

45 – O director-geral será responsável pela organização e funcionamento do Conselho Consultivo Científico, referido na alínea h) do parágrafo 21. O director-geral nomeará, em consulta com os Estados Partes, os membros do Conselho Consultivo Científico, que prestarão serviço a título pessoal. Os membros do Conselho serão nomeados com base nos seus conhecimentos nas áreas científicas particulares relevantes para a aplicação da presente Convenção. O director-geral poderá também, em consulta com os membros do Conselho, estabelecer grupos de trabalho temporários, constituídos por peritos científicos, para elaborar recomendações relativas a questões específicas. Para tal, os Estados Partes poderão submeter listas de peritos ao director-geral.

46 – No exercício das suas funções, o director-geral, os inspectores e os outros membros do pessoal não solicitarão nem receberão instruções de qualquer Governo nem de qualquer outra fonte exterior à Organização. Para além disso, abster-se-ão de agir de forma não compatível com a sua posição de funcionários internacionais, exclusivamente responsáveis perante a Conferência e o Conselho Executivo.

47 – Cada Estado Parte respeitará o carácter exclusivamente internacional das responsabilidades do director-geral, dos inspectores e dos outros membros do pessoal e não tentará influenciá-los no cumprimento das suas funções.

E – Privilégios e imunidades

48 – A Organização usufruirá no território de cada Estado Parte, e em qualquer outro local sob a sua jurisdição ou controlo, da capacidade jurídica e dos privilégios e imunidades que forem necessários para o exercício das suas funções.

49 – Os representantes dos Estados Partes, juntamente com os seus substitutos e assessores, os representantes nomeados pelo Conselho Executivo, juntamente com os seus substitutos e assessores, o director-geral e o pessoal da Organização gozarão dos privilégios e imunidades que forem necessários para o exercício independente das suas funções com relação à Organização.

50 – A capacidade jurídica, os privilégios e as imunidades referidos no presente artigo serão definidos em acordos celebrados entre a Organização e os Estados Partes, assim como num acordo celebrado entre a Organização e o Estado onde se localiza a sede da Organização. Esses acordos serão examinados e aprovados pela Conferência, em conformidade com a alínea i) do parágrafo 21.

Direito Internacional Humanitário 343

51 – Não obstante o disposto nos parágrafos 48 e 49, o director-geral e o pessoal do Secretariado Técnico gozarão, durante a condução das actividades de verificação, dos privilégios e imunidades enunciados na secção B da parte II do Anexo sobre Verificação.

ARTIGO IX
Consultas, cooperação e inquérito de factos

1 – Os Estados Partes consultar-se-ão e cooperarão, directamente entre si, ou por intermédio da Organização ou ainda segundo outros procedimentos internacionais adequados, incluindo os procedimentos previstos no quadro da Organização das Nações Unidas e em conformidade com a sua Carta, sobre qualquer questão relacionada com o objecto e fim, ou com a aplicação das disposições da presente Convenção.

2 – Sem prejuízo do direito que assiste a qualquer Estado Parte de pedir uma inspecção por suspeita, os Estados Partes devem primeiro, sempre que possível, fazer todos os esforços para esclarecer e resolver, através de intercâmbio de informações e por consultas entre si, qualquer questão que possa suscitar dúvidas quanto ao cumprimento da presente Convenção, ou que possa originar preocupações relativas a uma questão conexa considerada ambígua. Qualquer Estado Parte que receba de outro Estado Parte um pedido de esclarecimento sobre qualquer questão que o Estado Parte solicitante considere ser a causa de tais dúvidas ou preocupações, facultará ao Estado Parte solicitante, logo que possível, mas, em qualquer caso, no prazo máximo de 10 dias após a recepção do pedido, a infomação suficiente para responder às dúvidas ou preocupações suscitadas, assim como uma explicação acerca da forma como a informação fornecida resolve a questão. Nenhuma disposição da presente Convenção põe em causa o direito de dois ou mais Estados Partes, por mútuo consentimento, organizarem inspecções ou estabelecerem quaisquer outros procedimentos entre si para esclarecer e resolver qualquer questão que possa suscitar dúvidas quanto ao cumprimento da presente Convenção ou que possa originar preocupações relativas a uma questão conexa considerada ambígua. Esses protocolos não afectarão os direitos e obrigações de qualquer Estado Parte quanto a outras disposições da presente Convenção.

Procedimentos para pedido de esclarecimentos

3 – Qualquer Estado Parte terá o direito de solicitar ao Conselho Executivo que o ajude a esclarecer qualquer situação que possa ser considerada ambígua ou que possa suscitar preocupações quanto ao eventual incumprimento da presente Convenção por outro Estado Parte. O Conselho Executivo facultará as informações adequadas que estiverem na sua posse, relevantes para essa preocupação.

4 – A qualquer Estado Parte assiste o direito de solicitar ao Conselho Executivo que obtenha esclarecimentos de outro Estado Parte quanto a qualquer questão que possa ser considerada ambígua ou que suscite preocupação quanto ao eventual incumprimento da presente Convenção. Aplicar-se-ão nesse caso as seguintes disposições:

a) O Conselho Executivo transmitirá o pedido de esclarecimento ao Estado Parte interessado, por intermédio do director-geral, no prazo máximo de vinte e quatro horas após a sua recepção;

b) O Estado Parte solicitado facultará os esclarecimentos ao Conselho Executivo, logo que possível, mas, em qualquer caso, no prazo máximo de 10 dias após ter recebido o pedido;

c) O Conselho Executivo tomará nota dos esclarecimentos e transmiti-los-á ao Estado Parte solicitante, no prazo máximo de vinte e quatro horas após a sua recepção;

d) Se o Estado Parte solicitante considerar os esclarecimentos inadequados, terá o direito de pedir do Conselho Executivo que obtenha esclarecimentos adicionais ao Estado Parte solicitado;

e) Para obter esclarecimentos adicionais em virtude da alínea d), o Conselho Executivo poderá chamar o director-geral a designar um grupo de especialistas do Secretariado Técnico, ou, se este não dispuser do pessoal apropriado, de outra origem, para examinar toda a informação e dados disponíveis relevantes para a situação que originou preocupação. O grupo de especialistas submeterá ao Conselho Executivo um relatório factual das suas investigações;

f) Se o Estado Parte solicitante considerar que o esclarecimento obtido em virtude das alíneas d) e e) não é satisfatório, terá o direito de requerer uma reunião extraordinária do Conselho Executivo, na qual poderão participar os Estados Partes interessados que não sejam membros do Conselho Executivo. Nessa reunião extraordinária, o Conselho Executivo examinará a questão e poderá recomendar quaisquer medidas que considerar adequadas para resolver a situação.

5 – Qualquer Estado Parte terá, também o direito de requerer ao Conselho Executivo que esclareça qualquer situação que tenha sido considerada ambígua ou que tenha originado preocupação quanto ao eventual incumprimento da presente Convenção. O Conselho Executivo responderá a esse pedido fornecendo a assistência adequada.

6 – O Conselho Executivo informará os Estados Partes acerca de qualquer pedido de esclarecimento que tiver sido formulado como previsto no presente artigo.

Direito Internacional Humanitário 345

7 – Se a dúvida ou preocupação de um Estado Parte quanto a um eventual incumprimento da Convenção não ficar resolvida dentro de 60 dias seguintes à apresentação do pedido de esclarecimento ao Conselho Executivo, ou se esse Estado considerar que as suas dúvidas justificam um exame urgente, pode esse Estado, sem prejuízo do direito de pedir uma inspecção por suspeita que igualmente lhe assiste, requerer uma reunião extraordinária da Conferência, em conformidade com a alínea c) do parágrafo 12 do artigo VIII. Nessa reunião extraordinária, a Conferência examinará a questão e poderá recomendar quaisquer medidas que considerar adequadas para resolver a situação.

Procedimentos para inspecções por suspeita

8 – Cada Estado Parte tem o direito de requerer uma inspecção por suspeita, in situ, a qualquer instalação ou localidade no território de qualquer outro Estado Parte ou em qualquer outro local sob a jurisdição ou controlo deste, com o fim exclusivo de esclarecer e resolver quaisquer questões relativas ao eventual incumprimento das disposições da presente Convenção, e de fazer com que essa inspecção seja realizada em qualquer local e sem demora por uma equipa de inspecção designada pelo director-geral e em conformidade com o Anexo sobre Verificação.

9 – Cada Estado Parte tem a obrigação de manter o pedido de inspecção dentro do âmbito da presente Convenção e fornecer nesse pedido de inspecção toda a informação adequada que estiver na origem da preocupação quanto ao eventual incumprimento da presente Convenção, como especificado no Anexo sobre Verificação. Cada Estado Parte abster-se-á de formular pedidos de inspecção não fundamentados, evitando abusos. A inspecção por suspeita será realizada exclusivamente com a finalidade de provar factos relacionados com o eventual incumprimento da Convenção.

10 – Para efeitos de verificação do cumprimento das disposições da presente Convenção, cada Estado Parte facultará ao Secretariado Técnico a realização da inspecção por suspeita in situ, em conformidade com o parágrafo 8.

11 – Após um pedido de inspecção por suspeita de uma instalação ou localidade, e em conformidade com os procedimentos previstos no Anexo sobre Verificação, o Estado Parte inspeccionado terá:

a) O direito e a obrigação de fazer tudo o que for razoavelmente possível para demonstrar o seu cumprimento da presente Convenção e, com este fim, permitir que a equipa de inspecção desempenhe cabalmente o seu mandato;

b) A obrigação de permitir o acesso ao local a inspeccionar, com a finalidade exclusiva de determinar factos relacionados com o eventual incumprimento da presente Convenção; e *c)* O direito de tomar medidas para proteger as instalações sensíveis e de impedir a divulgação de informação e de dados confidenciais que não estiverem relacionados com a presente Convenção.

12 – No que diz respeito à presença de um observador na inspecção aplicar--se-á o seguinte:

a) O Estado Parte solicitante poderá, com o consentimento do Estado Parte inspeccionado, enviar um representante, que poderá ser um cidadão nacional do Estado Parte solicitante ou de um terceiro Estado Parte, para observar a realização da inspecção por suspeita;

b) O Estado Parte inspeccionado concederá então acesso ao observador, em conformidade com o Anexo sobre Verificação;

c) Em regra, o Estado Parte inspeccionado aceitará o observador proposto, mas, se o recusar, este facto será registado no relatório final.

13 – O Estado Parte solicitante apresentará um pedido de inspecção por suspeita, *in situ,* ao Conselho Executivo e, simultaneamente, ao director-geral, para a sua imediata tramitação.

14 – O director-geral certificar-se-á prontamente de que o pedido de inspecção preenche os requisitos especificados no parágrafo 4 da parte X do Anexo sobre Verificação e, caso necessário, auxiliará o Estado Parte solicitante a formular o pedido de inspecção da forma adequada. Quando o pedido de inspecção preencher todos os requisitos, iniciar-se-ão os preparativos para a inspecção por suspeita.

15 – O director-geral transmitirá o pedido de inspecção ao Estado Parte a ser inspeccionado no prazo máximo de doze horas antes da chegada prevista da equipa de inspecção ao ponto de entrada.

16 – Após ter recebido o pedido de inspecção, o Conselho Executivo tomará conhecimento das medidas adoptadas a esse respeito pelo director-geral e manterá o assunto em apreciação durante todo o procedimento da inspecção. Porém, as suas deliberações não deverão atrasar o processo de inspecção.

17 – No prazo máximo de doze horas após a recepção do pedido de inspecção, o Conselho Executivo poderá decidir, por maioria de três quartos de todos os seus membros, contra a realização da inspecção por suspeita, se considerar que o pedido de inspecção é improcedente, abusivo ou que excede claramente o âmbito da presente Convenção, como descrito no parágrafo 8. Nem o Estado Parte solicitante, nem o Estado Parte a ser inspeccionado participarão nessa decisão. Se o Conselho Executivo decidir contra a realização da inspecção por suspeita, interromper-se-ão os preparativos, não será dado seguimento a outras medidas relativas ao pedido de inspecção e os Estados Partes interessados serão informados em conformidade.

Direito Internacional Humanitário

18 – O director-geral expedirá um mandato de inspecção para a realização da inspecção por suspeita. O mandato de inspecção será o pedido de inspecção referido nos parágrafos 8 e 9 expresso em termos operacionais e deverá estar em conformidade com o pedido de inspecção.

19 – A inspecção por suspeita será realizada em conformidade com a parte X ou, em caso de alegada utilização, em conformidade com a parte XI do Anexo sobre Verificação. A equipa de inspecção orientar-se-á pelo princípio da realização da inspecção por suspeita da forma menos intrusiva possível, compatível com o eficaz e atempado desempenho da sua missão.

20 – O Estado Parte inspeccionado prestará assistência à equipa de inspecção durante toda a inspecção por suspeita e facilitará a sua tarefa. Se o Estado Parte inspeccionado, em conformidade com a secção C da parte X do Anexo sobre Verificação, propuser outras medidas para demonstrar o cumprimento da presente Convenção, como alternativa a um acesso geral e completo, fará tudo o que lhe for razoavelmente possível, através de consultas com a equipa de inspecção, para chegar a um acordo sobre as modalidades para estabelecimento dos factos a fim de demonstrar o seu cumprimento.

21 – O relatório final incluirá os factos constatados, assim como uma avaliação pela equipa de inspecção quanto ao grau e à natureza do acesso e da cooperação concedidos para a realização satisfatória da inspecção por suspeita. O director-geral transmitirá prontamente o relatório final da equipa de inspecção ao Estado Parte solicitante, ao Estado Parte inspeccionado, ao Conselho Executivo e a todos os outros Estados Partes. O director-geral transmitirá também sem demora ao Conselho Executivo as avaliações do Estado Parte solicitante e do Estado Parte inspeccionado, assim como as opiniões de outros Estados Partes que tiverem sido transmitidas ao director-geral com essa finalidade, e comunicá-las-á em seguida a todos os Estados Partes.

22 – O Conselho Executivo examinará, em conformidade com os seus poderes e funções, o relatório final da equipa de inspecção, logo que este lhe for apresentado, e analisará qualquer motivo de preocupação quanto a:

a) Se houve qualquer incumprimento;
b) Se o pedido se situava no âmbito da presente Convenção; e
c) Se houve abuso do direito de pedido de uma inspecção por suspeita.

23 – Se, em conformidade com os seus poderes e funções, o Conselho Executivo chegar à conclusão de que é necessário tomar medidas adicionais relativamente ao parágrafo 22, tomará as medidas adequadas para reparar a situação e garantir o cumprimento da presente Convenção, incluindo a formulação de recomendações específicas à Conferência. Em caso de abuso de direito, o Con-

selho Executivo examinará se o Estado Parte solicitante deve suportar qualquer das consequências financeiras da inspecção por suspeita.

24 – O Estado Parte solicitante e o Estado Parte inspeccionado têm o direito de participar no procedimento de exame. O Conselho Executivo informará do resultado do processo os Estados Partes e a sessão seguinte da Conferência.

25 – Se o Conselho Executivo tiver feito recomendações específicas à Conferência, esta deliberará sobre as medidas a aprovar, em conformidade com o artigo XII.

ARTIGO X
Assistência e protecção contra as armas químicas

1 – Para efeitos do presente artigo, entende-se por «assistência» a coordenação e o fornecimento aos Estados Partes de meios de protecção contra as armas químicas, incluindo, nomeadamente, os seguintes: equipamento de detecção e sistemas de alarme; equipamento de protecção; equipamento de descontaminação e descontaminantes; antídotos e tratamentos médicos, e recomendações sobre qualquer destas medidas de protecção.

2 – Nenhuma das disposições da presente Convenção poderá ser interpretada de forma a prejudicar o direito de qualquer Estado Parte a proceder a investigações sobre meios de protecção contra as armas químicas e de desenvolver, produzir obter, transferir ou utilizar esses meios para fins não proibidos pela presente Convenção.

3 – Cada Estado Parte compromete-se a facilitar o intercâmbio, o mais amplo possível, de equipamento, materiais e informação científica e tecnológica sobre os meios de protecção contra as armas químicas, no qual terá o direito de participar.

4 – Com o objectivo de aumentar a transparência dos programas nacionais relacionados com objectivos de protecção, cada Estado Parte facultará anualmente ao Secretariado Técnico informações sobre o seu programa, segundo os procedimentos que serão examinados e aprovados pela Conferência em conformidade com a alínea i) do parágrafo 21 do artigo VIII.

5 – O Secretariado Técnico constituirá, no prazo máximo de 180 dias após a entrada em vigor da presente Convenção e manterá à disposição de qualquer Estado Parte que o solicite, uma base de dados que contenha informação livremente disponível sobre os diversos meios de protecção contra as armas químicas, assim como a informação que possa ser fornecida pelos Estados Partes. Dentro dos recursos à sua disposição, e a pedido de um Estado Parte, o Secretariado Técnico prestará também assessoria técnica e auxiliará esse Estado Parte a determinar o

modo de implementação dos seus programas para o desenvolvimento e melhoria de uma capacidade de protecção própria contra as armas químicas.

6 – Nenhuma disposição da presente Convenção poderá ser interpretada de forma a prejudicar o direito dos Estados Partes a solicitar e prestar assistência no plano bilateral e a celebrar com outros Estados Partes acordos individuais relativos à prestação de assistência em casos de emergência.

7 – Cada Estado Parte compromete-se a prestar assistência por intermédio da Organização e, para esse fim, optar por uma ou mais das seguintes medidas:

a) Contribuir para o fundo de contribuições voluntárias para a prestação de assistência que a Conferência estabelecerá na sua primeira sessão;

b) Celebrar com a Organização acordos sobre a obtenção de assistência, quando solicitada, se possível no prazo máximo de 180 dias após a entrada em vigor nesse Estado da presente Convenção;

c) Declarar, no prazo máximo de 180 dias após a entrada em vigor da presente Convenção nesse Estado, o tipo de assistência que poderá forne-cer em resposta a um pedido da Organização. Não obstante, se um Estado Parte não puder posteriormente fornecer a assistência prevista na sua declaração, permanecerá ainda obrigado a prestar assistência em confor-midade com o presente parágrafo.

8 – Cada Estado Parte tem o direito de solicitar e, sujeito aos procedimentos estabelecidos nos parágrafos 9, 10 e 11, de receber assistência e protecção contra a utilização ou ameaça de utilização de armas químicas, se considerar que:

a) Foram contra ele utilizadas armas químicas;

b) Foram contra ele utilizados agentes antimotins como método de guerra;

c) Se encontra ameaçado por acções ou actividades de qualquer Estado proibidas aos Estados Partes em virtude do artigo I.

9 – O pedido, consubstanciado por informação pertinente, será apresentado ao director-geral, que o transmitirá de imediato ao Conselho Executivo e a todos os Estados Partes. O director-geral transmitirá prontamente o pedido aos Estados Partes que se tiverem oferecido voluntariamente, em conformidade com as alíneas b) e c) do parágrafo 7, a enviar assistência de emergência em caso de utilização de armas químicas ou de agentes antimotins como método de guerra, ou ajuda humanitária em caso de ameaça grave de utilização de armas químicas ou de ameaça grave de utilização de agentes antimotins como método de guerra, ao Estado Parte interessado, no prazo máximo de doze horas após a recepção do pedido. O director-geral iniciará uma investigação, no prazo máximo de vinte e quatro horas após a recepção do pedido, de forma a poder fundamentar medidas

ulteriores. O director-geral concluirá a investigação num prazo não superior a setenta e duas horas e apresentará um relatório ao Conselho Executivo. Se for necessário um prazo adicional para completar a investigação, será apresentado um relatório intermédio dentro do prazo indicado. O prazo adicional requerido para a investigação não excederá setenta e duas horas. Poderá, não obstante, ser prorrogado por idênticos períodos. No final de cada prazo adicional, serão apresentados relatórios ao Conselho Executivo. A investigação estabelecerá, como adequado e em conformidade com o pedido e a informação que o acompanha, os factos pertinentes relacionados com o pedido, assim como as modalidades e a extensão da assistência e da protecção suplementares necessárias.

10 – O Conselho Executivo reunir-se-á no prazo máximo de vinte e quatro horas após ter recebido um relatório sobre os resultados da investigação para avaliar a situação e, dentro das vinte e quatro horas seguintes, decidirá por maioria simples se o Secretariado Técnico deve fornecer assistência suplementar. O Secretariado Técnico comunicará prontamente a todos os Estados Partes e organizações internacionais competentes o relatório da investigação e a decisão tomada pelo Conselho Executivo. Quando o Conselho Executivo assim o decidir, o director--geral facultará assistência imediata. Para este efeito, o director-geral poderá cooperar com o Estado Parte solicitante, com outros Estados Partes e com organizações internacionais competentes. Os Estados Partes desenvolverão todos os esforços possíveis para prestar assistência.

11 – Se a informação disponível como resultado da investigação em curso ou de outras fontes fidedignas fornecer provas suficientes de que a utilização de armas químicas provocou vítimas e que é indispensável tomar medidas imediatas, o director-geral notificará todos os Estados Partes e tomará medidas urgentes de assistência utilizando os recursos que a Conferência tiver posto à sua disposição para tais eventualidades. O director-geral manterá o Conselho Executivo informado das medidas que tomar em conformidade com o disposto no presente parágrafo.

ARTIGO XI
Desenvolvimento económico e tecnológico

1 – As disposições da presente Convenção serão aplicadas por forma a não entravar o desenvolvimento económico e tecnológico dos Estados Partes e a cooperação internacional no campo das actividades químicas para fins não proibidos pela presente Convenção, incluindo o intercâmbio internacional de informação científica e técnica e de produtos químicos e equipamentos destinados à produção, processamento ou utilização de produtos químicos para fins não proibidos pela presente Convenção.

2 – Sujeitos às disposições da presente Convenção, e sem prejuízo dos princípios e das regras aplicáveis do direito internacional, os Estados Partes:

a) Têm o direito, individual ou colectivamente, de fazer investigação com produtos químicos e de desenvolver, produzir, obter, conservar, transferir e utilizar esses produtos;

b) Comprometem-se a facilitar o intercâmbio mais completo possível de produtos químicos, equipamentos e informação científica e técnica relacionada com o desenvolvimento e a aplicação da química para fins não proibidos pela presente Convenção, e têm o direito de nele participar;

c) Comprometem-se a não manter, entre si, quaisquer restrições, incluindo as que constem em quaisquer acordos internacionais, que sejam incompatíveis com as obrigações contraídas ao abrigo da presente Convenção, e que limitem ou impeçam o comércio e o desenvolvimento e a promoção dos conhecimentos científicos e tecnológicos no campo da química para fins industriais, agrícolas, de investigação, médicos, farmacêuticos ou outros fins pacíficos;

d) Comprometem-se a não se servir da presente Convenção como fundamento para aplicar quaisquer medidas que não sejam as que estão previstas, ou sejam permitidas, pela Convenção, e a não se servir de qualquer outro acordo internacional para prosseguir um objectivo incompatível com a presente Convenção;

e) Comprometem-se a rever as normas nacionais existentes em matéria de comercialização de produtos químicos de forma a torná-las compatíveis com o objecto e fim da presente Convenção.

ARTIGO XII
Medidas para reparar uma situação e garantir o cumprimento, incluindo as sanções

1 – A Conferência tomará as medidas necessárias, conforme, previsto nos parágrafos 2, 3 e 4, para garantir o cumprimento da Presente Convenção e para reparar e corrigir qualquer situação que contravenha as disposições da Convenção. Ao examinar as medidas a aprovar em virtude do presente parágrafo, a Conferência terá em conta toda a informação e recomendações sobre as questões pertinentes apresentadas pelo Conselho Executivo.

2 – Se o Conselho Executivo tiver solicitado a um Estado Parte que tomasse medidas para corrigir uma situação que suscitou problemas relacionados com o cumprimento da Convenção, e este não tiver respondido à solicitação no prazo especificado, a Conferência poderá, nomeadamente, e mediante recomendação do

Conselho Executivo, restringir ou suspender os direitos e privilégios que a presente Convenção confere ao Estado Parte até este tomar as medidas necessárias para cumprir as obrigações que contraiu em virtude da presente Convenção.

3 – Nos casos em que a realização de actividades proibidas pela presente Convenção, em particular pelo seu artigo I, possa prejudicar gravemente o objecto e fim desta, a Conferência poderá recomendar medidas colectivas aos Estados Partes, em conformidade com o direito internacional.

4 – Nos casos particularmente graves, a Conferência levará a questão, incluindo as informações e conclusões pertinentes, à atenção da Assembleia Geral e do Conselho de Segurança das Nações Unidas.

ARTIGO XIII
Relação com outros acordos internacionais

Nenhuma disposição da presente Convenção poderá ser interpretada como limitando ou diminuindo as obrigações assumidas por qualquer Estado em virtude do Protocolo Relativo à Proibição da Utilização em Guerra de Gases Asfixiantes, Tóxicos ou Similares e de Meios Bacteriológicos de Guerra, assinado em Genebra em 17 de Junho de 1925, e da Convenção sobre a Proibição do Desenvolvimento, Fabricação e Armazenagem de Armas Bacteriológicas (Biológicas) e à Base de Toxinas e sobre a Sua Destruição, assinada em Londres, Moscovo e Washington, em 10 de Abril de 1972.

ARTIGO XIV
Resolução de diferendos

1 – Os diferendos que possam surgir relativamente à aplicação ou à interpretação da presente Convenção serão resolvidos em conformidade com as disposições pertinentes desta Convenção e em conformidade com as disposições da Carta das Nações Unidas.

2 – Quando surgir um diferendo entre dois ou mais Estados Partes, ou entre um ou mais Estados Partes e a Organização, a respeito da interpretação ou aplicação da presente Convenção, as partes interessadas consultar-se-ão com vista a uma rápida resolução do diferendo por via da negociação ou por outro meio pacífico à escolha das partes, incluindo o recurso aos órgãos competentes da presente Convenção e, por mútuo consentimento, ao Tribunal Internacional de Justiça, em conformidade com o Estatuto deste. Os Estados Partes em causa manterão o Conselho Executivo informado sobre as medidas tomadas.

3 – O Conselho Executivo pode contribuir para a resolução de um diferendo pelos meios que considerar adequados, incluindo a oferta dos seus bons ofícios,

convidando os Estados Partes no diferendo a iniciar o processo de resolução que tiverem escolhido e recomendando um prazo para qualquer procedimento acordado.

4 – A Conferência examinará as questões relacionadas com os diferendos surgidos entre Estados Partes ou que forem levadas ao seu conhecimento pelo Conselho Executivo. A Conferência, se o considerar necessário, constituirá ou designará órgãos para desempenhar as tarefas relacionadas com a resolução desses diferendos, em conformidade com a alínea j) do parágrafo 21 do artigo VIII.

5 – A Conferência e o Conselho Executivo têm separadamente poderes para, sujeitos à autorização da Assembleia Geral das Nações Unidas, solicitar ao Tribunal Internacional de Justiça um parecer consultivo sobre qualquer questão jurídica surgida no âmbito das actividades da Organização. A Organização e as Nações Unidas celebrarão um acordo para este fim em conformidade com a alínea a) do parágrafo 34 do artigo VIII.

6 – As disposições do presente artigo não afectam as disposições do artigo IX nem as disposições relativas às medidas para reparar uma situação e garantir o cumprimento da presente Convenção, incluindo sanções.

ARTIGO XV
Emendas

1 – Qualquer Estado Parte pode propor emendas à presente Convenção. Qualquer Estado Parte pode também propor modificações aos Anexos da Convenção, conforme especificado no parágrafo 4. As propostas de emenda ficam sujeitas aos procedimentos enunciados nos parágrafos 2 e 3. As propostas de modificação, segundo o especificado no parágrafo 4, estão sujeitas aos procedimentos enunciados no parágrafo 5.

2 – O texto da proposta de emenda será submetido ao director-geral para ser distribuído a todos os Estados Partes e ao depositário. A emenda proposta só poderá ser examinada por uma Conferência de Revisão. Essa Conferência de Revisão será convocada se, no prazo máximo de 30 dias após a distribuição da proposta, um terço ou mais dos Estados Partes notificarem o director-geral de que apoiam a apreciação dessa proposta. A Conferência de Revisão realizar-se-á imediatamente após uma sessão ordinária da Conferência, salvo se os Estados Partes requerentes solicitarem uma reunião antecipada. Em caso algum poderá a Conferência de Revisão ter lugar num prazo inferior a 60 dias após a distribuição da proposta de emenda.

3 – As emendas entrarão em vigor para todos os Estados Partes 30 dias após

o depósito dos instrumentos de ratificação ou de aceitação por todos os Estados Partes indicados na alínea b) do presente parágrafo:

a) Quando forem adoptadas pela Conferência de Revisão por voto afirmativo da maioria de todos os Estados Partes sem que nenhum Estado Parte tenha votado contra; e

b) Quando forem ratificadas ou aceites por todos os Estados Partes que tiverem votado afirmativamente na Conferência de Revisão.

4 – Para garantir a viabilidade e a eficácia da presente Convenção, as disposições dos Anexos estão sujeitas a modificações em conformidade com o parágrafo 5, se as modificações propostas se referirem unicamente a questões de carácter administrativo ou técnico. Todas as modificações ao Anexo sobre Produtos Químicos serão feitas em conformidade com o parágrafo 5. Não serão objecto de modificações, em conformidade com o parágrafo 5, as secções A e C do Anexo sobre Confidencialidade, a parte X do Anexo sobre Verificação e as definições da parte I do Anexo sobre Verificação exclusivamente relacionadas com inspecções por suspeita.

5 – As propostas de modificação mencionadas no parágrafo 4 serão feitas em conformidade com os seguintes procedimentos:

a) O texto das propostas de modificação propostas será transmitido, acompanhado da informação necessária, ao director-geral. Qualquer Estado Parte e o director-geral podem fornecer informações adicionais para apreciação das propostas. O director-geral comunicará prontamente quaisquer propostas e informações dessa natureza a todos os Estados Partes, ao Conselho Executivo e ao depositário;

b) No prazo máximo de 60 dias após a recepção da proposta, o director-geral apreciá-la-á a fim de determinar todas as suas possíveis consequências relativamente às disposições da presente Convenção e à sua aplicação e comunicará essa informação a todos os Estados Partes e ao Conselho Executivo;

c) O Conselho Executivo examinará a proposta à luz de toda a informação disponível, nomeadamente para determinar se a proposta satisfaz os requisitos do parágrafo 4. No prazo máximo de 90 dias após a recepção da proposta, o Conselho Executivo notificará todos os Estados Partes da sua recomendação, acompanhada das explicações apropriadas, para ser apreciada. Os Estados Partes acusarão a recepção dessa recomendação num prazo não superior a 10 dias;

d) Se o Conselho Executivo recomendar a todos os Estados Partes que a proposta deva ser aceite, esta será considerada como aprovada se nenhum

Estado Parte a tal se opuser nos 90 dias seguintes à recepção da recomendação. Se o Conselho Executivo recomendar a rejeição da proposta, esta será considerada como rejeitada se nenhum Estado Parte a tal se opuser nos 90 dias seguintes à recepção da recomendação;

e) Se uma recomendação do Conselho Executivo não receber a aprovação exigida nos termos da alínea d), na sua sessão seguinte a Conferência deliberará sobre a proposta considerada como uma questão de fundo, e nomeadamente quanto à proposta satisfazer ou não os requisitos do parágrafo 4;

f) O director-geral notificará todos os Estados Partes e o depositário de qualquer decisão tomada em conformidade com o presente parágrafo;

g) As modificações aprovadas em virtude deste procedimento entrarão em vigor para todos os Estados Partes 180 dias após a data de notificação da sua aprovação pelo director-geral, salvo se outro prazo for recomendado pelo Conselho Executivo ou decidido pela Conferência.

ARTIGO XVI
Duração e denúncia

1 – A presente Convenção terá duração ilimitada.

2 – Qualquer Estado Parte terá, no exercício da sua soberania nacional, o direito de denunciar a presente Convenção se considerar que acontecimentos extraordinários, relacionados com a matéria que é objecto da presente Convenção, comprometeram os supremos interesses do país. Esse Estado Parte notificará dessa denúncia, com 90 dias de antecedência, todos os outros Estados Partes, o Conselho Executivo, o depositário e o Conselho de Segurança da Organização das Nações Unidas. Essa notificação incluirá uma declaração sobre os acontecimentos extraordinários que considera terem comprometido os seus supremos interesses.

3 – A denúncia da presente Convenção por um Estado Parte não suprime de forma alguma o dever dos Estados de continuar a cumprir as obrigações assumidas em virtude de quaisquer normas pertinentes do direito internacional, em particular as do Protocolo de Genebra de 1925.

ARTIGO XVII
Condição jurídica dos Anexos

Os Anexos constituem parte integrante da presente Convenção. Qualquer referência à presente Convenção inclui os seus Anexos.

ARTIGO XVIII
Assinatura

A presente Convenção estará aberta à assinatura de todos os Estados até à sua entrada em vigor.

ARTIGO XIX
Ratificação

A presente Convenção será submetida a ratificação pelos Estados signatários em conformidade com as respectivas regras constitucionais.

ARTIGO XX
Adesão

Todo o Estado que não assinar a presente Convenção antes da sua entrada em vigor pode posteriormente aderir-lhe a todo o tempo.

ARTIGO XXI
Entrada em vigor

1 – A presente Convenção entrará em vigor 180 dias após a data de depósito do 65.º instrumento de ratificação, mas em caso algum antes de decorridos dois anos a partir da data de abertura para assinatura.

2 – Para os Estados cujos instrumentos de ratificação ou de adesão forem depositados após a entrada em vigor da presente Convenção, esta entrará em vigor no 30.º dia seguinte à data de depósito dos seus instrumentos de ratificação ou de adesão.

ARTIGO XXII
Reservas

Não poderão ser formuladas reservas aos artigos da presente Convenção. Em relação aos Anexos da presente Convenção, não poderão ser formuladas reservas que sejam incompatíveis com o objecto e fim da presente Convenção.

ARTIGO XIII
Depositário

O Secretário-Geral da Organização das Nações Unidas é designado como o depositário da presente Convenção e, nomeadamente:

a) Comunicará de imediato a todos os Estados signatários e aderentes a data de cada assinatura, a data do depósito de cada instrumento de ratificação ou de adesão e a data de entrada em vigor da presente Convenção, assim como a recepção de outras notificações;

b) Transmitirá cópias devidamente certificadas da presente Convenção aos Governos de todos os Estados signatários e aderentes; e

c) Registará a presente Convenção em conformidade com as disposições do artigo 102 da Carta das Nações Unidas.

ARTIGO XXIV
Textos autênticos

A presente Convenção, cujos textos em árabe, chinês, espanhol, francês e russo são igualmente autênticos, será depositada junto do Secretário-Geral das Nações Unidas.

Em fé do que os abaixo assinados, devidamente autorizados para o efeito, assinaram a presente Convenção.

Feita em Paris, aos 13 dias de Janeiro de 1993.

7. CONVENÇÃO SOBRE A PROIBIÇÃO DA UTILIZAÇÃO, ARMAZENAGEM, PRODUÇÃO E TRANSFERÊNCIA DE MINAS ANTIPESSOAL E SOBRE A SUA DESTRUIÇÃO ASSINADA EM OSLO, A 18 DE SETEMBRO DE 1997[30]

Preâmbulo

Os Estados Partes:

Decididos a pôr fim ao sofrimento e à perda de vidas humanas pelas minas antipessoal, que matam ou mutilam centenas de pessoas todas as semanas, na grande maioria civis inocentes e indefesos, especialmente crianças, inibem o desenvolvimento económico e a reconstrução, inibem o repatriamento de refugiados e de pessoas deslocadas a nível interno, para além de outras consequências graves que se verificam durante muitos anos após a sua colocação;

Convencidos de que é necessário fazer todos os esforços possíveis para fazer face, de forma eficaz e coordenada, ao desafio que representa a remoção de minas antipessoal disseminadas por todo o mundo e de garantir a sua destruição;

Desejando fazer todos os esforços possíveis na prestação de assistência para cuidar e reabilitar as vítimas das minas, incluindo a sua reintegração social e económica;

Reconhecendo que a proibição total de minas antipessoal seria também uma importante medida criadora de confiança;

Acolhendo com satisfação a adopção do Protocolo sobre a Proibição ou Limitação da Utilização de Minas, Armadilhas e Outros Dispositivos, conforme foi modificado em 3 de Maio de 1996 e anexo à Convenção sobre a Proibição ou Limitação do Uso de Certas Armas Convencionais Que Podem Ser Consideradas como Produzindo Efeitos Traumáticos ou Ferindo Indiscriminadamente, e apelando a todos os Estados para uma rápida ratificação do referido Protocolo;

---

[30] Aprovada pela Resolução da Assembleia da República n.º 5/99, de 28 de Janeiro, e ratificada pelo Decreto do Presidente da República n.º 64/99, de 28 de Janeiro.

Acolhendo com satisfação, ainda, a adopção da Resolução n.º 51/45 S, de 10 de Dezembro de 1996, da Assembleia Geral das Nações Unidas, exortando todos os Estados Partes a prosseguir sem demora as negociações relativas a um acordo internacional eficaz e juridicamente vinculativo para banir a utilização, armazenagem, produção e transferência de minas antipessoal;

Acolhendo com satisfação, também, as medidas tomadas nos últimos anos, a nível unilateral, e multilateral, com vista a proibir, limitar ou suspender a utilização, armazenagem, produção e transferência de minas antipessoal;

Salientando o papel que desempenham os ditames da consciência pública no fomento dos princípios humanitários, como comprova o apelo à interdição total de minas antipessoal, e reconhecendo os esforços empreendidos pelo Movimento Internacional da Cruz Vermelha e do Crescente Vermelho, a Campanha Internacional para a Proibição de Minas e outras numerosas organizações não governamentais de todo o mundo;

Recordando a Declaração de Otava de 5 de Outubro de 1996 e a Declaração de Bruxelas de 27 de Junho de 1997, exortando a comunidade internacional a prosseguir sem demora as negociações relativas a um acordo internacional eficaz e juridicamente vinculativo para banir a utilização, armazenagem, produção e transferência de minas antipessoal;

Sublinhando a oportunidade de suscitar a adesão de todos os Estados à presente Convenção e decididos a trabalhar energicamente para promover a sua universalidade em todos os fora pertinentes, incluindo, entre outros, as Nações Unidas, a Conferência do Desarmamento, as organizações e grupos regionais e as conferências de exame da Convenção sobre a Proibição ou Limitação do Uso de Certas Armas Convencionais Que Podem Ser Consideradas como Produzindo Efeitos Traumáticos ou Ferindo Indiscriminadamente;

Baseando-se no princípio do Direito Internacional segundo o qual o direito das partes num conflito armado de escolher os métodos ou os meios de guerra não é limitado, e sobre o princípio que proíbe a utilização, nos conflitos armados, de armas, projécteis, materiais e métodos de guerra de tal natureza que causem males supérfulos e sofrimento desnecessário, e no princípio segundo o qual é necessário fazer uma distinção entre civis e combatentes;

acordaram no seguinte:

ARTIGO 1.º
Obrigações gerais

1 – Cada Estado Parte compromete-se, quaisquer que sejam as circunstâncias, a nunca:

a) Utilizar minas antipessoal;

Direito Internacional Humanitário   361

b) Desenvolver, produzir, adquirir de outra forma, armazenar, conservar ou transferir para outrem, directa ou indirectamente, minas antipessoal;

c) Ajudar, encorajar ou induzir outrem, por qualquer forma, a participar numa actividade proibida a um Estado Parte ao abrigo da presente Convenção.

2 – Cada Estado Parte compromete-se a destruir ou a assegurar a destruição de todas as minas antipessoal, em conformidade com as disposições da presente Convenção.

ARTIGO 2.º

1 – Por «mina antipessoal» entende-se uma mina concebida para explodir devido à presença, proximidade ou contacto de uma pessoa e destinada a incapacitar, ferir ou matar uma ou várias pessoas. As minas concebidas para explodir pela presença, proximidade ou contacto de um veículo, e não de uma pessoa, que estão munidas com dispositivos antimanipulação não são consideradas minas antipessoal pelo facto de possuírem esse dispositivo.

2 – Por «mina» entende-se a munição colocada sob, no ou perto do solo ou de outra superfície e concebida para explodir pela presença, proximidade ou contacto de uma pessoa ou de um veículo.

3 – Por «dispositivo antimanipulação» entende-se um dispositivo destinado a proteger uma mina, o qual é parte integrante desta, está ligado ou agregado a esta ou colocado por baixo desta, e que é activado em caso de tentativa de manipulação ou activação intencional da mina.

4 – Por «transferência» entende-se para além da deslocação física de minas para o interior ou exterior do território nacional, à transferência do direito de propriedade e de controlo dessas minas, mas não envolve a transferência de um território no qual tenham sido colocadas minas antipessoal.

5 – Por «zona minada» entende-se uma zona que é considerada perigosa devido a presença ou suspeita de presença de minas.

ARTIGO 3.º
Excepções

1 – Sem prejuízo das obrigações gerais previstas no artigo 1.º, será permitida a conservação ou transferência de uma quantidade de minas antipessoal para o desenvolvimento e treino de técnicas de detecção, levantamento ou destruição de minas. Essa quantidade de minas não deverá exceder a quantidade mínima absolutamente necessária para os fins acima mencionados.

2 – É autorizada a transferência de minas antipessoal para fins de destruição.

ARTIGO 4.º
Destruição das minas antipessoal armazenadas

Com excepção do disposto no artigo 3.º, cada Estado Parte compromete-se a destruir ou garantir a destruição de todas as minas antipessoal armazenadas de sua propriedade ou na sua posse, ou que se encontrem em qualquer local sob a sua jurisdição ou controlo, com a brevidade possível, e o mais tardar num prazo de quatro anos após a entrada em vigor da presente Convenção para esse Estado Parte.

ARTIGO 5.º
Destruição das minas antipessoal colocadas nas zonas minadas

1 – Cada Estado Parte compromete-se a destruir ou a garantir a destruição de todas as minas antipessoal colocadas nas zonas minadas sob a sua jurisdição ou controlo, com a brevidade possível e o mais tardar 10 anos após a entrada em vigor da presente Convenção para esse Estado Parte.

2 – Cada Estado Parte esforçar-se-á por identificar todas as zonas sob a sua jurisdição ou controlo nas quais existam ou se suspeite que tenham sido colocadas minas antipessoal e tomará todas as medidas necessárias, com a brevidade possível, para que todas as zonas minadas, sob a sua jurisdição ou controlo, onde tenham sido colocadas minas tenham o perímetro demarcado, estejam vigiadas e protegidas por cercas ou outros meios, por forma a impedir de forma eficaz que os civis não as penetrem, até que todas as minas antipessoal colocadas nessas zonas minadas tenham sido destruídas. A sinalização deverá estar, pelo menos, em conformidade com as normas estabelecidas no Protocolo sobre a Proibição ou Limitação ou Utilização de Minas, Armadilhas e Outros Dispositivos, conforme foi modificado em 3 de Maio de 1996 e anexo à Convenção sobre a Proibição ou Limitação do Uso de Certas Armas Convencionais Que Podem Ser Consideradas como Produzindo Efeitos Traumáticos ou Ferindo Indiscriminadamente.

3 – No caso em que um Estado Parte crê não conseguir destruir ou garantir a destruição de todas as minas antipessoal referidas no parágrafo 1 no prazo previsto, poderá apresentar, na reunião dos Estados Partes ou na conferência de revisão, um pedido do período de prorrogação, até um máximo de 10 anos, para concluir a destruição dessas minas antipessoal.

4 – No pedido deverá constar:

a) A duração da prorrogação proposta;

b) Uma explicação pormenorizada justificando as razões para o pedido de prorrogação, incluindo:

i) A preparação e o ponto de situação do trabalho efectuado no âmbito dos programas nacionais de desminagem;

ii) Os meios financeiros e técnicos de que o Estado Parte dispõe para efectuar a destruição de todas as minas antipessoal; e

iii) As circunstâncias que impeçam o Estado Parte de destruir todas as minas antipessoal nas zonas minadas;

c) As implicações humanitárias, sociais, económicas e ambientais da prorrogação; e

d) Qualquer outra informação pertinente relativa à prorrogação proposta.

5 – A reunião dos Estados Partes ou a conferência de revisão avaliará, tendo em conta os factos enunciados no parágrafo 4, o pedido e decidirá por maioria de votos dos Estados Partes presentes se a prorrogação é concedida.

6 – A referida prorrogação pode ser renovada mediante a apresentação de um novo pedido em conformidade com os parágrafos 3, 4 e 5 do presente artigo. O Estado Parte deverá juntar ao novo pedido de prorrogação suplementar informação adicional pertinente relativamente ao que foi efectuado durante o anterior período de prorrogação.

ARTIGO 6.º
Cooperação e assistência internacionais

1 – No cumprimento das suas obrigações ao abrigo da presente Convenção, cada Estado Parte tem o direito de solicitar e receber assistência de outros Estados Partes, sempre que for viável e na medida do possível.

2 – Cada Estado Parte compromete-se a facilitar o intercâmbio, mais completo possível, de equipamento, material e informação científica e técnica relacionada com a aplicação da presente Convenção e terá o direito de participar nesse intercâmbio. Os Estados Partes não imporão restrições indevidas ao fornecimento, para fins humanitários, de equipamento para a desminagem e de informação técnica correspondente.

3 – Cada Estado Parte que esteja em condições de o fazer fornecerá assistência para cuidados e reabilitação das vítimas das minas e sua integração social e económica, bem como para os programas de sensibilização sobre minas. Esta assistência pode ser fornecida, inter alia, através do sistema das Nações Unidas, de organizações ou instituições internacionais, regionais ou nacionais, do Comité Internacional da Cruz Vermelha e das sociedades nacionais da Cruz Vermelha e do Crescente Vermelho e da sua Federação Internacional, de organizações não governamentais, ou numa base bilateral.

4 – Cada Estado Parte que esteja em condições de o fazer fornecerá assistência para a desminagem e actividades conexas. Essa assistência poderá ser fornecida, *inter alia,* através do sistema das Nações Unidas, de organizações ou

instituições internacionais ou regionais, de organizações não governamentais, ou numa base bilateral, ou contribuindo para o Fundo Voluntário das Nações Unidas para a Assistência à Desminagem ou outros fundos regionais relacionados com a desminagem.

5 – Cada Estado Parte que esteja em condições de o fazer fornecerá assistência para a destruição de minas antipessoal armazenadas.

6 – Cada Estado Parte compromete-se a facultar informação à base de dados sobre desminagem estabelecida no sistema das Nações Unidas, em especial, informação relativa aos diversos meios e tecnologias de desminagem, bem como listas de peritos, organismos especializados ou pontos de contacto nacionais para a desminagem.

7 – Os Estados Partes podem solicitar às Nações Unidas, às organizações regionais, a outros Estados Partes ou a outros *fora* intergovernamentais ou não governamentais competentes que auxiliem as suas autoridades na elaboração de um programa nacional de desminagem com vista a determinar, *inter alia:*

a) A amplitude e âmbito do programa das minas antipessoal;

b) Os recursos financeiros, tecnológicos e humanos necessários para a implementação do programa;

c) Uma estimativa do número de anos necessários para destruir todas as minas antipessoal das zonas minadas sob a jurisdição ou controlo do Estado Parte em causa;

d) As actividades de sensibilização sobre o problema das minas com o objectivo de reduzir a incidência de ferimentos ou mortes causadas pelas minas;

e) Assistência às vítimas das minas;

f) As relações entre o governo do Estado Parte em causa e as entidades governamentais, intergovernamentais ou não governamentais pertinentes que participarão na aplicação do programa.

8 – Cada Estado Parte que proporcione ou receba assistência segundo as disposições do presente artigo cooperará com vista a assegurar a aplicação rápida e integral dos programas de assistência acordados.

ARTIGO 7.º
Medidas de transparência

1 – Cada Estado Parte informará o Secretário-Geral das Nações Unidas, com a prontidão possível, mas o mais tardar 180 dias a partir da entrada em vigor da presente Convenção para esse Estado, sobre:

a) As medidas de aplicação a nível nacional segundo o previsto no artigo 9.º;

b) O número total de minas antipessoal armazenadas que sejam sua propriedade ou estejam na sua posse, ou que estejam sob a sua jurisdição ou controlo, incluindo a descrição do tipo, quantidade e, se possível, os números dos lotes de cada tipo de mina antipessoal armazenado;

c) Na medida do possível, a localização de todas as zonas minadas sob a sua jurisdição ou controlo nas quais existam ou se suspeite que tenham sido colocadas minas antipessoal, incluindo a informação mais pormenorizada possível relativamente ao tipo e à quantidade de cada tipo de minas antipessoal colocadas em cada zona minada e a data da sua colocação;

d) Os tipos, quantidades e, se possível, os números dos lotes de todas as minas antipessoal retidas ou transferidas para o desenvolvimento e treino de técnicas de detecção, desminagem ou destruição de minas, ou as que foram transferidas para fins de destruição, bem como as instituições autorizadas por um Estado Parte a reter ou a transferir minas antipessoal, em conformidade com o artigo 3.°;

e) O ponto de situação dos programas de conversão ou de encerramento definitivo das instalações de produção de minas antipessoal;

f) O ponto de situação dos programas de destruição de minas antipessoal, em conformidade com os artigos 4.° e 5.°, incluindo os pormenores dos métodos a utilizar na destruição, a localização de todos os locais de destruição e as normas aplicáveis em matéria de segurança e protecção do meio ambiente a serem observadas;

g) Os tipos e quantidades de todas as minas antipessoal destruídas após a entrada em vigor da Convenção para esse Estado Parte, incluindo a descrição da quantidade de cada tipo de mina antipessoal destruída, em conformidade com os artigos 4.° e 5.° respectivamente, bem como, se possível, os números dos lotes de cada tipo de mina antipessoal no caso de uma destruição em conformidade com o artigo 4.°;

h) As características técnicas de cada tipo de mina antipessoal produzida, que sejam conhecidas, e aquelas que actualmente sejam propriedade ou estejam na posse de um Estado Parte, incluindo, sempre que seja razoavelmente possível, a informação que possa facilitar a identificação e o levantamento das minas antipessoal; no mínimo, a informação incluirá as dimensões características do iniciador, do explosivo e do corpo metálico, as fotografias a cores e qualquer outra informação que possa facilitar a desminagem; e

i) As medidas tomadas para avisar de forma imediata e eficaz a população sobre todas as áreas a que se refere o parágrafo 2 do artigo 5.°

2 – A informação facultada, em conformidade com este artigo, será actualizada anualmente por cada Estado Parte relativamente ao ano civil anterior e será apresentada ao Secretário-Geral das Nações Unidas o mais tardar em 30 de Abril de cada ano.

3 – O Secretário-Geral das Nações Unidas transmitirá os relatórios recebidos aos Estados Partes.

ARTIGO 8.º
Ajuda e pedido de esclarecimento sobre o cumprimento

1 – Os Estados Partes concordarão em efectuar consultas e em cooperar entre si relativamente à aplicação das disposições da presente Convenção e trabalhar conjuntamente em espírito de cooperação por forma a facilitar o cumprimento por parte dos Estados Partes das suas obrigações ao abrigo da presente Convenção.

2 – Se um ou mais Estados Partes desejarem esclarecer ou resolver questões relacionadas com o cumprimento das disposições da presente Convenção, por parte de outro Estado Parte, podem apresentar, por intermédio do Secretário--Geral das Nações Unidas, um pedido de esclarecimento sobre o assunto a esse Estado Parte. Esse pedido deverá conter toda a informação pertinente. Cada Estado Parte abster-se-á de solicitar pedidos de esclarecimentos não fundamentados, por forma a evitar a utilização abusiva desse mecanismo. O Estado Parte que recebe um pedido de esclarecimento entregará ao Estado Parte solicitante, por intermédio do Secretário-Geral das Nações Unidas, toda a informação que possa ajudar a esclarecer o assunto, no prazo máximo de 28 dias após ter recebido o pedido.

3 – Se o Estado Parte solicitante não obtiver resposta por intermédio do Secretário-Geral das Nações Unidas dentro do prazo mencionado, que considere que esta não é satisfatória, pode submeter o assunto à próxima reunião dos Estados Partes através do Secretário-Geral das Nações Unidas. O Secretário-Geral das Nações Unidas transmitirá a todos os Estados Partes o pedido apresentado, acompanhado de toda a informação pertinente relativa ao pedido de esclarecimento. Toda esse informação será transmitida ao Estado Parte solicitado, o qual terá o direito de formular uma resposta.

4 – Aguardando a convocação de reunião dos Estados Partes, qualquer Estado Parte interessado poderá solicitar ao Secretário-Geral das Nações Unidas que exerça os seus bons ofícios por forma a facilitar os esclarecimentos solicitados.

5 – O Estado Parte solicitante pode propor, por intermédio do Secretário--Geral das Nações Unidas, a convocação de uma reunião extraordinária dos Estados Partes para examinar o assunto. O Secretário-Geral das Nações Unidas

comunicará a todos os Estados Partes essa proposta e toda a informação apresentada pelos Estados Partes interessados, solicitando-lhes que indiquem se estão a favor de uma reunião extraordinária dos Estados Partes para examinar o assunto. No caso em que, no prazo de 14 dias após a entrega dessa comunicação, pelo menos um terço dos Estados Partes esteja a favor da referida reunião extraordinária, o Secretário-Geral das Nações Unidas convocará essa reunião extraordinária dos Estados Partes no prazo máximo de 14 dias. O quórum para essa reunião será constituído pela maioria dos Estados Partes presentes.

6 – A reunião de Estados Partes ou a reunião extraordinária dos Estados Partes, consoante o caso, deverá determinar em primeiro lugar se haverá necessidade de reexaminar o assunto, tendo em conta toda a informação apresentada pelos Estados Partes interessados. A reunião dos Estados Partes ou a reunião extraordinária dos Estados Partes deverá fazer os possíveis por tomar uma decisão por consenso. Se, apesar de todos os esforços, não se conseguir chegar a acordo, a decisão será tomada por maioria dos Estados Partes presentes e votantes.

7 – Todos os Estados Partes cooperarão plenamente com a reunião dos Estados Partes ou com a reunião extraordinária dos Estados Partes na avaliação do assunto, incluindo as missões de apuramento de factos autorizadas em conformidade com o parágrafo 8.

8 – Caso sejam necessários mais esclarecimentos, a reunião dos Estados Partes ou a reunião extraordinária dos Estados Partes autorizará uma missão de apuramento de factos e decidirá o seu mandato por maioria dos Estados Partes presentes e votantes. Em qualquer altura o Estado Parte solicitado poderá convidar uma missão de apuramento de factos ao seu território. A missão será realizada sem que seja necessária uma decisão da reunião dos Estados Partes ou da reunião extraordinária dos Estados Partes. A missão, composta por um máximo de nove peritos, designados e aprovados em conformidade com os parágrafos 9 e 10, poderá recolher informação adicional relativa ao cumprimento questionado, *in situ*, ou noutros locais directamente relacionados com o assunto do cumprimento questionado sob a jurisdição ou controlo do Estado Parte solicitado.

9 – O Secretário-Geral das Nações Unidas preparará e actualizará uma lista com os nomes e nacionalidades de peritos qualificados, bem como outros dados pertinentes recebidos dos Estados Partes, e comunicá-la-á a todos os Estados Partes. O perito incluído nesta lista ficará designado para todas as missões de apuramento de factos, a menos que um Estado Parte se oponha por escrito à sua designação. No caso de oposição, o perito não participará nas missões de determinação de factos no território ou em qualquer outro local sob jurisdição ou controlo do Estado Parte que se opôs à sua designação, desde que a recusa se tenha verificado antes da nomeação do perito para a referida missão.

10 – Após recepção de um pedido procedente da reunião dos Estados Partes ou da reunião extraordinária dos Estados Partes, o Secretário-Geral das Nações Unidas designará, após consulta com o Estado Parte solicitante, os membros da missão, incluindo o seu chefe. Os nacionais dos Estados Partes solicitando a missão de apuramento de factos, ou todos os Estados Partes que sejam directamente afectados, não poderão ser nomeados para a missão. Os membros da missão de apuramento de factos usufruirão dos privilégios e imunidades previstos no artigo VI da Convenção sobre os Privilégios e Imunidades das Nações Unidas, adoptada em 13 de Fevereiro de 1946.

11 – Após um pré-aviso mínimo de setenta e duas horas, os membros da missão de apuramento de factos chegarão, logo que possível, ao território do Estado Parte solicitado. O Estado Parte solicitado tomará as medidas administrativas necessárias para receber, transportar e alojar a missão e será responsável por providenciar a segurança dos membros da missão até onde for possível e enquanto estes estiverem no território sob o seu controlo.

12 – Sem prejuízo da soberania do Estado Parte solicitado, a missão de apuramento de factos poderá trazer para o território do Estado Parte solicitado apenas o equipamento necessário, que será exclusivamente utilizado na recolha de informação para o esclarecimento do assunto do cumprimento. Antes da chegada, a missão informará o Estado Parte solicitado quanto ao equipamento que tenciona utilizar no decorrer da missão de apuramento de factos.

13 – O Estado Parte solicitado fará todos os esforços possíveis para garantir que seja facultada à missão de apuramento de factos a possibilidade de falar com todas as pessoas que possam fornecer informação relativa ao assunto do cumprimento.

14 – O Estado Parte solicitado facultará à missão de apuramento de factos o acesso a todas as zonas e instalações sob o seu controlo onde se preveja ser possível recolher factos relativos ao cumprimento questionado. O acesso estará sujeito às disposições que o Estado Parte considere necessárias para:

a) A protecção de equipamentos, informações e zonas sensíveis;
b) A protecção de obrigações constitucionais que o Estado Parte solicitado possa ter relativamente a direitos de propriedade, registos e apreensão, ou outros direitos constitucionais; ou
c) A protecção e segurança física dos membros da missão de apuramento de factos.

No caso em que o Estado Parte solicitado adopte essas disposições, deverá fazer todos os esforços razoáveis para demonstrar, através de meios alternativos, o cumprimento da presente Convenção.

15 – A missão de apuramento de factos permanecerá no território do

Estado Parte solicitado por um período máximo de 14 dias, e em qualquer local determinado nunca mais de 7 dias, a menos que acordado de outra forma.

16 – Toda a informação fornecida a título confidencial e que não esteja relacionada com o assunto relativo à missão de apuramento de factos deverá ser tratada numa base confidencial.

17 – A missão de apuramento de factos informará, por intermédio do Secretário-Geral das Nações Unidas, a reunião dos Estados Partes ou a reunião extraordinária dos Estados Partes sobre os resultados do apuramento dos factos.

18 – A reunião dos Estados Partes ou a reunião extraordinária dos Estados Partes examinará toda a informação pertinente, incluindo o relatório submetido pela missão de apuramento de factos e poderá pedir ao Estado Parte solicitado que tome medidas para resolver o assunto do cumprimento num prazo estipulado. O Estado Parte solicitado informará quanto a todas as medidas tomadas para resolver esse pedido.

19 – A reunião dos Estados Partes ou a reunião extraordinária dos Estados Partes poderá sugerir aos Estados Partes interessados meios e formas para esclarecer mais ainda ou resolver o assunto em consideração, incluindo a abertura de procedimentos apropriados em conformidade com o direito internacional. Nos casos em que se determine que o assunto em causa se deve a circunstâncias fora do controlo do Estado Parte solicitado, a reunião dos Estados Partes poderá recomendar medidas apropriadas, incluindo o recurso às medidas de cooperação referidas no artigo 6.º

20 – A reunião dos Estados Partes ou a reunião extraordinária dos Estados Partes fará o possível por adoptar as decisões referidas nos parágrafos 18 e 19 por consenso, e, caso não seja possível, as decisões serão tomadas por maioria de dois terços dos Estados Partes presentes e votantes.

ARTIGO 9.º
Medidas de aplicação nacionais

Cada Estado Parte adoptará todas as medidas pertinentes, incluindo medidas legais, administrativas e de outra índole, incluindo a imposição de sanções penais, para evitar e impedir qualquer actividade proibida a um Estado Parte ao abrigo da presente Convenção, cometidas por pessoas, ou num território sob a sua jurisdição ou controlo.

ARTIGO 10.º
Resolução de diferendos

1 – Os Estados Partes consultar-se-ão e cooperarão entre si para resolver qualquer disputa que possa surgir relativamente à aplicação ou interpretação da

presente Convenção. Cada Estado Parte poderá apresentar a questão do diferendo à reunião dos Estados Partes.

2 – A reunião dos Estados Partes poderá contribuir para a resolução de um diferendo pelos meios que considerar adequados, incluindo a oferta dos seus bons ofícios, convidando os Estados Partes no diferendo a iniciar o processo de resolução que tiverem escolhido e recomendando um prazo para o procedimento acordado.

3 – O presente artigo é sem prejuízo das disposições da presente Convenção relativas à ajuda e esclarecimento do seu cumprimento.

ARTIGO 11.º
Reuniões dos Estados Partes

1 – Os Estados Partes reunir-se-ão regularmente para examinar qualquer assunto relativo à implementação ou aplicação da presente Convenção, incluindo:

a) O funcionamento e o estatuto da presente Convenção;
b) Os assuntos relacionados com os relatórios apresentados ao abrigo das disposições da presente Convenção;
c) A cooperação e a assistência internacionais de acordo com o previsto no artigo 6.º;
d) O desenvolvimento de tecnologias para a remoção de minas antipessoal;
e) Os pedidos dos Estados Partes referidos no artigo 8.º; e
f) As decisões relativas à apresentação de pedidos dos Estados Partes, em conformidade com o artigo 5.º

2 – A primeira reunião dos Estados Partes será convocada pelo Secretário-Geral das Nações Unidas no prazo máximo de um ano após a entrada em vigor da presente Convenção. As reuniões subsequentes serão convocadas anualmente pelo Secretário-Geral das Nações Unidas até à primeira conferência de revisão.

3 – Em virtude das disposições previstas no artigo 8.º, o Secretário-Geral das Nações Unidas convocará uma reunião extraordinária dos Estados Partes.

4 – Os Estados não Partes na presente Convenção, bem como as Nações Unidas, outras organizações ou instituições internacionais pertinentes, organizações regionais, o Comité Internacional da Cruz Vermelha e organizações não governamentais pertinentes, podem ser convidados a assistir a estas reuniões como observadores, de acordo com as regras de procedimento acordadas.

ARTIGO 12.º
Conferências de revisão

1 – O Secretário-Geral das Nações Unidas convocará uma conferência de revisão cinco anos após a entrada em vigor da presente Convenção. O Secretário--Geral das Nações Unidas convocará outras conferências de revisão caso um ou mais Estados Partes o solicitem, desde que o intervalo entre estas não seja inferior a cinco anos. Todos os Estados Partes na presente Convenção serão convidados a assistir a cada conferência de revisão.

2 – A Conferência de Revisão terá como objectivo:

a) Examinar o funcionamento e o estatuto da presente Convenção;

b) Avaliar a necessidade de convocar posteriores reuniões dos Estados Partes referidos no parágrafo 2 do artigo 11.º e determinar o intervalo entre essas reuniões;

c) Tomar decisões sobre a apresentação dos pedidos dos Estados Partes previstos no artigo 5.º;

d) Adoptar no seu relatório final, quando necessário, as conclusões relativas à implementação da presente Convenção.

3 – Os Estados não Partes na presente Convenção, bem como as Nações Unidas, outras organizações ou instituições internacionais pertinentes, organizações regionais, o Comité Internacional da Cruz Vermelha e organizações não governamentais, podem ser convidados a assistir a cada conferência de revisão como observadores, de acordo com as regras de procedimento acordadas.

ARTIGO 13.º
Emendas

1 – Após a entrada em vigor da presente Convenção, qualquer Estado Parte pode, a todo o momento, propor emendas à presente Convenção. Qualquer proposta de emenda será comunicada ao depositário, que a transmitirá a todos os Estados Partes e pedirá a sua opinião quanto à convocação de uma conferência para emenda para examinar a proposta. Se uma maioria de Estados Partes notifica ao depositário, o mais tardar 30 dias após a distribuição da proposta de emenda, que está a favor de uma apreciação da proposta, o depositário convocará uma conferência para emenda, para a qual serão convidados todos os Estados Partes.

2 – Os Estados não Partes na presente Convenção, bem como as Nações Unidas, outros organismos internacionais ou instituições pertinentes, organizações regionais, o Comité Internacional da Cruz Vermelha e organizações não governamentais, podem ser convidados a assistir à conferência para emenda como observadores, de acordo com as regras de procedimento acordadas.

3 – A conferência para emenda realizar-se-á imediatamente após uma reunião dos Estados Partes ou uma reunião extraordinária dos Estados Partes, a menos que uma maioria de Estados Partes solicite que se realize antes.

4 – Qualquer emenda à presente Convenção será adoptada por uma maioria de dois terços dos Estados Partes presentes e votantes na conferência para emenda. O depositário comunicará qualquer emenda adoptada pelos Estados Partes.

5 – Qualquer emenda à presente Convenção entrará em vigor para todos os Estados Partes da presente Convenção que a tenham aceite, quando a maioria dos Estados Partes depositar junto do depositário os seus instrumentos de aceitação. Entrará em vigor para os outros Estados Partes na data em que fizerem o depósito do seu instrumento de aceitação.

ARTIGO 14.º
Despesas

1 – As despesas das reuniões dos estados Partes, reuniões extraordinárias dos Estados Partes, conferências de revisão e conferências para emenda serão assumidas pelos Estados Partes e pelos Estados não Partes na presente Convenção que nelas participem, de acordo com a escala de quotas das Nações Unidas devidamente ajustada.

2 – As despesas contraídas pelo Secretário-Geral das Nações Unidas de acordo com os artigos 7.º e 8.º e as despesas de qualquer missão de apuramento de factos serão assumidas pelos Estados Partes em conformidade com a escala de quotas das Nações Unidas devidamente ajustada.

ARTIGO 15.º
Assinatura

A presente Convenção, feita em Oslo, Noruega, em 18 de Setembro de 1997, estará aberta à assinatura de todos os Estados em Otava, Canadá, de 3 a 4 de Dezembro de 1997, e na sede das Nações Unidas, em Nova Iorque, a partir de 5 de Dezembro de 1997 até à sua entrada em vigor.

ARTIGO 16.º
Ratificação, aceitação, aprovação ou adesão

1 – A presente Convenção será submetida a ratificação, aceitação ou aprovação pelos signatários.

2 – A presente Convenção estará aberta à adesão de qualquer Estado não signatário.

3 – Os instrumentos de ratificação, aceitação, aprovação ou adesão serão depositados junto do depositário.

ARTIGO 17.º
Entrada em vigor

1 – A presente Convenção entrará em vigor no 1.º dia do 6.º mês após a data de depósito do 40.º instrumento de ratificação, aceitação, aprovação ou adesão.

2 – Para qualquer Estado que deposite o seu instrumento de ratificação, aceitação, aprovação ou adesão após a data de depósito do 40.º instrumento de ratificação, aceitação, aprovação ou adesão, a presente Convenção entrará em vigor no 1.º dia do 6.º mês a partir da data em que esse Estado tenha depositado o seu instrumento de ratificação, aceitação, aprovação ou adesão.

ARTIGO 18.º
Aplicação a título provisório

Qualquer Estado pode, quando depositar o seu instrumento de ratificação, aceitação, aprovação ou adesão, declarar que aplicará a título provisório o parágrafo 1 do artigo 1.º da presente Convenção até à sua entrada em vigor.

ARTIGO 19.º
Reservas

Não poderão ser formuladas reservas aos artigos da presente Convenção.

ARTIGO 20.º
Duração e denúncia

1 – A presente Convenção terá duração ilimitada.

2 – Cada Estado Parte terá, no exercício da sua soberania nacional, o direito de denunciar a presente Convenção. Esse Estado Parte notificará dessa denúncia todos os outros Estados Partes, o depositário e o Conselho de Segurança das Nações Unidas. Esse instrumento de denúncia incluirá uma explicação completa sobre as razões que motivaram a denúncia.

3 – Essa denúncia só produzirá efeitos seis meses após a recepção do instrumento de denúncia pelo depositário. No entanto, se no termo desse período de seis meses o Estado Parte denunciante estiver envolvido num conflito armado, a denúncia não produzirá efeitos antes do final do conflito armado.

4 – A denúncia de um Estado Parte da presente Convenção não afectará de forma alguma o dever dos Estados de continuarem a cumprir com as obrigações contraídas ao abrigo das regras pertinentes do Direito Internacional.

ARTIGO 21.º
Depositário

O Secretário-Geral das Nações Unidas é designado como depositário da presente Convenção.

ARTIGO 22.º
Textos autênticos

O texto original da presente Convenção, cujos textos em árabe, chinês, espanhol, francês, inglês e russo são igualmente autênticos, será depositado junto do Secretário-Geral das Nações Unidas.

8. ESTATUTO DE ROMA DO TRIBUNAL PENAL INTERNACIONAL DE 1998[31]

Preâmbulo

Os Estados Partes no presente Estatuto:

Conscientes de que todos os povos estão unidos por laços comuns e de que as suas culturas foram construídas sobre uma herança que partilham, e preocupados com o facto de este delicado mosaico poder vir a quebrar-se a qualquer instante;

Tendo presente que, no decurso deste século, milhões de crianças, homens e mulheres têm sido vítimas de atrocidades inimagináveis que chocam profundamente a consciência da Humanidade;

Reconhecendo que crimes de uma tal gravidade constituem uma ameaça à paz, à segurança e ao bem-estar da Humanidade;

Afirmando que os crimes de maior gravidade que afectam a comunidade internacional no seu conjunto não devem ficar impunes e que a sua repressão deve ser efectivamente assegurada através da adopção de medidas a nível nacional e do reforço da cooperação internacional;

Decididos a pôr fim à impunidade dos autores desses crimes e a contribuir assim para a prevenção de tais crimes;

Relembrando que é dever de todo o Estado exercer a respectiva jurisdição penal sobre os responsáveis por crimes internacionais;

Reafirmando os objectivos e princípios consignados na Carta das Nações Unidas e, em particular, que todos os Estados se devem abster de recorrer à ameaça ou ao uso da força contra a integridade territorial ou a independência política de

---

[31] Aprovado pela Resolução da Assembleia da República n.º 3/2002, de 18 de Janeiro, e ratificado pelo Decreto do Presidente da República n.º 2/2002, de 18 de Janeiro.

qualquer Estado, ou de actuar por qualquer outra forma incompatível com os objectivos das Nações Unidas;

Salientando, a este propósito, que nada no presente Estatuto deverá ser entendido como autorizando qualquer Estado Parte a intervir num conflito armado ou nos assuntos internos de qualquer Estado;

Determinados em prosseguir este objectivo e, no interesse das gerações presentes e vindouras, a criar um tribunal penal internacional com carácter permanente e independente no âmbito do sistema das Nações Unidas, e com jurisdição sobre os crimes de maior gravidade que afectem a comunidade internacional no seu conjunto;

Sublinhando que o Tribunal Penal Internacional criado pelo presente Estatuto será complementar das jurisdições penais nacionais;

Decididos a garantir o respeito duradouro pela efectivação da justiça internacional;

convieram no seguinte:

CAPÍTULO I
Criação do Tribunal

ARTIGO 1.º
O Tribunal

É criado, pelo presente instrumento, um Tribunal Penal Internacional («o Tribunal»). O Tribunal será uma instituição permanente, com jurisdição sobre as pessoas responsáveis pelos crimes de maior gravidade com alcance internacional, de acordo com o presente Estatuto, e será complementar das jurisdições penais nacionais. A competência e o funcionamento do Tribunal reger-se-ão pelo presente Estatuto.

ARTIGO 2.º
Relação do Tribunal com as Nações Unidas

A relação entre o Tribunal e as Nações Unidas será estabelecida através de um acordo a ser aprovado pela Assembleia dos Estados Partes no presente Estatuto e, seguidamente, concluído pelo presidente do Tribunal, em nome deste.

Direito Internacional Humanitário 377

ARTIGO 3.º
Sede do Tribunal

1 – A sede do Tribunal será na Haia, Países Baixos («o Estado anfitrião»).

2 – O Tribunal estabelecerá um acordo com o Estado anfitrião relativo à sede, a ser aprovado pela Assembleia dos Estados Partes e seguidamente concluído pelo presidente do Tribunal, em nome deste.

3 – Sempre que entender conveniente, o Tribunal poderá funcionar noutro local, nos termos do presente Estatuto.

ARTIGO 4.º
Estatuto legal e poderes do Tribunal

1 – O Tribunal terá personalidade jurídica internacional. Possuirá, igualmente, a capacidade jurídica necessária ao desempenho das suas funções e à prossecução dos seus objectivos.

2 – O Tribunal poderá exercer os seus poderes e funções, nos termos do presente Estatuto, no território de qualquer Estado Parte e, por acordo especial, no território de qualquer outro Estado.

CAPÍTULO II
Competência, admissibilidade e Direito aplicável

ARTIGO 5.º
Crimes da competência do Tribunal

1 – A competência do Tribunal restringir-se-á aos crimes mais graves que afectam a comunidade internacional no seu conjunto. Nos termos do presente Estatuto, o Tribunal terá competência para julgar os seguintes crimes:

a) O crime de genocídio;
b) Os crimes contra a Humanidade;
c) Os crimes de guerra;
d) O crime de agressão.

2 – O Tribunal poderá exercer a sua competência em relação ao crime de agressão desde que, nos termos dos artigos 121.º e 123.º, seja aprovada uma disposição em que se defina o crime e se enunciem as condições em que o Tribunal terá competência relativamente a este crime. Tal disposição deve ser compatível com as disposições pertinentes da Carta das Nações Unidas.

ARTIGO 6.º
Crime de genocídio

Para os efeitos do presente Estatuto, entende-se por «genocídio» qualquer um dos actos que a seguir se enumeram, praticado com intenção de destruir, no todo ou em parte, um grupo nacional, étnico, rácico ou religioso, enquanto tal:

a) Homicídio de membros do grupo;
b) Ofensas graves à integridade física ou mental de membros do grupo;
c) Sujeição intencional do grupo a condições de vida pensadas para provocar a sua destruição física, total ou parcial;
d) Imposição de medidas destinadas a impedir nascimentos no seio do grupo;
e) Transferência, à força, de crianças do grupo para outro grupo.

ARTIGO 7.º
Crimes contra a Humanidade

1 – Para os efeitos do presente Estatuto, entende-se por «crime contra a Humanidade» qualquer um dos actos seguintes, quando cometido no quadro de um ataque, generalizado ou sistemático, contra qualquer população civil, havendo conhecimento desse ataque:

a) Homicídio;
b) Extermínio;
c) Escravidão;
d) Deportação ou transferência à força de uma população;
e) Prisão ou outra forma de privação da liberdade física grave, em violação das normas fundamentais do direito internacional;
f) Tortura;
g) Violação, escravatura sexual, prostituição forçada, gravidez à força, esterilização à força ou qualquer outra forma de violência no campo sexual de gravidade comparável;
h) Perseguição de um grupo ou colectividade que possa ser identificado, por motivos políticos, raciais, nacionais, étnicos, culturais, religiosos ou de sexo, tal como definido no n.º 3, ou em função de outros critérios universalmente reconhecidos como inaceitáveis em direito internacional, relacionados com qualquer acto referido neste número ou com qualquer crime da competência do Tribunal;
i) Desaparecimento forçado de pessoas;
j) Crime de *apartheid*;

Direito Internacional Humanitário 379

k) Outros actos desumanos de carácter semelhante que causem inten-cionalmente grande sofrimento, ferimentos graves ou afectem a saúde mental ou física.

2 – Para efeitos do n.º 1:

a) Por «ataque contra uma população civil» entende-se qualquer conduta que envolva a prática múltipla de actos referidos no n.º 1 contra uma popula-ção civil, de acordo com a política de um Estado ou de uma organização de praticar esses actos ou tendo em vista a prossecução dessa política;

b) O «extermínio» compreende a sujeição intencional a condições de vida, tais como a privação do acesso a alimentos ou medicamentos, com vista a causar a destruição de uma parte da população;

c) Por «escravidão» entende-se o exercício, relativamente a uma pessoa, de um poder ou de um conjunto de poderes que traduzam um direito de propriedade sobre uma pessoa, incluindo o exercício desse poder no âmbito do tráfico de pessoas, em particular mulheres e crianças;

d) Por «deportação ou transferência à força de uma população» entende-se a deslocação coactiva de pessoas através da expulsão ou de outro acto coercivo, da zona em que se encontram legalmente, sem qualquer motivo reconhecido em Direito Internacional;

e) Por «tortura» entende-se o acto por meio do qual uma dor ou sofrimentos graves, físicos ou mentais, são intencionalmente causados a uma pessoa que esteja sob a custódia ou o controlo do arguido; este termo não com-preende a dor ou os sofrimentos resultantes unicamente de sanções legais, inerentes a essas sanções ou por elas ocasionadas acidentalmente;

f) Por «gravidez à força» entende-se a privação de liberdade ilegal de uma mulher que foi engravidada à força, com o propósito de alterar a compo-sição étnica de uma população ou de cometer outras violações graves do Direito Internacional. Esta definição não pode, de modo algum, ser interpretada como afectando as disposições de direito interno relativas à gravidez;

g) Por «perseguição» entende-se a privação intencional e grave de direitos fundamentais em violação do Direito Internacional por motivos relacio-nados com a identidade do grupo ou da colectividade em causa;

h) Por «crime de *apartheid*» entende-se qualquer acto desumano análogo aos referidos no n.º 1, praticado no contexto de um regime institucionali-zado de opressão e domínio sistemático de um grupo rácico sobre um ou outros e com a intenção de manter esse regime;

i) Por «desaparecimento forçado de pessoas» entende-se a detenção, a prisão ou o sequestro de pessoas por um Estado ou uma organização política, ou com a autorização, o apoio ou a concordância destes, seguidos de recusa em reconhecer tal estado de privação de liberdade ou a prestar qualquer informação sobre a situação ou localização dessas pessoas, com o propósito de lhes negar a protecção da lei por um longo período de tempo.

3 – Para efeitos do presente Estatuto, entende-se que o termo «sexo» abrange os sexos masculino e feminino, dentro do contexto da sociedade, não lhe devendo ser atribuído qualquer outro significado.

ARTIGO 8.º

Crimes de guerra

1 – O Tribunal terá competência para julgar os crimes de guerra, em particular quando cometidos como parte integrante de um plano ou de uma política ou como parte de uma prática em larga escala desse tipo de crimes.

2 – Para os efeitos do presente Estatuto, entende-se por «crimes de guerra»:

a) As violações graves às Convenções de Genebra, de 12 de Agosto de 1949, a saber, qualquer um dos seguintes actos, dirigidos contra pessoas ou bens protegidos nos termos da Convenção de Genebra que for pertinente:

i) Homicídio doloso;

ii) Tortura ou outros tratamentos desumanos, incluindo as experiências biológicas;

iii) O acto de causar intencionalmente grande sofrimento ou ofensas graves à integridade física ou à saúde;

iv) Destruição ou apropriação de bens em larga escala, quando não justificadas por quaisquer necessidades militares e executadas de forma ilegal e arbitrária;

v) O acto de compelir um prisioneiro de guerra ou outra pessoa sob protecção a servir nas forças armadas de uma potência inimiga;

vi) Privação intencional de um prisioneiro de guerra ou de outra pessoa sob protecção do seu direito a um julgamento justo e imparcial;

vii) Deportação ou transferência, ou a privação de liberdade ilegais;

viii) Tomada de reféns;

b) Outras violações graves das leis e costumes aplicáveis em conflitos armados internacionais no quadro do Direito Internacional, a saber, qualquer um dos seguintes actos:

i) Atacar intencionalmente a população civil em geral ou civis que não participem directamente nas hostilidades;

ii) Atacar intencionalmente bens civis, ou seja, bens que não sejam objectivos militares;

iii) Atacar intencionalmente pessoal, instalações, material, unidades ou veículos que participem numa missão de manutenção da paz ou de assistência humanitária, de acordo com a Carta das Nações Unidas, sempre que estes tenham direito à protecção conferida aos civis ou aos bens civis pelo Direito Internacional aplicável aos conflitos armados;

iv) Lançar intencionalmente um ataque, sabendo que o mesmo causará perdas acidentais de vidas humanas ou ferimentos na população civil, danos em bens de carácter civil ou prejuízos extensos, duradouros e graves no meio ambiente que se revelem claramente excessivos em relação à vantagem militar global concreta e directa que se previa;

v) Atacar ou bombardear, por qualquer meio, aglomerados populacionais, habitações ou edifícios que não estejam defendidos e que não sejam objectivos militares;

vi) Provocar a morte ou ferimentos a um combatente que tenha deposto armas ou que, não tendo meios para se defender, se tenha incondicionalmente rendido;

vii) Utilizar indevidamente uma bandeira de tréguas, a bandeira nacional, as insígnias militares ou o uniforme do inimigo ou das Nações Unidas, assim como os emblemas distintivos das Convenções de Genebra, causando deste modo a morte ou ferimentos graves;

viii) A transferência, directa ou indirecta, por uma potência ocupante de parte da sua população civil para o território que ocupa ou a deportação ou transferência da totalidade ou de parte da população do território ocupado, dentro ou para fora desse território;

ix) Os ataques intencionais a edifícios consagrados ao culto religioso, à educação, às artes, às ciências ou à beneficência, monumentos históricos, hospitais e lugares onde se agrupem doentes e feridos, sempre que não se trate de objectivos militares;

x) Submeter pessoas que se encontrem sob o domínio de uma parte beligerante a mutilações físicas ou a qualquer tipo de experiências médicas ou científicas que não sejam motivadas por um tratamento médico, dentário ou hospitalar, nem sejam efectuadas no interesse dessas pessoas, e que causem a morte ou façam perigar seriamente a sua saúde;

xi) Matar ou ferir à traição pessoas pertencentes à nação ou ao exército inimigos;

xii) Declarar que não será dado abrigo;

xiii) Destruir ou apreender bens do inimigo, a menos que as necessidades da guerra assim o determinem;

xiv) Declarar abolidos, suspensos ou não admissíveis em tribunal os direitos e acções dos nacionais da parte inimiga;

xv) O facto de uma parte beligerante obrigar os nacionais da parte inimiga a participar em operações bélicas dirigidas contra o seu próprio país, ainda que eles tenham estado ao serviço daquela parte beligerante antes do início da guerra;

xvi) Saquear uma cidade ou uma localidade, mesmo quando tomada de assalto;

xvii) Utilizar veneno ou armas envenenadas;

xviii) Utilizar gases asfixiantes, tóxicos ou similares, ou qualquer líquido, material ou dispositivo análogo;

xix) Utilizar balas que se expandem ou achatam facilmente no interior do corpo humano, tais como balas de revestimento duro que não cobre totalmente o interior ou possui incisões;

xx) Empregar armas, projécteis, materiais e métodos de combate que, pela sua própria natureza, causem ferimentos supérfluos ou sofrimentos desnecessários ou que surtam efeitos indiscriminados, em violação do Direito Internacional aplicável aos conflitos armados, na medida em que tais armas, projécteis, materiais e métodos de combate sejam objecto de uma proibição geral e estejam incluídos num anexo ao presente Estatuto, em virtude de uma alteração aprovada em conformidade com o disposto no artigo 121.º e no artigo 123.º;

xxi) Ultrajar a dignidade da pessoa, em particular por meio de tratamentos humilhantes e degradantes;

xxii) Cometer actos de violação, escravidão sexual, prostituição forçada, gravidez à força, tal como definida na alínea *f)* do n.º 2 do artigo 7.º, esterilização à força e qualquer outra forma de violência sexual que constitua também um desrespeito grave das Convenções de Genebra;

xxiii) Aproveitar a presença de civis ou de outras pessoas protegidas para evitar que determinados pontos, zonas ou forças militares sejam alvo de operações militares;

xxiv) Atacar intencionalmente edifícios, material, unidades e veículos sanitários, assim como o pessoal habilitado a usar os emblemas distintivos das Convenções de Genebra, de acordo com o Direito Internacional;

xxv) Provocar deliberadamente a inanição da população civil como método de fazer a guerra, privando-a dos bens indispensáveis à sua sobrevivência, impedindo, nomeadamente, o envio de socorros, tal como previsto nas Convenções de Genebra;

xxvi) Recrutar ou alistar menores de 15 anos nas forças armadas nacionais ou utilizá-los para participar activamente nas hostilidades;

c) Em caso de conflito armado que não seja de índole internacional, as violações graves do artigo 3.º comum às quatro Convenções de Genebra de 12 de Agosto de 1949, a saber, qualquer um dos actos que a seguir se indicam, cometidos contra pessoas que não participem directamente nas hostilidades, incluindo os membros das forças armadas que tenham deposto armas e os que tenham ficado impedidos de continuar a combater devido a doença, lesões, prisão ou qualquer outro motivo:

i) Actos de violência contra a vida e contra a pessoa, em particular o homicídio sob todas as suas formas, as mutilações, os tratamentos cruéis e a tortura;

ii) Ultrajes à dignidade da pessoa, em particular por meio de tratamentos humilhantes e degradantes;

iii) A tomada de reféns;

iv) As condenações proferidas e as execuções efectuadas sem julgamento prévio por um tribunal regularmente constituído e que ofereça todas as garantias judiciais geralmente reconhecidas como indispensáveis;

d) A alínea *c*) do n.º 2 do presente artigo aplica-se aos conflitos armados que não tenham carácter internacional e, por conseguinte, não se aplica a situações de distúrbio e de tensão internas, tais como motins, actos de violência esporádicos ou isolados ou outros de carácter semelhante;

e) As outras violações graves das leis e costumes aplicáveis aos conflitos armados que não têm carácter internacional, no quadro do Direito Internacional, a saber qualquer um dos seguintes actos:

i) Atacar intencionalmente a população civil em geral ou civis que não participem directamente nas hostilidades;

ii) Atacar intencionalmente edifícios, material, unidades e veículos sanitários, bem como o pessoal habilitado a usar os emblemas distintivos das Convenções de Genebra, de acordo com o Direito Internacional

iii) Atacar intencionalmente pessoal, instalações, material, unidades ou veículos que participem numa missão de manutenção da paz ou de assistência humanitária, de acordo com a Carta das Nações Unidas, sempre que estes tenham direito à protecção conferida pelo Direito Internacional dos conflitos armados aos civis e aos bens civis;

iv) Atacar intencionalmente edifícios consagrados ao culto religioso, à educação, às artes, às ciências ou à beneficência, monumentos históricos, hospitais e lugares onde se agrupem doentes e feridos, sempre que não se trate de objectivos militares;

v) Saquear um aglomerado populacional ou um local, mesmo quando tomado de assalto;

vi) Cometer actos de violação, escravidão sexual, prostituição forçada, gravidez à força, tal como definida na alínea *f)* do n.º 2 do artigo 7.º, esterilização à força ou qualquer outra forma de violência sexual que constitua uma violação grave do artigo 3.º comum às quatro Convenções de Genebra;

vii) Recrutar ou alistar menores de 15 anos nas forças armadas nacionais ou em grupos, ou utilizá-los para participar activamente nas hostilidades;

viii) Ordenar a deslocação da população civil por razões relacionadas com o conflito, salvo se assim o exigirem a segurança dos civis em questão ou razões militares imperiosas;

ix) Matar ou ferir à traição um combatente de uma parte beligerante;

x) Declarar que não será dado abrigo;

xi) Submeter pessoas que se encontrem sob o domínio de outra parte beligerante a mutilações físicas ou a qualquer tipo de experiências médicas ou científicas que não sejam motivadas por um tratamento médico, dentário ou hospitalar, nem sejam efectuadas no interesse dessa pessoa, e que causem a morte ou ponham seriamente a sua saúde em perigo;

xii) Destruir ou apreender bens do inimigo, a menos que as necessidades da guerra assim o exijam;

f) A alínea *e)* do n.º 2 do presente artigo aplicar-se-á aos conflitos armados que não tenham carácter internacional e, por conseguinte, não se aplicará a situações de distúrbio e de tensão internas, tais como motins, actos de violência esporádicos ou isolados ou outros de carácter semelhante; aplicar-se-á, ainda, a conflitos armados que tenham lugar no território de um Estado, quando exista um conflito armado prolongado entre as autoridades governamentais e grupos armados organizados ou entre estes grupos.

3 – O disposto na alínea *c)* e na alínea *e)* do n.º 2 em nada afectará a responsabilidade que incumbe a todo o Governo de manter e de restabelecer a ordem pública no Estado e de defender a unidade e a integridade territorial do Estado por qualquer meio legítimo.

ARTIGO 9.º
Elementos constitutivos dos crimes

1 – Os elementos constitutivos dos crimes que auxiliarão o Tribunal a interpretar e a aplicar os artigos 6.º, 7.º e 8.º do presente Estatuto deverão ser adoptados por uma maioria de dois terços dos membros da Assembleia dos Estados Partes.

2 – As alterações aos elementos constitutivos dos crimes poderão ser propostas por:

a) Qualquer Estado Parte;
b) Os juízes, através de deliberação tomada por maioria absoluta;
c) O procurador.

As referidas alterações entram em vigor depois de aprovadas por uma maioria de dois terços dos membros da Assembleia dos Estados Partes.

3 – Os elementos constitutivos dos crimes e respectivas alterações deverão ser compatíveis com as disposições contidas no presente Estatuto.

ARTIGO 10.º

Nada no presente capítulo deverá ser interpretado como limitando ou afectando, de alguma maneira, as normas existentes ou em desenvolvimento de direito internacional com fins distintos dos do presente Estatuto.

ARTIGO 11.º
Competência *ratione temporis*

1 – O Tribunal só terá competência relativamente aos crimes cometidos após a entrada em vigor do presente Estatuto.

2 – Se um Estado se tornar Parte no presente Estatuto depois da sua entrada em vigor, o Tribunal só poderá exercer a sua competência em relação a crimes cometidos depois da entrada em vigor do presente Estatuto relativamente a esse Estado, a menos que este tenha feito uma declaração nos termos do n.º 3 do artigo 12.º

ARTIGO 12.º
Condições prévias ao exercício da jurisdição

1 – O Estado que se torne Parte no presente Estatuto aceitará a jurisdição do Tribunal relativamente aos crimes a que se refere o artigo 5.º

2 – Nos casos referidos nas alíneas a) ou c) do artigo 13.º, o Tribunal poderá exercer a sua jurisdição se um ou mais Estados a seguir identificados forem Partes

no presente Estatuto ou aceitarem a competência do Tribunal de acordo com o disposto no n.° 3:

a) Estado em cujo território tenha tido lugar a conduta em causa, ou, se o crime tiver sido cometido a bordo de um navio ou de uma aeronave, o Estado de matrícula do navio ou aeronave;

b) Estado de que seja nacional a pessoa a quem é imputado um crime.

3 – Se a aceitação da competência do Tribunal por um Estado que não seja Parte no presente Estatuto for necessária nos termos do n.° 2, pode o referido Estado, mediante declaração depositada junto do secretário, consentir em que o Tribunal exerça a sua competência em relação ao crime em questão. O Estado que tiver aceite a competência do Tribunal colaborará com este, sem qualquer demora ou excepção, de acordo com o disposto no capítulo IX.

ARTIGO 13.°
Exercício da jurisdição

O Tribunal poderá exercer a sua jurisdição em relação a qualquer um dos crimes a que se refere o artigo 5.°, de acordo com o disposto no presente Estatuto, se:

a) Um Estado Parte denunciar ao procurador, nos termos do artigo 14.°, qualquer situação em que haja indícios de ter ocorrido a prática de um ou vários desses crimes;

b) O Conselho de Segurança, agindo nos termos do capítulo VII da Carta das Nações Unidas, denunciar ao procurador qualquer situação em que haja indícios de ter ocorrido a prática de um ou vários desses crimes; ou

c) O procurador tiver dado início a um inquérito sobre tal crime, nos termos do disposto no artigo 15.°

ARTIGO 14.°
Denúncia por um Estado Parte

1 – Qualquer Estado poderá denunciar ao procurador uma situação em que haja indícios de ter ocorrido a prática de um ou vários crimes da competência do Tribunal e solicitar ao procurador que a investigue, com vista a determinar se uma ou mais pessoas identificadas deverão ser acusadas da prática desses crimes.

2 – O Estado que proceder à denúncia deverá, tanto quanto possível, especificar as circunstâncias relevantes do caso e anexar toda a documentação de que disponha.

Direito Internacional Humanitário   387

ARTIGO 15.º
Procurador

1 – O procurador poderá, por sua própria iniciativa, abrir um inquérito com base em informações sobre a prática de crimes da competência do Tribunal.

2 – O procurador apreciará a seriedade da informação recebida. Para tal, poderá recolher informações suplementares junto dos Estados, dos órgãos da Organização das Nações Unidas, das organizações intergovernamentais ou não governamentais ou outras fontes fidedignas que considere apropriadas, bem como recolher depoimentos escritos ou orais na sede do Tribunal.

3 – Se concluir que existe fundamento suficiente para abrir um inquérito, o procurador apresentará um pedido de autorização nesse sentido ao juízo de instrução, acompanhado da documentação de apoio que tiver reunido. As vítimas poderão apresentar exposições no juízo de instrução, de acordo com o Regulamento Processual.

4 – Se, após examinar o pedido e a documentação que o acompanha, o juízo de instrução considerar que há fundamento suficiente para abrir um inquérito e que o caso parece caber na jurisdição do Tribunal, autorizará a abertura do inquérito, sem prejuízo das decisões que o Tribunal vier a tomar posteriormente em matéria de competência e de admissibilidade.

5 – A recusa do juízo de instrução em autorizar a abertura do inquérito não impedirá o procurador de formular ulteriormente outro pedido com base em novos factos ou provas respeitantes à mesma situação.

6 – Se, depois da análise preliminar a que se referem os n.ᵒˢ 1 e 2, o procurador concluir que a informação apresentada não constitui fundamento suficiente para um inquérito, o procurador informará quem a tiver apresentado de tal entendimento. Tal não impede que o procurador examine, à luz de novos factos ou provas, qualquer outra informação que lhe venha a ser comunicada sobre o mesmo caso.

ARTIGO 16.º
Transferência do inquérito e do procedimento criminal

O inquérito ou o procedimento criminal não poderão ter início ou prosseguir os seus termos, com base no presente Estatuto, por um período de 12 meses a contar da data em que o Conselho de Segurança assim o tiver solicitado em resolução aprovada nos termos do disposto no capítulo VII da Carta das Nações Unidas; o pedido poderá ser renovado pelo Conselho de Segurança nas mesmas condições.

ARTIGO 17.º
Questões relativas à admissibilidade

1 – Tendo em consideração o décimo parágrafo do preâmbulo e o artigo 1.º, o Tribunal decidirá sobre a não admissibilidade de um caso se:

a) O caso for objecto de inquérito ou de procedimento criminal por parte de um Estado que tenha jurisdição sobre o mesmo, salvo se este não tiver vontade de levar a cabo o inquérito ou o procedimento ou não tenha capacidade efectiva para o fazer;

b) O caso tiver sido objecto de inquérito por um Estado com jurisdição sobre ele e tal Estado tenha decidido não dar seguimento ao procedimento criminal contra a pessoa em causa, a menos que esta decisão resulte do facto de esse Estado não ter vontade de proceder criminalmente ou da sua incapacidade efectiva para o fazer;

c) A pessoa em causa tiver sido já julgada pela conduta a que se refere a denúncia e não puder ser julgada pelo Tribunal em virtude do disposto no n.º 3 do artigo 20.º;

d) O caso não for suficientemente grave para justificar a ulterior intervenção do Tribunal.

2 – A fim de determinar se há ou não vontade de agir num determinado caso, o Tribunal, tendo em consideração as garantias de um processo equitativo reconhecidas pelo Direito Internacional, verificará a existência de uma ou mais das seguintes circunstâncias:

a) O processo ter sido instaurado ou estar pendente ou a decisão ter sido proferida no Estado com o propósito de subtrair a pessoa em causa à sua responsabilidade criminal por crimes da competência do Tribunal, nos termos do disposto no artigo 5.º;

b) Ter havido demora injustificada no processamento, a qual, dadas as circunstâncias, se mostra incompatível com a intenção de fazer responder a pessoa em causa perante a justiça;

c) O processo não ter sido ou não estar a ser conduzido de maneira independente ou imparcial, e ter estado ou estar a ser conduzido de uma maneira que, dadas as circunstâncias, seja incompatível com a intenção de fazer responder a pessoa em causa perante a justiça.

3 – A fim de determinar se há incapacidade de agir num determinado caso, o Tribunal verificará se o Estado, por colapso total ou substancial da respectiva administração da justiça ou por indisponibilidade desta, não estará em condições de fazer comparecer o arguido, de reunir os meios de prova e depoimentos

Direito Internacional Humanitário 389

necessários ou não estará, por outros motivos, em condições de concluir o processo.

ARTIGO 18.º
Decisões preliminares sobre admissibilidade

1 – Se uma situação for denunciada ao Tribunal nos termos do artigo 13.º, alínea *a*), e o procurador determinar que existem fundamentos para abrir um inquérito ou der início a um inquérito de acordo com os artigos 13.º, alínea *c*), e 15.º, deverá notificar todos os Estados Partes e os Estados que, de acordo com a informação disponível, teriam jurisdição sobre esses crimes. O procurador poderá proceder à notificação a título confidencial e, sempre que o considere necessário com vista a proteger pessoas, impedir a destruição de provas ou a fuga de pessoas, poderá limitar o âmbito da informação a transmitir aos Estados.

2 – No prazo de um mês a seguir à recepção da referida notificação, qualquer Estado poderá informar o Tribunal de que está a proceder, ou já procedeu, a um inquérito sobre nacionais seus ou outras pessoas sob a sua jurisdição, por actos que possam constituir crimes a que se refere o artigo 5.º e digam respeito à informação constante na respectiva notificação. A pedido desse Estado, o procurador transferirá para ele o inquérito sobre essas pessoas, a menos que, a pedido do procurador, o juízo de instrução decida autorizar o inquérito.

3 – A transferência do inquérito poderá ser reexaminada pelo procurador seis meses após a data em que tiver sido decidida ou, a todo o momento, quando tenha ocorrido uma alteração significativa de circunstâncias, decorrente da falta de vontade ou da incapacidade efectiva do Estado de levar a cabo o inquérito.

4 – O Estado interessado ou o procurador poderão interpor recurso para o juízo de recursos da decisão proferida por um juízo de instrução, tal como previsto no artigo 82.º Este recurso poderá seguir uma forma sumária.

5 – Se o procurador transferir o inquérito, nos termos do n.º 2, poderá solicitar ao Estado interessado que o informe periodicamente do andamento do mesmo e de qualquer outro procedimento subsequente. Os Estados Partes responderão a estes pedidos sem atrasos injustificados.

6 – O procurador poderá, enquanto aguardar uma decisão a proferir no juízo de instrução, ou a todo o momento se tiver transferido o inquérito nos termos do presente artigo, solicitar ao tribunal de instrução, a título excepcional, que o autorize a efectuar as investigações que considere necessárias para preservar elementos de prova, quando exista uma oportunidade única de obter provas relevantes ou um risco significativo de que essas provas possam não estar disponíveis numa fase ulterior.

390   *Jorge Bacelar Gouveia*

7 – O Estado que tenha recorrido de uma decisão do juízo de instrução nos termos do presente artigo poderá impugnar a admissibilidade de um caso nos termos do artigo 19.°, invocando factos novos relevantes ou uma alteração significativa de circunstâncias.

ARTIGO 19.°
Impugnação da jurisdição do Tribunal ou da admissibilidade do caso

1 – O Tribunal deverá certificar-se de que detém jurisdição sobre todos os casos que lhe sejam submetidos. O Tribunal poderá pronunciar-se oficiosamente sobre a admissibilidade de um caso em conformidade com o artigo 17.°

2 – Poderão impugnar a admissibilidade de um caso, por um dos motivos referidos no artigo 17.°, ou impugnar a jurisdição do Tribunal:

a) O arguido ou a pessoa contra a qual tenha sido emitido um mandado ou ordem de detenção ou de comparência, nos termos do artigo 58.°;

b) Um Estado que detenha o poder de jurisdição sobre um caso, pelo facto de o estar a investigar ou a julgar; ou por já o ter feito antes; ou

c) Um Estado cuja aceitação da competência do Tribunal seja exigida, de acordo com o artigo 12.°

3 – O procurador poderá solicitar ao Tribunal que se pronuncie sobre questões de jurisdição ou admissibilidade. Nas acções relativas a jurisdição ou admissibilidade, aqueles que tiverem denunciado um caso ao abrigo do artigo 13.°, bem como as vítimas, poderão tam-bém apresentar as suas observações ao Tribunal.

4 – A admissibilidade de um caso ou a jurisdição do Tribunal só poderão ser impugnadas uma única vez por qualquer pessoa ou Estado a que se faz referência no n.° 2. A impugnação deverá ser feita antes do julgamento ou no seu início. Em circunstâncias excepcionais, o Tribunal poderá autorizar que a impugnação se faça mais de uma vez ou depois do início do julgamento. As impugnações à admis-sibilidade de um caso feitas no início do julgamento, ou posteriormente com a autorização do Tribunal, só poderão fundamentar-se no disposto no n.° 1, alínea c), do artigo 17.°

5 – Os Estados a que se referem a alínea *b)* e a alínea *c)* do n.° 2 do presente artigo deverão deduzir impugnação logo que possível.

6 – Antes da confirmação da acusação, a impugnação da admissibilidade de um caso ou da jurisdição do Tribunal será submetida ao juízo de instrução e, após confirmação, ao juízo de julgamento em primeira instância. Das decisões relativas à jurisdição ou admissibilidade caberá recurso para o juízo de recursos, de acordo com o artigo 82.°

Direito Internacional Humanitário

7 – Se a impugnação for feita pelo Estado referido na alínea *b*) e na alínea *c*) do n.º 2, o procurador suspenderá o inquérito até que o Tribunal decida em conformidade com o artigo 17.º

8 – Enquanto aguardar uma decisão, o procurador poderá solicitar ao Tribunal autorização para:

a) Proceder às investigações necessárias previstas no n.º 6 do artigo 18.º;

b) Recolher declarações ou o depoimento de uma testemunha ou completar a recolha e o exame das provas que tenha iniciado antes da impugnação; e

c) Impedir, em colaboração com os Estados interessados, a fuga de pessoas em relação às quais já tenha solicitado um mandado de detenção, nos termos do artigo 58.º

9 – A impugnação não afectará a validade de nenhum acto realizado pelo procurador nem de nenhuma decisão ou mandado anteriormente emitido pelo Tribunal.

10 – Se o Tribunal tiver declarado que um caso não é admissível, de acordo com o artigo 17.º, o procurador poderá pedir a revisão dessa decisão, após se ter certificado de que surgiram novos factos que invalidam os motivos pelos quais o caso havia sido considerado inadmissível nos termos do artigo 17.º

11 – Se o procurador, tendo em consideração as questões referidas no artigo 17.º, decidir transferir um inquérito, poderá pedir ao Estado em questão que o mantenha informado do seguimento do processo. Esta informação deverá, se esse Estado o solicitar, ser mantida confidencial. Se o procurador decidir, posteriormente, abrir um inquérito, comunicará a sua decisão ao Estado para o qual foi transferido o processo.

ARTIGO 20.º
Ne bis in idem

1 – Salvo disposição em contrário do presente Estatuto, nenhuma pessoa poderá ser julgada pelo Tribunal por actos constitutivos de crimes pelos quais este já a tenha condenado ou absolvido.

2 – Nenhuma pessoa poderá ser julgada por outro tribunal por um crime mencionado no artigo 5.º, relativamente ao qual já tenha sido condenada ou absolvida pelo Tribunal.

3 – O Tribunal não poderá julgar uma pessoa que já tenha sido julgada por outro tribunal por actos também punidos pelos artigos 6.º, 7.º ou 8.º, a menos que o processo nesse outro tribunal:

a) Tenha tido por objectivo subtrair o arguido à sua responsabilidade criminal por crimes da competência do Tribunal; ou *b)* Não tenha sido conduzido de forma independente ou imparcial, em conformidade com as garantias de um processo equitativo reconhecidas pelo direito internacional, ou tenha sido conduzido de uma maneira que, no caso concreto, se revele incompatível com a intenção de submeter a pessoa à acção da justiça.

ARTIGO 21.º
Direito aplicável

1 – O Tribunal aplicará:

a) Em primeiro lugar, o presente Estatuto, os elementos constitutivos do crime e o Regulamento Processual;

b) Em segundo lugar, se for o caso, os tratados e os princípios e normas de Direito Internacional aplicáveis, incluindo os princípios estabelecidos no direito internacional dos conflitos armados;

c) Na falta destes, os princípios gerais do direito que o Tribunal retire do Direito Interno dos diferentes sistemas jurídicos existentes, incluindo, se for o caso, o direito interno dos Estados que exerceriam normalmente a sua jurisdição relativamente ao crime, sempre que esses princípios não sejam incompatíveis com o presente Estatuto, com o Direito Internacional nem com as normas e padrões internacionalmente reconhecidos.

2 – O Tribunal poderá aplicar princípios e normas de direito tal como já tenham sido por si interpretados em decisões anteriores.

3 – A aplicação e interpretação do direito, nos termos do presente artigo, deverá ser compatível com os direitos humanos internacionalmente reconhecidos, sem discriminação alguma baseada em motivos tais como o sexo, tal como definido no n.º 3 do artigo 7.º, a idade, a raça, a cor, a religião ou o credo, a opinião política ou outra, a origem nacional, étnica ou social, a situação económica, o nascimento ou outra condição.

CAPÍTULO III

Princípios gerais de Direito Penal

ARTIGO 22.º
Nullum crimen sine lege

1 – Nenhuma pessoa será considerada criminalmente responsável, nos termos do presente Estatuto, a menos que a sua conduta constitua, no momento em que tiver lugar, um crime da competência do Tribunal.

Direito Internacional Humanitário 393

2 – A previsão de um crime será estabelecida de forma precisa e não será permitido o recurso à analogia. Em caso de ambiguidade, será interpretada a favor da pessoa objecto de inquérito, acusada ou condenada.

3 – O disposto no presente artigo em nada afectará a tipificação de uma conduta como crime nos termos do direito internacional, independentemente do presente Estatuto.

ARTIGO 23.º
Nulla poena sine lege

Qualquer pessoa condenada pelo Tribunal só poderá ser punida em conformidade com as disposições do presente Estatuto.

ARTIGO 24.º
Não retroactividade *ratione personae*

1 – Nenhuma pessoa será considerada criminalmente responsável, de acordo com o presente Estatuto, por uma conduta anterior à entrada em vigor do presente Estatuto.

2 – Se o Direito aplicável a um caso for modificado antes de proferida sentença definitiva, aplicar-se-á o Direito mais favorável à pessoa objecto de inquérito, acusada ou condenada.

ARTIGO 25.º
Responsabilidade criminal individual

1 – De acordo com o presente Estatuto, o Tribunal será competente para julgar as pessoas singulares.

2 – Quem cometer um crime da competência do Tribunal será considerado individualmente responsável e poderá ser punido de acordo com o presente Estatuto.

3 – Nos termos do presente Estatuto, será considerado criminalmente responsável e poderá ser punido pela prática de um crime da competência do Tribunal quem:

a) Cometer esse crime individualmente ou em conjunto ou por intermédio de outrem, quer essa pessoa seja ou não criminalmente responsável;

b) Ordenar, provocar ou instigar à prática desse crime, sob forma consumada ou sob a forma de tentativa;

c) Com o propósito de facilitar a prática desse crime, for cúmplice ou encobridor, ou colaborar de algum modo na prática ou na tentativa de prática do crime, nomeadamente pelo fornecimento dos meios para a sua prática;

d) Contribuir de alguma outra forma para a prática ou tentativa de prática do crime por um grupo de pessoas que tenha um objectivo comum. Esta contribuição deverá ser intencional e ocorrer:

   i) Com o propósito de levar a cabo a actividade ou o objectivo criminal do grupo, quando um ou outro impliquem a prática de um crime da competência do Tribunal; ou

   ii) Com o conhecimento de que o grupo tem a intenção de cometer o crime;

e) No caso de crime de genocídio, incitar, directa e publicamente, à sua prática;

f) Tentar cometer o crime mediante actos que contribuam substancialmente para a sua execução, ainda que não se venha a consumar devido a circunstâncias alheias à sua vontade. Porém, quem desistir da prática do crime, ou impedir de outra forma que este se consuma, não poderá ser punido em conformidade com o presente Estatuto pela tentativa, se renunciar total e voluntariamente ao propósito delituoso.

4 – O disposto no presente Estatuto sobre a responsabilidade criminal das pessoas singulares em nada afectará a responsabilidade do Estado, de acordo com o direito internacional.

ARTIGO 26.º
Exclusão da jurisdição relativamente a menores de 18 anos

O Tribunal não terá jurisdição sobre pessoas que, à data da alegada prática do crime, não tenham ainda completado 18 anos de idade.

ARTIGO 27.º
Irrelevância da qualidade oficial

1 – O presente Estatuto será aplicável de forma igual a todas as pessoas, sem distinção alguma baseada na qualidade oficial. Em particular, a qualidade oficial de Chefe de Estado ou de Governo, de membro de Governo ou do Parlamento, de representante eleito ou de funcionário público em caso algum eximirá a pessoa em causa de responsabilidade criminal, nos termos do presente Estatuto, nem constituirá de per si motivo de redução da pena.

2 – As imunidades ou normas de procedimento especiais decorrentes da qualidade oficial de uma pessoa, nos termos do Direito Interno ou do Direito

Direito Internacional Humanitário 395

Internacional, não deverão obstar a que o Tribunal exerça a sua jurisdição sobre essa pessoa.

ARTIGO 28.º
Responsabilidade dos chefes militares e outros superiores hierárquicos

Para além de outras fontes de responsabilidade criminal previstas no presente Estatuto, por crimes da competência do Tribunal:

a) O chefe militar, ou a pessoa que actue efectivamente como chefe militar, será criminalmente responsável por crimes da competência do Tribunal que tenham sido cometidos por forças sob o seu comando e controlo efectivos ou sob a sua autoridade e controlo efectivos, conforme o caso, pelo facto de não exercer um controlo apropriado sobre essas forças, quando:

   i) Esse chefe militar ou essa pessoa tinha conhecimento ou, em virtude das circunstâncias do momento, deveria ter tido conhecimento de que essas forças estavam a cometer ou preparavam-se para cometer esses crimes; e

   ii) Esse chefe militar ou essa pessoa não tenha adoptado todas as medidas necessárias e adequadas ao seu alcance para prevenir ou reprimir a sua prática ou para levar o assunto ao conhecimento das autoridades competentes, para efeitos de inquérito e procedimento criminal;

b) Nas relações entre superiores hierárquicos e subordinados, não referidos na alínea *a*), o superior hierárquico será criminalmente responsável pelos crimes da competência do Tribunal que tiverem sido cometidos por subordinados sob à sua autoridade e controlo efectivos, pelo facto de não ter exercido um controlo apropriado sobre esses subordinados, quando:

   i) O superior hierárquico teve conhecimento ou não teve em consideração a informação que indicava claramente que os subordinados estavam a cometer ou se preparavam para cometer esses crimes;

   ii) Esses crimes estavam relacionados com actividades sob a sua responsabilidade e controlo efectivos; e

   iii) O superior hierárquico não adoptou todas as medidas necessárias e adequadas ao seu alcance para prevenir ou reprimir a sua prática ou para levar o assunto ao conhecimento das autoridades competentes, para efeitos de inquérito e procedimento criminal.

ARTIGO 29.º
Imprescritibilidade

Os crimes da competência do Tribunal não prescrevem.

ARTIGO 30.º
Elementos psicológicos

1 – Salvo disposição em contrário, nenhuma pessoa poderá ser criminalmente responsável e punida por um crime da competência do Tribunal, a menos que actue com vontade de o cometer e conhecimento dos seus elementos materiais.

2 – Para os efeitos do presente artigo, entende-se que actua intencionalmente quem:

a) Relativamente a uma conduta, se se propuser adoptá-la;

b) Relativamente a um efeito do crime, se se propuser causá-lo ou estiver ciente de que ele terá lugar numa ordem normal dos acontecimentos.

3 – Nos termos do presente artigo, entende-se por «conhecimento» a consciência de que existe uma circunstância ou de que um efeito irá ter lugar numa ordem normal dos acontecimentos. As expressões «ter conhecimento» e «com conhecimento» deverão ser entendidas em conformidade.

ARTIGO 31.º
Causas de exclusão da responsabilidade criminal

1 – Sem prejuízo de outros fundamentos para a exclusao de responsabilidade criminal previstos no presente Estatuto, não será considerada criminalmente responsável a pessoa que, no momento da prática de determinada conduta:

a) Sofrer de enfermidade ou deficiência mental que a prive da capacidade para avaliar a ilicitude ou a natureza da sua conduta, ou da capacidade para controlar essa conduta a fim de não violar a lei;

b) Estiver em estado de intoxicação que a prive da capacidade para avaliar a ilicitude ou a natureza da sua conduta, ou da capacidade para controlar essa conduta a fim de não violar a lei, a menos que se tenha intoxicado voluntariamente em circunstâncias que lhe permitiam ter conhecimento de que, em consequência da intoxicação, poderia incorrer numa conduta tipificada como crime da competência do Tribunal, ou de que haveria o risco de tal suceder;

c) Agir em defesa própria ou de terceiro com razoabilidade ou, em caso de crimes de guerra, em defesa de um bem que seja essencial para a sua sobrevivência ou de terceiro ou de um bem que seja essencial à realização de uma missão militar, contra o uso iminente e ilegal da força, de forma proporcional ao grau de perigo para si, para terceiro ou para os bens protegidos. O facto de participar numa força que realize uma operação de defesa não será causa bastante de exclusão de responsabilidade criminal, nos termos desta alínea;

d) Tiver incorrido numa conduta que, presumivelmente, constitui crime da competência do Tribunal, em consequência de coacção decorrente de uma ameaça iminente de morte ou ofensas corporais graves para si ou para outrem, e em que se veja compelida a actuar de forma necessária e razoável para evitar essa ameaça, desde que não tenha a intenção de causar um dano maior que aquele que se propunha evitar. Essa ameaça tanto poderá:

i) Ter sido feita por outras pessoas; ou

ii) Ser constituída por outras circunstâncias alheias à sua vontade.

2 – O Tribunal determinará se os fundamentos de exclusão da responsabilidade criminal previstos no presente Estatuto serão aplicáveis no caso em apreço.

3 – No julgamento, o Tribunal poderá ter em consideração outros fundamentos de exclusão da responsabilidade criminal distintos dos referidos no n.º 1, sempre que esses fundamentos resultem do Direito aplicável em conformidade com o artigo 21.º O processo de exame de um fundamento de exclusão deste tipo será definido no Regulamento Processual.

ARTIGO 32.º
Erro de facto ou erro de Direito

1 – O erro de facto só excluirá a responsabilidade criminal se eliminar o dolo requerido pelo crime.

2 – O erro de Direito sobre se determinado tipo de conduta constitui crime da competência do Tribunal não será considerado fundamento de exclusão de responsabilidade criminal. No entanto, o erro de Direito poderá ser considerado fundamento de exclusão de responsabilidade criminal se eliminar o dolo requerido pelo crime ou se decorrer do artigo 33.º do presente Estatuto.

ARTIGO 33.º
Decisão hierárquica e disposições legais

1 – Quem tiver cometido um crime da competência do Tribunal, em cumprimento de uma decisão emanada de um governo ou de um superior hierár-

quico, quer seja militar ou civil, não será isento de responsabilidade criminal, a menos que:

a) Estivesse obrigado por lei a obedecer a decisões emanadas do governo ou superior hierárquico em questão;
b) Não tivesse conhecimento de que a decisão era ilegal; e
c) A decisão não fosse manifestamente ilegal.

2 – Para os efeitos do presente artigo, qualquer decisão de cometer genocídio ou crimes contra a humanidade será considerada como manifestamente ilegal.

CAPÍTULO IV
Composição e administração do Tribunal

ARTIGO 34.º
Órgãos do Tribunal

O Tribunal será composto pelos seguintes órgãos:

a) A Presidência;
b) Uma secção de recursos, uma secção de julgamento em 1.ª instância e uma secção de instrução;
c) O Gabinete do Procurador;
d) A Secretaria.

ARTIGO 35.º
Exercício das funções de juiz

1 – Os juízes serão eleitos membros do Tribunal para exercer funções em regime de exclusividade e deverão estar disponíveis para desempenhar o respectivo cargo desde o início do seu mandato.

2 – Os juízes que comporão a Presidência desempenharão as suas funções em regime de exclusividade desde a sua eleição.

3 – A Presidência poderá, em função do volume de trabalho do Tribunal, e após consulta dos seus membros, decidir periodicamente em que medida é que será necessário que os restantes juízes desempenhem as suas funções em regime de exclusividade. Estas decisões não prejudicarão o disposto no artigo 40.º

4 – Os ajustes de ordem financeira relativos aos juízes que não tenham de exercer os respectivos cargos em regime de exclusividade serão adoptados em conformidade com o disposto no artigo 49.º

Direito Internacional Humanitário

ARTIGO 36.º
Qualificações, candidatura e eleição dos juízes

1 – Sob reserva do disposto no n.º 2, o Tribunal será composto por 18 juízes.

2 – *a)* A Presidência, agindo em nome do Tribunal, poderá propor o aumento do número de juízes referido no n.º 1 fundamentando as razões pelas quais considera necessária e apropriada tal medida. O Secretário comunicará imediatamente a proposta a todos os Estados Partes.

b) A proposta será seguidamente apreciada em sessão da Assembleia dos Estados Partes convocada nos termos do artigo 112.º e deverá ser considerada adoptada se for aprovada na sessão por maioria de dois terços dos membros da Assembleia dos Estados Partes; a proposta entrará em vigor na data fixada pela Assembleia dos Estados Partes.

c):

 i) Logo que seja aprovada a proposta de aumento do número de juízes, de acordo com o disposto na alínea *b)*, a eleição dos juízes adicionais terá lugar no período seguinte de sessões da Assembleia dos Estados Partes, nos termos dos n.ᵒˢ 3 a 8 do presente artigo e do n.º 2 do artigo 37.º;

 ii) Após a aprovação e a entrada em vigor de uma proposta de aumento do número de juízes, de acordo com o disposto na alínea *b)* e na alínea *c)*, subalínea i), a Presidência poderá, a qualquer momento, se o volume de trabalho do Tribunal assim o justificar, propor que o número de juízes seja reduzido, mas nunca para um número inferior ao fixado no n.º 1. A proposta será apreciada de acordo com o procedimento definido nas alíneas *a)* e *b)*. A ser aprovada, o número de juízes será progressivamente reduzido, à medida que expirem os mandatos e até que se alcance o número previsto.

3 – *a)* Os juízes serão eleitos de entre pessoas de elevada idoneidade moral, imparcialidade e integridade, que reúnam os requisitos para o exercício das mais altas funções judiciais nos seus respectivos países.

b) Os candidatos a juízes deverão possuir:

 i) Reconhecida competência em Direito Penal e Direito Processual Penal e a necessária experiência em processos penais na qualidade de juiz, procurador, advogado ou outra função semelhante; ou

 ii) Reconhecida competência em matérias relevantes de Direito Internacional, tais como o Direito Internacional Humanitário e os direitos humanos, assim como vasta experiência em profissões jurídicas com relevância para a função judicial do Tribunal.

c) Os candidatos a juízes deverão possuir um excelente conhecimento e serem fluentes em, pelo menos, uma das línguas de trabalho do Tribunal.

4 – *a*) Qualquer Estado Parte no presente Estatuto poderá propor candidatos às eleições para juiz do Tribunal mediante:

i) O procedimento previsto para propor candidatos aos mais altos cargos judiciais do país; ou

ii) O procedimento previsto no Estatuto do Tribunal Internacional de Justiça para propor candidatos a esse Tribunal.

As propostas de candidatura deverão ser acompanhadas de uma exposição detalhada comprovativa de que o candidato possui os requisitos enunciados no n.º 3.

b) Qualquer Estado Parte poderá apresentar uma candidatura de uma pessoa que não tenha necessariamente a sua nacionalidade, mas que seja nacional de um Estado Parte.

c) A Assembleia dos Estados Partes poderá decidir constituir, se apropriado, uma comissão consultiva para o exame das candidaturas. Neste caso, a Assembleia dos Estados Partes determinará a composição e o mandato da comissão.

5 – Para efeitos da eleição, serão estabelecidas duas listas de candidatos:

A lista A, com os nomes dos candidatos que reúnam os requisitos enunciados na alínea *b*), subalínea i), do n.º 3; e

A lista B, com os nomes dos candidatos que reúnam os requisitos enunciados na alínea *b*), subalínea ii), do n.º 3.

O candidato que reúna os requisitos constantes de ambas as listas poderá escolher em qual delas deseja figurar. Na primeira eleição de membros do Tribunal, pelo menos nove juízes serão eleitos de entre os candidatos da lista A e pelo menos cinco de entre os candidatos da lista B. As eleições subsequentes serão organizadas por forma a que se mantenha no Tribunal uma proporção equivalente de juízes de ambas as listas.

6 – *a*) Os juízes serão eleitos por escrutínio secreto, em sessão da Assembleia dos Estados Partes convocada para esse efeito, nos termos do artigo 112.º Sob reserva do disposto no n.º 7, serão eleitos os 18 candidatos que obtenham o maior número de votos e uma maioria de dois terços dos Estados Partes presentes e votantes.

b) No caso em que da primeira votação não resulte eleito um número suficiente de juízes, proceder-se-á a nova votação, de acordo com os procedimentos estabelecidos na alínea *a*), até provimento dos lugares restantes.

7 – O Tribunal não poderá ter mais de um juiz nacional do mesmo Estado. Para este efeito, a pessoa que for considerada nacional de mais de um Estado será considerada nacional do Estado onde exerce habitualmente os seus direitos civis e políticos.

8 – *a*) Na selecção dos juízes, os Estados Partes ponderarão sobre a necessidade de assegurar que a composição do Tribunal inclua:

i) A representação dos principais sistemas jurídicos do mundo;
ii) Uma representação geográfica equitativa; e
iii) Uma representação equitativa de juízes do sexo feminino e do sexo masculino.

b) Os Estados Partes terão igualmente em consideração a necessidade de assegurar a presença de juízes especializados em determinadas matérias, incluindo, entre outras, a violência contra mulheres ou crianças.

9 – *a*) Salvo o disposto na alínea *b*), os juízes serão eleitos por um mandato de nove anos e não poderão ser reeleitos, salvo o disposto na alínea *c*) e no n.º 2 do artigo 37.º

b) Na primeira eleição, um terço dos juízes eleitos será seleccionado por sorteio para exercer um mandato de três anos; outro terço será seleccionado, também por sorteio, para exercer um mandato de seis anos; e os restantes exercerão um mandato de nove anos.

c) Um juiz seleccionado para exercer um mandato de três anos, em conformidade com a alínea *b*), poderá ser reeleito para um mandato completo.

10 – Não obstante o disposto no n.º 9, um juiz afecto a um tribunal de julgamento em 1.ª instância ou de recurso, em conformidade com o artigo 39.º, permanecerá em funções até à conclusão do julgamento ou do recurso dos casos que tiver a seu cargo.

ARTIGO 37.º
Vagas

1 – Caso ocorra uma vaga, realizar-se-á uma eleição para o seu provimento, de acordo com o artigo 36.º

2 – O juiz eleito para prover uma vaga concluirá o mandato do seu antecessor e, se esse período for igual ou inferior a três anos, poderá ser reeleito para um mandato completo, nos termos do artigo 36.º

ARTIGO 38.º
A Presidência

1 – O presidente, o 1.º vice-presidente e o 2.º vice-presidente serão eleitos por maioria absoluta dos juízes. Cada um desempenhará o respectivo cargo por um período de três anos ou até ao termo do seu mandato como juiz, conforme o que expirar em primeiro lugar.

Poderão ser reeleitos uma única vez.

2 – O 1.º vice-presidente substituirá o presidente em caso de impossibilidade ou recusa deste. O 2.º vice-presidente substituirá o presidente em caso de impedimento ou recusa deste ou do 1.º vice-presidente.

3 – O presidente, o 1.º vice-presidente e o 2.º vice-presidente constituirão a Presidência, que ficará encarregue:

a) Da adequada administração do Tribunal, com excepção do Gabinete do Procurador; e

b) Das restantes funções que lhe forem conferidas de acordo com o presente Estatuto.

4 – Embora eximindo-se da sua responsabilidade nos termos do n.º 3, alínea *a)*, a Presidência actuará em coordenação com o Gabinete do Procurador e deverá obter a aprovação deste em todos os assuntos de interesse comum.

ARTIGO 39.º
Juízos

1 – Após a eleição dos juízes e logo que possível, o Tribunal deverá organizar-se nas secções referidas no artigo 34.º, alínea *b)*. A secção de recursos será composta pelo presidente e quatro juízes, a secção de julgamento em 1.ª instância por, pelo menos, seis juízes e a secção de instrução por, pelo menos, seis juízes. Os juízes serão adstritos aos juízos de acordo com a natureza das funções que corresponderem a cada um e com as respectivas qualificações e experiência, por forma que cada juízo disponha de um conjunto adequado de especialistas em Direito Penal e Processual Penal e em Direito Internacional. A secção de julgamento em 1.ª instância e a secção de instrução serão predominantemente compostas por juízes com experiência em processo penal.

2 – *a)* As funções judiciais do Tribunal serão desempenhadas em cada secção pelos juízes.

b):

i) O juízo de recursos será composto por todos os juízes da secção de recursos;

Direito Internacional Humanitário 403

ii) As funções do juízo de julgamento em 1.ª instância serão desempenhadas por três juízes da secção de julgamento em 1.ª instância;

iii) As funções do juízo de instrução serão desempenhadas por três juízes da secção de instrução ou por um só juiz da referida secção, em conformidade com o presente Estatuto e com o Regulamento Processual.

c) Nada no presente número obstará a que se constituam simultaneamente mais de um juízo de julgamento em 1.ª instância ou juízo de instrução, sempre que a gestão eficiente do trabalho do Tribunal assim o exigir.

3 – a) Os juízes adstritos às secções de julgamento em 1.ª instância e de instrução desempenharão o cargo nessas secções por um período de três anos ou, decorrido esse período, até à conclusão dos casos que lhes tenham sido cometidos pela respectiva secção.

b) Os juízes adstritos à secção de recursos desempenharão o cargo nessa secção durante todo o seu mandato.

4 – Os juízes adstritos à secção de recursos desempenharão o cargo unicamente nessa secção. Nada no presente artigo obstará a que sejam adstritos temporariamente juízes da secção de julgamento em 1.ª instância à secção de instrução, ou inversamente, se a Presidência entender que a gestão eficiente do trabalho do Tribunal assim o exige; porém, o juiz que tenha participado na fase instrutória não poderá, em caso algum, fazer parte do juízo de julgamento em 1.ª instância encarregue do caso.

ARTIGO 40.º
Independência dos juízes

1 – Os juízes são independentes no desempenho das suas funções.

2 – Os juízes não desenvolverão qualquer actividade que possa ser incompatível com o exercício das suas funções judiciais ou prejudicar a confiança na sua independência.

3 – Os juízes que devam desempenhar os seus cargos em regime de exclusividade na sede do Tribunal não poderão ter qualquer outra ocupação de índole profissional.

4 – As questões relativas à aplicação dos n.os 2 e 3 serão decididas por maioria absoluta dos juízes. Nenhum juiz participará na decisão de uma questão que lhe diga respeito.

ARTIGO 41.º
Escusa e recusa de juízes

1 – A Presidência pode, a pedido de um juiz, escusá-lo do exercício de alguma das funções que lhe confere o presente Estatuto, em conformidade com o Regulamento Processual.

2 – *a)* Nenhum juiz pode participar num caso em que, por qualquer motivo, seja posta em dúvida a sua imparcialidade. Será recusado, em conformidade com o disposto neste número, entre outras razões, se tiver intervindo anteriormente, a qualquer título, num caso submetido ao Tribunal ou num procedimento criminal conexo a nível nacional que envolva a pessoa objecto de inquérito ou procedimento criminal. Pode ser igualmente recusado por qualquer outro dos motivos definidos no Regulamento Processual.

b) O Procurador ou a pessoa objecto de inquérito ou procedimento criminal poderá solicitar a recusa de um juiz em virtude do disposto no presente número.

c) As questões relativas à recusa de juízes serão decididas por maioria absoluta dos juízes. O juiz cuja recusa for solicitada poderá pronunciar-se sobre a questão, mas não poderá tomar parte na decisão.

ARTIGO 42.º
O Gabinete do Procurador

1 – O Gabinete do Procurador actua de forma independente, enquanto órgão autónomo do Tribunal. Compete-lhe recolher comunicações e qualquer outro tipo de informação, devidamente fundamentada, sobre crimes da competência do Tribunal, a fim de as examinar e investigar e de exercer a acção penal junto do Tribunal. Os membros do Gabinete do Procurador não solicitarão nem cumprirão ordens de fontes externas ao Tribunal.

2 – O Gabinete do Procurador será presidido pelo procurador, que terá plena autoridade para dirigir e administrar o Gabinete do Procurador, incluindo o pessoal, as instalações e outros recursos. O procurador será coadjuvado por um ou mais procuradores-adjuntos, que poderão desempenhar qualquer uma das funções que incumbam àquele, em conformidade com o disposto no presente Estatuto. O procurador e os procuradores-adjuntos terão nacionalidades diferentes e desempenharão o respectivo cargo em regime de exclusividade.

3 – O procurador e os procuradores-adjuntos deverão ter elevada idoneidade moral, elevado nível de competência e vasta experiência prática em matéria de

Direito Internacional Humanitário

processo penal. Deverão possuir um excelente conhecimento e serem fluentes em, pelo menos, uma das línguas de trabalho do Tribunal.

4 – O procurador será eleito por escrutínio secreto e por maioria absoluta de votos dos membros da Assembleia dos Estados Partes. Os procuradores-adjuntos serão eleitos da mesma forma, de entre uma lista de candidatos apresentada pelo procurador. O procurador proporá três candidatos para cada cargo de procurador-adjunto a prover. A menos que, aquando da eleição, seja fixado um período mais curto, o procurador e os procuradores-adjuntos exercerão os respectivos cargos por um período de nove anos e não poderão ser reeleitos.

5 – O procurador e os procuradores-adjuntos não deverão desenvolver qualquer actividade que possa interferir com o exercício das suas funções ou afectar a confiança na sua independência e não poderão desempenhar qualquer outra função de carácter profissional.

6 – A Presidência poderá, a pedido do procurador ou de um procurador-adjunto, escusá-lo de intervir num determinado caso.

7 – O procurador e os procuradores-adjuntos não poderão participar em qualquer processo em que, por qualquer motivo, a sua imparcialidade possa ser posta em causa. Serão recusados, em conformidade com o disposto no presente número, entre outras razões, se tiverem intervindo anteriormente, a qualquer título, num caso submetido ao Tribunal ou num procedimento criminal conexo a nível nacional, que envolva a pessoa objecto de inquérito ou procedimento criminal.

8 – As questões relativas à recusa do procurador ou de um procurador-adjunto serão decididas pelo juízo de recursos:

a) A pessoa objecto de inquérito ou procedimento criminal poderá solicitar, a todo o momento, a recusa do procurador ou de um procurador-adjunto, pelos motivos previstos no presente artigo;

b) O procurador ou o procurador-adjunto, segundo o caso, poderão pronunciar-se sobre a questão.

9 – O procurador nomeará assessores jurídicos especializados em determinadas áreas, incluindo, entre outras, as da violência sexual ou violência por motivos relacionados com a pertença a um determinado sexo e da violência contra as crianças.

ARTIGO 43.º
A Secretaria

1 – A Secretaria será responsável pelos aspectos não judiciais da administração e do funcionamento do Tribunal, sem prejuízo das funções e atribuições do procurador definidas no artigo 42.º

2 – A Secretaria será dirigida pelo secretário, principal responsável administrativo do Tribunal. O secretário exercerá as suas funções na dependência do presidente do Tribunal.

3 – O secretário e o secretário-adjunto deverão ser pessoas de elevada idoneidade moral e possuir um elevado nível de competência e um excelente conhecimento e domínio de, pelo menos, uma das línguas de trabalho do Tribunal.

4 – Os juízes elegerão o secretário em escrutínio secreto, por maioria absoluta, tendo em consideração as recomendações da Assembleia dos Estados Partes. Se necessário, elegerão um secretário-adjunto, por recomendação do secretário e pela mesma forma.

5 – O secretário será eleito por um período de cinco anos para exercer funções em regime de exclusividade e só poderá ser reeleito uma vez. O secretário-adjunto será eleito por um período de cinco anos, ou por um período mais curto se assim o decidirem os juízes por deliberação tomada por maioria absoluta, e exercerá as suas funções de acordo com as exigências de serviço.

6 – O secretário criará, no âmbito da Secretaria, uma Unidade de Apoio às Vítimas e Testemunhas. Esta Unidade, em conjunto com o Gabinete do Procurador, adoptará medidas de protecção e dispositivos de segurança e prestará assessoria e outro tipo de assistência às testemunhas e vítimas que compareçam perante o Tribunal e a outras pessoas ameaçadas em virtude do testemunho prestado por aquelas. A Unidade incluirá pessoal especializado para atender as vítimas de traumas, nomeadamente os relacionados com crimes de violência sexual.

ARTIGO 44.º
O pessoal

1 – O procurador e o secretário nomearão o pessoal qualificado necessário aos respectivos serviços, nomeadamente, no caso do procurador, o pessoal encarregue de efectuar diligências no âmbito do inquérito.

2 – No tocante ao recrutamento de pessoal, o procurador e o secretário assegurarão os mais altos padrões de eficiência, competência e integridade, tendo em consideração, *mutatis mutandis,* os critérios estabelecidos no n.º 8 do artigo 36.º

3 – O secretário, com o acordo da Presidência e do procurador, proporá o estatuto do pessoal, que fixará as condições de nomeação, remuneração e cessação de funções do pessoal do Tribunal. O estatuto do pessoal será aprovado pela Assembleia dos Estados Partes.

4 – O Tribunal poderá, em circunstâncias excepcionais, recorrer aos serviços de pessoal colocado à sua disposição, a título gratuito, pelos Estados Partes, organi-

Direito Internacional Humanitário 407

zações intergovernamentais e organizações não governamentais, com vista a colaborar com qualquer um dos órgãos do Tribunal. O procurador poderá anuir a tal eventualidade em nome do Gabinete do Procurador.

A utilização do pessoal disponibilizado a título gratuito ficará sujeita às directivas estabelecidas pela Assembleia dos Estados Partes.

ARTIGO 45.º
Compromisso solene

Antes de assumir as funções previstas no presente Estatuto, os juízes, o procurador, os procuradores-adjuntos, o secretário e o secretário-adjunto declararão solenemente, em sessão pública, que exercerão as suas funções imparcial e conscienciosamente.

ARTIGO 46.º
Cessação de funções

1 – Um juiz, o procurador, um procurador-adjunto, o secretário ou o secretário-adjunto cessará as respectivas funções, por decisão adoptada de acordo com o disposto no n.º 2, nos casos em que:

a) Se conclua que a pessoa em causa incorreu em falta grave ou incumprimento grave das funções conferidas pelo presente Estatuto, de acordo com o previsto no Regulamento Processual; ou

b) A pessoa em causa se encontra impossibilitada de desempenhar as funções definidas no presente Estatuto.

2 – A decisão relativa à cessação de funções de um juiz, do procurador ou de um procurador-adjunto, de acordo com o n.º 1, será adoptada pela Assembleia dos Estados Partes em escrutínio secreto:

a) No caso de um juiz, por maioria de dois terços dos Estados Partes, com base em recomendação adoptada por maioria de dois terços dos restantes juízes;

b) No caso do procurador, por maioria absoluta dos Estados Partes;

c) No caso de um procurador-adjunto, por maioria absoluta dos Estados Partes, com base na recomendação do procurador.

3 – A decisão relativa à cessação de funções do secretário ou do secretário--adjunto será adoptada por maioria absoluta de votos dos juízes.

4 – Os juízes, o Procurador, os procuradores-adjuntos, o secretário ou o secretário-adjunto, cuja conduta ou idoneidade para o exercício das funções inerentes ao cargo em conformidade com o presente Estatuto tiver sido contes-

tada ao abrigo do presente artigo, terão plena possibilidade de apresentar e obter meios de prova e produzir alegações de acordo com o Regulamento Processual; não poderão, no entanto, participar, de qualquer outra forma, na apreciação do caso.

ARTIGO 47.º
Medidas disciplinares

Os juízes, o procurador, os procuradores-adjuntos, o secretário ou o secretário-adjunto que tiverem cometido uma falta menos grave que a prevista no n.º 1 do artigo 46.º incorrerão em responsabilidade disciplinar nos termos do Regulamento Processual.

ARTIGO 48.º
Privilégios e imunidades

1 – O Tribunal gozará, no território dos Estados Partes, dos privilégios e imunidades que se mostrem necessários ao cumprimento das suas funções.

2 – Os juízes, o procurador, os procuradores-adjuntos e o secretário gozarão, no exercício das suas funções ou em relação a estas, dos mesmos privilégios e imunidades reconhecidos aos chefes das missões diplomáticas, continuando a usufruir de absoluta imunidade judicial relativamente às suas declarações, orais ou escritas, e aos actos que pratiquem no desempenho de funções oficiais após o termo do respectivo mandato.

3 – O secretário-adjunto, o pessoal do Gabinete do Procurador e o pessoal da Secretaria gozarão dos mesmos privilégios e imunidades e das facilidades necessárias ao cumprimento das respectivas funções, nos termos do acordo sobre os privilégios e imunidades do Tribunal.

4 – Os advogados, peritos, testemunhas e outras pessoas cuja presença seja requerida na sede do Tribunal beneficiarão do tratamento que se mostre necessário ao funcionamento adequado deste, nos termos do acordo sobre os privilégios e imunidades do Tribunal.

5 – Os privilégios e imunidades poderão ser levantados:

a) No caso de um juiz ou do procurador, por decisão adoptada por maioria absoluta dos juízes;

b) No caso do secretário, pela Presidência;

c) No caso dos procuradores-adjuntos e do pessoal do Gabinete do Procurador, pelo procurador;

d) No caso do secretário-adjunto e do pessoal da Secretaria, pelo secretário.

ARTIGO 49.º
Vencimentos, subsídios e despesas

Os juízes, o procurador, os procuradores-adjuntos, o secretário e o secretário-adjunto auferirão os vencimentos e terão direito aos subsídios e ao reembolso de despesas que forem estabelecidos pela Assembleia dos Estados Partes. Estes vencimentos e subsídios não serão reduzidos no decurso do mandato.

ARTIGO 50.º
Línguas oficiais e línguas de trabalho

1 – As línguas árabe, chinesa, espanhola, francesa, inglesa e russa serão as línguas oficiais do Tribunal.

As sentenças proferidas pelo Tribunal, bem como outras decisões sobre questões fundamentais submetidas ao Tribunal, serão publicadas nas línguas oficiais. A Presidência, de acordo com os critérios definidos no Regulamento Processual, determinará quais as decisões que poderão ser consideradas como decisões sobre questões fundamentais, para os efeitos do presente número.

2 – As línguas francesa e inglesa serão as línguas de trabalho do Tribunal. O Regulamento Processual definirá os casos em que outras línguas oficiais poderão ser usadas como línguas de trabalho.

3 – A pedido de qualquer Parte ou qualquer Estado que tenha sido admitido a intervir num processo, o Tribunal autorizará o uso de uma língua que não seja a francesa ou a inglesa, sempre que considere que tal autorização se justifica.

ARTIGO 51.º
Regulamento Processual

1 – O Regulamento Processual entrará em vigor mediante a sua aprovação por uma maioria de dois terços dos votos dos membros da Assembleia dos Estados Partes.

2 – Poderão propor alterações ao Regulamento Processual:

a) Qualquer Estado Parte;

b) Os juízes, por maioria absoluta; ou

c) O procurador.

Estas alterações entrarão em vigor mediante a aprovação por uma maioria de dois terços dos votos dos membros da Assembleia dos Estados Partes.

3 – Após a aprovação do Regulamento Processual, em casos urgentes em que a situação concreta suscitada em Tribunal não se encontre prevista no Regulamento Processual, os juízes poderão, por maioria de dois terços, estabelecer nor-

410   *Jorge Bacelar Gouveia*

mas provisórias a serem aplicadas até que a Assembleia dos Estados Partes as aprove, altere ou rejeite na sessão ordinária ou extraordinária seguinte.

4 – O Regulamento processual e respectivas alterações, bem como quaisquer normas provisórias, deverão estar em consonância com o presente Estatuto. As alterações ao Regulamento Processual, assim como as normas provisórias aprovadas em conformidade com o n.° 3, não serão aplicadas com carácter retroactivo em detrimento de qualquer pessoa que seja objecto de inquérito ou de procedimento criminal, ou que tenha sido condenada.

5 – Em caso de conflito entre as disposições do Estatuto e as do Regulamento Processual, o Estatuto prevalecerá.

ARTIGO 52.°
Regimento do Tribunal

1 – De acordo com o presente Estatuto e com o Regulamento Processual, os juízes aprovarão, por maioria absoluta, o Regimento necessário ao normal funcionamento do Tribunal.

2 – O procurador e o secretário serão consultados sobre a elaboração do Regimento ou sobre qualquer alteração que lhe seja introduzida.

3 – O Regimento do Tribunal e qualquer alteração posterior entrarão em vigor mediante a sua aprovação, salvo decisão em contrário dos juízes. Imediatamente após a adopção, serão circulados pelos Estados Partes para observações e continuarão em vigor se, dentro de seis meses, não forem formuladas objecções pela maioria dos Estados Partes.

CAPÍTULO V

Inquérito e procedimento criminal

ARTIGO 53.°
Abertura do inquérito

1 – O procurador, após examinar a informação de que dispõe, abrirá um inquérito, a menos que considere que, nos termos do presente Estatuto, não existe fundamento razoável para proceder ao mesmo. Na sua decisão, o procurador terá em conta se:

a) A informação de que dispõe constitui fundamento razoável para crer que foi, ou está a ser, cometido um crime da competência do Tribunal;

b) O caso é ou seria admissível nos termos do artigo 17.°; e

c) Tendo em consideração a gravidade do crime e os interesses das vítimas, não existirão, contudo, razões substanciais para crer que o inquérito não serve os interesses da justiça.

Se decidir que não há motivo razoável para abrir um inquérito e se esta decisão se basear unicamente no disposto na alínea *c*), o procurador informará o juízo de instrução.

2 – Se, concluído o inquérito, o procurador chegar à conclusão de que não há fundamento suficiente para proceder criminalmente, na medida em que:

a) Não existam elementos suficientes, de facto ou de direito, para requerer a emissão de um mandado de detenção ou notificação para comparência, de acordo com o artigo 58.º;

b) O caso seja inadmissível, de acordo com o artigo 17.º; ou

c) O procedimento não serviria o interesse da justiça, consideradas todas as circunstâncias, tais como a gravidade do crime, os interesses das vítimas e a idade ou o estado de saúde do presumível autor e o grau de participação no alegado crime;

comunicará a sua decisão, devidamente fundamentada, ao juízo de instrução e ao Estado que lhe submeteu o caso, de acordo com o artigo 14.º, ou ao Conselho de Segurança, se se tratar de um caso previsto na alínea *b*) do artigo 13.º

3 – *a*) A pedido do Estado que tiver submetido o caso, nos termos do artigo 14.º, ou do Conselho de Segurança, nos termos da alínea *b*) do artigo 13.º, o juízo de instrução poderá examinar a decisão do procurador de não proceder criminalmente em conformidade com o n.º 1 ou o n.º 2 e solicitar-lhe que reconsidere essa decisão.

b) Além disso, o juízo de instrução poderá, oficiosamente, examinar a decisão do procurador de não proceder criminalmente, se essa decisão se basear unicamente no disposto no n.º 1, alínea *c*), ou no n.º 2, alínea *c*). Nesse caso, a decisão do procurador só produzirá efeitos se confirmada pelo juízo de instrução.

4 – O procurador poderá, a todo o momento, reconsiderar a sua decisão de abrir um inquérito ou proceder criminalmente, com base em novos factos ou novas informações.

ARTIGO 54.º
Funções e poderes do procurador em matéria de inquérito

1 – O procurador deverá:

a) A fim de estabelecer a verdade dos factos, alargar o inquérito a todos os factos e provas pertinentes para a determinação da responsabilidade criminal, em conformidade com o presente Estatuto e, para esse efeito, investigar, de igual modo, as circunstâncias que interessam quer à acusação, quer à defesa;

b) Adoptar as medidas adequadas para assegurar a eficácia do inquérito e do procedimento criminal relativamente aos crimes da jurisdição do Tribunal e, na sua actuação, o procurador terá em conta os interesses e a situação pessoal das vítimas e testemunhas, incluindo a idade, o sexo, tal como definido no n.º 3 do artigo 7.º, e o estado de saúde; terá igualmente em conta a natureza do crime, em particular quando envolva violência sexual, violência por motivos relacionados com a pertença a um determinado sexo e violência contra as crianças; e

c) Respeitar plenamente os direitos conferidos às pessoas pelo presente Estatuto.

2 – O procurador poderá realizar investigações no âmbito de um inquérito no território de um Estado:

a) De acordo com o disposto no capítulo IX; ou

b) Mediante autorização do juízo de instrução, dada nos termos do n.º 3, alínea d), do artigo 57.º

3 – O procurador poderá:

a) Reunir e examinar provas;

b) Convocar e interrogar pessoas objecto de inquérito e convocar e tomar o depoimento de vítimas e testemunhas;

c) Procurar obter a cooperação de qualquer Estado ou organização intergovernamental ou dispositivo intergovernamental, de acordo com a respectiva competência e ou mandato;

d) Celebrar acordos ou convénios compatíveis com o presente Estatuto, que se mostrem necessários para facilitar a cooperação de um Estado, de uma organização intergovernamental ou de uma pessoa;

e) Concordar em não divulgar, em qualquer fase do processo, documentos ou informação que tiver obtido, com a condição de preservar o seu carácter confidencial e com o objectivo único de obter novas provas, a menos que quem tiver facilitado a informação consinta na sua divulgação; e

f) Adoptar ou requerer que se adoptem as medidas necessárias para assegurar o carácter confidencial da informação, a protecção de pessoas ou a preservação da prova.

Direito Internacional Humanitário 413

ARTIGO 55.º
Direitos das pessoas no decurso do inquérito

1 – No decurso de um inquérito aberto nos termos do presente Estatuto:

a) Nenhuma pessoa poderá ser obrigada a depor contra si própria ou a declarar-se culpada;

b) Nenhuma pessoa poderá ser submetida a qualquer forma de coacção, intimidação ou ameaça, tortura ou outras formas de penas ou tratamentos cruéis, desumanos ou degradantes; e

c) Qualquer pessoa que for interrogada numa língua que não compreenda ou não fale fluentemente será assistida, gratuitamente, por um intérprete competente e poderá dispor das traduções necessárias às exigências de equidade;

d) Nenhuma pessoa poderá ser presa ou detida arbitrariamente, nem ser privada da sua liberdade, salvo pelos motivos previstos no presente Estatuto e em conformidade com os procedimentos nele estabelecidos.

2 – Sempre que existam motivos para crer que uma pessoa cometeu um crime da competência do Tribunal e que deve ser interrogada pelo procurador ou pelas autoridades nacionais, em virtude de um pedido feito em conformidade com o disposto no capítulo IX, essa pessoa será informada, antes do interrogatório, de que goza ainda dos seguintes direitos:

a) A ser informada, antes de ser interrogada, de que existem indícios de que cometeu um crime da competência do Tribunal;

b) A guardar silêncio, sem que tal seja tido em consideração para efeitos de determinação da sua culpa ou inocência;

c) A ser assistida por um advogado da sua escolha ou, se não o tiver, a solicitar que lhe seja designado um defensor oficioso, em todas as situações em que o interesse da justiça assim o exija, e sem qualquer encargo se não possuir meios suficientes para lhe pagar; e

d) A ser interrogada na presença de advogado, a menos que tenha renunciado voluntariamente ao direito de ser assistida por um advogado.

ARTIGO 56.º
Intervenção do juízo de instrução em caso de oportunidade única de proceder a um inquérito

1 – a) Sempre que considere que um inquérito oferece uma oportunidade única de recolher depoimentos ou declarações de uma testemunha ou de

examinar, reunir ou verificar provas, o procurador comunicará esse facto ao juízo de instrução;

b) Nesse caso, o juízo de instrução, a pedido do procurador, poderá adoptar as medidas que entender necessárias para assegurar a eficácia e a integridade do processo e, em particular, para proteger os direitos de defesa;

c) Salvo decisão em contrário do juízo de instrução, o procurador transmitirá a informação relevante à pessoa que tenha sido detida, ou que tenha comparecido na sequência de notificação emitida no âmbito do inquérito a que se refere a alínea *a)*, para que possa ser ouvida sobre a matéria em causa.

2 – As medidas a que se faz referência na alínea *b)* do n.º 1 poderão consistir em:

a) Fazer recomendações ou proferir despachos sobre o procedimento a seguir;

b) Ordenar que o processado seja reduzido a auto;

c) Nomear um perito;

d) Autorizar o advogado de defesa do detido, ou de quem tiver comparecido no Tribunal na sequência de notificação, a participar no processo ou, no caso dessa detenção ou comparência não se ter ainda verificado ou não tiver ainda sido designado advogado, a nomear outro defensor que se encarregará dos interesses da defesa e os representará;

e) Encarregar um dos seus membros ou, se necessário, outro juiz disponível da secção de instrução ou da secção de julgamento em 1.ª instância de formular recomendações ou proferir despachos sobre a recolha e a preservação de meios de prova e a inquirição de pessoas;

f) Adoptar todas as medidas necessárias para reunir ou preservar meios de prova.

3 – *a)* Se o procurador não tiver solicitado as medidas previstas no presente artigo mas o juízo de instrução considerar que tais medidas são necessárias para preservar meios de prova que lhe pareçam essenciais para a defesa no julgamento, o juízo consultará o procurador a fim de saber se existem motivos poderosos para este não requerer as referidas medidas. Se, após consulta, o juízo concluir que a omissão de requerimento de tais medidas é injustificada, poderá adoptar essas medidas oficiosamente.

b) O procurador poderá recorrer da decisão tomada pelo juízo de instrução oficiosamente, nos termos do presente número. O recurso seguirá uma forma sumária.

Direito Internacional Humanitário 415

4 – A admissibilidade dos meios de prova preservados ou recolhidos para efeitos do processo ou o respectivo registo, em conformidade com o presente artigo, reger-se-ão, em julgamento, pelo disposto no artigo 69.°, e terão o valor que lhes for atribuído pelo juízo de julgamento em 1.ª instância.

ARTIGO 57.°
Funções e poderes do juízo de instrução

1 – Salvo disposição em contrário do presente Estatuto, o juízo de instrução exercerá as suas funções em conformidade com o presente artigo.

2 – *a)* Para os despachos do juízo de instrução proferidos ao abrigo dos artigos 15.°, 18.°, 19.°, 54.°, n.° 2, 61.°, n.° 7, e 72.°, deve concorrer a maioria de votos dos juízes que o compõem.

b) Em todos os outros casos, um juiz do juízo de instrução agindo a título individual poderá exercer as funções definidas no presente Estatuto, salvo disposição em contrário prevista no Regulamento Processual ou decisão em contrário do juízo de instrução tomada por maioria de votos.

3 – Independentemente das outras funções conferidas pelo presente Estatuto, o juízo de instrução poderá:

a) A pedido do procurador, proferir os despachos e emitir os mandados que se revelem necessários para um inquérito;

b) A pedido de qualquer pessoa que tenha sido detida ou tenha comparecido na sequência de notificação expedida nos termos do artigo 58.°, proferir despachos, incluindo medidas tais como as indicadas no artigo 56.°, ou procurar obter, nos termos do disposto no capítulo IX, a cooperação necessária para auxiliar essa pessoa a preparar a sua defesa;

c) Sempre que necessário, assegurar a protecção e o respeito pela privacidade de vítimas e testemunhas, a preservação da prova, a protecção de pessoas detidas ou que tenham comparecido na sequência de notificação para comparência, assim como a protecção de informação que afecte a segurança nacional;

d) Autorizar o procurador a adoptar medidas específicas, no âmbito de um inquérito, no território de um Estado Parte sem ter obtido a cooperação deste nos termos do disposto no capítulo IX, caso o juízo de instrução determine que, tendo em consideração, na medida do possível, a posição do referido Estado, este último não está manifestamente em condições de satisfazer um pedido de cooperação face à incapacidade de todas as autoridades ou órgãos do seu sistema judiciário com competência para dar seguimento a um pedido de cooperação formulado nos termos do disposto no capítulo IX;

e) Quando tiver emitido um mandado de detenção ou uma notificação para comparência nos termos do artigo 58.°, e tendo em consideração o valor das provas e os direitos das partes em questão, em conformidade com o disposto no presente Estatuto e no Regulamento Processual, procurar obter a cooperação dos Estados, nos termos do n.° 1, alínea *k*), do artigo 93.°, para a adopção de medidas cautelares que visem a apreensão, em particular no interesse superior das vítimas.

ARTIGO 58.°
Mandado de detenção e notificação para comparência do juízo de instrução

1 – A todo o momento após a abertura do inquérito, o juízo de instrução poderá, a pedido do procurador, emitir um mandado de detenção contra uma pessoa se, após examinar o pedido e as provas ou outras informações submetidas pelo procurador, considerar que:

a) Existem motivos suficientes para crer que essa pessoa cometeu um crime da competência do Tribunal; e

b) A detenção dessa pessoa se mostra necessária para:

> *i)* Garantir a sua comparência em tribunal;
>
> *ii)* Garantir que não obstruirá, nem porá em perigo, o inquérito ou a acção do Tribunal; ou
>
> *iii)* Se for o caso, impedir que a pessoa continue a cometer esse crime ou um crime conexo que seja da competência do Tribunal e tenha a sua origem nas mesmas circunstâncias.

2 – Do requerimento do procurador deverão constar os seguintes elementos:

a) O nome da pessoa em causa e qualquer outro elemento útil de identificação;

b) A referência precisa do crime da competência do Tribunal que a pessoa tenha presumivelmente cometido;

c) Uma descrição sucinta dos factos que alegadamente constituem o crime;

d) Um resumo das provas e de qualquer outra informação que constitua motivo suficiente para crer que a pessoa cometeu o crime; e

e) Os motivos pelos quais o procurador considere necessário proceder à detenção daquela pessoa.

3 – Do mandado de detenção deverão constar os seguintes elementos:

a) O nome da pessoa em causa e qualquer outro elemento útil de identificação;

b) A referência precisa do crime da competência do Tribunal que justifique o pedido de detenção; e

c) Uma descrição sucinta dos factos que alegadamente constituem o crime.

4 – O mandado de detenção manter-se-á válido até decisão em contrário do Tribunal.

5 – Com base no mandado de detenção, o Tribunal poderá solicitar a prisão preventiva ou a detenção e entrega da pessoa em conformidade com o disposto no capítulo IX do presente Estatuto.

6 – O procurador poderá solicitar ao juízo de instrução que altere o mandado de detenção no sentido de requalificar os crimes aí indicados ou de adicionar outros. O juízo de instrução alterará o mandado de detenção se considerar que existem motivos suficientes para crer que a pessoa cometeu quer os crimes na forma que se indica nessa requalificação, quer os novos crimes.

7 – O procurador poderá solicitar ao juízo de instrução que, em vez de um mandado de detenção, emita uma notificação para comparência. Se o juízo considerar que existem motivos suficientes para crer que a pessoa cometeu o crime que lhe é imputado e que uma notificação para comparência será suficiente para garantir a sua presença efectiva em tribunal, emitirá uma notificação para que a pessoa compareça, com ou sem a imposição de medidas restritivas de liberdade (distintas da detenção) se previstas no direito interno. Da notificação para comparência deverão constar os seguintes elementos:

a) O nome da pessoa em causa e qualquer outro elemento útil de identificação;

b) A data de comparência;

c) A referência precisa ao crime da competência do Tribunal que a pessoa alegadamente tenha cometido; e

d) Uma descrição sucinta dos factos que alegadamente constituem o crime. Esta notificação será directamente feita à pessoa em causa.

ARTIGO 59.º
Procedimento de detenção no Estado da detenção

1 – O Estado Parte que receber um pedido de prisão preventiva ou de detenção e entrega adoptará imediatamente as medidas necessárias para proceder à detenção, em conformidade com o respectivo direito interno e com o disposto no capítulo IX.

2 – O detido será imediatamente levado à presença da autoridade judiciária competente do Estado da detenção que determinará se, de acordo com a legislação desse Estado:

a) O mandado de detenção é aplicável à pessoa em causa;

b A detenção foi executada de acordo com a lei;

c) Os direitos do detido foram respeitados.

3 – O detido terá direito a solicitar à autoridade competente do Estado da detenção autorização para aguardar a sua entrega em liberdade.

4 – Ao decidir sobre o pedido, a autoridade competente do Estado da detenção determinará se, em face da gravidade dos crimes imputados, se verificam circunstâncias urgentes e excepcionais que justifiquem a liberdade provisória e se existem as garantias necessárias para que o Estado de detenção possa cumprir a sua obrigação de entregar a pessoa ao Tribunal. Essa autoridade não terá competência para examinar se o mandado de detenção foi regularmente emitido, nos termos das alíneas *a)* e *b)* do n.º 1 do artigo 58.º

5 – O pedido de liberdade provisória será notificado ao juízo de instrução, o qual fará recomendações à autoridade competente do Estado da detenção. Antes de tomar uma decisão, a autoridade competente do Estado da detenção terá em conta essas recomendações, incluindo as relativas a medidas adequadas a impedir a fuga da pessoa.

6 – Se a liberdade provisória for concedida, o juízo de instrução poderá solicitar informações periódicas sobre a situação de liberdade provisória.

7 – Uma vez que o Estado da detenção tenha ordenado a entrega, o detido será colocado, o mais rapidamente possível, à disposição do Tribunal.

ARTIGO 60.º
Início da fase instrutória

1 Logo que uma pessoa seja entregue ao Tribunal ou nele compareça voluntariamente em cumprimento de uma notificação para comparência, o juízo de instrução deverá assegurar-se de que essa pessoa foi informada dos crimes que lhe são imputados e dos direitos que o presente Estatuto lhe confere, incluindo o direito de solicitar autorização para aguardar o julgamento em liberdade.

2 – A pessoa objecto de um mandado de detenção poderá solicitar autorização para aguardar julgamento em liberdade. Se o juízo de instrução considerar verificadas as condições enunciadas no n.º 1 do artigo 58.º, a detenção será mantida. Caso contrário, a pessoa será posta em liberdade, com ou sem condições.

3 – O juízo de instrução reexaminará periodicamente a sua decisão quanto à liberdade provisória ou à detenção, podendo fazê-lo a todo o momento, a pedido do procurador ou do interessado. Aquando da revisão, o juízo poderá modificar a sua decisão quanto à detenção, à liberdade provisória ou às condições desta, se considerar que a alteração das circunstâncias o justifica.

Direito Internacional Humanitário 419

4 – O juízo de instrução certificar-se-á de que a detenção não será prolongada por período não razoável devido a demora injustificada da parte do procurador. A produzir-se a referida demora, o Tribunal considerará a possibilidade de pôr o interessado em liberdade, com ou sem condições.

5 – Se necessário, o juízo de instrução poderá emitir um mandado de detenção para garantir a comparência de uma pessoa que tenha sido posta em liberdade.

ARTIGO 61.º
Apreciação da acusação antes do julgamento

1 – Salvo o disposto no n.º 2, e num prazo razoável após a entrega da pessoa ao Tribunal ou a sua comparência voluntária perante este, o juízo de instrução realizará uma audiência para apreciar os factos constantes da acusação com base nos quais o procurador pretende requerer o julgamento. A audiência terá lugar na presença do procurador e do arguido, assim como do defensor deste.

2 – O juízo de instrução, oficiosamente ou a pedido do procurador, poderá realizar a audiência na ausência do arguido, a fim de apreciar os factos constantes da acusação com base nos quais o procurador pretende requerer o julgamento, se o arguido:

a) Tiver renunciado ao seu direito a estar presente; ou

b) Tiver fugido ou não for possível encontrá-lo, tendo sido tomadas todas as medidas razoáveis para assegurar a sua comparência em Tribunal e para o informar dos factos constantes da acusação e da realização de uma audiência para apreciação dos mesmos.

Neste caso, o arguido será representado por um defensor, se o juízo de instrução decidir que tal servirá os interesses da justiça.

3 – Num prazo razoável antes da audiência, o arguido:

a) Receberá uma cópia do documento especificando os factos constantes da acusação com base nos quais o procurador pretende requerer o julgamento; e

b) Será informado das provas que o procurador se propõe apresentar em audiência.

O juízo de instrução poderá proferir despacho sobre a divulgação de informação para efeitos da audiência.

4 – Antes da audiência, o procurador poderá reabrir o inquérito e alterar ou retirar parte dos factos constantes da acusação. O arguido será notificado de

qualquer alteração ou retirada em tempo razoável, antes da realização da audiência. No caso de retirada de parte dos factos constantes da acusação, o procurador informará o juízo de instrução dos motivos da mesma.

5 – Na audiência, o procurador produzirá provas satisfatórias dos factos constantes da acusação, nos quais baseou a sua convicção de que o arguido cometeu o crime que lhe é imputado. O procurador poderá basear-se em provas documentais ou um resumo das provas, não sendo obrigado a chamar as testemunhas que irão depor no julgamento.

6 – Na audiência, o arguido poderá:

a) Contestar as acusações;
b) Impugnar as provas apresentadas pelo procurador; e
c) Apresentar provas.

7 – Com base nos factos apreciados durante a audiência, o juízo de instrução decidirá se existem provas suficientes de que o arguido cometeu os crimes que lhe são imputados. De acordo com essa decisão, o juízo de instrução:

a) Declarará procedente a acusação na parte relativamente à qual considerou terem sido reunidas provas suficientes e remeterá o arguido para o juízo de julgamento em 1.ª instância, a fim de aí ser julgado pelos factos confirmados;
b) Não declarará procedente a acusação na parte relativamente à qual considerou não terem sido reunidas provas suficientes;
c) Adiará a audiência e solicitará ao procurador que considere a possibilidade de:

   i) Apresentar novas provas ou efectuar novo inquérito relativamente a um determinado facto constante da acusação; ou
   ii) Modificar parte da acusação, se as provas reunidas parecerem indicar que um crime distinto, da competência do Tribunal, foi cometido.

8 – A declaração de não procedência relativamente a parte de uma acusação, proferida pelo juízo de instrução, não obstará a que o procurador solicite novamente a sua apreciação, na condição de apresentar provas adicionais.

9 – Tendo os factos constantes da acusação sido declarados procedentes, e antes do início do julgamento, o procurador poderá, mediante autorização do juízo de instrução e notificação prévia do arguido, alterar alguns factos constantes da acusação. Se o procurador pretender acrescentar novos factos ou substituí-los por outros de natureza mais grave, deverá, nos termos do presente artigo, requerer uma audiência para a respectiva apreciação. Após o início do julga-

mento, o procurador poderá retirar a acusação, com autorização do juízo de instrução.

10 – Qualquer mandado emitido deixará de ser válido relativamente aos factos constantes da acusação que tenham sido declarados não procedentes pelo juízo de instrução ou que tenham sido retirados pelo procurador.

11 – Tendo a acusação sido declarada procedente nos termos do presente artigo, a Presidência designará um juízo de julgamento em 1.ª instância que, sob reserva do disposto no n.º 9 do presente artigo e no n.º 4 do artigo 64.º, se encarregará da fase seguinte do processo e poderá exercer as funções do juízo de instrução que se mostrem pertinentes e apropriadas nessa fase do processo.

CAPÍTULO VI
O julgamento

ARTIGO 62.º
Local do julgamento

Salvo decisão em contrário, o julgamento terá lugar na sede do Tribunal.

ARTIGO 63.º
Presença do arguido em julgamento

1 – O arguido terá de estar presente durante o julgamento.

2 – Se o arguido, presente em tribunal, perturbar persistentemente a audiência, o juízo de julgamento em 1.ª instância poderá ordenar a sua remoção da sala e providenciar para que acompanhe o processo e dê instruções ao seu defensor a partir do exterior da mesma, utilizando, se necessário, meios técnicos de comunicação. Estas medidas só serão adoptadas em circunstâncias excepcionais e pelo período estritamente necessário, após se terem esgotado outras possibilidades razoáveis.

ARTIGO 64.º
Funções e poderes do juízo de julgamento em 1.ª instância

1 – As funções e poderes do juízo de julgamento em 1.ª instância enunciadas no presente artigo deverão ser exercidas em conformidade com o presente Estatuto e o Regulamento Processual.

2 – O juízo de julgamento em 1.ª instância zelará para que o julgamento seja conduzido de maneira equitativa e célere, com total respeito pelos direitos do arguido e tendo em devida conta a protecção das vítimas e testemunhas.

3 – O juízo de julgamento em 1.ª instância a que seja submetido um caso nos termos do presente Estatuto:

a) Consultará as partes e adoptará as medidas necessárias para que o processo se desenrole de maneira equitativa e célere;

b) Determinará qual a língua, ou quais as línguas, a utilizar no julgamento; e

c) Sob reserva de qualquer outra disposição pertinente do presente Estatuto, providenciará pela revelação de quaisquer documentos ou de informação que não tenha sido divulgada anteriormente, com suficiente antecedência relativamente ao início do julgamento, a fim de permitir a sua preparação adequada para o julgamento.

4 – O juízo de julgamento em 1.ª instância poderá, se se mostrar necessário para o seu funcionamento eficaz e imparcial, remeter questões preliminares ao juízo de instrução ou, se necessário, a um outro juiz disponível da secção de instrução.

5 – Mediante notificação às partes, o juízo de julgamento em 1.ª instância poderá, conforme se lhe afigure mais adequado, ordenar que as acusações contra mais de um arguido sejam deduzidas conjunta ou separadamente.

6 – No desempenho das suas funções, antes ou no decurso de um julgamento, o juízo de julgamento em 1.ª instância poderá, se necessário:

a) Exercer qualquer uma das funções do juízo de instrução consignadas no n.° 11 do artigo 61.°;

b) Ordenar a comparência e a audição de testemunhas e a apresentação de documentos e outras provas, obtendo para tal, se necessário, o auxílio de outros Estados, conforme previsto no presente Estatuto;

c) Adoptar medidas para a protecção da informação confidencial;

d) Ordenar a apresentação de provas adicionais às reunidas antes do julgamento ou às apresentadas no decurso do julgamento pelas partes;

e) Adoptar medidas para a protecção do arguido, testemunhas e vítimas; e

f) Decidir sobre qualquer outra questão pertinente.

7 – A audiência de julgamento será pública. No entanto, o juízo de julgamento em 1.ª instância poderá decidir que determinadas diligências se efectuem à porta fechada, em conformidade com os fins enunciados no artigo 68.° ou com vista a proteger informação de carácter confidencial ou restrita que venha a ser apresentada como prova.

8 – a) No início da audiência de julgamento, o juízo de julgamento em 1.ª instância ordenará a leitura ao arguido dos factos constantes da acusação previamente confirmados pelo juízo de instrução. O juízo de julgamento em 1.ª instância deverá certificar-se de que o arguido com

preende a natureza dos factos que lhe são imputados e dar-lhe a oportunidade de os confessar, de acordo com o disposto no artigo 65.º, ou de se declarar inocente.

b) Durante o julgamento, o juiz-presidente pode dar instruções sobre a condução da audiência, nomeadamente para assegurar que esta se desenrole de maneira equitativa e imparcial. Salvo qualquer orientação do juiz-presidente, as partes poderão apresentar provas em conformidade com as disposições do presente Estatuto.

9 – O juízo de julgamento em 1.ª instância poderá, oficiosamente ou a pedido de uma das partes, a saber:

a) Decidir sobre a admissibilidade ou pertinência das provas; e
b) Tomar todas as medidas necessárias para manter a ordem na audiência.

10 – O juízo de julgamento em 1.ª instância providenciará para que o secretário proceda a um registo completo da audiência de julgamento onde sejam fielmente relatadas todas as diligências efectuadas, registo que deverá manter e preservar.

ARTIGO 65.º
Procedimento em caso de confissão

1 – Se o arguido confessar nos termos do n.º 8, alínea a), do artigo 64.º, o juízo de julgamento em 1.ª instância apurará:

a) Se o arguido compreende a natureza e as consequências da sua confissão;
b) Se essa confissão foi feita livremente, após devida consulta ao seu advogado de defesa; e
c) Se a confissão é corroborada pelos factos que resultam:

   i) Da acusação deduzida pelo procurador e aceite pelo arguido;
   ii) De quaisquer meios de prova que confirmam os factos constantes da acusação deduzida pelo procurador e aceite pelo arguido; e
   iii) De quaisquer outros meios de prova, tais como depoimentos de testemunhas, apresentados pelo procurador ou pelo arguido.

2 – Se o juízo de julgamento em 1.ª instância estimar que estão reunidas as condições referidas no n.º 1, considerará que a confissão, juntamente com quaisquer provas adicionais produzidas, constitui um reconhecimento de todos os elementos essenciais constitutivos do crime pelo qual o arguido se declarou culpado e poderá condená-lo por esse crime.

3 – Se o juízo de julgamento em 1.ª instância estimar que não estão reunidas as condições referidas no n.º 1, considerará a confissão como não tendo tido lugar

e, nesse caso, ordenará que o julgamento prossiga de acordo com o procedimento comum estipulado no presente Estatuto, podendo transmitir o processo a outro juízo de julgamento em 1.ª instância.

4 – Se o juízo de julgamento em 1.ª instância considerar necessária, no interesse da justiça, e em particular no interesse das vítimas, uma explanação mais detalhada dos factos integrantes do caso, poderá:

a) Solicitar ao procurador que apresente provas adicionais, incluindo depoimentos de testemunhas; ou

b) Ordenar que o processo prossiga de acordo com o procedimento comum estipulado no presente Estatuto, caso em que considerará a confissão como não tendo tido lugar e poderá transmitir o processo a outro juízo de julgamento em 1.ª instância.

5 – Quaisquer consultas entre o procurador e a defesa, no que diz respeito à alteração dos factos constantes da acusação, à confissão ou à pena a ser imposta não vincularão o Tribunal.

ARTIGO 66.º
Presunção de inocência

1 – Toda a pessoa se presume inocente até prova da sua culpa perante o Tribunal, de acordo com o direito aplicável.

2 – Incumbe ao procurador o ónus da prova da culpa do arguido.

3 – Para proferir sentença condenatória, o Tribunal deve estar convencido de que o arguido é culpado, para além de qualquer dúvida razoável.

ARTIGO 67.º
Direitos do arguido

1 – Durante a apreciação de quaisquer factos constantes da acusação, o arguido tem direito a ser ouvido em audiência pública, tendo em conta o disposto no presente Estatuto, a uma audiência conduzida de forma equitativa e imparcial e às seguintes garantias mínimas, em situação de plena igualdade:

a) A ser informado, sem demora e de forma detalhada, numa língua que compreenda e fale fluentemente, da natureza, motivo e conteúdo dos factos que lhe são imputados;

b) A dispor de tempo e de meios adequados para a preparação da sua defesa e a comunicar livre e confidencialmente com um defensor da sua escolha;

c) A ser julgado sem atrasos indevidos;

d) Salvo o disposto no n.º 2 do artigo 63.º, o arguido terá direito a estar presente na audiência de julgamento e a defender-se a si próprio ou a ser assistido por um defensor da sua escolha; se não o tiver, a ser informado do direito de o tribunal lhe nomear um defensor sempre que o interesse da justiça o exija, sendo tal assistência gratuita se o arguido carecer de meios suficientes para remunerar o defensor assim nomeado;

e) A inquirir ou a fazer inquirir as testemunhas de acusação e a obter a comparência das testemunhas de defesa e a inquirição destas nas mesmas condições que as testemunhas de acusação. O arguido terá também direito a apresentar defesa e a oferecer qualquer outra prova admissível, de acordo com o presente Estatuto; ·

f) A ser assistido gratuitamente por um intérprete competente e a serem-lhe facultadas as traduções necessárias que a equidade exija, se não compreender perfeitamente ou não falar a língua utilizada em qualquer acto processual ou documento produzido em tribunal;

g) A não ser obrigado a depor contra si próprio, nem a declarar-se culpado, e a guardar silêncio, sem que este seja tido em conta na determinação da sua culpa ou inocência;

h) A prestar declarações não ajuramentadas, oralmente ou por escrito, em sua defesa; e

i) A que lhe não seja imposta quer a inversão do ónus da prova, quer a impugnação.

2 – Para além de qualquer outra revelação de informação prevista no presente Estatuto, o procurador comunicará à defesa, logo que possível, as provas que tenha em seu poder ou sob o seu controlo e que, no seu entender, revelem ou tendam a revelar a inocência do arguido, ou a atenuar a sua culpa, ou que possam afectar a credibilidade das provas da acusação. Em caso de dúvida relativamente à aplicação do presente número, cabe ao Tribunal decidir.

ARTIGO 68.º
**Protecção das vítimas e das testemunhas
e sua participação no processo**

1 – O Tribunal adoptará as medidas adequadas para garantir a segurança, o bem-estar físico e psicológico, a dignidade e a vida privada das vítimas e testemunhas. Para tal, o Tribunal terá em conta todos os factores pertinentes, incluindo a idade, o sexo, tal como definido no n.º 3 do artigo 7.º, e o estado de saúde, assim como a natureza do crime, em particular, mas não apenas quando este envolva elementos de violência sexual, de violência relacionada com a pertença a um determinado sexo ou de violência contra crianças. O procurador adoptará estas medidas, nomeadamente durante o inquérito e o procedimento criminal. Tais medidas não

poderão prejudicar nem ser incompatíveis com os direitos do arguido ou com a realização de um julgamento equitativo e imparcial.

2 – Enquanto excepção ao princípio do carácter público das audiências estabelecido no artigo 67.°, qualquer um dos juízos que compõem o Tribunal poderá, a fim de proteger as vítimas e as testemunhas ou o arguido, decretar que um acto processual se realize, no todo ou em parte, à porta fechada ou permitir a produção de prova por meios electrónicos ou outros meios especiais. Estas medidas aplicar-se-ão, nomeadamente, no caso de uma vítima de violência sexual ou de um menor que seja vítima ou testemunha, salvo decisão em contrário adoptada pelo Tribunal, ponderadas todas as circunstâncias, particularmente a opinião da vítima ou da testemunha.

3 – Se os interesses pessoais das vítimas forem afectados, o Tribunal permitir--lhes-á que expressem as suas opiniões e preocupações em fase processual que entenda apropriada e por forma a não prejudicar os direitos do arguido nem a ser incompatível com estes ou com a realização de um julgamento equitativo e imparcial. Os representantes legais das vítimas poderão apresentar as referidas opiniões e preocupações quando o Tribunal o considerar oportuno e em conformidade com o Regulamento Processual.

4 – A Unidade de Apoio às Vítimas e Testemunhas poderá aconselhar o procurador e o Tribunal relativamente a medidas adequadas de protecção, mecanismos de segurança, assessoria e assistência a que se faz referência no n.° 6 do artigo 43.°

5 – Quando a divulgação de provas ou de informação, de acordo com o presente Estatuto, representar um grave perigo para a segurança de uma testemunha ou da sua família, o procurador poderá, para efeitos de qualquer diligência anterior ao julgamento, não apresentar as referidas provas ou informação, mas antes um resumo das mesmas. As medidas desta natureza deverão ser postas em prática de uma forma que não seja prejudicial aos direitos do arguido ou incompatível com estes e com a realização de um julgamento equitativo e imparcial.

6 – Qualquer Estado poderá solicitar que sejam tomadas as medidas necessárias para assegurar a protecção dos seus funcionários ou agentes, bem como a protecção de toda a informação de carácter confidencial ou restrito.

ARTIGO 69.°
Prova

1 – Em conformidade com o Regulamento Processual e antes de depor, qualquer testemunha se comprometerá a fazer o seu depoimento com verdade.

2 – A prova testemunhal deverá ser prestada pela própria pessoa no decurso do julgamento, salvo quando se apliquem as medidas estabelecidas no artigo 68.°

ou no Regulamento Processual. De igual modo, o Tribunal poderá permitir que uma testemunha preste declarações oralmente ou por meio de gravação em vídeo ou áudio, ou que sejam apresentados documentos ou transcrições escritas, nos termos do presente Estatuto e de acordo com o Regulamento Processual. Estas medidas não poderão prejudicar os direitos do arguido, nem ser incompatíveis com eles.

3 – As partes poderão apresentar provas que interessem ao caso, nos termos do artigo 64.º O Tribunal será competente para solicitar oficiosamente a produção de todas as provas que entender necessárias para determinar a veracidade dos factos.

4 – O Tribunal poderá decidir sobre a relevância ou admissibilidade de qualquer prova, tendo em conta, entre outras coisas, o seu valor probatório e qualquer prejuízo que possa acarretar para a realização de um julgamento equitativo ou para a avaliação equitativa dos depoimentos de uma testemunha, em conformidade com o Regulamento Processual.

5 – O Tribunal respeitará e atenderá aos privilégios de confidencialidade estabelecidos no Regulamento Processual.

6 – O Tribunal não exigirá prova dos factos do domínio público, mas poderá fazê-los constar dos autos.

7 – Não serão admissíveis as provas obtidas com violação do presente Estatuto ou das normas de direitos humanos internacionalmente reconhecidas quando:

a) Essa violação suscite sérias dúvidas sobre a fiabilidade das provas; ou

b) A sua admissão atente contra a integridade do processo ou resulte em grave prejuízo deste.

8 – O Tribunal, ao decidir sobre a relevância ou admissibilidade das provas apresentadas por um Estado, não poderá pronunciar-se sobre a aplicação do Direito Interno desse Estado.

ARTIGO 70.º
Infracções contra a administração da justiça

1 – O Tribunal terá competência para conhecer das seguintes infracções contra a sua administração da justiça, quando cometidas intencionalmente:

a) Prestação de falso testemunho, quando há a obrigação de dizer a verdade, de acordo com o n.º 1 do artigo 69.º;

b) Apresentação de provas, tendo a parte conhecimento de que são falsas ou que foram falsificadas;

c) Suborno de uma testemunha, impedimento ou interferência na sua comparência ou depoimento, represálias contra uma testemunha por esta ter prestado depoimento, destruição ou alteração de provas ou interferência nas diligências de obtenção de prova;

d) Entrave, intimidação ou corrupção de um funcionário do Tribunal, com a finalidade de o obrigar ou o induzir a não cumprir as suas funções ou a fazê-lo de maneira indevida;

e) Represálias contra um funcionário do Tribunal, em virtude das funções que ele ou outro funcionário tenham desempenhado; e

f) Solicitação ou aceitação de suborno na qualidade de funcionário do Tribunal, e em relação com o desempenho das respectivas funções oficiais.

2 – O Regulamento Processual estabelecerá os princípios e procedimentos que regularão o exercício da competência do Tribunal relativamente às infracções a que se faz referência no presente artigo. As condições de cooperação internacional com o Tribunal, relativamente ao procedimento que adopte de acordo com o presente artigo, reger-se-ão pelo direito interno do Estado requerido.

3 – Em caso de decisão condenatória, o Tribunal poderá impor uma pena de prisão não superior a cinco anos, ou uma multa, de acordo com o Regulamento Processual, ou ambas.

4 – *a)* Cada Estado Parte tornará extensivas as normas penais de Direito Interno que punem as infracções contra a realização da justiça às infracções contra a administração da justiça a que se faz referência no presente artigo, e que sejam cometidas no seu território ou por um dos seus nacionais;

b) A pedido do Tribunal, qualquer Estado Parte submeterá, sempre que o entender necessário, o caso à apreciação das suas autoridades competentes para fins de procedimento criminal. Essas autoridades conhecerão do caso com diligência e accionarão os meios necessários para a sua eficaz condução.

ARTIGO 71.º
Sanções por desrespeito ao Tribunal

1 – Em caso de comportamento em desrespeito ao Tribunal, tal como perturbar a audiência ou recusar-se deliberadamente a cumprir as suas instruções, o Tribunal poderá impor sanções administrativas que não impliquem privação de liberdade, como, por exemplo, a expulsão temporária ou permanente da sala de audiências, a multa ou outra medida similar prevista no Regulamento Processual.

2 – O processo de imposição das medidas a que se refere o número anterior reger-se-á pelo Regulamento Processual.

Direito Internacional Humanitário

ARTIGO 72.º
Protecção de informação relativa à segurança nacional

1 – O presente artigo aplicar-se-á a todos os casos em que a divulgação de informação ou de documentos de um Estado possa, no entender deste, afectar os interesses da sua segurança nacional. Tais casos incluem os abrangidos pelas disposições constantes dos n.ºs 2 e 3 do artigo 56.º, do n.º 3 do artigo 61.º, do n.º 3 do artigo 64.º, do n.º 2 do artigo 67.º, do n.º 6 do artigo 68.º, do n.º 6 do artigo 87.º e do artigo 93.º, assim como os que se apresentem em qualquer outra fase do processo em que uma tal divulgação possa estar em causa.

2 – O presente artigo aplicar-se-á igualmente aos casos em que uma pessoa, a quem tenha sido solicitada a prestação de informação ou provas, se tenha recusado a apresentá-las ou tenha entregue a questão ao Estado, invocando que tal divulgação afectaria os interesses da segurança nacional do Estado, e o Estado em causa confirme que, no seu entender, essa divulgação afectaria os interesses da sua segurança nacional.

3 – Nada no presente artigo afectará os requisitos de confidencialidade a que se referem as alíneas *e)* e *f)* do n.º 3 do artigo 54.º, nem a aplicação do artigo 73.º

4 – Se um Estado tiver conhecimento de que informações ou documentos do Estado estão a ser, ou poderão vir a ser, divulgados em qualquer fase do processo, e considerar que essa divulgação afectaria os seus interesses de segurança nacional, tal Estado terá o direito de intervir com vista a ver resolvida esta questão em conformidade com o presente artigo.

5 – O Estado que considere que a divulgação de determinada informação poderá afectar os seus interesses de segurança nacional adoptará, em conjunto com o procurador, a defesa, o juízo de instrução ou o juízo de julgamento em primeira instância, conforme o caso, todas as medidas razoavelmente possíveis para encontrar uma solução através da concertação. Estas medidas poderão incluir:

a) A alteração ou a clarificação dos motivos do pedido;
b) Uma decisão do Tribunal relativa à relevância das informações ou dos elementos de prova solicitados, ou uma decisão sobre se as provas, ainda que relevantes, não poderiam ser ou ter sido obtidas junto de fonte distinta do Estado requerido;
c) A obtenção da informação ou de provas de fonte distinta ou numa forma diferente; ou
d) Um acordo sobre as condições em que a assistência poderá ser prestada, incluindo, entre outras, a disponibilização de resumos ou exposições, restrições à divulgação, recurso ao procedimento à porta fechada ou à revelia

de uma das parte, ou aplicação de outras medidas de protecção permitidas pelo Estatuto ou pelo Regulamento Processual.

6 – Realizadas todas as diligências razoavelmente possíveis com vista a resolver a questão por meio de concertação, e se o Estado considerar não haver meios nem condições para que as informações ou os documentos possam ser facultados ou revelados sem prejuízo dos seus interesses de segurança nacional, notificará o procurador ou o Tribunal nesse sentido, indicando as razões precisas que fundamentaram a sua decisão, a menos que a descrição específica dessas razões prejudique, necessariamente, os interesses de segurança nacional do Estado.

7 – Posteriormente, se decidir que a prova é relevante e necessária para a determinação da culpa ou inocência do arguido, o Tribunal poderá adoptar as seguintes medidas:

a) Quando a divulgação da informação ou do documento for solicitada no âmbito de um pedido de cooperação, nos termos da capítulo IX do presente Estatuto ou nas circunstâncias a que se refere o n.º 2 do presente artigo, e o Estado invocar o motivo de recusa estatuído no n.º 4 do artigo 93.º:

   i) O Tribunal poderá, antes de chegar a qualquer uma das conclusões a que se refere a subalínea *ii)* da alínea *a)* do n.º 7, solicitar consultas suplementares com o fim de ouvir o Estado, incluindo, se for caso disso, a sua realização à porta fechada ou à revelia de uma das partes;

   ii) Se o Tribunal concluir que, ao invocar o motivo de recusa estatuído no n.º 4 do artigo 93.º, dadas as circunstâncias do caso, o Estado requerido não está a actuar de harmonia com as obrigações impostas pelo presente Estatuto, poderá remeter a questão nos termos do n.º 7 do artigo 87.º, especificando as razões da sua conclusão; e

   iii) O Tribunal poderá tirar as conclusões que entender apropriadas, em razão das circunstâncias, ao julgar o arguido, quanto à existência ou inexistência de um facto; ou

b) Em todas as restantes circunstâncias:

   i) Ordenar a revelação; ou

   ii) Se não ordenar a revelação, inferir, no julgamento do arguido, quanto à existência ou inexistência de um facto, conforme se mostrar apropriado.

ARTIGO 73.º
Informação ou documentos disponibilizados por terceiros

Se um Estado Parte receber um pedido do Tribunal para que lhe forneça uma informação ou um documento que esteja sob sua custódia, posse ou controlo,

Direito Internacional Humanitário 431

e que lhe tenha sido comunicado a título confidencial por um Estado, uma organização intergovernamental ou uma organização internacional, tal Estado Parte deverá obter o consentimento do seu autor para a divulgação dessa informação ou documento. Se o autor for um Estado Parte, este poderá consentir em divulgar a referida informação ou documento ou comprometer-se a resolver a questão com o Tribunal, salvaguardando-se o disposto no artigo 72.° Se o autor não for um Estado Parte e não consentir em divulgar a informação ou o documento, o Estado requerido comunicará ao Tribunal que não lhe será possível fornecer a informação ou o documento em causa, devido à obrigação previamente assumida com o respectivo autor de preservar o seu carácter confidencial.

ARTIGO 74.°
Requisitos para a decisão

1 – Todos os juízes do juízo de julgamento em 1.ª instância estarão presentes em cada uma das fases do julgamento e nas deliberações. A Presidência poderá designar, caso a caso, um ou vários juízes substitutos, em função das disponibilidades, para estarem presentes em todas as fases do julgamento, bem como para substituírem qualquer membro do juízo de julgamento em 1.ª instância que se encontre impossibilitado de continuar a participar no julgamento.

2 – O juízo de julgamento em 1.ª instância fundamentará a sua decisão com base na apreciação das provas e do processo no seu conjunto. A decisão não exorbitará dos factos e circunstâncias descritos na acusação ou nas alterações que lhe tenham sido feitas. O Tribunal fundamentará a sua decisão exclusivamente nas provas produzidas ou examinadas em audiência de julgamento.

3 – Os juízes procurarão tomar uma decisão por unanimidade e, não sendo possível, por maioria.

4 – As deliberações do juízo de julgamento em 1.ª instância serão e permanecerão secretas.

5 – A decisão será proferida por escrito e conterá uma exposição completa e fundamentada da apreciação das provas e as conclusões do juízo de julgamento em 1.ª instância. Será proferida uma só decisão pelo juízo de julgamento em 1.ª instância. Se não houver unanimidade, a decisão do juízo de julgamento em 1.ª instância conterá as opiniões tanto da maioria como da minoria de juízes. A leitura da decisão ou de uma sua súmula far-se-á em audiência pública.

ARTIGO 75.°
Reparação em favor das vítimas

1 – O Tribunal estabelecerá princípios aplicáveis às formas de reparação, tais como a restituição, a indemnização ou a reabilitação, que hajam de ser atribuídas

às vítimas ou aos titulares desse direito. Nesta base, o Tribunal poderá, oficiosamente ou a requerimento, em circunstâncias excepcionais, determinar a extensão e o nível dos danos, da perda ou do prejuízo causados às vítimas ou aos titulares do direito à reparação, com a indicação dos princípios nos quais fundamentou a sua decisão.

2 – O Tribunal poderá lavrar despacho contra a pessoa condenada, no qual determinará a reparação adequada a ser atribuída às vítimas ou aos titulares de tal direito. Esta reparação poderá, nomeadamente, assumir a forma de restituição, indemnização ou reabilitação. Se for caso disso, o Tribunal poderá ordenar que a indemnização atribuída a título de reparação seja paga por intermédio do Fundo previsto no artigo 79.º

3 – Antes de lavrar qualquer despacho ao abrigo do presente artigo, o Tribunal poderá solicitar e tomar em consideração as pretensões formuladas pela pessoa condenada, pelas vítimas, por outras pessoas interessadas ou por outros Estados interessados, bem como as observações formuladas em nome dessas pessoas ou desses Estados.

4 – Ao exercer os poderes conferidos pelo presente artigo, o Tribunal poderá, após a condenação por crime que releve da sua competência, determinar se, para fins de aplicação dos despachos que lavrar ao abrigo do presente artigo, será necessário tomar quaisquer medidas em conformidade com o n.º 1 do artigo 93.º

5 – Os Estados Partes observarão as decisões proferidas nos termos deste artigo como se as disposições do artigo 109.º se aplicassem ao presente artigo.

6 – Nada no presente artigo será interpretado como prejudicando os direitos reconhecidos às vítimas pelo direito interno ou internacional.

ARTIGO 76.º
Aplicação da pena

1 – Em caso de condenação, o juízo de julgamento em 1.ª instância determinará a pena a aplicar tendo em conta os elementos de prova e as exposições relevantes produzidos no decurso do julgamento.

2 – Salvo nos casos em que seja aplicado o artigo 65.º e antes de concluído o julgamento, o juízo de julgamento em 1.ª instância poderá, oficiosamente, e deverá, a requerimento do procurador ou do arguido, convocar uma audiência suplementar, a fim de conhecer de quaisquer novos elementos de prova ou exposições relevantes para a determinação da pena, de harmonia com o Regulamento Processual.

3 – Sempre que o n.º 2 for aplicável, as pretensões previstas no artigo 75.º serão ouvidas pelo juízo de julgamento em 1.ª instância no decorrer da audiência

Direito Internacional Humanitário   433

suplementar referida no n.º 2 e, se necessário, no decorrer de qualquer nova audiência.

4 – A sentença será proferida em audiência pública e, sempre que possível, na presença do arguido.

CAPÍTULO VII

As penas

ARTIGO 77.º
Penas aplicáveis

1 – Sem prejuízo do disposto no artigo 110.º, o Tribunal pode impor à pessoa condenada por um dos crimes previstos no artigo 5.º do presente Estatuto uma das seguintes penas:

a) Pena de prisão por um número determinado de anos, até ao limite máximo de 30 anos; ou

b) Pena de prisão perpétua, se o elevado grau da ilicitude do facto e as condições pessoais do condenado o justificarem.

2 – Além da pena de prisão, o Tribunal poderá aplicar:

a) Uma multa, de acordo com os critérios previstos no Regulamento Processual;

b) A perda de produtos, bens e haveres provenientes, directa ou indirectamente, do crime, sem prejuízo dos direitos de terceiros que tenham agido de boa fé.

ARTIGO 78.º
Determinação da pena

1 – Na determinação da pena, o Tribunal atenderá, de harmonia com o Regulamento Processual, a factores tais como a gravidade do crime e as condições pessoais do condenado.

2 – O Tribunal descontará, na pena de prisão que vier a aplicar, o período durante o qual o arguido esteve sob detenção por ordem daquele. O Tribunal poderá ainda descontar qualquer outro período de detenção que tenha sido cumprido em razão de uma conduta constitutiva do crime.

3 – Se uma pessoa for condenada pela prática de vários crimes, o Tribunal aplicará penas de prisão parcelares relativamente a cada um dos crimes e uma pena

única, na qual será especificada a duração total da pena de prisão. Esta duração não poderá ser inferior à da pena parcelar mais elevada e não poderá ser superior a 30 anos de prisão ou ir além da pena de prisão perpétua prevista no artigo 77.º, n.º 1, alínea *b*).

ARTIGO 79.º
Fundo a favor das vítimas

1 – Por decisão da Assembleia dos Estados Partes, será criado um fundo a favor das vítimas de crimes da competência do Tribunal, bem como das respectivas famílias.

2 – O Tribunal poderá ordenar que o produto das multas e quaisquer outros bens declarados perdidos revertam para o fundo.

3 – O fundo será gerido de harmonia com os critérios a serem adoptados pela Assembleia dos Estados Partes.

ARTIGO 80.º
**Não interferência no regime de aplicação de penas nacionais
e nos direitos internos**

Nada no presente capítulo prejudicará a aplicação, pelos Estados, das penas previstas nos respectivos direitos internos, ou a aplicação da legislação de Estados que não preveja as penas referidas neste capítulo.

CAPÍTULO VIII

Recurso e revisão

ARTIGO 81.º
Recurso da sentença condenatória ou absolutória ou da pena

1 – A sentença proferida nos termos do artigo 74.º é recorrível em conformidade com o disposto no Regulamento Processual, nos seguintes termos:

a) O procurador poderá interpor recurso com base num dos seguintes fundamentos:

  i) Vício processual;
  ii) Erro de facto; ou
  iii) Erro de Direito;

b) O condenado, ou o procurador no interesse daquele, poderá interpor recurso com base num dos seguintes fundamentos:

  i) Vício processual;
  ii) Erro de facto;
  iii) Erro de Direito; ou
  iv) Qualquer outro motivo susceptível de afectar a equidade ou a regularidade do processo ou da sentença.

2 – *a)* O procurador ou o condenado poderá, em conformidade com o Regulamento Processual, interpor recurso da pena decretada invocando desproporção entre esta e o crime.

b) Se, ao conhecer de recurso interposto da pena decretada, o Tribunal considerar que há fundamentos susceptíveis de justificar a anulação, no todo ou em parte, da sentença condenatória, poderá convidar o procurador e o condenado a motivarem a sua posição nos termos das alíneas *a)* ou *b)* do n.º 1 do artigo 81.º, após o que poderá pronunciar-se sobre a sentença condenatória nos termos do artigo 83.º

c) O mesmo procedimento será aplicado sempre que o Tribunal, ao conhecer de recurso interposto unicamente da sentença condenatória, considerar haver fundamentos comprovativos de uma redução da pena nos termos da alínea *a)* do n.º 2.

3 – *a)* Salvo decisão em contrário do juízo de julgamento em 1.ª instância, o condenado permanecerá sob prisão preventiva durante a tramitação do recurso.

b) Se o período de prisão preventiva ultrapassar a duração da pena decretada, o condenado será posto em liberdade; todavia, se o procurador também interpuser recurso, a libertação ficará sujeita às condições enunciadas na alínea *c)* infra.

c) Em caso de absolvição, o arguido será imediatamente posto em liberdade, sem prejuízo das seguintes condições:

  i) Em circunstâncias excepcionais e tendo em conta, nomeadamente, o risco de fuga, a gravidade da infracção e as probabilidades de o recurso ser julgado procedente, o juízo de julgamento em 1.ª instância poderá, a requerimento do procurador, ordenar que o arguido seja mantido em regime de prisão preventiva durante a tramitação do recurso;
  ii) A decisão proferida pelo juízo de julgamento em 1.ª instância nos termos da subalínea *i)* será recorrível de harmonia com o Regulamento Processual.

4 – Sem prejuízo do disposto nas alíneas *a*) e *b*) do n.º 3, a execução da sentença condenatória ou da pena ficará suspensa pelo período fixado para a interposição do recurso, bem como durante a fase de tramitação do recurso.

ARTIGO 82.º
Recurso de outras decisões

1 – Em conformidade com o Regulamento Processual, qualquer uma das Partes poderá recorrer das seguintes decisões:

a) Decisão sobre a competência ou sobre a admissibilidade do caso;
b) Decisão que autorize ou recuse a libertação da pessoa objecto de inquérito ou de procedimento criminal;
c) Decisão do juízo de instrução de agir por iniciativa própria, nos termos do n.º 3 do artigo 56.º;
d) Decisão relativa a uma questão susceptível de afectar significativamente a tramitação equitativa e célere do processo ou o resultado do julgamento, e cuja resolução imediata pelo juízo de recursos poderia, no entender do juízo de instrução ou do juízo de julgamento em 1.ª instância, acelerar a marcha do processo.

2 – Quer o Estado interessado quer o procurador poderão recorrer da decisão proferida pelo juízo de instrução, mediante autorização deste, nos termos do artigo 57.º, n.º 3, alínea *d*). Este recurso seguirá uma forma sumária.

3 – O recurso só terá efeito suspensivo se o juízo de recursos assim o ordenar, mediante requerimento, em conformidade com o Regulamento Processual.

4 – O representante legal das vítimas, o condenado ou o proprietário de boa fé de bens que hajam sido afectados por um despacho proferido ao abrigo do artigo 75.º poderá recorrer de tal despacho, em conformidade com o Regulamento Processual.

ARTIGO 83.º
Processo sujeito a recurso

1 – Para os fins do disposto no artigo 81.º e no presente artigo, o juízo de recursos terá todos os poderes conferidos ao juízo de julgamento em 1.ª instância.

2 – Se o juízo de recursos concluir que o processo sujeito a recurso enferma de vícios tais que afectem a regularidade da decisão ou da sentença, ou que a decisão ou a sentença recorridas estão materialmente afectadas por erros de facto ou de direito, ou vício processual, ela poderá:

a) Anular ou modificar a decisão ou a pena; ou

b) Ordenar um novo julgamento perante um outro juízo de julgamento em 1.ª instância.

Para os fins mencionados, poderá o juízo de recursos reenviar uma questão de facto para o juízo de julgamento em 1.ª instância à qual foi submetida originariamente, a fim de que esta decida a questão e lhe apresente um relatório, ou pedir, ela própria, elementos de prova para decidir. Tendo o recurso da decisão ou da pena sido interposto somente pelo condenado, ou pelo procurador no interesse daquele, não poderão aquelas ser modificadas em prejuízo do condenado.

3 – Se, ao conhecer do recurso de uma pena, o juízo de recursos considerar que a pena é desproporcionada relativamente ao crime, poderá modificá-la nos termos do capítulo VII.

4 – O acórdão do juízo de recursos será tirado por maioria dos juízes e proferido em audiência pública. O acórdão será sempre fundamentado. Não havendo unanimidade, deverá conter as opiniões da maioria e da minoria de juízes; contudo, qualquer juiz poderá exprimir uma opinião separada ou discordante sobre uma questão de direito.

5 – O juízo de recursos poderá emitir o seu acórdão na ausência da pessoa absolvida ou condenada.

ARTIGO 84.º
Revisão da sentença condenatória ou da pena

1 – O condenado ou, se este tiver falecido, o cônjuge sobrevivo, os filhos, os pais ou qualquer pessoa que, em vida do condenado, dele tenha recebido incumbência expressa, por escrito, nesse sentido, ou o procurador no seu interesse, poderá submeter ao juízo de recursos um requerimento solicitando a revisão da sentença condenatória ou da pena pelos seguintes motivos:

a) A descoberta de novos elementos de prova:

  i) De que não dispunha aquando do julgamento, sem que essa circunstância pudesse ser imputada, no todo ou em parte, ao requerente; e

  ii) De tal forma importantes que, se tivessem ficado provados no julgamento, teriam provavelmente conduzido a um veredicto diferente;

b) A descoberta de que elementos de prova, apreciados no julgamento e decisivos para a determinação da culpa, eram falsos ou tinham sido objecto de contrafacção ou falsificação;

c) Um ou vários dos juízes que intervieram na sentença condenatória ou confirmaram a acusação hajam praticado actos de conduta reprovável ou de incumprimento dos respectivos deveres de tal forma graves que justifiquem a sua cessação de funções nos termos do artigo 46.º

2 – O juízo de recursos rejeitará o pedido se o considerar manifestamente infundado. Caso contrário, poderá o juízo, se julgar oportuno:

a) Convocar de novo o juízo de julgamento em 1.ª instância que proferiu a sentença inicial;
b) Constituir um novo juízo de julgamento em 1.ª instância; ou
c) Manter a sua competência para conhecer da causa;

a fim de determinar se, após a audição das partes nos termos do Regulamento Processual, haverá lugar à revisão da sentença.

ARTIGO 85.º
Indemnização do detido ou condenado

1 – Quem tiver sido objecto de detenção ou prisão ilegais terá direito a reparação.

2 – Sempre que uma decisão final seja posteriormente anulada em razão de factos novos ou recentemente descobertos que apontem inequivocamente para um erro judiciário, a pessoa que tiver cumprido pena em resultado de tal sentença condenatória será indemnizada, em conformidade com a lei, a menos que fique provado que a não revelação, em tempo útil, do facto desconhecido lhe seja imputável, no todo ou em parte.

3 – Em circunstâncias excepcionais e em face de factos que conclusivamente demonstrem a existência de erro judiciário grave e manifesto, o Tribunal poderá, no uso do seu poder discricionário, atribuir uma indemnização, de acordo com os critérios enunciados no Regulamento Processual, à pessoa que, em virtude de sentença absolutória ou de extinção da instância por tal motivo, haja sido posta em liberdade.

CAPÍTULO IX

Cooperação internacional e auxílio judiciário

ARTIGO 86.º
Obrigação geral de cooperar

Os Estados Partes deverão, em conformidade com o disposto no presente Estatuto, cooperar plenamente com o Tribunal no inquérito e no procedimento contra crimes da competência deste.

Direito Internacional Humanitário 439

ARTIGO 87.°
Pedidos de cooperação: disposições gerais

1 – *a*) O Tribunal está habilitado a dirigir pedidos de cooperação aos Estados Partes. Estes pedidos serão transmitidos pela via diplomática ou por qualquer outra via apropriada escolhida pelo Estado Parte no momento da ratificação, aceitação, aprovação ou adesão ao presente Estatuto.

Qualquer Estado Parte poderá alterar posteriormente a escolha feita nos termos do Regulamento Processual.

b) Se for caso disso, e sem prejuízo do disposto na alínea *a*), os pedidos poderão ser igualmente transmitidos pela Organização Internacional de Polícia Criminal (INTERPOL) ou por qualquer organização regional competente.

2 – Os pedidos de cooperação e os documentos comprovativos que os instruam serão redigidos na língua oficial do Estado requerido ou acompanhados de uma tradução nessa língua, ou numa das línguas de trabalho do Tribunal ou acompanhados de uma tradução numa dessas línguas, de acordo com a escolha feita pelo Estado requerido no momento da ratificação, aceitação, aprovação ou adesão ao presente Estatuto.

Qualquer alteração posterior será feita de harmonia com o Regulamento Processual.

3 – O Estado requerido manterá a confidencialidade dos pedidos de cooperação e dos documentos comprovativos que os instruam, salvo quando a sua revelação for necessária para a execução do pedido.

4 – Relativamente aos pedidos de auxílio formulados ao abrigo do presente capítulo, o Tribunal poderá, nomeadamente em matéria de protecção da informação, tomar as medidas necessárias à garantia da segurança e do bem-estar físico ou psicológico das vítimas, das potenciais testemunhas e dos seus familiares. O Tribunal poderá solicitar que as informações fornecidas ao abrigo do presente capítulo sejam comunicadas e tratadas por forma que a segurança e o bem-estar físico ou psicológico das vítimas, das potenciais testemunhas e dos seus familiares sejam devidamente preservados.

5 – O Tribunal poderá convidar qualquer Estado que não seja Parte no presente Estatuto a prestar auxílio ao abrigo do presente capítulo com base num convénio *ad hoc*, num acordo celebrado com esse Estado ou por qualquer outro modo apropriado.

Se, após a celebração de um convénio *ad hoc* ou de um acordo com o Tribunal, um Estado que não seja Parte no presente Estatuto se recusar a cooperar nos termos de tal convénio ou acordo, o Tribunal dará conhecimento desse facto à Assembleia dos Estados Partes ou ao Conselho de Segurança, quando tiver sido este a submeter o facto ao Tribunal.

6 – O Tribunal poderá solicitar informações ou documentos a qualquer organização intergovernamental.

Poderá igualmente requerer outras formas de cooperação e auxílio a serem acordadas com tal organização e que estejam em conformidade com a sua competência ou o seu mandato.

7 – Se, contrariamente ao disposto no presente Estatuto, um Estado Parte recusar um pedido de cooperação formulado pelo Tribunal, impedindo-o assim de exercer os seus poderes e funções nos termos do presente Estatuto, o Tribunal poderá elaborar um relatório e submeter a questão à Assembleia dos Estados Partes ou ao Conselho de Segurança, quando tiver sido este a submeter o facto ao Tribunal.

ARTIGO 88.º
Procedimentos previstos no Direito Interno

Os Estados Partes deverão assegurar-se de que o seu Direito Interno prevê procedimentos que permitam responder a todas as formas de cooperação especificadas neste capítulo.

ARTIGO 89.º
Entrega de pessoas ao Tribunal

1 – O Tribunal poderá dirigir um pedido de detenção e entrega de uma pessoa, instruído com os documentos comprovativos referidos no artigo 91.º, a qualquer Estado em cujo território essa pessoa se possa encontrar, e solicitar a cooperação desse Estado na detenção e entrega da pessoa em causa. Os Estados Partes darão satisfação aos pedidos de detenção e de entrega em conformidade com o presente capítulo e com os procedimentos previstos nos respectivos direitos internos.

2 – Sempre que a pessoa cuja entrega é solicitada impugnar a sua entrega perante um tribunal nacional com base no princípio *ne bis in idem* previsto no artigo 20.º, o Estado requerido consultará, de imediato, o Tribunal para determinar se houve uma decisão relevante sobre a admissibilidade. Se o caso for considerado admissível, o Estado requerido dará seguimento ao pedido. Se estiver pendente decisão sobre a admissibilidade, o Estado requerido poderá diferir a execução do pedido até que o Tribunal se pronuncie.

3 – *a)* Os Estados Partes autorizarão, de acordo com os procedimentos previstos na respectiva legislação nacional, o trânsito, pelo seu território,

de uma pessoa entregue ao Tribunal por um outro Estado, salvo quando o trânsito por esse Estado impedir ou retardar a entrega.

b) Um pedido de trânsito formulado pelo Tribunal será transmitido em conformidade com o artigo 87.°

Do pedido de trânsito constarão:

i) A identificação da pessoa transportada;

ii) Um resumo dos factos e da respectiva qualificação jurídica;

iii) O mandado de detenção e entrega.

c) A pessoa transportada será mantida sob custódia no decurso do trânsito.

d) Nenhuma autorização será necessária se a pessoa for transportada por via aérea e não esteja prevista qualquer aterragem no território do Estado de trânsito.

e) Se ocorrer uma aterragem imprevista no território do Estado de trânsito, poderá este exigir ao Tribunal a apresentação de um pedido de trânsito nos termos previstos na alínea *b)*. O Estado de trânsito manterá a pessoa sob detenção até à recepção do pedido de trânsito e à efectivação do trânsito. Todavia, a detenção ao abrigo da presente alínea não poderá prolongar-se para além das noventa e seis horas subsequentes à aterragem imprevista, se o pedido não for recebido dentro desse prazo.

4 – Se a pessoa reclamada for objecto de procedimento criminal ou estiver a cumprir uma pena no Estado requerido por crime diverso do que motivou o pedido de entrega ao Tribunal, este Estado consultará o Tribunal após ter decidido anuir ao pedido.

ARTIGO 90.°

Pedidos concorrentes

1 – Um Estado Parte que, nos termos do artigo 89.°, receba um pedido de entrega de uma pessoa formulado pelo Tribunal e receba igualmente, de qualquer outro Estado, um pedido de extradição relativo à mesma pessoa, pelos mesmos factos que motivaram o pedido de entrega por parte do Tribunal, deverá notificar o Tribunal e o Estado requerente de tal facto.

2 – Se o Estado requerente for um Estado Parte, o Estado requerido dará prioridade ao pedido do Tribunal:

a) Se o Tribunal tiver decidido, nos termos dos artigos 18.° ou 19.°, da admissibilidade do caso a que respeita o pedido de entrega, e tal determinação tiver tido em conta o inquérito ou o procedimento criminal conduzido pelo Estado requerente relativamente ao pedido de extradição por este formulado; ou *b*) Se o Tribunal tiver tomado a decisão referida na alínea *a*) em conformidade com a notificação feita pelo Estado requerido, em aplicação do n.º 1.

3 – Se o Tribunal não tiver tomado uma decisão nos termos da alínea *a*) do n.º 2, o Estado requerido poderá, se assim o entender, estando pendente a determinação do Tribunal nos termos da alínea *b*) do n.º 2, dar seguimento ao pedido de extradição formulado pelo Estado requerente sem, contudo, extraditar a pessoa até que o Tribunal decida sobre a admissibilidade do caso. A decisão do Tribunal seguirá a forma sumária.

4 – Se o Estado requerente não for Parte no presente Estatuto, o Estado requerido, desde que não esteja obrigado por uma norma internacional a extraditar o interessado para o Estado requerente, dará prioridade ao pedido de entrega formulado pelo Tribunal, no caso de este se ter decidido pela admissibilidade do caso.

5 – Quando um caso previsto no n.º 4 não tiver sido declarado admissível pelo Tribunal, o Estado requerido poderá, se assim o entender, dar seguimento ao pedido de extradição formulado pelo Estado requerente.

6 – Relativamente aos casos em que o disposto no n.º 4 seja aplicável, mas o Estado requerido se veja obrigado, por força de uma norma internacional, a extraditar a pessoa para o Estado requerente que não seja Parte no presente Estatuto, o Estado requerido decidirá se procede à entrega da pessoa em causa ao Tribunal ou se a extradita para o Estado requerente. Na sua decisão, o Estado requerido terá em conta todos os factores relevantes, incluindo, entre outros:

a) A ordem cronológica dos pedidos;

b) Os interesses do Estado requerente, incluindo, se relevante, se o crime foi cometido no seu território, bem como a nacionalidade das vítimas e da pessoa reclamada; e

c) A possibilidade de o Estado requerente vir a proceder posteriormente à entrega da pessoa ao Tribunal.

7 – Se um Estado Parte receber um pedido de entrega de uma pessoa formulado pelo Tribunal e um pedido de extradição formulado por um outro Estado Parte relativamente à mesma pessoa por factos diferentes dos que constituem o crime objecto do pedido de entrega:

a) O Estado requerido dará prioridade ao pedido do Tribunal, se não estiver obrigado por uma norma internacional a extraditar a pessoa para o Estado requerente;

b) O Estado requerido terá de decidir se entrega a pessoa ao Tribunal ou a extradita para o Estado requerente, se estiver obrigado por uma norma internacional a extraditar a pessoa para o Estado requerente. Na sua deci-

Direito Internacional Humanitário   443

são, o Estado requerido considerará todos os factores relevantes, incluindo, entre outros, os constantes do n.º 6 do presente artigo; todavia, deverá dar especial atenção à natureza e à gravidade dos factos em causa.

8 – Se, em conformidade com a notificação prevista no presente artigo, o Tribunal se tiver pronunciado pela inadmissibilidade do caso e, posteriormente, a extradição para o Estado requerente for recusada, o Estado requerido notificará o Tribunal dessa decisão.

ARTIGO 91.º
Conteúdo do pedido de detenção e de entrega

1 – O pedido de detenção e de entrega será formulado por escrito. Em caso de urgência, o pedido poderá ser feito através de qualquer outro meio de que fique registo escrito, devendo, no entanto, ser confirmado através dos canais previstos na alínea *a*) do n.º 1 do artigo 87.º

2 – O pedido de detenção e entrega de uma pessoa relativamente à qual o juízo de instrução tiver emitido um mandado de detenção, ao abrigo do artigo 58.º, deverá conter ou ser acompanhado dos seguintes documentos:

a) Uma descrição da pessoa procurada, contendo informação suficiente que permita a sua identificação, bem como informação sobre a sua provável localização;

b) Uma cópia do mandado de detenção; e

c) Os documentos, declarações e informações necessários para satisfazer os requisitos do processo de entrega pelo Estado requerido; contudo, tais requisitos não deverão ser mais rigorosos do que os que devem ser observados em caso de um pedido de extradição em conformidade com tratados ou convénios celebrados entre o Estado requerido e outros Estados, devendo, se possível, ser menos rigorosos face à natureza particular de que se reveste o Tribunal.

3 – Se o pedido respeitar à detenção e à entrega de uma pessoa já condenada, deverá conter ou ser acompanhado dos seguintes documentos:

a) Uma cópia do mandado de detenção dessa pessoa;

b) Uma cópia da sentença condenatória;

c) Elementos que demonstrem que a pessoa procurada é a mesma a que se refere a sentença condenatória; e

d) Se a pessoa procurada já tiver sido condenada, uma cópia da sentença e, em caso de pena de prisão, a indicação do período que já tiver cumprido, bem como o período que ainda lhe falte cumprir.

4 – Mediante requerimento do Tribunal, um Estado Parte manterá, no que respeita a questões genéricas ou a uma questão específica, consultas com o Tribunal sobre quaisquer requisitos previstos no seu Direito Interno que possam ser aplicados nos termos da alínea c) do n.º 2. No decurso de tais consultas, o Estado Parte informará o Tribunal dos requisitos específicos constantes do seu direito interno.

ARTIGO 92.º
Prisão preventiva

1 – Em caso de urgência, o Tribunal pode solicitar a prisão preventiva da pessoa procurada até à apresentação do pedido de entrega e dos documentos de apoio referidos no artigo 91.º

2 – O pedido de prisão preventiva será transmitido por qualquer meio de que fique registo escrito e conterá:

a) Uma descrição da pessoa procurada, contendo informação suficiente que permita a sua identificação, bem como informação sobre a sua provável localização;

b) Uma exposição sucinta dos crimes pelos quais a pessoa é procurada, bem como dos factos alegadamente constitutivos de tais crimes, incluindo, se possível, a data e o local da sua prática;

c) Uma declaração que certifique a existência de um mandado de detenção ou de uma decisão condenatória contra a pessoa procurada; e

d) Uma declaração de que o pedido de entrega relativo à pessoa procurada será enviado posteriormente.

3 – Qualquer pessoa mantida sob prisão preventiva poderá ser posta em liberdade se o Estado requerido não tiver recebido, em conformidade com o artigo 91.º, o pedido de entrega e os respectivos documentos no prazo fixado pelo Regulamento Processual. Todavia, essa pessoa poderá consentir na sua entrega antes do termo do período se a legislação do Estado requerido o permitir. Nesse caso, o Estado requerido procede à entrega da pessoa reclamada ao Tribunal, o mais rapidamente possível.

4 – O facto de a pessoa reclamada ter sido posta em liberdade em conformidade com o n.º 3 não obstará a que seja de novo detida e entregue se o pedido de entrega e os documentos de apoio vierem a ser apresentados posteriormente.

ARTIGO 93.°
Outras formas de cooperação

1 – Em conformidade com o disposto no presente capítulo e nos termos dos procedimentos previstos nos respectivos Direitos Internos, os Estados Partes darão seguimento aos pedidos formulados pelo Tribunal para concessão de auxílio, no âmbito de inquéritos ou procedimentos criminais, no que se refere a:

a) Identificar uma pessoa e o local onde se encontra, ou localizar objectos;

b) Reunir elementos de prova, incluindo os depoimentos prestados sob juramento, bem como produzir elementos de prova, incluindo perícias e relatórios de que o Tribunal necessita;

c) Interrogar qualquer pessoa que seja objecto de inquérito ou de procedimento criminal;

d) Notificar documentos, nomeadamente documentos judiciários;

e) Facilitar a comparência voluntária perante o Tribunal de pessoas que deponham na qualidade de testemunhas ou de peritos;

f) Proceder à transferência temporária de pessoas, em conformidade com o n.° 7;

g) Realizar inspecções a locais ou sítios, nomeadamente a exumação e o exame de cadáveres enterrados em fossas comuns;

h) Realizar buscas e apreensões;

i) Transmitir registos e documentos, nomeadamente registos e documentos oficiais;

j) Proteger vítimas e testemunhas, bem como preservar elementos de prova;

k) Identificar, localizar e congelar ou apreender o produto de crimes, bens, haveres e instrumentos ligados aos crimes, com vista à sua eventual declaração de perda, sem prejuízo dos direitos de terceiros de boa fé; e

l) Prestar qualquer outra forma de auxílio não proibida pela legislação do Estado requerido, destinada a facilitar o inquérito e o procedimento por crimes da competência do Tribunal.

2 – O Tribunal tem poderes para garantir à testemunha ou ao perito que perante ele compareça de que não serão perseguidos, detidos ou sujeitos a qualquer outra restrição da sua liberdade pessoal, por facto ou omissão anteriores à sua saída do território do Estado requerido.

3 – Se a execução de uma determinada medida de auxílio constante de um pedido apresentado ao abrigo do n.° 1 não for permitida no Estado requerido em

virtude de um princípio jurídico fundamental de aplicação geral, o Estado em causa iniciará sem demora consultas com o Tribunal com vista à solução dessa questão. No decurso das consultas, serão consideradas outras formas de auxílio, bem como as condições da sua realização. Se, concluídas as consultas, a questão não estiver resolvida, o Tribunal alterará o conteúdo do pedido conforme se mostrar necessário.

4 – Nos termos do disposto no artigo 72.°, um Estado Parte só poderá recusar, no todo ou em parte, um pedido de auxílio formulado pelo Tribunal se tal pedido se reportar unicamente à produção de documentos ou à divulgação de elementos de prova que atentem contra a sua segurança nacional.

5 – Antes de denegar o pedido de auxílio previsto na alínea *l*) do n.° 1, o Estado requerido considerará se o auxílio poderá ser concedido sob determinadas condições ou se poderá sê-lo em data ulterior ou sob uma outra forma, com a ressalva de que, se o Tribunal ou o procurador aceitarem tais condições, deverão observá-las.

6 – O Estado requerido que recusar um pedido de auxílio comunicará, sem demora, os motivos ao Tribunal ou ao procurador.

7 – *a*) O Tribunal poderá pedir a transferência temporária de uma pessoa detida para fins de identificação ou para obter um depoimento ou outra forma de auxílio.

A transferência realizar-se-á sempre que:

i) A pessoa der o seu consentimento, livremente e com conhecimento de causa; e

ii) O Estado requerido concordar com a transferência, sem prejuízo das condições que esse Estado e o Tribunal possam acordar.

b) A pessoa transferida permanecerá detida. Esgotado o fim que determinou a transferência, o Tribunal reenviá-la-á imediatamente para o Estado requerido.

8 – *a*) O Tribunal garantirá a confidencialidade dos documentos e das informações recolhidas, excepto se necessários para o inquérito e os procedimentos descritos no pedido.

b) O Estado requerido poderá, se necessário, comunicar os documentos ou as informações ao procurador a título confidencial. O procurador só poderá utilizá-los para recolher novos elementos de prova.

c) O Estado requerido poderá, oficiosamente ou a pedido do procurador, autorizar a divulgação posterior de tais documentos ou informações, os quais poderão ser utilizados como meios de prova, nos termos do disposto nos capítulos V e VI e no Regulamento Processual.

9 – a):

i) Se um Estado Parte receber pedidos concorrentes formulados pelo Tribunal e por um outro Estado, no âmbito de uma obrigação internacional, e cujo objecto não seja nem a entrega nem a extradição, esforçar-se-á, mediante consultas com o Tribunal e esse outro Estado, por dar satisfação a ambos os pedidos, adiando ou estabelecendo determinadas condições a um ou outro pedido, se necessário;

ii) A não ser possível, os pedidos concorrentes observarão os princípios fixados no artigo 90.°

b) Todavia, sempre que o pedido formulado pelo Tribunal respeitar a informações, bens ou pessoas que estejam sob o controlo de um Estado terceiro ou de uma organização internacional ao abrigo de um acordo internacional, os Estados requeridos informarão o Tribunal em conformidade, e este dirigirá o seu pedido ao Estado terceiro ou à organização internacional.

10 – a) Mediante pedido, o Tribunal cooperará com um Estado Parte e prestar-lhe-á auxílio na condução de um inquérito ou julgamento relacionado com factos que constituam um crime da jurisdição do Tribunal ou que constituam um crime grave à luz do direito interno do Estado requerente.

b):

i) O auxílio previsto na alínea a) deve compreender, a saber:

1) A transmissão de depoimentos, documentos e outros elementos de prova recolhidos no decurso do inquérito ou do julgamento conduzidos pelo Tribunal; e

2) O interrogatório de qualquer pessoa detida por ordem do Tribunal;

ii) No caso previsto nas alíneas b), i), 1):

1) A transmissão dos documentos e de outros elementos de prova obtidos com o auxílio de um Estado necessita do consentimento desse Estado;

2) A transmissão de depoimentos, documentos e outros elementos de prova fornecidos, quer por uma testemunha quer por um perito, será feita em conformidade com o disposto no artigo 68.°

c) O Tribunal poderá, em conformidade com as condições enunciadas neste número, deferir um pedido de auxílio formulado por um Estado que não seja parte no presente Estatuto.

ARTIGO 94.º
Suspensão da execução de um pedido relativamente a inquérito ou a procedimento criminal em curso

1 – Se a execução imediata de um pedido prejudicar o desenrolar de um inquérito ou de um procedimento criminal relativos a um caso diferente daquele a que se reporta o pedido, o Estado requerido pode suspender a execução do pedido por tempo determinado, acordado com o Tribunal. Contudo, a suspensão não deve prolongar-se além do necessário para que o inquérito ou o procedimento criminal em causa sejam efectuados no Estado requerido. Este, antes de decidir suspender a execução do pedido, verifica se o auxílio não poderá ser concedido de imediato sob determinadas condições.

2 – Se for decidida a suspensão de execução do pedido em conformidade com o n.º 1, o procurador poderá, no entanto, solicitar que sejam adoptadas medidas para preservar os elementos de prova, nos termos da alínea *j*) do n.º 1 do artigo 93.º

ARTIGO 95.º
Suspensão da execução de um pedido por impugnação de admissibilidade

Se o Tribunal estiver a apreciar uma impugnação de admissibilidade, de acordo com os artigos 18.º ou 19.º, o Estado requerido poderá suspender a execução de um pedido formulado ao abrigo do presente capítulo enquanto aguarda que o Tribunal se pronuncie, a menos que o Tribunal tenha especificamente ordenado que o procurador continue a reunir elementos de prova, nos termos dos artigos 18.º ou 19.º

ARTIGO 96.º
Conteúdo do pedido sob outras formas de cooperação previstas no artigo 93.º

1 – Todo o pedido relativo a outras formas de cooperação previstas no artigo 93.º será formulado por escrito. Em caso de urgência, o pedido poderá ser feito por qualquer meio que permita manter um registo escrito, desde que seja confirmado através dos canais indicados na alínea *a*) do n.º 1 do artigo 87.º

2 – O pedido deverá conter, ou ser instruído com, os seguintes documentos:

  a) Um resumo do objecto do pedido, bem como da natureza do auxílio solicitado, incluindo os fundamentos jurídicos e os motivos do pedido;

  b) Informações tão completas quanto possível sobre a pessoa ou o lugar a identificar ou a localizar, por forma a que o auxílio solicitado possa ser prestado;

  c) Uma exposição sucinta dos factos essenciais que fundamentam o pedido;

Direito Internacional Humanitário 449

d) A exposição dos motivos e a explicação pormenorizada dos procedimentos ou das condições a respeitar;

e) Toda a informação que o Estado requerido possa exigir de acordo com o seu direito interno para dar seguimento ao pedido; e

f) Toda a informação útil para que o auxílio possa ser concedido.

3 – A requerimento do Tribunal, um Estado Parte manterá, no que respeita a questões genéricas ou a uma questão específica, consultas com o Tribunal sobre as disposições aplicáveis do seu Direito Interno, susceptíveis de serem aplicadas em conformidade com a alínea *e)* do n.º 2. No decurso de tais consultas, o Estado Parte informará o Tribunal das disposições específicas constantes do seu direito interno.

4 – O presente artigo aplicar-se-á, se for caso disso, a qualquer pedido de auxílio dirigido ao Tribunal.

ARTIGO 97.º
Consultas

Sempre que, ao abrigo do presente capítulo, um Estado Parte receba um pedido e constate que este suscita dificuldades que possam obviar à sua execução ou impedi-la, o Estado em causa iniciará, sem demora, as consultas com o Tribunal com vista à solução desta questão. Tais dificuldades podem revestir as seguintes formas:

a) Informações insuficientes para dar seguimento ao pedido;

b) No caso de um pedido de entrega, o paradeiro da pessoa reclamada continuar desconhecido a despeito de todos os esforços ou a investigação realizada permitiu determinar que a pessoa que se encontra no Estado requerido não é manifestamente a pessoa identificada no mandado; ou

c) O Estado requerido ver-se-ia compelido, para cumprimento do pedido na sua forma actual, a violar uma obrigação constante de um tratado anteriormente celebrado com outro Estado.

ARTIGO 98.º
Cooperação relativa à renúncia, à imunidade e ao consentimento na entrega

1 – O Tribunal não pode dar seguimento a um pedido de entrega ou de auxílio por força do qual o Estado requerido devesse actuar de forma incompatível com as obrigações que lhe incumbem à luz do Direito Internacional em matéria de imunidade dos Estados ou de imunidade diplomática de pessoa ou de bens de um Estado terceiro, a menos que obtenha previamente a cooperação desse Estado terceiro com vista ao levantamento da imunidade.

450   *Jorge Bacelar Gouveia*

2 – O Tribunal não pode dar seguimento à execução de um pedido de entrega por força do qual o Estado requerido devesse actuar de forma incompatível com as obrigações que lhe incumbem em virtude de acordos internacionais à luz dos quais o consentimento do Estado de envio é necessário para que uma pessoa pertencente a esse Estado seja entregue ao Tribunal, a menos que o Tribunal consiga, previamente, obter a cooperação do Estado de envio para consentir na entrega.

ARTIGO 99.º
Execução dos pedidos apresentados ao abrigo dos artigos 93.º e 96.º

1 – Os pedidos de auxílio serão executados de harmonia com os procedimentos previstos na legislação interna do Estado requerido e, a menos que o seu Direito Interno o proíba, na forma especificada no pedido, aplicando qualquer procedimento nele indicado ou autorizando as pessoas nele indicadas a estarem presentes e a participarem na execução do pedido.

2 – Em caso de pedido urgente, os documentos e os elementos de prova produzidos na resposta serão, a requerimento do Tribunal, enviados com urgência.

3 – As respostas do Estado requerido serão transmitidas na sua língua e forma originais.

4 – Sem prejuízo dos demais artigos do presente capítulo, sempre que for necessário para a execução com sucesso de um pedido, e não haja que recorrer a medidas coercivas, nomeadamente quando se trate de ouvir ou levar uma pessoa a depor de sua livre vontade, mesmo sem a presença das autoridades do Estado Parte requerido se tal for determinante para a execução do pedido, ou quando se trate de examinar, sem proceder a alterações, um sítio público ou um outro local público, o procurador poderá dar cumprimento ao pedido directamente no território de um Estado, de acordo com as seguintes modalidades:

a) Quando o Estado requerido for o Estado em cujo território haja indícios de ter sido cometido o crime e existir uma decisão sobre a admissibilidade tal como previsto nos artigos 18.º ou 19.º, o procurador poderá executar directamente o pedido, depois de ter levado a cabo consultas tão amplas quanto possível com o Estado requerido;

b) Em outros casos, o procurador poderá executar o pedido após consultas com o Estado Parte requerido e tendo em conta as condições ou as preocupações razoáveis que esse Estado tenha eventualmente argumentado. Sempre que o Estado requerido verificar que a execução de um pedido nos termos da presente alínea suscita dificuldades, consultará de imediato o Tribunal para resolver a questão.

Direito Internacional Humanitário

5 – As disposições que autorizam a pessoa ouvida ou interrogada pelo Tribunal ao abrigo do artigo 72.º a invocar as restrições previstas para impedir a divulgação de informações confidenciais relacionadas com a segurança nacional aplicar-se-ão de igual modo à execução dos pedidos de auxílio referidos no presente artigo.

ARTIGO 100.º
Despesas

1 – As despesas ordinárias decorrentes da execução dos pedidos no território do Estado requerido serão por este suportadas, com excepção das seguintes, que correrão a cargo do Tribunal:

a) As despesas relacionadas com as viagens e a protecção das testemunhas e dos peritos ou com a transferência de detidos ao abrigo do artigo 93.º;

b) As despesas de tradução, de interpretação e de transcrição;

c) As despesas de deslocação e de estada dos juízes, do procurador, dos procuradores-adjuntos, do secretário, do secretário-adjunto e dos membros do pessoal de todos os órgãos do Tribunal;

d) Os custos das perícias ou dos relatórios periciais solicitados pelo Tribunal;

e) As despesas decorrentes do transporte das pessoas entregues ao Tribunal pelo Estado de detenção; e

f) Após consulta, quaisquer despesas extraordinárias decorrentes da execução de um pedido.

2 – O disposto no n.º 1 aplicar-se-á, sempre que necessário, aos pedidos dirigidos pelos Estados Partes ao Tribunal. Neste caso, o Tribunal tomará a seu cargo as despesas ordinárias decorrentes da execução.

ARTIGO 101.º
Regra da especialidade

1 – Nenhuma pessoa entregue ao Tribunal nos termos do presente Estatuto poderá ser perseguida, condenada ou detida por condutas anteriores à sua entrega, salvo quando estas constituam crimes que tenham fundamentado a sua entrega.

2 – O Tribunal poderá solicitar uma derrogação dos requisitos estabelecidos no n.º 1 ao Estado que lhe tenha entregue uma pessoa e, se necessário, facultar--lhe-á, em conformidade com o artigo 91.º, informações complementares.

Os Estados Partes estarão habilitados a conceder uma derrogação ao Tribunal e deverão enviar esforços nesse sentido.

ARTIGO 102.º
Termos usados

Para os fins do presente Estatuto:

a) Por «entrega» entende-se a entrega de uma pessoa por um Estado ao Tribunal, nos termos do presente Estatuto;

b) Por «extradição» entende-se a entrega de uma pessoa por um Estado a outro Estado, conforme previsto num tratado, numa convenção ou no direito interno.

CAPÍTULO X

Execução da pena

ARTIGO 103.º
Função dos Estados na execução das penas privativas de liberdade

1 – a) As penas privativas de liberdade serão cumpridas num Estado indicado pelo Tribunal, a partir de uma lista de Estados que lhe tenham manifestado a sua disponibilidade para receber pessoas condenadas.

b) Ao declarar a sua disponibilidade para receber pessoas condenadas, um Estado poderá formular condições acordadas com o Tribunal e em conformidade com o presente capítulo.

c) O Estado indicado no âmbito de um determinado caso dará prontamente a conhecer se aceita ou não a indicação do Tribunal.

2 – a) O Estado da execução informará o Tribunal de qualquer circunstância, incluindo o cumprimento de quaisquer condições acordadas nos termos do n.º 1, que possam afectar materialmente as condições ou a duração da detenção. O Tribunal será informado com, pelo menos, 45 dias de antecedência sobre qualquer circunstância dessa natureza, conhecida ou previsível. Durante este período, o Estado da execução não tomará qualquer medida que possa ser contrária às suas obrigações ao abrigo do artigo 110.º

b) Se o Tribunal não puder aceitar as circunstâncias referidas na alínea a), deverá informar o Estado da execução e proceder de harmonia com o n.º 1 do artigo 104.º

3 – Sempre que exercer o seu poder de indicação em conformidade com o n.º 1, o Tribunal tomará em consideração:

a) O princípio segundo o qual os Estados Partes devem partilhar da responsabilidade na execução das penas privativas de liberdade, em confor-

Direito Internacional Humanitário 453

midade com os princípios de distribuição equitativa estabelecidos no Regulamento Processual;

b) A aplicação de normas convencionais do Direito Internacional amplamente aceites que regulam o tratamento dos reclusos;

c) A opinião da pessoa condenada;

d) A nacionalidade da pessoa condenada;

e) Outros factores relativos às circunstâncias do crime, às condições pessoais da pessoa condenada ou à execução efectiva da pena, apropriados com vista à designação do Estado da execução.

4 – Se nenhum Estado for designado nos termos do n.º 1, a pena privativa de liberdade será cumprida num estabelecimento prisional designado pelo Estado anfitrião, em conformidade com as condições estipuladas no acordo que determinou o local da sede previsto no n.º 2 do artigo 3.º Neste caso, as despesas relacionadas com a execução da pena ficarão a cargo do Tribunal.

ARTIGO 104.º
Alteração da indicação do Estado da execução

1 – O Tribunal poderá, a todo o momento, decidir transferir um condenado para uma prisão de um outro Estado.

2 – A pessoa condenada pelo Tribunal poderá, a todo o momento, solicitar-lhe que a transfira do Estado encarregado da execução.

ARTIGO 105.º
Execução da pena

1 – Sem prejuízo das condições que um Estado haja estabelecido nos termos do artigo 103.º, n.º 1, alínea *b)*, a pena privativa de liberdade é vinculativa para os Estados Partes, não podendo estes modificá-la em caso algum.

2 – Será da exclusiva competência do Tribunal pronunciar-se sobre qualquer pedido de revisão ou recurso.

O Estado da execução não obstará a que o condenado apresente um tal pedido.

ARTIGO 106.º
Controlo da execução da pena e das condições de detenção

1 – A execução de uma pena privativa de liberdade será submetida ao controlo do Tribunal e observará as normas convencionais internacionais amplamente aceites em matéria de tratamento dos reclusos.

2 – As condições de detenção serão reguladas pela legislação do Estado da execução e observarão as normas convencionais internacionais amplamente aceites em matéria de tratamento dos reclusos; em caso algum devem ser menos ou mais favoráveis do que as aplicáveis aos reclusos condenados no Estado da execução por infracções análogas.

3 – As comunicações entre o condenado e o Tribunal serão livres e terão carácter confidencial.

ARTIGO 107.º
Transferência do condenado depois de cumprida a pena

1 – Cumprida a pena, a pessoa que não seja nacional do Estado da execução poderá, de acordo com a legislação desse mesmo Estado, ser transferida para um outro Estado obrigado a aceitá-la ou ainda para um outro Estado que aceite acolhê-la, tendo em conta a vontade expressa pela pessoa em ser transferida para esse Estado, a menos que o Estado da execução autorize essa pessoa a permanecer no seu território.

2 – As despesas relativas à transferência do condenado para um outro Estado nos termos do n.º 1 serão suportadas pelo Tribunal se nenhum Estado as tomar a seu cargo.

3 – Sem prejuízo do disposto no artigo 108.º, o Estado da execução poderá igualmente, de harmonia com o seu direito interno, extraditar ou entregar por qualquer outro modo a pessoa a um Estado que tenha solicitado a sua extradição ou a sua entrega para fins de julgamento ou de cumprimento de uma pena.

ARTIGO 108.º
Restrições ao procedimento criminal ou à condenação por outras infracções

1 – A pessoa condenada que esteja detida no Estado da execução não poderá ser objecto de procedimento criminal, condenação ou extradição para um Estado terceiro em virtude de uma conduta anterior à sua transferência para o Estado da execução, a menos que o Tribunal tenha dado a sua aprovação a tal procedimento, condenação ou extradição, a pedido do Estado da execução.

2 – Ouvido o condenado, o Tribunal pronunciar-se-á sobre a questão.

3 – O n.º 1 deixará de ser aplicável se o condenado permanecer voluntariamente no território do Estado da execução por um período superior a 30 dias após o cumprimento integral da pena proferida pelo Tribunal, ou se regressar ao território desse Estado após dele ter saído.

Direito Internacional Humanitário 455

ARTIGO 109.º
Execução das penas de multa e das medidas de perda

1 – Os Estados Partes aplicarão as penas de multa, bem como as medidas de perda ordenadas pelo Tribunal ao abrigo do capítulo VII, sem prejuízo dos direitos de terceiros agindo de boa fé e em conformidade com os procedimentos previstos no respectivo direito interno.

2 – Sempre que um Estado Parte não possa tornar efectiva a declaração de perda, deverá tomar medidas para recuperar o valor do produto, dos bens ou dos haveres cuja perda tenha sido declarada pelo Tribunal, sem prejuízo dos direitos de terceiros de boa fé.

3 – Os bens, ou o produto da venda de bens imóveis ou, se for caso disso, da venda de outros bens obtidos por um Estado Parte por força da execução de uma decisão do Tribunal serão transferidos para o Tribunal.

ARTIGO 110.º
Reexame pelo Tribunal da questão de redução de pena

1 – O Estado da execução não poderá libertar o recluso antes de cumprida a totalidade da pena proferida pelo Tribunal.

2 – Somente o Tribunal terá a faculdade de decidir sobre qualquer redução da pena e, ouvido o condenado, pronunciar-se-á a tal respeito.

3 – Quando a pessoa já tiver cumprido dois terços da pena, ou 25 anos de prisão em caso de pena de prisão perpétua, o Tribunal reexaminará a pena para determinar se haverá lugar à sua redução. Tal reexame só será efectuado transcorrido o período acima referido.

4 – Aquando do reexame a que se refere o n.º 3, o Tribunal poderá reduzir a pena se constatar que se verificam uma ou várias das condições seguintes:

a) A pessoa tiver manifestado, desde o início e de forma contínua, a sua vontade em cooperar com o Tribunal no inquérito e no procedimento;

b) A pessoa tiver, voluntariamente, facilitado a execução das decisões e despachos do Tribunal em outros casos, nomeadamente ajudando-o a localizar bens sobre os quais recaíam decisões de perda, de multa ou de reparação que poderão ser usados em benefício das vítimas; ou

c) Outros factores que conduzam a uma clara e significativa alteração das circunstâncias, suficiente para justificar a redução da pena, conforme previsto no Regulamento Processual.

5 – Se, aquando do reexame inicial a que se refere o n.º 3, o Tribunal considerar não haver motivo para redução da pena, ele reexaminará subsequentemente

a questão da redução da pena com a periodicidade e nos termos previstos no Regulamento Processual.

ARTIGO 111.º
Evasão

Se um condenado se evadir do seu local de detenção e fugir do território do Estado da execução, este poderá, depois de ter consultado o Tribunal, pedir ao Estado no qual se encontra localizado o condenado que lho entregue em conformidade com os acordos bilaterais ou multilaterais em vigor, ou requerer ao Tribunal que solicite a entrega dessa pessoa ao abrigo do capítulo IX. O Tribunal poderá, ao solicitar a entrega da pessoa, determinar que esta seja entregue ao Estado no qual se encontrava a cumprir a sua pena, ou a outro Estado por ele indicado.

CAPÍTULO XI
Assembleia dos Estados Partes

ARTIGO 112.º
Assembleia dos Estados Partes

1 – É constituída, pelo presente instrumento, uma Assembleia dos Estados Partes. Cada um dos Estados Partes nela disporá de um representante, que poderá ser coadjuvado por substitutos e assessores. Outros Estados signatários do presente Estatuto ou da Acta Final poderão participar nos trabalhos da Assembleia na qualidade de observadores.

2 – A Assembleia:

a) Examinará e adoptará, se adequado, as recomendações da comissão preparatória;

b) Transmitirá à Presidência, ao procurador e ao secretário as linhas orientadoras gerais no que toca à administração do Tribunal;

c) Examinará os relatórios e as actividades do Bureau estabelecido nos termos do n.º 3 e tomará as medidas apropriadas;

d) Examinará e aprovará o orçamento do Tribunal;

e) Decidirá, se for caso disso, alterar o número de juízes nos termos do artigo 36.º;

f) Examinará, de harmonia com os n.ºs 5 e 7 do artigo 87.º, qualquer questão relativa à não cooperação dos Estados;

g) Desempenhará qualquer outra função compatível com as disposições do presente Estatuto ou do Regulamento Processual.

3 – *a)* A Assembleia será dotada de um Bureau composto por 1 presidente, 2 vice-presidentes e 18 membros por ela eleitos por períodos de três anos.

b) O Bureau terá um carácter representativo, atendendo nomeadamente ao princípio da distribuição geográfica equitativa e à necessidade de assegurar uma representação adequada dos principais sistemas jurídicos do mundo.

c) O Bureau reunir-se-á as vezes que forem necessárias, mas, pelo menos, uma vez por ano. Apoiará a Assembleia no desempenho das suas funções.

4 – A Assembleia poderá criar outros órgãos subsidiários que julgue necessários, nomeadamente um mecanismo de controlo independente que proceda a inspecções, avaliações e inquéritos em ordem a melhorar a eficiência e economia da administração do Tribunal.

5 – O presidente do Tribunal, o procurador e o secretário ou os respectivos representantes poderão participar, sempre que julguem oportuno, nas reuniões da Assembleia e do Bureau.

6 – A Assembleia reúne na sede do Tribunal ou na sede da Organização das Nações Unidas uma vez por ano e, sempre que as circunstâncias o exigirem, reunirá em sessão extraordinária. A menos que o presente Estatuto estabeleça em contrário, as sessões extraordinárias são convocadas pelo Bureau, oficiosamente ou a pedido de um terço dos Estados Partes.

7 – Cada um dos Estados Partes disporá de um voto. Todos os esforços deverão ser envidados para que as decisões da Assembleia e do Bureau sejam adoptadas por consenso. Se tal não for possível, e a menos que o Estatuto estabeleça em contrário:

a) As decisões sobre as questões de fundo serão tomadas por maioria de dois terços dos membros presentes e votantes, sob a condição que a maioria absoluta dos Estados Partes constitua quórum para o escrutínio;

b) As decisões sobre as questões de procedimento serão tomadas por maioria simples dos Estados Partes presentes e votantes.

8 – O Estado Parte em atraso no pagamento da sua contribuição financeira para as despesas do Tribunal não poderá votar nem na Assembleia nem no Bureau se o total das suas contribuições em atraso igualar ou exceder a soma das contribuições correspondentes aos dois anos anteriores completos por ele devidos. A Assembleia Geral poderá, no entanto, autorizar o Estado em causa a votar na Assembleia ou no Bureau se ficar provado que a falta de pagamento é devida a circunstâncias alheias ao controlo do Estado Parte.

9 – A Assembleia adoptará o seu próprio regimento.

10 – As línguas oficiais e de trabalho da Assembleia dos Estados Partes serão as línguas oficiais e de trabalho da Assembleia Geral da Organização das Nações Unidas.

CAPÍTULO XII

Financiamento

ARTIGO 113.º
Regulamento financeiro

Salvo disposição expressa em contrário, todas as questões financeiras atinentes ao Tribunal e às reuniões da Assembleia dos Estados Partes, incluindo o seu Bureau e os seus órgãos subsidiários, serão reguladas pelo presente Estatuto, pelo Regulamento Financeiro e pelas normas de gestão financeira adoptados pela Assembleia dos Estados Partes.

ARTIGO 114.º
Pagamento de despesas

As despesas do Tribunal e da Assembleia dos Estados Partes, incluindo o seu Bureau e os seus órgãos subsidiários, serão pagas pelos fundos do Tribunal.

ARTIGO 115.º
Fundos do Tribunal e da Assembleia dos Estados Partes

As despesas do Tribunal e da Assembleia dos Estados Partes, incluindo o seu Bureau e os seus órgãos subsidiários, inscritas no orçamento aprovado pela Assembleia dos Estados Partes, serão financiadas:

a) Pelas quotas dos Estados Partes;
b) Pelos fundos provenientes da Organização das Nações Unidas, sujeitos à aprovação da Assembleia Geral, em especial no que diz respeito às despesas relativas a questões remetidas para o Tribunal pelo Conselho de Segurança.

ARTIGO 116.º
Contribuições voluntárias

Sem prejuízo do artigo 115.º, o Tribunal poderá receber e utilizar, a título de fundos adicionais, as contribuições voluntárias dos governos, das organizações internacionais, dos particulares, das empresas e demais entidades, de acordo com os critérios estabelecidos pela Assembleia dos Estados Partes nesta matéria.

ARTIGO 117.º
Cálculo das quotas

As quotas dos Estados Partes serão calculadas em conformidade com uma tabela de quotas que tenha sido acordada com base na tabela adoptada pela Organização das Nações Unidas para o seu orçamento ordinário, e adaptada de harmonia com os princípios nos quais se baseia tal tabela.

ARTIGO 118.º
Verificação anual de contas

Os relatórios, livros e contas do Tribunal, incluindo os balanços financeiros anuais, serão verificados anualmente por um revisor de contas independente.

CAPÍTULO XIII

Cláusulas finais

ARTIGO 119.º
Resolução de diferendos

1 – Qualquer diferendo relativo às funções judiciais do Tribunal será resolvido por decisão do Tribunal.

2 – Quaisquer diferendos entre dois ou mais Estados Partes relativos à interpretação ou à aplicação do presente Estatuto, que não forem resolvidos pela via negocial num período de três meses após o seu início, serão submetidos à Assembleia dos Estados Partes. A Assembleia poderá procurar resolver o diferendo ou fazer recomendações relativas a outros métodos de resolução, incluindo a submissão do diferendo ao Tribunal Internacional de Justiça, em conformidade com o Estatuto desse Tribunal.

ARTIGO 120.º
Reservas

Não são admitidas reservas a este Estatuto.

ARTIGO 121.º
Alterações

1 – Expirado o período de sete anos após a entrada em vigor do presente Estatuto, qualquer Estado Parte poderá propor alterações ao Estatuto. O texto das propostas de alterações será submetido ao Secretário-Geral da Organização das Nações Unidas, que o comunicará sem demora a todos os Estados Partes.

2 – Decorridos pelo menos três meses após a data desta notificação, a Assembleia dos Estados Partes decidirá na reunião seguinte, por maioria dos seus membros presentes e votantes, se deverá examinar a proposta. A Assembleia poderá tratar desta proposta, ou convocar uma conferência de revisão se a questão suscitada o justificar.

3 – A adopção de uma alteração numa reunião da Assembleia dos Estados Partes ou numa conferência de revisão exigirá a maioria de dois terços dos Estados Partes, quando não for possível chegar a um consenso.

4 – Sem prejuízo do disposto no n.º 5, qualquer alteração entrará em vigor, para todos os Estados Partes, um ano depois que sete oitavos de entre eles tenham depositado os respectivos instrumentos de ratificação ou de aceitação junto do Secretário-Geral da Organização das Nações Unidas.

5 – Quaisquer alterações aos artigos 5.º, 6.º, 7.º e 8.º do presente Estatuto entrarão em vigor, para todos os Estados Partes que as tenham aceitado, um ano após o depósito dos seus instrumentos de ratificação ou de aceitação. O Tribunal não exercerá a sua competência relativamente a um crime abrangido pela alteração sempre que este tiver sido cometido por nacionais de um Estado Parte que não tenha aceitado a alteração, ou no território desse Estado Parte.

6 – Se uma alteração tiver sido aceite por sete oitavos dos Estados Partes nos termos do n.º 4, qualquer Estado Parte que a não tenha aceite poderá retirar-se do presente Estatuto com efeito imediato, não obstante o disposto no n.º 1 do artigo 127.º, mas sem prejuízo do disposto no n.º 2 do artigo 127.º, mediante notificação da sua retirada o mais tardar um ano após a entrada em vigor desta alteração.

7 – O Secretário-Geral da Organização das Nações Unidas comunicará a todos os Estados Partes quaisquer alterações que tenham sido adoptadas em reunião da Assembleia dos Estados Partes ou numa conferência de revisão.

ARTIGO 122.º
Alteração de disposições de carácter institucional

1 – Não obstante o disposto no artigo 121.º, n.º 1, qualquer Estado Parte poderá, em qualquer momento, propor alterações às disposições do presente

Estatuto, de carácter exclusivamente institucional, a saber, artigos 35.º, 36.º, n.ᵒˢ 8 e 9, 37.º, 38.º, 39.º, n.ᵒˢ 1 (as primeiras duas frases), 2 e 4, 42.º, n.ᵒˢ 4 a 9, 43.º, n.ᵒˢ 2 e 3, 44.º, 46.º, 47.º e 49.º O texto de qualquer proposta será submetido ao Secretário-Geral da Organização das Nações Unidas ou a qualquer outra pessoa designada pela Assembleia dos Estados Partes, que o comunicará sem demora a todos os Estados Partes e aos outros participantes na Assembleia.

2 – As alterações apresentadas nos termos deste artigo, sobre as quais não seja possível chegar a um consenso, serão adoptadas pela Assembleia dos Estados Partes ou por uma conferência de revisão por uma maioria de dois terços dos Estados Partes. Tais alterações entrarão em vigor, para todos os Estados Partes, seis meses após a sua adopção pela Assembleia ou, conforme o caso, pela conferência de revisão.

ARTIGO 123.º
Revisão do Estatuto

1 – Sete anos após a entrada em vigor do presente Estatuto, o Secretário-Geral da Organização das Nações Unidas convocará uma conferência de revisão para examinar qualquer alteração ao presente Estatuto. A revisão poderá incidir nomeadamente, mas não exclusivamente, sobre a lista de crimes que figura no artigo 5.º A Conferência estará aberta aos participantes na Assembleia dos Estados Partes, nas mesmas condições.

2 – Em qualquer momento ulterior, a requerimento de um Estado Parte e para os fins enunciados no n.º 1, o Secretário-Geral da Organização das Nações Unidas, mediante aprovação da maioria dos Estados Partes, convocará uma conferência de revisão.

3 – A adopção e a entrada em vigor de qualquer alteração ao Estatuto examinada numa conferência de revisão serão reguladas pelas disposições do artigo 121.º, n.ᵒˢ 3 a 7.

ARTIGO 124.º
Disposição transitória

Não obstante o disposto nos n.ᵒˢ 1 e 2 do artigo 12.º, um Estado que se torne Parte no presente Estatuto poderá declarar que, durante um período de sete anos a contar da data da entrada em vigor do presente Estatuto no seu território, não aceitará a competência do Tribunal relativamente à categoria de crimes referidos no artigo 8.º, quando haja indícios de que um crime tenha sido praticado por nacionais seus ou no seu território. A declaração formulada ao abrigo deste artigo poderá ser retirada a qualquer momento. O disposto neste artigo será reexaminado na conferência de revisão a convocar em conformidade com o n.° 1 do artigo 123.°

ARTIGO 125.°
Assinatura, ratificação, aceitação, aprovação ou adesão

1 – O presente Estatuto estará aberto à assinatura de todos os Estados na sede da Organização das Nações Unidas para a Alimentação e a Agricultura, em Roma, a 17 de Julho de 1998, continuando aberto à assinatura no Ministério dos Negócios Estrangeiros de Itália, em Roma, até 17 de Outubro de 1998. Após esta data, o presente Estatuto continuará aberto na sede da Organização das Nações Unidas, em Nova Iorque, até 31 de Dezembro de 2000.

2 – O presente Estatuto fica sujeito a ratificação, aceitação ou aprovação dos Estados signatários. Os instrumentos de ratificação, aceitação ou aprovação serão depositados junto do Secretário-Geral da Organização das Nações Unidas.

3 – O presente Estatuto fica aberto à adesão de qualquer Estado. Os instrumentos de adesão serão depositados junto do Secretário-Geral da Organização das Nações Unidas.

ARTIGO 126.°
Entrada em vigor

1 – O presente Estatuto entrará em vigor no 1.° dia do mês seguinte ao termo de um período de 60 dias após a data do depósito do 60.° instrumento de ratificaçao, de aceitação, de aprovação ou de adesão junto do Secretário-Geral da Organização das Nações Unidas.

2 – Em relação ao Estado que ratifique, aceite ou aprove o presente Estatuto, ou a ele adira após o depósito do 60.° instrumento de ratificação, de aceitação, de aprovação ou de adesão, o presente Estatuto entrará em vigor no 1.° dia do mês seguinte ao termo de um período de 60 dias após a data do depósito do respectivo instrumento de ratificação, de aceitação, de aprovação ou de adesão.

ARTIGO 127.°
Retirada

1 – Qualquer Estado Parte poderá, mediante notificação escrita e dirigida ao Secretário-Geral da Organização das Nações Unidas, retirar-se do presente Estatuto. A retirada produzirá efeitos um ano após a data de recepção da notificação, salvo se esta indicar uma data ulterior.

Direito Internacional Humanitário

2 – A retirada não isentará o Estado das obrigações que lhe incumbem em virtude do presente Estatuto enquanto Parte do mesmo, incluindo as obrigações financeiras que tiver assumido, não afectando também a cooperação com o Tribunal no âmbito de inquéritos e de procedimentos criminais relativamente aos quais o Estado tinha o dever de cooperar e que se iniciaram antes da data em que a retirada começou a produzir efeitos; a retirada em nada afectará a prossecução da apreciação das causas que o Tribunal já tivesse começado a apreciar antes da data em que a retirada começou a produzir efeitos.

ARTIGO 128.º
Textos autênticos

O original do presente Estatuto, cujos textos em árabe, chinês, espanhol, francês, inglês e russo fazem igualmente fé, será depositado junto do Secretário--Geral das Nações Unidas, que enviará cópia autenticada a todos os Estados.

Em fé do que os abaixo assinados, devidamente autorizados pelos respectivos Governos, assinaram o presente Estatuto.

Feito em Roma, aos 17 dias do mês de Julho de 1998.

ÍNDICE GERAL

NOTA PRÉVIA 5

O DESENVOLVIMENTO DO DIREITO INTERNACIONAL HUMANITÁRIO . . 7

1. CONVENÇÃO PARA A PREVENÇÃO E REPRESSÃO DO CRIME DE GENOCÍDIO, DE 9 DE DEZEMBRO DE 1948 13

2. CONVENÇÕES DE GENEBRA DE 1949 E PROTOCOLOS ADICIONAIS DE 1977 19

    2.1. I CONVENÇÃO DE GENEBRA, PARA MELHORAR A SITUAÇÃO DOS FERIDOS E DOENTES DAS FORÇAS ARMADAS EM CAMPANHA, DE 12 DE AGOSTO DE 1949 19

    2.2. II CONVENÇÃO DE GENEBRA, PARA MELHORAR A SITUAÇÃO DOS FERIDOS, DOENTES E NÁUFRAGOS DAS FORÇAS ARMADAS NO MAR, DE 12 DE AGOSTO DE 1949 43

    2.3. III CONVENÇÃO DE GENEBRA, RELATIVA AO TRATAMENTO DE PRISIO-NEIROS DE GUERRA, DE 12 DE AGOSTO DE 1949 65

    2.4. IV CONVENÇÃO DE GENEBRA, RELATIVA À PROTECÇÃO DAS PESSOAS CIVIS EM TEMPO DE GUERRA, DE 12 DE AGOSTO DE 1949 125

    2.5. PROTOCOLO ADICIONAL ÀS CONVENÇÕES DE GENEBRA, DE 12 DE AGOSTO DE 1949, RELATIVO À PROTECÇÃO DAS VÍTIMAS DE CONFLITOS ARMADOS INTERNACIONAIS, DE 12 DE DEZEMBRO DE 1977 (PRO-TOCOLO I) 185

    2.6. PROTOCOLO ADICIONAL ÀS CONVENÇÕES DE GENEBRA, DE 12 DE AGOSTO DE 1949, RELATIVO À PROTECÇÃO DAS VÍTIMAS DE CONFLITOS ARMADOS NÃO INTERNACIONAIS, DE 12 DE DEZEMBRO DE 1977 (PROTOCOLO II) 249

3. CONVENÇÃO PARA A PROTECÇÃO DOS BENS CULTURAIS EM CASO DE CONFLITO ARMADO E I PROTOCOLO, ADOPTADOS NA HAIA, EM 14 DE MAIO DE 1954 261

    3.1. CONVENÇÃO PARA A PROTECÇÃO DOS BENS CULTURAIS EM CASO DE CONFLITO ARMADO INCLUINDO O REGULAMENTO DE EXECUÇÃO

E TAMBÉM O PROTOCOLO DA CONVENÇÃO E AS RESOLUÇÕES DA CON-
FERÊNCIA. 261

3.2. I PROTOCOLO À CONVENÇÃO PARA A PROTECÇÃO DOS BENS
CULTURAIS EM CASO DE CONFLITO ARMADO. 278

4. RESOLUÇÃO 2444 (XXIII) DA ASSEMBLEIA GERAL DAS NAÇÕES UNIDAS
RELATIVA AO RESPEITO DOS DIREITOS DO HOMEM EM PERÍODO DE
CONFLITO ARMADO. 283

5. CONVENÇÃO SOBRE A PROIBIÇÃO OU LIMITAÇÃO DO USO DE
CERTAS ARMAS CONVENCIONAIS QUE PODEM SER CONSIDERADAS
COMO PRODUZINDO EFEITOS TRAUMÁTICOS EXCESSIVOS OU
FERINDO INDISCRIMINADAMENTE, DE 10 DE ABRIL DE 1981, E SEUS
PROTOCOLOS I, II, III E IV 285

5.1. CONVENÇÃO SOBRE A PROIBIÇÃO OU LIMITAÇÃO DO USO DE CERTAS
ARMAS CONVENCIONAIS QUE PODEM SER CONSIDERADAS COMO
PRODUZINDO EFEITOS TRAUMÁTICOS EXCESSIVOS OU FERINDO
INDISCRIMINADAMENTE 285

5.2. PROTOCOLO RELATIVO AOS ESTILHAÇOS NÃO LOCALIZÁVEIS
(PROTOCOLO I) 293

5.3. PROTOCOLO SOBRE A PROIBIÇÃO OU LIMITAÇÃO DO USO DE MINAS,
ARMADILHAS E OUTROS DISPOSITIVOS (PROTOCOLO II) E RESPECTIVO
ANEXO TÉCNICO, NA VERSÃO DE 3 DE MAIO DE 1996 294

5.4. PROTOCOLO SOBRE A PROIBIÇÃO OU LIMITAÇÃO DO USO DE
ARMAS INCENDIÁRIAS (PROTOCOLO III) 312

5.5. PROTOCOLO SOBRE ARMAS LASER QUE CAUSAM A CEGUEIRA (PROTO-
COLO IV), DE 13 DE OUTUBRO DE 1995 314

6. CONVENÇÃO SOBRE A PROIBIÇÃO DO DESENVOLVIMENTO,
PRODUÇÃO, ARMAZENAGEM E UTILIZAÇÃO DE ARMAS QUÍMICAS E
SOBRE A SUA DESTRUIÇÃO, DE 13 DE JANEIRO DE 1993 317

7. CONVENÇÃO SOBRE A PROIBIÇÃO DA UTILIZAÇÃO, ARMA-
ZENAGEM, PRODUÇÃO E TRANSFERÊNCIA DE MINAS ANTIPESSOAL E
SOBRE A SUA DESTRUIÇÃO, ASSINADA EM OSLO, A 18 DE SETEMBRO
DE 1997 359

8. O ESTATUTO DE ROMA DO TRIBUNAL PENAL INTERNACIONAL
DE 1998 375